U0138030

四書集編（上）

〔宋〕真德秀 撰

陳静 點校

海峡出版發行集團
THE STRAITS PUBLISHING & DISTRIBUTING GROUP
福建人民出版社

圖書在版編目（CIP）數據

四書集編：上下 /（宋）真德秀撰；陳静點校．—福州：福建人民出版社，2021.5
（四書注疏叢刊 / 朱傑人，郭曉東主編）
ISBN 978-7-211-08607-8

Ⅰ．①四… Ⅱ．①真… ②陳… Ⅲ．①儒家②四書－研究 Ⅳ．① B222.15

中國版本圖書館 CIP 資料核字（2021）第 013635 號

四書集編（上下）

撰　著　者　〔宋〕真德秀
點　校　者　陳静
責任編輯　陳廷熚
美術編輯　白玫
出版發行　福建人民出版社
電　　話　0591-87533169（發行部）
網　　址　http://www.fjpph.com
電子郵箱　fjpph7211@126.com
地　　址　福州市東水路 76 號
郵政編碼　350001
經　　銷　福建新華發行（集團）有限責任公司
印　　刷　恒美印務（廣州）有限公司
開　　本　889 毫米 × 1194 毫米 1/32
印　　張　27.625
字　　數　601 千字
版　　次　2021 年 5 月第 1 版
印　　次　2021 年 5 月第 1 次印刷
書　　號　ISBN 978-7-211-08607-8
定　　價　258.00 圓

整理前言

四書集編二十六卷，南宋真德秀撰。真德秀，字景元，後更希元，建寧府浦城縣人。慶元五年進士，開禧元年中博學宏詞科。累官至起居舍人、兼太常少卿。時史彌遠掌朝政，方以爵禄縻天下士，真德秀力請去。嘉定七年，出爲江東轉運副使。後歷知泉州、隆興府、潭州。理宗即位，召爲中書舍人，擢禮部侍郎。寶慶元年，立朝未三月，坐言事屏廢，落職。二年，歸里。紹定五年，起知泉州。六年，知福州。端平元年，除權户部尚書，時已去國十年。二年，拜參知政事，尋卒，年五十八，謚文忠，學者稱西山先生。著述有四書集編、大學衍義、西山讀書記、西山文集、文章正宗等。

四書集編惟大學、中庸爲真德秀手定，由建寧府學教授謝侯善於咸淳八年「刻之於郡庠」，論語、孟子乃建寧府學正劉承本西山遺書補輯，咸淳九年終成完帙。真德秀子真志道學庸集編序説：「大學中庸集編，先公手所定也。如論語孟子集注，雖已點校，而集編則未成。」劉才之四書集編序則交代了成書過程：「惟論、孟二書闕焉，扣之庭聞，則云已經點校，但未編集。是論、孟固未嘗無成書也。一旦論諸堂上，學正劉樸谿承謂，讀書記中所載論、孟處，與今所刊中庸、大學凡例同，其他如文集、衍義等書，亦有可采摭者。因勉其彙集成書。凡五閱月而帙就，又五閱月而刊畢。至是西山所編之四書爲大全。」

真德秀未序四書集編，僅於朱子大學章句序後題記一行「寶慶三年八月丁卯後學真德秀編於學易齋」，蓋大學集編成書年月，时已歸里閑居，修讀書記等。真德秀早年從朱子門人詹體仁游，爲朱子再傳。自權臣韓侂胄立僞學之名，興慶元黨禁「以錮善類」，朱子之書皆禁絶。真德秀後出，慨然以斯文自任，講習而服行。任職地方，即以周濂溪、胡文定父子、朱子、張南軒之學勸勉士人。晚年重返朝廷，進讀朱子大學章句，諷勸理宗。又進大學衍義，曰：「近世大儒朱熹所爲章句或問備矣，思所以羽翼是書。」真德秀以尊崇朱學爲己任，故宋史本傳稱：「正學遂明於天下後世，多其力也。」宋元學案黄百家按語稱「從來西山、鶴山并稱」，又引梨洲之言：「兩家學術雖同出於考亭，而鶴山識力横絶，真所謂卓犖觀羣書者；西山則依門傍户，不敢自出一頭地，蓋墨守之而已」。關文瑛通志堂經解提要稱：「惟能墨守，故是編無少旁雜，但不知旁引衆説以益之，故其得在此，其失亦在此也。」真德秀之學，黄百家和關文瑛皆以「墨守」視之。思想的創發固然可貴，準確理解而使思想自洽，亦有重要意義。

除學術宗向，真德秀編撰集編也出於系統整理朱子思想的客觀需要。朱子畢生精力萃於四書，章句多出新意，集注雖參取舊文，與先儒思想亦不盡同，其所以去取之意，散見或問、語類、文集中，其間又一時未定之説與門人記録失真，故有先後異同和重複顛舛之處。馬端臨文獻通考載朱子之言曰：「集注後來改定處多，遂與或問不相應。」陳振孫直齋書録解題稱，黄勉齋撰論語通釋十卷，其書兼載或問，發明晦翁未盡之意。是當時抵牾之處，不但朱子知之，朱子之徒亦不爲之諱，而讀者生疑焉。真德秀是編博採朱子語録附於章句集注之下，又採程子、南軒之説，或間引他説，復附己見，以折衷訛異。真德秀自謂：「大學、中庸之書，至於朱子而理盡明，至予所編而説始備，雖從或問、輯略、語類中出，然銓擇刊潤之功亦多。」真德秀之後，依附朱子解讀四書的著作汗牛，「然其學皆不及德秀，故其書亦終不及焉」。

四書集編於南宋末年刊行。趙順孫四書纂疏博採諸家，列西山所著諸書而不載四書集編，蓋其出最晚，順孫未之見。明文淵閣書目載「四書集編一部十八册完全」，存黄字號第一橱。清初千頃堂書目卷三載「真德秀四書集編二十六卷」。隨後書録，多載二十六卷。

四書集編現存最早版本是通志堂經解本。通志堂經解由納蘭成德、徐乾學合力編刊，一般認爲初刻於康熙十九年，後有乾隆五十年補刊本、同治十二年粤東書局重刊本。通志堂經解本四書集編的底本，翁方綱通志堂經解目録引何焯之説，稱「李中麓鈔本，惜未盡善」。李中麓，明李開先，明史文苑傳稱其「性好蓄書，藏書之名聞天下」。王士禛池北偶談稱：「李中麓氏藏書百六十年未散，近始歸崑山徐宫贊健菴乾學。」是徐乾學得李中麓藏書，充通志堂經解之底本。

四書集編通志堂經解康熙本二十六卷，大學一卷、中庸一卷、論語集編十卷、孟子集編十四卷，其正文版式爲：每半葉十行，行二十一字，小字雙行三十一字，白口，左右雙邊，單魚尾，版心魚尾下刻書名、卷次、葉次，底部刻「通志堂」及刻工名，頂部刻當葉字數，每卷末題「後學成德挍訂」。乾隆本、同治本卷數、行款、版心、各葉起止同康熙本。同治本每卷末「後學成德挍訂」後增一行「巴陵鍾謙鈞重刊」題記。

四書集編薈要本據内府藏通志堂經解本繕録，又據宋本校訂，四庫本係兩江總督採進本。薈要本、四庫本並析大學爲上下兩卷、中庸上中下三卷，提要雖著録爲二十六卷，實爲二十九卷。兩本每葉起止文字大多相同，偶有錯落一二字。故四書集編版本有通志堂經解系統的二十六卷本和四庫系統的二十九卷本。

此次點校四書集編，以通志堂經解康熙十九年初刻本爲底本，以通志堂經解乾隆本、同治本，摛藻堂四庫全書薈要本，文淵閣四庫全書本爲校本，并參校其他相關文獻。底本文字凡有改動，均出校説明。四書集編原無目録，爲便翻檢，據正文編製。四庫全書總目提要、通志堂經解提要附於書末，供讀者參考。

陳　静

二〇二〇年十一月二十日

目録

上册

下　册

四書集編序*

朱子四書，郡庠舊所刊也。自壬子水蕩之後，遂爲闕里一大欠事。近得西山所編中庸、大學，本之朱子集注，附以諸儒問辯，間又斷之以己意，會稡詳，采擇精，誠後學所願見者。已鋟之梓，爲衍其傳。惟論、孟二書闕焉。扣之庭聞，則云已經點挍，但未編集。是論、孟固未嘗無成書也。一旦論諸堂上，學正劉樸谿承謂，讀書記中所載論、孟處，與今所刊中庸、大學凡例同，其他如文集、衍義等書，亦有可采摭者。因勉其彙集成書。凡五閱月而帙就，又五閱月而刊畢。至是西山所編之四書爲大全。不惟有以成西山點挍之初志，抑使天下學者得是書而讀之，皆曰自吾建學始庶知沿流而遡源。夫豈小補云乎哉！咸寧九年至日後學迪功郎建泠掾劉才之謹序[二]。

---

* 底本無標題，此據版心文字。下學庸集編序、末集編後序同。

[二] 咸寧，宋無此年號，當爲「咸淳」，四庫總目提要已改正。

學庸集編序

大學中庸集編，先公手所定也。公每晨起坐堂上，炷香開卷，必點校一章，從而演説其義。子姪皆立侍焉。既終篇，呼志道而前，告之曰：「大學、中庸之書，至於朱子而理盡明，至予所編而説始備。雖從或問、輯略、語録中出，然銓擇刊潤之功亦多，閒或附以己見。學者儻能潛心焉，則有餘師矣。然又須先熟乎諸書，然後知予用功深，采取精，此亦自博而約之義也。」志道拜受此書，銘記於懷，於今三紀，不敢失墜。挈之郛居，閒以語同志。而郡博士謝君聞之，來請甚勤，且曰：「刊之泮宮，俾家有其書，人傳其學，豈不公溥？」志道有感其言，遂出授之，且著其説於下方。使得此書者必深思而力踐之，斯爲善讀，庶亦不負謝君私淑之意。謝君，莆之名士，於斯道有聞，故於學政知所先務云。如論語孟子集注，雖已點校，而集編則未成。咸淳辛未季冬嗣子真志道謹識。

大學章句序

大學之書，古之大學所以教人之法也。蓋自天降生民，則既莫不與之以仁義禮智之性矣。然其氣質之稟或不能齊，是以不能皆有以知其性之所有而全之也。一有聰明睿智能盡其性者出於其閒，則天必命之以爲億兆之君師，使之治而教之，以復其性。此伏羲、神農、黃帝、堯、舜所以繼天立極，而司徒之職、典樂之官所由設也。

三代之隆，其法寖備，然後王宮、國都以及閭巷莫不有學。人生八歲，則自王公以下，至於庶人之子弟，皆入小學，而教之以洒埽、應對、進退之節，禮、樂、射、御、書、數之文；及其十有五年，則自天子之元子、衆子，以至公、卿、大夫、元士之適子，與凡民之俊秀，皆入大學，而教之以窮理、正心、修己、治人之道。此又學校之教、大小之節所以分也。

夫以學校之設，其廣如此，教之之術，其次第節目之詳又如此，而其所以爲教，則又皆本之人君躬行心得之餘，不待求之民生日用彝倫之外，是以當世之人無不學。其學焉者，無不有以知其性分之所固有，職分之所當爲，而各俛焉以盡其力。此古昔盛時所以治隆於上，俗美於下，而非後世之所能及也。

及周之衰，賢聖之君不作，學校之政不修，教化陵夷，風俗頹敗，時則有若孔子之聖，而不得君師之位以行其政教，於是獨取先王之法，誦而傳之，以詔後世。若曲禮、少儀、內則、弟子職諸篇，固小學之支流餘裔。而此篇者，則因小學之成功，以著大學之明法，外有以極其規摹之大，而內有以盡其節目之詳者也。三千之徒，蓋莫不聞其說，而曾氏之傳獨得其宗，於是作爲傳義，以發其意。及孟子没，而其傳泯焉，則其書雖存，而知者鮮矣！

自是以來，俗儒記誦詞章之習，其功倍於小學而無用；異端虛無寂滅之教，其高過於大學而無實。其他權謀術數，一切以就功名之說，與夫百家衆技之流，所以惑世誣民、充塞仁義者，又紛然雜出乎其閒。使其君子不幸而不得聞大道之要，其小人不幸而不得蒙至治之澤，晦盲否塞，反覆沈痼，以及五季之衰，而壞亂極矣！

天運循環，無往不復。宋德隆盛，治教休明。於是河南程氏兩夫子出，而有以接乎孟氏之傳。實始尊信此篇而表章之，既又爲之次其簡編，發其歸趣，然後古者大學教人之法、聖經賢傳之指，粲然復明於世。雖以熹之不敏，亦幸私淑而與有聞焉。顧其爲書猶頗放失，是以忘其固陋，采而輯之，閒亦竊附己意，補其闕略，以俟後之君子。極知僭踰，無所逃罪，然於國家化民成俗之意、學者修己治人之方，則未必無小補云。淳熙己酉二月甲子新安朱熹序。

寶慶三年八月丁卯後學真德秀編於學易齋。

大學

大，舊音泰，今讀如字。

子程子曰：「大學，孔氏之遺書，而初學入德之門也。」於今可見古人爲學次第者，獨賴此篇之存，而論、孟次之。學者必由是而學焉，則庶乎其不差矣。朱子曰：「學問須以大學爲先，次孟子，次論語，次中庸[一]。中庸工夫密，規摹大。」○今人讀書，且從易曉易解處去讀，如大學、中庸、語、孟四書，道理粲然，人只是不去看。若理會得此四書，何書不可讀，何理不可究，何事不可處也。○此書首尾具備，易以推尋。○今且須熟究一箇大學作間架，却以他書填補去。如此看得一兩書，便自占得分數多，却易爲力。聖賢之言難精，難者既精，則後面粗者却易曉。○大學一書，如行程相似，自某處到某處幾里，自某處到某處幾里，識得行程，須便行始得。若只讀得空殼子，亦無益也。○大學是一箇腔子，而今却要去填教實。如他説格物，自家須是去格物後，填教實著。如他説誠意，自家須是去誠意後，亦填教實著。○大學是修身治人底規摹，如人

[一] 學問須以大學爲先次孟子次論語次中庸，朝鮮古寫徽州本朱子語類卷十四同，明成化本朱子語類卷十四作「學問須以大學爲先，次論語，次孟子，次中庸」。

起屋相似，須先打箇地盤，地盤既成，則可舉而行之矣。○大學重處都在前面，後面工夫漸漸輕了，只是揩磨在。○今人却是爲人而學。某所以教諸公讀大學，且看古人爲學是如何，是理會甚底事。諸公願爲古人之學乎？願爲今人之學乎？○明德如八牕玲瓏。致知、格物，各從其所明處去。今人不曾做得小學工夫，一旦學大學，是以無下手處。今且當自持敬始，使端慤、純一、專靜，然後能致知、格物。○大學揔說了，又逐段更說許多道理。聖賢怕有些子照管不到，節節覺察將去，到這裏有恁地病，到那裏有恁地病。○大學是爲學綱目，先通大學，立定綱領，其他經皆雜說在裏許。通得大學了，去看他經，方見得此是格物、致知事，此是正心、誠意事，此是修身事，此是齊家、治國、平天下事。○問：「讀大學如何？」答云：「稍通。方要讀論語。」先生曰：「且未要讀論語。大學稍通，正好著心精讀，如何便住却？讀此書功深，則用博。昔尹和靖見伊川，半年方得大學、西銘看。今人半年要讀多少書？某且要人讀此，是如何？緣此書却不多，而規摹周備。」○此一箇心，須每日提撕，令常惺覺，頃刻放寬，便隨物流轉，無復收拾。如今大學一書，豈在看他言語？正欲驗之於心，如何「如好好色，如惡惡臭」，試驗之吾心，好善惡惡，果能如此乎？「閒居爲不善，見君子則掩其不善而著其善」，是果有此乎？一有不致，則勇猛奮躍不已，必有長進處。今不知如此，則書自書，我自我，何益之有？○問大學。曰：「看聖賢說話，所謂坦然若大路然。止緣後來人說得崎嶇，所以聖賢意思難見。」○聖人不令人懸空窮理，須要格物者，是要人就那上見得道理破，便實。只如大學一書，有正經，有解，有或問。看來看去，不用或問，只看注解便了。久之，又只看正經便了。又久之，自有一部大學在我胷中，而正經亦不用矣。然不用某許多工夫，亦看某底不出。不用聖賢許多工夫，亦看聖賢底不出。○問朱敬之：「有異聞乎？」曰：「得一日，教看大學，曰：『我平生精力盡在此書。先須通此，方可讀他書。』」○橫渠云：「如中庸、大學，直須句句理會過，使其言互相發明。」今讀大學亦然。某年十七八時讀中庸、大學，每早起，須誦十遍。今大學可且熟讀。

大學之道，在明明德，在親民，在止於至善。程子曰：「親，當作『新』。」○大學者，大人之學也。明，明之也。明德者，人之所得乎天，而虛靈不昧，以具衆理而應萬事者也。但爲氣稟所拘，人欲所蔽，則有時而昏。然其本體之明，則有未嘗息者。故學者當因其所發而遂明之，以復其初也。新者，革其舊之謂也。言既自明其明德，又當推以及人，使之亦有以去其舊染之汚也。止者，必至於是而不遷之意。至善，則事理當然之極也。言明明德、新民，皆當止於至善之地而不遷。蓋必其有以盡夫天理之極，而無一毫人欲之私也。此三者，大學之綱領也。○或問：「大學之道，吾子以爲大人之學，何也？」曰：「此對小子之學言之也。」曰：「敢問其爲小子之學，何也？」曰：「愚於序文已略陳之，而古法之宜於今者，亦既輯而爲書矣。學者不可以不之考也。」曰：「吾聞君子務其遠者大者，小人務其近者小者。今子方將語人以大學之道，而又欲其考乎小學之書，何也？」曰：「學之大小，固有不同，然其爲道則一而已。是以方其幼也，不習之於小學，則無以收其放心，養其德性，而爲大學之基本。及其長也，不進之於大學，則無以察夫義理，措諸事業，而收小學之成功。是則學之大小所以不同，特以少長所習之異宜，而有高下、深淺、先後、緩急之殊，非若古今之辨，義利之分，判然如薰蕕、冰炭之相反而不可以相入也。今使幼學之士，必先有以自盡乎洒埽、應對、進退之閒，禮、樂、射、御、書、數之習，俟其既長，而後進乎明德、新民，以止於至善。是乃次第之當然，又何爲而不可哉？」曰：「幼學之士，以子之言而得循序漸進，以免於躐等陵節之病，則誠幸矣。若其年之既長而不及乎此者，欲反從事於小學，則恐其不免於扞格不勝、勤苦難成之患；欲直從事於大學，則又恐其失序無本，而不能以自達也。則如之何？」曰：「是其歲月之已逝者，則固不可得而復追矣。若其功夫之次第條目，則豈遂不可得而復補邪？蓋吾聞之，敬之一字，聖學所以成始而成終者也。爲小學者不由乎此，固無以涵養本原，而謹夫洒埽、應對、進退之節與夫六藝之教。爲大學者不由乎此，亦無以開發聰明，進德修業，而致夫明德、新民之功也。是以程子發明格物之道，而必以是爲説焉。不幸過時而後學者，誠能用力於此以進乎大，而不害兼補乎其小，則其所以進者，將不患於無本而不能以自達矣。其或摧頹已甚，而不足以有所兼，則其所以固其肌膚之會、筋骸之束，而養其良知良能之本者，亦可以得之於此，而不患其失之於前也。顧以七年之病，而求三年之艾，非百倍其功，不足以致之也。若徒歸咎於既往，而所以補之於後者又不能以自力，則吾見其扞格勤苦日有甚焉，而身心顛倒，眩瞀迷惑，終無以爲致知力行之地矣，況欲有以及乎天下國家也哉！」曰：「然則所謂敬者，又若何而用力邪？」曰：「程子於此，嘗以『主一無適』言之矣，嘗以『整齊嚴肅』言之矣。至其門人謝氏之説，則又有所謂『常惺惺法』者焉。尹氏之說，則又有所謂『其心收斂，不容一物』者焉。觀是數說，足以見其用力之方矣。」曰：「敬之所以爲學之始者然矣，其所以爲學之終也，奈何？」曰：「敬者，一心之主宰，而萬事之本根也。知其所以用力之方，則知小學之不能無賴於此以爲始。知小學之賴此以始，則夫大學之不能無賴乎此以爲終者，可以一以貫之而無疑矣。蓋此心既立，而由是格物、致知，以盡事物之理，則所謂『尊德性而道問學』；由是誠意、正心，以修其身，則所謂『先立其大者，而小者不能奪』；由是齊家、治國以及平天下，則所謂『修己以安百姓』『篤恭而天下平』，是皆未始一日而離乎敬也。然則敬之一字，豈非聖學始終之要也哉？」〇曰：「然則此篇所謂『在明明德，在親民，在止於至善』者，亦可得而聞其說之詳乎？」曰：「天道流行，發育萬物，其所以爲造化者，陰陽五行而已。而所謂陰陽五行者，又必有是理而後有是氣，及其生物，則又必因是氣之聚而後有是形。故人物之生，必得是理，然後有以爲健、順、仁、義、禮、智之性；必得是氣，然後有以爲魂魄[一]、五臟、百骸之身。周子所謂『無極之真，二五之精，妙合而凝』者，正謂是也。然以其理而言之，則萬物一原，固無人物貴賤之殊。以其氣而言之，則得其正且通者爲人，得其偏且塞者爲物，是以或貴或賤而不能齊也。彼賤而爲物者，既梏於形氣之偏塞，而無以充其本體之全矣。惟人之生乃得

[一] 魂魄，原作「魄魄」，乾隆本同，據同治本、薈要本、四庫本改。

其氣之正且通者，而其性爲最貴，故其方寸之間，虚靈洞澈，萬理咸備。蓋其所以異於禽獸者正在於此，而其所以可爲堯舜而能參天地以贊化育者，亦不外焉，是則所謂明德者也。然其通也，或不能無清濁之異，其正也，或不能無美惡之殊，故其所賦之質，清者智而濁者愚，美者賢而惡者不肖，又有不能同者。必其上智大賢之資乃能全其本體，而無少不明。其有不及乎此，則其所謂明德者，已不能無蔽，而失其全矣。況乎又以氣質有蔽之心，接乎事物無窮之變，則其目之欲色，耳之欲聲，口之欲味，鼻之欲臭，四肢之欲安佚，所以害乎其德者，又豈可勝言也哉！二者相因，反覆深固，是以此德之明，日益昏昧，而此心之靈，其所知者不過情欲利害之私而已。是則雖曰有人之形，而實何以遠於禽獸？雖曰可以爲堯舜而參天地，而亦不能有以自充矣。然而本明之體得之於天，終有不可得而昧者，是以雖其昏蔽之極，而介然之頃，一有覺焉，則即此空隙之中，而其本體已洞然矣。是以聖人施教，既已養之於小學之中，而後開之以大學之道。其必先之以格物、致知之説者，所以使之即其所養之中而因其所發，以啓其明之之端也。繼之以誠意、正心、修身之目者，則又所以使之因其已明之端而反之於身，以致其明之之實也。夫既有以啓其明之之端，而又有以致其明之之實，則吾之所得於天而未嘗不明者，豈不超然無有氣質物欲之累，而復得其本體之全哉！是則所謂明明德者，而非有所作爲於性分之外也。然其所謂明德者，又人人之所同得，而非有我之所得私也。向也俱爲物欲之所蔽，則其賢愚之分固無以大相遠者。今吾既幸有以自明矣，則視彼衆人之同得乎此而不能自明者，方且甘心迷惑没溺於卑汙苟賤之中而不自知也，豈不爲之惻然而思有以救之哉！故必推吾之所自明者以及之，始於齊家，中於治國，而終及於平天下，使彼有是明德而不能自明者，亦皆有以自明，而去其舊染之汙焉。是則所謂新民者，而亦非有所付畀增益之也。然德之在己而當明，與其在民而當新者，則又皆非人力之所爲，而吾之所以明而新之者，又非可以私意苟且而爲也。是其所以得之於天而見於日用之閒者，固已莫不各有本然一定之則。程子所謂『以其義理精微之極，有不可得而名者，故姑以至善目之』，而傳所謂君之仁、臣之敬、子之孝、父之慈、與人交之信，乃其目之大者也。衆人之心，固莫不有是，而或不能知。學者雖或知之，而亦鮮能必至於是而不去。此爲大學之教者，所以慮其禮雖粗復而有不純，己雖粗克而有不盡，且將無以盡夫修己治人之道，故必指是而言，以爲明德、新民之標的也。欲明德而新民者，誠能求必至是而不容其少有過不及之差焉，則其所以去人欲而復天理者，無豪髮之遺恨矣。大抵大學一篇之指，總而言之，不出乎八事，而八事之要，總而言之，又不出乎此三者，此愚所以斷然以爲大學之綱領而無疑也。然自孟子没，而道學不得其傳，世之君子，各以其意之所便者爲學。於是乃有不務明其明德，而徒以政教法度爲足以新民者；又有愛身獨善，自謂足以明其明德而不屑乎新民者；又有略知二者之當務，顧乃安於小成，狃於近利，而不求止於至善之所在者，是皆不考乎此篇之過。其能成己成物而不謬者鮮矣。」〇天之賦於人物者，謂之命。人與物受之者，謂之性。主於一身者，謂之心。有得於天而光明正大者，謂之明德。〇明德未嘗息，時時發見於日用之閒，如見非義而羞惡，見孺子入井而惻隱，見尊賢而恭敬，見善事而歎慕，皆明德之發見也。如此推之極多，但當因其所發而推廣之。

○明德者，人之所得乎天，而虚靈不昧，以具衆理而應萬事者也。禪家則但以虚靈不昧者爲性，而無以具衆理以下之事。○問：「德是心中之理否？」曰：「便是心中道理，光明鑒照，豪髮不差。」○此明德是天之予我者，莫令汙穢，常有以明之。○學者須是爲己。聖人教人，只在大學第一句「明明德」上。以此立心，則如今端容貌，亦爲己也；讀書窮理，亦爲己也；做得一件事是實，亦爲己也。聖人教人持敬，只是須著從這裏説起。其實若知爲己後，則自然著敬。○爲學只在「明明德」一句。君子存之，存此而已；小人去之，去此而已。一念竦然，自覺其非，便是明之之端。○大學「在明明德」一句，當常常提撕。能如此，便有進步處。蓋其原自此發見，人只一心爲本，存得此心，於事物方知有脉絡貫通處。○在明明德，須是自家見得這物事光明燦爛，常在目前始得。○或以「明明德」譬之磨鏡。曰：「鏡猶磨而後明，若人之明德，則未嘗不明。雖其昏蔽之極，而其善端之發，終不可絶。但當於其所發之端而接續光明之，令其不昧，則其全體大用可以盡明。且如人知己德之不明而欲明之，只這知其不明而欲明之者，便是明德，就這裏便明將去。○明德是自家心中許多道理在這裏，本是箇明底物事，初無暗昧，如羞惡、是非、辭遜、惻隱，皆欲自家心裏出來，觸著那物，便有那箇物出，何嘗不明？緣爲物欲所蔽，故其明易昏。如鏡本明，被外物點汙，則不明了，少間磨了，則其明又能照物。○問：『明德』章句，自覺胷中甚昧。」先生云：「這明德亦不甚昧。如羞惡、是非、惻隱、辭遜，此是心中原有此等物。發而爲惻隱，這便是仁；發而爲羞惡，這便是義；發而爲辭遜、是非，便是禮、智。看來這箇亦不是甚昧，但恐於義理差誤處有似是而非者，未能分別耳。」○問「在明明德」云云。曰：「不消如此說，只要著實去體察，行之於身。須是真箇明得這明德是怎生地明，是如何了得它虛靈不昧，須是真箇不昧，具得衆理，應得萬事。只恁地說，不濟得事。」又曰：「如格物、致知、誠意、正心、修身五者，皆明明德事。格物、致知，便是要知得分明。誠意、正心、修身，便是要行得分明。若是格物、致知有所未盡，便是知得這明德未分明。意未盡誠，便是這德有所未明。心有不正，則德有所未明。身有不修，則德有所未明。須是意不可有頃刻之不誠，心不可有頃刻之不正，身不可有頃刻之不修，這明德方常明。」或曰：「所謂明德，工夫也只在讀書上。」曰：「固是在讀書上，然亦不專是讀書，事上也要理會。書之所載者，固要逐件理會；也有書所不載，而事上合當理會者；也有古所未有底事，而今之所有當理會者，極多端。」○「學者當因其所發而遂明之，是如何？」曰：「人固有理會得處。如孝於親，友於弟，如水之必寒，火之必熱，不可謂他不知。但須去致極其知，因那理會得底，推之於理會不得底，自淺以致深，自近以致遠。」○明德，謂本有此明德也。孩提之童，無不知愛其親，及其長也，無不知敬其兄。其良知良能，本自有之，只爲私欲所蔽，故暗而不明。所謂「明明德」者，求所以明之也。譬如鏡焉，本是箇明底物，緣爲塵昏却，故不能照，須是磨去塵垢，然後鏡明。○問：「明德而不能推之以新民，可謂是自私？」曰：「德既明，自然是著新民。然亦有一種人不如此，此便是釋老之學。這箇道理，人人有之，不是自家可專獨之物。既是明得此理，須當推以及人，使各明其德。豈可說我自會了，我自樂之，不與人共。」○至善只是十分是處。○至善猶今人言極好。○凡曰善者，固是好，然方是好，未是極好處。必到極處，便是道理十分盡頭，無一豪不盡，故曰至善。○至善是極好處。且只如孝，冬温夏清，昏定晨省，雖然是孝底事，然須是能聽於無聲，視於無形，方始得，是盡得所謂孝。○問：「章句中解『止』字，云『必至於是而不遷』，如何？」曰：「未至其地而求其至，既至其地，則不當遷動而之他也。」○問「在止於至善」至善者。先生云：「事物當然之極也。」「恐與伊川説『艮其止，止其所也』之義一同。謂『夫有物必有則。如父止於慈，子止於孝，君止於仁，臣止於敬，萬物庶事莫不各得其所。得其所則安，失其所則悖』。所謂止其所者，即止於至善之地也。」先生云：「只是如此。」○孩提之童，無不知愛其親，及其長也，無不知敬其兄，此良心也。良心便是明德。○問：「何謂明德？」先生曰：「我之所得以生者，有許多道理在裏，其光明處乃所謂明德也。明明德者，是指全體之妙，下面許多節目，皆是靠明德做去。」又問：「既曰明德，又曰至善，何也？」先生曰：「明得一分，便有一分。明得十分，便有十分。明得十分，乃是極至處也。」又曰：「明德是下手做，至善是行到極處。」○問：「明德、至善，莫是一箇否？」曰：「至善是明德中有此極至處。如君止於仁，臣止於敬，父止於慈，子止於孝，與國人交止於信，此所謂『在止於至善』。又當知所謂如何而爲止於仁，如何而止於敬，如何而止於慈、孝，與國人交之信，這裏便用究竟一箇下工夫處。」曰：「止，莫是止於此而不過否？」曰：「固是。過與不及，皆不濟事。仁、敬、慈、孝，誰能到得這裏？聞有不及者矣，未聞有過於此者也。」○問：「新民如何止於至善？」答曰：「事事皆有至善處，己也要止於至善，人也要止於至善。蓋天下只是一箇道理，在他雖不能，在我之所以望他者，則不可不如是也。」○問：「大學至善，不是明德外別有所謂善，只就明德中到極處便是否？」曰：「是也。明德中也有至善，新民中也有至善，皆要便到那極處。至善隨處皆有，修身中也有至善，亦要到那盡處；齊家中也有至善，皆要到那盡處。至善只是以其極言，不特是理會到極處，做亦要做到極處。」○韓文公謂「軻之死，不得其傳」，自秦漢以來豈無人？亦只是無那至善，見不到十分極好處，做亦不做到十分極處。○明德是我得之於天，而方寸中光明底物事，統而言之，仁、義、禮、智；以其發見而言之，如惻隱、羞惡之類；其見於實用而言之，如事親、從兄是也。如此等德，不待自家明之，但從來爲氣稟所拘，物欲所蔽，而此等德一向暗昧，更不光明。而今却在挑剔揩磨出來，以復向來得之於天者，此便是「明明德」。我既是明得箇明德，見他人爲氣稟物欲所昏，自家豈不惻然，欲有以新之，使之亦如我挑剔揩磨，以革其向來氣稟物欲之昏，而復其得之於天者，此便是「新民」。然明德、新民，初非是人力私意所爲，本有一箇當然之則，過之不可，不及亦不可。且以孝言之：孝是明德，然亦自有當然之則，不及則固不是，若是過其則，必有刲股之事。須是要到當然之則田地而不遷，此方是「止於至善」。○欲新民而不止於至善，是不以堯之所以治民者治民也。「明明德」是欲去長安，「止於至善」是已到長安也。○明德、新民，皆當止於極好處。止之爲言，未到此處便住，不可謂止；到得此而不得守，亦不可言止。止者，止於是而不遷之意。或問：「明明德是自己事，可以做得到極好處。若新民，則在人，如何得他極好處？」曰：「且教自家先明得盡，然後漸民以仁，摩民以義，如孟子所謂『勞之，來之，匡之，直之，輔之，翼之，又從而振德之』，如此變化，他自然解到極好處。」○先生問友仁曰：「公近日看大學或問，如何？」曰：「粗曉其義，但恐未然。」先生舉一二處令友仁説。先生曰：「如何是收其放心，養其德性？」曰：「放心者，或心起邪思，意有妄念，耳聽邪言，目觀亂色，口談不道之言，至於手足動之不以禮，皆是放也。收者，便於邪思妄念處截斷不續，至於耳目言動皆然，此乃謂之收。既能收其放心，德性自然養得，不是收放心之外，又養箇德性也。」先生曰：「看得也好。」○問：「或問『以七年之病，求三年之艾，非百倍其功，不足以致之』，人於已失學後，須如此勉强奮勵，方得。」曰：「失時而後學，必著如此，趲補得前許多欠闕處。『人一能之，己百之；人十能之，己千之。』若不如是，悠悠度日，一日不做得一日工夫，只見没長進，如何要填補前面。」○今人不曾做得小學工夫，一旦學大學，是以無下手處。今且當自持敬始，使端的、純一、静專，然後能致知、格物。敬字是徹頭徹尾工夫，自格物、致知，至治國、平天下，皆不外此。○問或問中「健、順、仁、義、禮、智之性」。曰：「此承上文陰陽五行而言。健，陽也。順，陰也。四者，五行也。分而言之，仁禮屬陽，義智屬陰。」○問：「或問説仁義禮智之性，添『健順』字如何？」曰：「此健順只是那陰陽之性。」○問：「氣則有清濁，而理則一同，如何？」曰：「固是如此。理者如一寶珠，在聖賢則如置在清水中，其輝光自然發見。在愚不肖者如置在濁水中，須是澄去泥沙，則光方可見。至如萬物，亦有此理，天何嘗不將此理與他？只爲氣昏塞，如置寶珠於濁泥中，不復可見。然物類中亦有知君臣母子、知祭知時者，亦是其中有一線明處。然而不能如人者，只爲他不能克治耳。」○曰：「天地之氣，有清有濁，若值得晦暗昏濁底氣，這便稟受得不好了。既是如此，又加以應接事物，逐逐於利欲，故本來明德，只管昏塞了。故大學必教人如此用工，到後却會復得初頭渾全底道理。」○問：或問中『介然之頃，一有覺焉，則其本體已洞然矣』，須是就這些覺處，便致知充廣將去。」曰：「然。如擊石之火，只是些子，纔引著，便可以燎原。若必欲等大覺了，方去格物致知，如何等得？那箇覺是物格知至了，人徹悟到恁地時，事都了。若是介然之覺，一日之閒，其發也無時無數，只要人識認得，操持充養將去。」○問程子「以其義理精微之極，始以至善目之」之語。曰：「大抵至善只是極好處。十分端正恰好，無一豪不是處，無一豪不到處。且如事君，必當如舜之所以事堯，而後喚做敬。治民，必當如堯之所以治民，而後喚做仁。不獨如此，凡事皆有箇極好處。」○至善只是明德極盡處，至纖至悉，無所不盡。○至善，便如今人說極是。且如說孝，孟子說「博奕好飲酒，不顧父母之養」，此是不孝。到得會奉養其親，也似煞强得這箇，又須看如曾子之養志，而後爲能養。這又似好了，又當如所謂「先意承志，諭父母於道，不遺父母惡名」，使國人稱，須道「幸哉有子如此」方好。○自謂能明其德而不屑乎新民者，如佛老便是。不務明其明德而以政教法度爲足以新民者，如管仲之徒便是。略知明德、新民而不求止於至善者，如前日所論王通便是。如此看他於己分上亦甚修飭，其論爲治本末亦有條理，甚有志於斯世，只是規摹淺狹，不曾就本原上著功，便做不徹。須是無所不用其極，方始是。看古之聖賢別無用心，只這兩者是喫緊處。「明明德」，便欲無一豪私欲。「新民」，便欲人於事事物物上皆是當。**知止而后有定，定而后能静，静而后能安，安而后能慮，慮而后能得。**后，與「後」同。後倣此。○止者，所當止之地，即至善之所在也。知之，則志有定向。静，謂心不妄動。安，謂所處而安。慮，謂處事精詳。得，謂得其所止。**物有本末，事有終始，知所先後，則近道矣。**明德爲本，新民爲末。知止爲始，能得爲終。本始所先，末終所後。此結上文兩節之意。○問云云何也。曰：「此推本上文之意，言明德、新民，所以止於至善之由也。蓋明德、新民，固皆欲其止於至善，然非先有以知夫至善之所在，則不能有以得其所當止者而止之。如射者固欲其中夫正鵠，然不先有以知其正鵠之所在，則不能有以得其所當中者而中之也。知止云者，物格知至，而於天下之事皆有以知其至善之所在，是則吾所當止之地也。能知所止，則方寸之間事事物物皆有定理矣。理既有定，則無以動其心而能静矣。心既能静，則無所擇於地而能安矣。能安，則日用之間從容閒暇，事至物來，有以揆之而能慮矣。能慮，則隨事觀理，極深研幾，無不各得其所止之地而止之矣。然既真知所止，則其必得所止固已不甚相遠，其間四節，蓋亦推言其所以然之故。有此四者，非如孔子之志學以至從心，孟子之善信以至聖神，實有等級之相懸，爲終身經歷之次序也。」○定以理言，故曰有。静以心言，故曰能。○定静之説，定是理，静在心。既定於理，心便會静。若不定於理，則此心只是東走西走。○安只是無甈兀之意，才不紛擾，便安。問：「如此則静與安無分别？」先生曰：「此二字自有淺深。」○静是就心上説，安是就身上説。○能安者，以地位言之也。在此則此安，在彼則彼安，在富貴亦安，在貧賤亦安。○能安者，隨所處而安，無所擇地而安。能慮，是見於應事處能慮。○慮是思之重復詳審者。○慮是研幾。○「『安而後能慮』，不審此一句如何？」先生曰：「若不如此，則自家先已紛擾，安能慮？」○問：「大學『知止』章中所謂定、靜、安，終未深瑩。」先生曰：「知止只是識得一箇去處。既已識得，即心中便定，更不他求。如求之彼，又求之此，即是未定。『定而后能靜，靜而后能安』，此亦相去不遠，但有淺深耳。與中庸動、變、化相類，皆不甚相遠。」○大學定、靜、安，頗相似。定謂所止各有定理，靜謂遇物來能不動，安謂隨所寓而安。安蓋深於靜也。○問「安而後能慮」。曰：「先是自家心安了，有些事來方始思量區處得當。如今人先是自家這裏鶻突了，到事來便都區處不下。既欲爲此，又欲若彼，既欲爲東，又欲向西，便是不能慮。然這也從知止說下來，若知其所止，自然如此，這却不消得工夫。若知所止，如火之必熱，如水之必深，如食之必飽，如飲之必醉，若知所止，便見事事決定是如此，決定著做到如此地位，欠闕些子便自住不得。且如說『事父母能竭其力，事君能致其身』，人多會說得過，只是多不曾見得決定著竭其力處，決定著致其身處。若決定見得著如此，看如何也須要到竭其力處，須要到致其身處。且如而今事君，若不見得決定著致其身，則在內親近，必不能推忠竭誠，有犯無隱；在外任使，必不能展布四體，有殞無二。『無求生以害仁，有殺身以成仁』，這若不是見得到，如何會恁地？」○知止只是知有這箇道理也，須是得其所止方是。若要得其所止，直是能慮方得。能慮，却是緊要。知止，如知爲子而必孝，知爲臣而必忠。能得，是身親爲忠孝之事。若徒知這箇道理，至於事親之際，爲私欲所汩，不能盡其孝；事君之際，爲利禄所汩，不能盡其忠，這便不是能得矣。能慮，是見得此事合當如此，便如此做。○問：「知止矣，如何於此復説能慮？」先生曰：「既知此理，更須是審思而行。且如知孝於事親，須思所以爲事親之道。」○問「知止而後有定」。答曰：「須是灼然知得物理當止之處，心自會定。」又問：「上既言知止了，何更待慮而後能得？」答曰：「知止是知事事物物各有其理，到慮而後能得處，便是得所以處事之理。」○問：「知止便是知至否？」曰：「知止就事上説，知至就心上説。知止，知事之所當止。知至，則心之知識無不盡。」又問「知止」「能慮」之别。曰：「知止是知事物所當止之理，到得臨事，又須研幾審處，方能得所止。」○問：「知與得，如何分别？」曰：「知只是方知，得便是在手。」○知者，知其所止。得者，得其所止。○問：「知止至能得，其閒有工夫否？」曰：「有次序，無工夫。纔知止，自然相因而見。只知止處，便是工夫。」○定對動而言。初知所止，是動底方定，方不走作，如水之初定。静則定得來久，物不能撓，處山林亦静，處廛市亦静。安則静者廣，無所適而不安。静固安，動亦安，看處甚事皆安然不撓。安然後能慮，今人心中摇漾不定疊，還能處得事否？慮者，思之精審也。人之處事於叢冗急遽之際而不錯亂者，非安不能。聖人言雖不多，及至推出來，便有許多説話，在人細看之耳。○問：「知止、得止，莫稍有差别否？」曰：「然。知止是如射者之於的，得止是已中其的。」○或又問：「何故知止而定、静、安了，又復言慮？」曰：「且如『可以予，可以無予；可以取，可以無取；可以死，可以無死』，這上面有幾許商量在。」○

問大學知止能得一段。先生曰：「只是這箇物事，滋長得頭面自各別，今未要理會許多次第，且要先理會箇知止，待將來熟時，便自見得。」○物亦有該事而言者，如仁者不過乎物，所謂物亦只是事。○問：「事、物何以別？」曰：「對言則事是事，物是物；獨言物，則兼事在其中。」**古之欲明明德於天下者，先治其國；欲治其國者，先齊其家；欲齊其家者，先脩其身；欲脩其身者，先正其心；欲正其心者，先誠其意；欲誠其意者，先致其知；致知在格物。**治，平聲。後倣此。○明明德於天下者，使天下之人皆有以明其明德也。心者，身之所主也。誠，實也。意者，心之所發也。實其心之所發，欲其一於善而無自欺也。致，推極也。知，猶識也。推極吾之知識，欲其所知無不盡也。格，至也。物，猶事也。窮至事物之理，欲其極處無不到也。此八者，大學之條目也。○問云云何也。曰：「此言大學之序，其詳如此，蓋綱領之條目也。格物、致知、誠意、正心、修身者，明明德之事也。齊家、治國、平天下者，新民之事也。格物、致知，所以求知至善之所在，自誠意以至於平天下，所以求得夫至善而止之也。所謂明明德於天下者，自明其明德而推以新民，使天下之人皆有以明其明德也。人皆有以明其明德，則各誠其意，各正其心，各脩其身，各親其親，各長其長，而天下無不平矣。然天下之本在國，故欲平天下者，必先有以治其國。國之本在家，故欲治國者，必先有以齊其家。家之本在身，故欲齊家者，必先有以脩其身。至於身之主則心也，一有不得其本然之正，則身無所主，雖欲勉强以脩之，亦不可得而脩矣。故欲脩身者，必先有以正其心，而心之發則意也，一有私欲雜乎其中，而爲善去惡或有未實，則心爲所累，雖欲勉强以正之，亦不可得而正矣。故欲正心者，必先有以誠其意。若夫知則心之神明，妙衆理而宰萬物者也，人莫不有，而或不能使其表裏洞然無所不盡，則隱微之閒真妄錯雜，雖欲勉强以誠之，亦不可得而誠矣。故欲誠意者，必先有以致其知。致者，推致之謂，如『喪致乎哀』之『致』，言推之而至於盡也。至於天下之物，則必各有所以然之故與其所當然之則，所謂理也，人莫不知，而或不能使其精粗隱顯究極無餘，則理所未窮，知必有蔽，雖欲勉强以致之，亦不可得而致矣。故致知之道，在乎即事觀理以格夫物。格者，極至之謂，如『格于文祖』之『格』，言窮之而至其極也。此大學之條目，聖賢相傳，所以教人爲學之次第，至爲纖悉。然漢魏以來，諸儒之論未聞有及之者。至唐，韓子乃能援以爲説，而見於原道之篇，則庶幾其有聞矣。然其言極於正心、誠意，而無曰致知、格物云者，則是不探其端，而驟語其次，亦未免於擇焉不精、語焉不詳之病矣，何乃以是而議荀揚哉？」○致知乃本心之知，如一面鏡子，本全體通明，只被昏翳了。而今逐旋磨去，使四邊皆照見，其明無所不到。○所謂窮理者，事事物物各自有一事一物底道理，窮之須要周盡。若見得一邊，不見一邊，便不該通。窮之未得，更須款曲推明。蓋天理在人，終有明處。「大學之道，在明明德」，謂人合下便有此明德，雖爲物欲掩蔽，然這些明底道理未嘗泯絶，須從明處漸漸推將去，窮到是處，吾心亦自有準則。窮理之初，如攻堅物，必尋其罅隙可入之處，乃從而擊之，則用力爲不難矣。孟子論四端，便各自有箇柄靶，仁義禮智皆有頭緒可尋，即其所發之端而求其可見之體，莫非可窮之理也。○問：「致知莫只是致察否？」曰：「如讀書而求其義，處事而求其當，接物存心察其是非邪正，皆是也。」○致知，所以求爲真知。真知是要徹骨都見得透。○問：「道之不明，蓋是後人舍事迹以求道？」先生曰：「所以古人只道格物。有物便有理。若無事親事君底事，何處得忠孝？」○格物，不説窮理，却言格物。蓋言理，則無可捉摹，理與物有時而離。言物，則理自在，自是離不得。○「窮理」二字不若「格物」之爲切，便就事物上窮、格。○人多把這道理作一箇懸空底物。大學不説窮理，只説箇格物，是要人就事物上理會，如此方見得實體。所謂實體，非就事物上見不得。○格，盡也。須是窮得盡到十分，方是格物。○問：「格物最難，日用間應事處，平直者却易見。如交錯疑似處，要如此則彼礙，要如彼則此礙，不審何以窮之？」曰：「如何一頓便要格得恁地。且要見得大綱，且看箇大胚摹是恁地，方就裏面旋旋做細。如樹，初間且先斫倒在這裏，逐旋去皮，方始出細。若難曉易曉底，一齊都要理會得，也不解恁地，但不失了大綱，理會一重了，裏面又見一重，一重了，又見一重。以事之詳略言，理會一件又一件；以理之淺深言，理會一重又一重，只管理會，須有極盡時。『博學之，審問之，慎思之，明辨之』，成四節次第，恁地方是。」○窮理格物，如讀經看史，應接事物，理會箇是處，皆是格物。只是常教此心存，莫教他閒，没箇勾當處。公且道如今不去學問時，此心頓放那處？○格物須是從切己處理會去，待自家者已定疊，然後漸漸推去，這便是能格物。○物，謂事物也。須窮極事物之理到盡處，便有一箇是，一箇非。是底便行，非底便不行。凡自家身心上，皆須體驗得一箇是非。若講論文字，應接事物，各各體驗，漸漸推廣，地步自然寬闊。○問：「物者，理之所在，人所必有而不能無者，何者爲切？」先生云：「君臣、父子、兄弟、夫婦、朋友，皆人所不能無者。但學者須要窮、格得盡。事父母，則當盡其孝；處兄弟，則當盡其友。如此之類，須是要見得盡。若有一豪不盡，便是窮、格不至也。」○格物，須真見得決定是如此。爲子豈不知是要孝？爲臣豈不知是要忠？人皆知得是如此。然須當真見得，子決定是合當孝，臣決定是合當忠，決定如此做始得。○問：「格物須合內外始得？」曰：「他內外未嘗不合。自家知得物之理如此，則因其理之自然而應之，便見合內外之理。目前事事物物皆有至理，如一草一木一禽一獸，皆有理。草木春生秋殺，好生惡死，『仲夏斬陽木，仲冬斬陰木』，皆是順陰陽道理。自家知得萬物均氣同體，『見生不忍見死，聞聲不忍食肉』，非其時不伐一木，不殺一獸，『不殺胎，不殀夭，不覆巢』，此便是合內外之理。」○聖人只說「格物」二字，便是要人就事物上理會。且自一念之微，以至事事物物，若靜若動，凡居處、飲食、言語，無不是事，無不各有箇天理、人欲，須是逐一驗過。雖在靜處坐，亦須驗箇敬、肆，敬便是天理，肆便是人欲。如居處，便須驗得敬與不敬。有一般人專要就寂然不動上理會，及其應事，却七顛八倒，倒了又牽動他寂然底。又有人專要理會事，却於根本上全無工夫。須是徹上徹下，表裏洞徹。如居仁，便自能由義；由義，便是居仁。「敬以直內」，便能「義以方外」；「義以方外」，便是「敬以直內」。○問：「格物則恐有外馳之病。」答曰：「若合做，則雖治國平天下之事，亦是己事。『周公思兼三王，以施四事，其有不合者，仰而思之，夜以繼日，幸而得之，坐以待旦。』不成也說道外馳。」又問：「若如此，則恐身在此而心不在此。『視而不見，聽而不聞，食而不知其味』，有此等患。」答曰：「合用他處，也著用。」又問：「如此則不當論其内外，但當論合爲與不合爲。」先生頷之。○問：「知者，妙衆理而宰萬物者也。何謂妙衆理？」曰：「大凡道理，皆是我自有之物，非從外得。所謂知者，便只是知得我底道理，非是以我之知去知彼道理也。道理固本有，用知方發得出來，若無知，道理何從而見？所以謂之『妙衆理』，猶言能運用衆理也。『運用』字有病，故只下得『妙』字。」○問：「莫不有以知夫所以然之故，與其所當然之則。當然之則，如君之仁，臣之敬，子之孝，父之慈。所以然之故，如君何故用仁，臣何故用敬，父何故用慈，子何故用孝。」曰：「所以然之故，即是更上面一層，如君之所以仁，蓋君是箇主腦，百姓、人民、土地皆屬他管，他自是用仁愛，非説是爲君了不得已以仁愛行之[二]，自是理合如此。試以一家論之：爲家長者，便用愛一家之人，惜一家之物，自是理合如此，若天使之然。又如父之所以慈，子之所以孝，蓋父子本同一氣，只是一人之身，分成兩箇，其恩愛相屬，自有不期然而然者。其他大倫皆然，天理使之如此也，豈容强爲哉！且以仁言之，只天地生這物時便有箇仁，他只知生而已。從他原頭下來，自然有箇春夏秋冬。初有陰陽，有陰陽便有四象、金木水火土。故賦於人物，便有仁義禮智之性。自他原頭處，便如此了。仁則屬春、屬木，且看春間發生之功，藹然和氣，如草木之萌芽，初間僅一針許，少間

[二] 了，原作「子」，乾隆本、同治本、四庫本同，據薈要本改。

漸漸生發，以致枝葉花實，變化萬狀，便可見他生之意，非仁愛何以如此？緣他本原處有箇仁愛溫和之理如此，所以發之於用，自然慈祥惻隱。義屬秋、屬金，是天地自然有箇清峻剛烈之氣，所以人稟得，便自然有裁制，便自然有羞惡之心。禮、智亦然。蓋自本原而已然，非旋安排教如此也。昔龜山問一學者：『當見孺子入井時，其心怵惕惻隱，何故如此？』學者曰：『自然如此。』龜山曰：『豈可只說自然如此了便休？須是知其所自來。』龜山此語極好。又引或人問『知覺如何』？龜山曰：『知是知此事，覺是覺此理。且如知得君之仁，臣之敬，父之慈，子之孝，是知此事。又知所以仁，所以敬，所以慈，所以孝，是覺此理。』」○問格物致知。先生曰：「他所以下『格』字、『致』字者，皆是爲自家原有是物，但爲他物所蔽耳。而今便要從那知處推開去，是因其所已知而推之，以至於無所不知也。」○知者，吾自有此知。此心虛明廣大，無所不知，要當極其至耳。今學者豈無一班半點，只是爲利欲所昏，不曾致其知。○人之一心，本自光明，常提撕他起，莫爲物欲所蔽，便將這箇做本領，然後去格物致知。如大學中條目便是材料[二]，聖人教人將許多材料來修持此心，令常常光明耳。伊川曰「我使他思時便思」，如此方好。儻臨事不醒，只爭一餉時，便爲他引去。且如何兩眼光瞻瞻，又白日裏在大路上行，如何會被別人引去草中。也只是我自昏睡，或

[二] 是，原作「自」，乾隆本、同治本、薈要本同，據四庫本改。

暗地裹行，便被别人胡亂引去耳。但只要自家常醒得他做主宰，出乎萬物之上，物來便應。易理會底便理會得，難理會底思量久之也理會得。難理會底理會不得，是此心尚皆未明，便用提醒他。○致知、格物，只是一箇。○致知是自我而言，格物是就物而言，若不格物，何緣得知？○格物是物物上窮其至理，致知是吾心無所不知。格物是零細説，致知是全體説。○「孩提之童，莫不知愛其親；及其長也，莫不知敬其兄。」人皆有是知，而不能極盡其知者，人欲害之也。故學者必須先克人欲以致其知，則無不明矣。「致」字如推開去，譬如暗室中見些子明處，便尋從此明處去，忽然出到外面，見得大小大明。人之致知亦如此也。格物是爲人君止於仁、爲人臣止於敬之類。事事物物，各有箇至極之處，所謂「止」者，即至極之處也。然須是極盡方得。久之又云：「知在我，理在物。」○「致」之爲義，如以手推送去之義。凡經傳中云「致」者，其義皆如此。**物格而后知至，知至而后意誠，意誠而后心正，心正而后身脩，身脩而后家齊，家齊而后國治，國治而后天下平。**治，去聲，後倣此。○物格者，物理之極處無不到也。知至者，吾心之所知無不盡也。知既盡，則意可得而實矣。意既實，則心可得而正矣。修身以上，明明德之事也。齊家以下，新民之事也。物格知至，則知所止矣。意誠以下，則皆得所止之序也。○問云云何也。曰：「此覆説上文之意也。物格者，事物之理各有以詣其極而無餘之謂也。理之在物者既詣其極而無餘，則知之在我者亦隨所詣而無不盡矣。知無不盡，則心之所發能一於理而無自欺矣。意自不欺，則心之本體物不能動而無不正矣。心得其正，則身之所處不至陷於所偏而無不修矣。身無不修，則推之天下、國家亦舉而措之耳，豈外此而求之智謀功利之末哉！」曰：「篇首之言明明德，以新民爲對，則固專以自明爲言矣。後段於平天下者，復以明明德言之，則似新民之事亦在其中，何其言之不一，而辨之不明邪？」曰：「篇首三言者，大學之綱領也。而以其賓主對待、先後次第言之，則明明德者，又三言之綱領也。至此段，然後極其體用之全而一言以舉之，以見夫天下雖大而吾心之體無不該，事物雖多而吾心之用無不貫。蓋必析之有以極其精而不亂，然後合之有以盡其大而無餘，此又言之序也。」○知至，謂天下事物之理，知無不到之謂。若知一而不知二，知大而不知細，知高遠而不知幽深，皆非知之至也。要須四至八到，無所不知，乃爲至耳。」問：「致知之致，知至之至[二]，有何分別？」答曰：「上一『致』字，是推致，方爲也。下一『至』字，是已至。」○致知，不是知那人不知底道理，只是人面前底。且如義利兩件，昨日雖看義當爲，然而却又説未做也無害，見得利不可做，却又説做也無害，這便是物未格、知未至。今日見得義當爲決爲之，利不可做決定是不做，心下自信得極，這便是物格，便是知得至了。○物格、知至處，便是凡聖之關。物未格、知未至，如何殺也是凡人。須是物格知至，方能循循不已而入於聖賢之域。○某嘗謂物格知至後，雖有不善，亦是白地上黑點。物未格、知未至，縱善，也只是黑地上白點。○問：「尋常讀大學未有

[二] 致知之致知至之至，原作「致知至之致知之至」，據乾隆本、同治本同，據薈要本、四庫本改。

所得，願請教。」曰：「致知、誠意兩節若打得透時，已自是箇好人。其他事一節大如一節，病敗一節小如一節。」○問：「誠意在致知格物後，如何？」曰：「源頭只在致知。知至之後，如從上面放水來，已自迅流湍決，只是臨時又要略略撥剔，莫令壅滯耳。」○致知，如一事只知得三分，這三分知得者是真實，那七分不知者是虚僞。爲善，須十分知善之可好，若知得九分，而一分未盡，只此一分未盡，便是鶻突苟且之根。少間説便爲惡也不妨，便是意不誠。所以貴致知，窮到極處謂之致。○知與意皆出於心，知是知覺處，意是發念處。○因論「誠意」曰：「過此一關方是人，不是賊。過得此關，道理方牢固。」○意誠如蒸餅，外面是白麪，透裏是白麪。意不誠，如蒸餅，外面雖白，裏面却只是麤底一般。○意誠後，推盪得查滓恰利，心盡是義理。○致知、誠意，乃學者兩箇關。致知乃夢與覺之關，誠意乃惡與善之關。透得致知之關則覺，不然則夢。透得誠意之關則善，不然則惡。○問「知至而後意誠」。先生曰：「意誠只是要情願做工夫，若非情願，亦强不得。未過此一關，猶有七分是小人。」○知若至，則意無不誠。若知之至，雖欲著此物，亦留不住，東西中央皆著不得。若是不誠之人，亦不肯盡去，亦要留些子在。○問：「知至到意誠之間，意似不聯屬，須是別識得天理、人欲分明，盡去人欲，全是天理，方誠。」曰：「固是。這事不易言，須是格物精熟方到。居此常無事，天理實然，有纖豪私欲，便能識破他，自來點檢慣了。譬有賊來，便識得，便捉得他。不曾用工底，與賊同眠同食也不知。」○問「知至而后意誠」云：「有知其如此，而行又不如此者，是如何？」曰：「此只是知之未至。」曰：「必待行之皆是，而後驗其知至歟？」曰：

「不必如此說。而今說與公是知之未至，公不信，且去就格物、窮理上做工夫。窮來窮去，末後自家真箇見得此理是善，彼是惡，自心甘意肯不去做，此方是意誠。若猶有一豪疑貳底心，便是知未至，意未誠，久後依舊去做。然學者未能便得會恁地，須且致其知，工夫積累，方會知至。」○「知至而後意誠」，須是真知了，方能誠意。知苟未至，雖欲誠意，固不得其門而入矣。惟其胷中了然，知得路徑如此，知善之當好，惡之當惡，然後自然意不得不誠，心不得不正。」因指燭曰：「如點一條燭在中閒，光明洞達，無處不照，雖欲將不好物事來，亦没安頓處，自然著他不得。若是知未至，譬如一盞燈，用罩子蓋住，則光之所及者固可見，光之所不及處則皆黑暗無所見，雖有不好物事安頓在後面，固不得而知也，所以貴格物。如佛老之學，他非無長處，但他只知得一路，其知之所及者，則路徑甚明，無有差錯，其知所不及處，則皆顛倒錯亂，無有是處，緣無格物工夫也。」又問：「物未格時，意亦當誠？」曰：「固然。豈可說物未能格，意便不用誠？自始至終，意常要誠。如人適楚，當南其轅，豈可謂吾未能到楚，且北其轅？但知未至時，雖欲誠意，其道無由。如人夜行，雖知路從此去，但黑暗行不得，所以要得致知。知至，則道理坦然明白，安而行之。今人之未至者也，知道善之當好，惡之當惡，然臨事不如此者，只是實未曾見得。若實見得，自然行處無差。」○欲知知之真不真，意之誠不誠，只看做不做如何。只箇如此做底，便是知至、意誠。○問：「知至了，意便誠，抑是方可做誠意工夫？」曰：「也不能恁地說得，這箇也在人。一般人自便能如此，一般人自當循序做。但知至了，意誠便是。且如這一件事，知得不當如此做，末梢又却如此做，便是知得也未至。若知得至時，便決不如此。如人既知烏喙之不可食，水火之不可蹈，豈肯便試去食烏喙、蹈水火？若是知得未至時，意決不能誠。」○心言其統體，意是就其中發出。正心如戒懼不睹不聞，誠意如謹獨。又曰：「由小而大，意小心大。」○問：「心者，身之主也。意者，心之發也。既是意發於心，則意當聽命於心可也。今而曰『意誠而后心正』，則是意反爲心之管束矣，何也？」曰：「心之本體何嘗不正，所以不得其正者，蓋由邪惡之念勃勃而興，有以動其心也。譬之水焉，本自瑩浄寧息，蓋因波濤洶湧，水遂爲其所激而動也。」○心無形影，教人如何撐拄？須是從心之所發處下手，先須去了許多惡根。如人家裏有賊，先去了賊，方得家中寧。如人種田，不先去了草，如何下種？」○致知，知之始；意誠，行之始。○致知、格物，十事格得九事通透，一事未通透，不妨。一事只格得九分，一分不透，最不可。凡事不可著箇「且」字，「且」字其病甚多。○大學一篇，有兩箇大節目。物格知至是一箇，誠意脩身是一箇，纔過此二關了，則便可直行將去。○問：「家齊而后國治、天下平，如堯有丹朱，舜有瞽瞍，周公有管蔡，却能平治，何也？」曰：「堯不以天下與丹朱而與舜，舜能使瞽瞍不格姦，周公能致辟於管蔡，使不爲亂，便是措置得好了。然此皆聖人之變處，不須如此思量，且去理會那常處。」○先生説大學次序曰：「致知、格物，是窮此理；誠意、正心、修身，是體此理；齊家、治國、平天下，只是推此理，要做三節看。」○格物、致知，比治國、平天下，其事似小，然打不透，則病痛却大，無進步處。治國、平天下規摹雖大，然這裏縱有未盡處，病痛却小。○一是，一切也。漢書平帝紀「一切」[二]，顏師古注：「猶如以刀切物，取其整齊。」○大學「在明明德，在新民，在止於至善」，此三箇是大綱，做工夫全在此三句内。下面「知止」五句，是說效驗如此。上面是服藥，下面是說藥之效驗。**自天子以至於庶人，壹是皆以脩身爲本。**壹是，一切也。正心以上，皆所以修身也。齊家以下，則舉此而錯之耳。**其本亂而末治者否矣，其所厚者薄，而其所薄者厚，未之有也。**本，謂身也。所厚，謂家也。此兩節結上文兩節之意。○曰：「治國、平天下者，天子、諸侯之事也，卿、大夫以下蓋無與焉。今大學之教，乃例以明明德於天下爲言，豈不爲思出其位，犯非其分，而何以得爲爲己之學哉？」曰：「天之明命，有生之所同得，非有我之得私也。是以君子之心豁然大公，其視天下，無一物而非吾心之所當愛，無一事而非吾職之所當爲，雖或勢在匹夫之賤，而所以堯舜其君、堯舜其民者，亦未嘗不在其分内也。又況大學之教，乃爲天子之元子、衆子，公、侯、卿、大夫、士之適子，與國之俊選而設，是皆將有天下、國家之責而不可辭者，則其所以素教而預養之者，安得不以天下、國家爲己事之當然，而預求有以正其本、清其源哉？後世教學不明，爲人君父者慮不足以及此，而苟狥於目前，是以天下之治日常少，亂日常多，而敗國之君、亡家之主常接迹於當世，亦可悲矣！論者不此之監，而反以聖法

[二] 紀，原作「已」，各本同，據明成化本朱子語類卷十五改。

爲疑，亦獨何哉？大抵以學者而視天下之事，以爲己事之所當然而爲之，則雖甲兵錢穀、籩豆有司之事，皆爲己也。以其可以求知於世而爲之，則雖割股廬墓、弊車羸馬，亦爲人耳。善乎張子敬夫之言曰：『爲己者，無所爲而然者也。』此其語意之深切，蓋有前賢所未發者。學者以是而日自省焉，則有以察乎善利之閒而無豪釐之差矣。」○爲己者，無所爲而然。無所爲，只是見得自家合當做，不是要人道好。如甲兵錢穀、籩豆有司，到當自家理會便理會，不是爲別人了理會。如割股、廬墓，一則是不忍其親之病，一則是不忍其親之死，這都是爲己。若因要人知了去，恁地便是爲人。○問：「子房以家世相韓，故從少年結士，欲爲韓報仇，這是有所爲否？」曰：「他當初只一心欲爲國報仇，只見這是箇臣子合當做底事，不是爲別人，不是要人知。」○有所爲者，是爲人也。這須是見得天下之事，實是己所當爲，非吾性分之外所能有，然後爲之，而無爲人之弊耳。且如「哭死而哀，非爲生者」，今人弔人之喪，若以爲亡者平日與吾善厚，真箇可哭，哭之發於中心，此固出於自然者。又有一般人，欲亡者家人知我如此而哭者，便不是，這便是爲人。又如人做一件善事，是自家自肯去做，非待人教自家做，方勉做，此便不是爲人也。○問：「割股一事如何？」曰：「割股固自不是。若誠心爲之，不求人知，亦庶幾。今有以此要譽者。」

右經一章，蓋孔子之言而曾子述之。凡二百五字。**其傳十章，則曾子之意而門人記之也。舊本頗有錯簡，今因程子所定，而更考經文，別爲序次如左。**凡千五百四十六。○凡傳文雜引經傳，若無統紀，然文理接續，血脉貫通，深淺始終，至爲精密。熟讀詳味，久當見之，今不盡釋也。〇曰：「子謂正經蓋夫子之言而曾子述之，其傳則曾子之意而門人記之。何以知其然也？」曰：「正經辭約而理備，言近而指遠，非聖人不能及也。然以其無他左驗，且意其或出於古昔先民之言也，故疑之而不敢質。至於傳文，或引曾子之言，而又多與中庸、孟子者合，則知其成於曾氏門人之手，而子思以授孟子無疑也。蓋中庸之所謂明善，即格物致知之功。其曰誠身，即誠意、正心、修身之效也。孟子之所謂『知性』者，物格也；『盡心』者，知至也；『存心、養性、修身』者，誠意、正心、修身也。其他如謹獨之云，不慊之説，義利之分，常言之序，亦無不脗合焉者。故程子以爲孔氏之遺書，學者之先務，而論孟猶處其次焉，亦可見矣。」曰：「程子之先是書而後論孟，又且不及乎中庸，何也？」曰：「是書垂世立教之大典，通爲天下後世而言者也。論孟應機接物之微言，或因一時一事而發者也。是以是書之規摹雖大，然其首尾該備而綱領可尋，節目分明而工夫有序，無非切於學者之日用。論孟之爲人雖切，然而問者非一人，記者非一手，或先後淺深之無序，或抑揚進退之不齊，其閒蓋有非初學日用之所及者，此程子所以先是書而後論孟。蓋以其難易緩急言之，而非以聖人之言爲有優劣也。至於中庸，則又聖門傳授極致之言，尤非後學之所易得而聞者，故程子之教未遽及之，豈不又以爲論孟既通，然後可以及此乎？蓋不先乎大學，無以提挈綱領而盡論孟之精微；不參之論孟，無以融貫會通而極中庸之歸趣。然不會其極於中庸，則又何以建立大本、經綸大經，而讀天下之書、論天下之事哉？以是觀之，則務講學者固不可不急於四書，而讀四書者又不可不先於大學，亦已明矣。今之教者，乃或棄此不務，而反以他說先焉，其不溺於虛空，流於功利，而得罪於聖門者，幾希矣。」

康誥曰：「克明德。」康誥，周書。克，能也。**大甲曰：「顧諟天之明命。」**大，讀作泰。諟，古「是」字。○大甲，商書。顧，謂常目在之也。諟，猶此也，或曰審也。天之明命，即天之所以與我，而我之所以爲德者也。常目在之，則無時不明矣。**帝典曰：「克明峻德。」**峻，書「俊」字。○帝典，堯典，虞書。峻，大也。**皆自明也。**結所引書，皆言自明己德之意。○或問：「克明德者，何也？」曰：「此言文王能明其德也。蓋人莫不知德之當明而欲明之，然氣稟拘之於前，物欲蔽之於後，是以雖欲明之，而有不克也。文王之心，渾然天理，亦無待於克之而自明矣。然猶云爾者，亦見其獨能明之，而他人不能，又以見夫未能明者之不可不致其克之之功也。」○曰：「顧諟天之明命，何也？」曰：「人受天地之中以生，故人之明德非他也，即天之所以命我，而至善之所存也。是其全體大用，蓋無時而不發見於日用之閒。人惟不察於此，是以汩於人欲，而不知所以自明。常目在之，而真若見其參於前、倚於衡也，則成性存存而道義出矣。」○曰：「克明峻德，何也？」曰：「言堯能明其大德也。」○曰：「是三者固皆自明之事也，然其言之亦有序乎？」曰：「康誥通言明德而已。大甲則明天之未始不爲人，而人之未始不爲天也。帝典則專言成德之事而極其大焉。其言之淺深，亦略有序矣。」○自人受之，喚做明德。自天言之，喚做明命。今人多鶻鶻突突，一似無這箇明命。若常見其在前，則凜凜然不敢放肆，見許多道理都在眼前。又曰：「人之明德，即天之明命。雖則是形骸間隔，然人之所以能視聽言動，非天而何？」○問「克明德」。曰：「德之明與不明，只在人之克不克。只是真箇會明其明德。」○「顧諟天之明命」，諟是詳審，顧是見得子細。○問：「『顧諟天之明命』，如何看？」答曰：「天之明命，是天之所以命我，而我之所以爲德者也。然天之所以與我者雖曰至善，苟不能常提撕省察，使大用全體昭晰無遺，則人欲益滋，天理益昏，而無以有諸己矣。」先生曰：「此便是至善。但今人無事時，又却恁昏昏地，至有事時，則又隨事逐物而去，都無一箇主宰。這須是常加省察，真如見一箇物事在裏，不要昏濁了他，則無事時自然凝定，有事時隨理而處，無有不當。」又云：「古注説『常目在之』，這説得極好。」○「顧諟天之明命」，非謂有一物常在目前可見，也只是常存此心，知得有這道理光明不昧。方其静坐未接物也，此理固湛然清明，及其遇事而應接也，此理亦隨處發見。只要常提撕省察，念念不忘，存養久之，則是理愈明，雖欲忘之，而不可得矣。孟子曰：「學問之道無他，求其放心而已矣。」所謂求放心，只常存此心便是。存養既久，自然信向，決知堯舜之可爲，聖賢之可學，如菽粟之必飽，布帛之必暖，自然不爲外物所勝。若是若存若亡，如何會信？如何能必行？又曰：「千書萬書，只是教人求放心。聖賢教人，其要處皆一。苟得一處，則觸處皆通矣。」○問：「顧，謂『常目在之』，天命至微，恐不可目在之。」先生曰：「只是見得長長地在面前樣。『立則見其參於前，在輿則見其倚於衡』，豈是有物可見。」○問：「『顧諟天之明命』，顧如何是目在之？」先生曰：「常在視瞻之閒，蓋言存之而不忘。」○問：「或問云：『全體大用無時不發見於日用之閒。』曰用閒如何是全體大用處？」曰：「赤子匍匐將入井，皆有怵惕惻隱之心。舉此一節，體用亦可見。體與用不相離，如這是體，起來運行便是用。如喜怒是用，所以能喜怒者便是體。」○明德如明珠，常自光明，但要時加拂拭耳。若爲物欲所蔽，即是珠爲泥涴，然光明之性，依舊自在。○問：「所謂德者，乃天之所以命我而具於一心之微，初豈有形體之可見？今乃曰『真若見其參於前而倚於衡』，不知其所見者，果何物也？」曰：「此豈有物可見？但是凡人不知省察，常行日用，每與是德相忘，亦不自知其有是也。今所謂顧諟者，只是心裏常常存著此理在。一出言，則言必有當然之則，不可失也。一行事，則事必有當然之則，不可失也。不過如此耳。初豈實有一物之可以見其形象也？」○問：「顧諟明命一條，引『成性存存，道義出矣』，何如？」曰：「自天之所命，謂之明命。我這裏得之於己，謂之明德。只是一箇道理。人只要存得這些在這裏，才存得在這裏，則事君必會忠，事親必會孝，見孺子入井則怵惕之心便發，見穿窬之類則羞惡之心便發，合恭敬處便自然會恭敬，合辭遜處便自然會辭遜。須要常存得此心，則便見得此性發出底，都是道理。若不存得這些，待做出，那箇會合道理？」○問：「顧諟一句，或問復以爲見『天之未始不爲人，而人之未始不爲天』，何也？」曰：「只是言人之性本無不善，而其日用之閒莫不有當然之則，所謂天理也。人若每事做得是，則便合天理。天人本只一理，若理會得此意，則天何嘗大，人何嘗小也。」○問「天未始不爲人，而人未始不爲天」。曰：「天即人，人即天。人之始生，得於天也。既生此人，則天又在人矣。凡語言、動作、視聽，皆天也。只今説話，天便在這裏。顧諟，是常要看教光明粲爛，照在目前。」

右傳之首章。釋明明德。 此通下三章，至「止於信」，舊本誤在「没世不忘」之下。

湯之盤銘曰：「苟日新，日日新，又日新。」 盤，沐浴之盤也。銘，名其器以自警之辭也。苟，誠也。湯以人之洗濯其心以去惡，如沐浴其身以去垢。故銘其盤，言誠能一日有以滌其舊染之汙而自新，則當因其已新者，而日日新之，又日新之，不可略有閒斷也。**康誥曰：「作新民。」** 鼓之舞之之謂作，言振起其自新之民也。**詩曰：「周雖舊邦，其命惟新。」** 詩，大雅文王之篇。言周國雖舊，至於文王，能新其德以及於民，而始受天命也。**是故君子無所不用其極。** 自新、新民，皆欲止於至善也。○或問：「盤之有銘，何也？」曰：「盤者，常用之器。銘者，自警之辭也。古之聖賢，兢兢業業，固無時而不戒謹恐懼，然猶恐其有所怠忽而或忘之也。是以於其常用之器，各因其事而刻銘以致戒焉，欲其常接乎目，每警乎心，而不至於忽忘也。」曰：「然則沐浴之盤，而其所刻之辭如此，何也？」曰：「人之有是德，猶其有是身也。德之本明，猶其身之本潔也。德之明而利欲昏之，猶身之潔而塵垢汙之也。一旦存養省察之功，真有以去其前日利欲之昏而日新焉，則亦猶其疏瀹澡雪，而有以去其前日塵垢之汙也。然既新矣，而所以新之之功不繼，則利欲之交，將復有如前日之昏，猶既潔矣，而所以潔之之功不繼，則塵垢之集，將復有如前日之汙也。

故必因其已新而日日新之，又日新之，使其存養省察之功無少間斷，則明德常明，而不復爲利欲之昏。亦如人之一日沐浴而日日沐浴，又無日而不沐浴，使其疏瀹澡雪之功無少間斷，則身常潔清而不復爲舊染之汙也。昔成湯所以反之而至於聖者，正惟有得於此，故稱其德者，有曰『不邇聲色，不殖貨利』，又曰『以義制事，以禮制心』；有曰『從諫弗咈，改過不吝』，又曰『與人不求備，檢身若不及』，此皆足以見其日新之實。至於所謂『聖敬日躋』云者，則其言愈約而意愈切矣。然本湯之所以得此，又其學於伊尹而有發焉。故伊尹自謂與湯『咸有一德』，而於復政太甲之初，復以『終始惟一，時乃日新』爲丁寧之戒云。」○曰：「康誥之言『作新民』，何也？」曰：「武王之封康叔也，以商之餘民染紂汙俗而失其本心也，故作康誥之書而告之以此，欲其有以鼓舞而作興之，使之振奮踴躍，以去其惡而遷於善，舍其舊而進乎新也。然此豈聲色號令之所及哉？亦自新而已矣。」○「詩之言『周雖舊邦，其命惟新』，何也？」曰：「言周之有邦，自后稷以來千有餘年，至於文王，聖德日新，而民亦丕變，故天命之，以有天下。是其邦雖舊，而命則新也。蓋民之視效在君，而天之視聽在民，君德既新，則民德必新，民德既新，則天命之新亦不旋日矣。」○人誠能有日新之功，則須日有進益，若不能接續，則間斷了。○新與舊，非是去外面討來。昨日之舊，乃是今日之新。○成湯工夫全是在「敬」字上。

右傳之二章。釋新民。

詩云：「邦畿千里，惟民所止。」詩，商頌玄鳥之篇。邦畿，王者之都也。止，居也。言物各有所當止之處也。**詩云：「緡蠻黄鳥，止于丘隅。」子曰：「於止，知其所止，可以人而不如鳥乎！」**緡，詩作「緜」。○詩，小雅緜蠻之篇。緡蠻，鳥聲。丘隅，岑蔚之處。「子曰」以下，孔子説詩之辭，言人當知所當止之處也。**詩云：「穆穆文王，於緝熙敬止。」爲人君止於仁，爲人臣止於敬，爲人子止於孝，爲人父止於慈，與國人交止於信。**「於緝」之「於」，音烏。○詩，文王之篇。穆穆，深遠之意。於，歎美辭。緝，繼續也。熙，光明也。敬止，言其無不敬而安所止也。引此而言聖人之止，無非至善。五者乃其目之大者也。學者於此，究其精微之藴，而又推類以盡其餘，則於天下之事，皆有以知其所止而無疑矣。**詩云：「瞻彼淇澳，菉竹猗猗。有斐君子，如切如磋，如琢如磨。瑟兮僩兮，赫兮喧兮，有斐君子，終不可諠兮。」如切如磋者，道學也。如琢如磨者，自脩也。瑟兮僩兮者，恂慄也。赫兮喧兮者，威儀也。有斐君子，終不可諠兮者，道盛德至善，民之不能忘也。**澳，於六反。菉，詩作「緑」。猗，叶韻，音阿。僩，下版反。喧，詩作「咺」；諠，詩作「諼」，並況晚反。恂，鄭氏讀作峻。○詩，衛風淇澳之篇。淇，水名。澳，隈也。猗猗，美盛貌。興也。斐，文貌。切以刀鋸，琢以椎鑿，皆裁物使成形質也。磋以鑢鐋，磨以沙石，皆治物使其滑澤也。治骨角者，既切而復磋之。治玉石者，既琢而復磨之。皆言其治之有緒，而益致其精也。瑟，嚴密之貌。僩，武毅之貌。赫喧，宣著盛大之貌。諠，忘也。道，言也。學，謂講習討論之事。自脩者，省察克治之功。恂慄，戰懼也。威，可畏也。儀，可象也。引詩而釋之，以明明明德者之止於至善。道學、自脩，言其所以得之之由。恂慄、威儀，言其德容表裏之盛。卒乃指其實而歎美之也。**詩云：「於戲前王不忘。」君子賢其賢而親其親，小人樂其樂而利其利，此以没世不忘也。**於戲，音嗚呼。樂，音落。○詩，周頌烈文之篇。於戲，歎辭。前王，謂文武也。君子，謂其後賢後王。小人，謂後民也。此言前王所以新民者止於至善，能使天下後世無一物不得其所，所以既没世而人思慕之，愈久而不忘也。此兩節咏歎淫泆，其味深長，當熟玩之。○緝熙，是工夫；敬止，是功效。○或問：「引文王之詩，而繼以君臣、父子、與國人交之所止，何也？」曰：「此因聖人之止，以明至善之所在也。蓋天生烝民，有物有則，是以萬物庶事莫不各有當止之所。但所居之位不同，則所止之善不一。故爲人君則其所當止者在於仁，爲人臣則其所當止者在於敬，爲人子則其所當止者在於孝，爲人父則其所當止者在於慈，與國人交則其所當止者在於信，是皆天理人倫之極致，發於人心之不容已者。而文王之所以爲法於天下，可傳於後世者，亦不能加豪末於是焉。但衆人類爲氣稟物欲之所昏，故不能常敬，而失其所止。惟聖人之心，表裏洞然，無有一豪之蔽，故連續光明，自無不敬，而所止者，莫非至善，不待知所止而後得所止也。故傳引此詩，而歷陳所止之實，使天下後世得以取法焉。學者於此，誠有以見其發於本心之不容已者而緝熙之，使其連續光明，無少閒斷，則其敬止之功是亦文王而已矣。詩所謂『上天之載，無聲無臭。儀刑文王，萬邦作孚』，正此意也。」曰：「古「子之說詩，既以『敬止』之『止』爲語助之辭，而於此書，又以爲所止之義，何也？」曰：「古人引詩斷章，或姑借其辭以明己意，未必皆取本文之義也。」曰：「五者之目，辭約而義該矣。子之說，乃復有所謂究其精微之藴而推類以通之者，何其言之衍而不切邪？」曰：「舉其德之要而總名之，則一言足矣。論其所以爲是一言者，則其始終本末豈一言之所能盡哉？得其名而不得其所以名，則仁或流於姑息，敬或墮於阿諛，孝或陷父，而慈或敗子，且其爲信亦未必不爲尾生、白公之爲也。又況傳之所陳，姑以見物各有止之凡例，其於大倫之目，猶且闕其二焉，苟不推類以通之，則亦何以盡天下之理哉？」○曰：「復引淇澳之詩，何也？」曰：「上言止於至善之理備矣，然其所以求之之方與其得之之驗，則未之及，故又引此詩以發明之也。夫『如切如磋』，言其所以講於學者已精，而益求其精也。『如琢如磨』，言其所以修於身者已密，而益求其密也。此其所以擇善固執，日就月將，而得止於至善之由也。恂慄者，嚴敬之存乎中也。威儀者，輝光之著乎外也。此其所以睟面盎背，施於四體，而爲止於至善之驗也。盛德至善，民不能忘，蓋人心之所同然。聖人既先得之，而其充盛宣著又如此，是以民皆仰之而不能忘也。盛德，以身之所得而言也；至善，以理之所極而言也；切磋琢磨，求其止於是而已矣。」曰：「切磋、琢磨，何以爲學問、自修之別也？」曰：「骨角脉理可尋，而切磋之功易，所謂始條理之事也；玉石渾全堅確，而琢磨之功難，所謂終條理之事也。」○問：「至善，如君之仁、臣之敬、父之慈、子之孝者，固如此。就萬物中細論之，則其類如何？」曰：「只恰好底便是。坐如尸，乃是坐恰好底；立如齋，便是立恰好底。」○問：「『敬止』既注云『究其精微之藴，而又推類以通其餘』，何謂也？」曰：「大倫有五，此言其三，蓋不止此。

『究其精微之藴』，就是三者裏面窮究其藴；『推類以通其餘』，是就外面推廣，如夫婦、兄弟之類。」○大學「至善」一章，工夫都在切磋琢磨上。○問切磋琢磨之説。曰：「恰似剥了一重，又有一重。學者做工夫，消磨舊習，幾時便去得盡？須是只管磨礲，教十分浄潔。最怕如今於眼前道理略理會得些，便自以爲足，更不著力向上去，這如何得會到至善田地？」○既切而復磋之，既琢而復磨之，方止於至善。不然，雖善非至也。○問：「『如切如磋』者，道學也。『如琢如磨』者，自修也。此詩人美武公之本旨，抑姑借其辭以發學問、自修之義邪？」曰：「衛武公大段是有學問底人，抑之一詩，義理精密，詩中如此者，甚不易得。」○問：「大學解『瑟』爲『嚴密』，是就心言，抑就行言？」曰：「是就心言。」曰：「心如何是密處？」曰：「只是不麤疎，恁地縝密。」○僩，武毅之貌。能剛强卓立，不如此，怠惰闒颯。○問：「恂慄，何以知其爲戰懼？」先生曰：「莊子云『木處則恂慄危懼』。」○問[二]：「淇澳詩『瑟兮僩兮者，恂慄也』，注云：『瑟者，武毅之貌，而恂慄，則戰懼之貌也。』不知人當戰懼之時，果有武毅之意否？」先生曰：「人而懷戰懼之心，則必齋莊嚴肅，又烏可犯？」○古人直是如此嚴整，然後有那威儀烜赫著見。○大率切而不磋，亦未到至善處。琢而不磨，亦未到至善處。瑟兮僩兮，則誠敬存於中矣。未至於赫兮喧兮，威儀光輝著見於外，

[二] 問，原作「與」，乾隆本、同治本、四庫本同，據薈要本改。

亦未爲至善。此四句是此段緊切處，專是説至善。蓋不如此，則雖善矣，未得爲至善也。至於民之不能忘，若非十分至善，何以使民久而不能忘？古人言語精密，有條理如此。○如切如磋者，道學也。如琢如磨者，自修也。既學而猶慮其未至，則復講習討論以求之。猶治骨角者，既切而復磋之，切得一箇樸在這裏，似亦可矣，又磋之使至於滑澤，這是治骨角者之至善也。既修而猶慮其未至，則又省察克治以終之。猶治玉石者，既琢而復磨之，琢是琢得一箇樸在這裏，似亦得矣，又磨之使至於精細，這是治玉石之至善也。取此而喻君子之至於善，既格物以求知所止矣，又日用力以求得其所止焉。○道學是起頭處，修身是成就處。

右傳之三章。釋止於至善。此章内自引淇澳詩以下，舊本誤在「誠意」章下。

子曰：「聽訟，吾猶人也，必也使無訟乎。」無情者，不得盡其辭。大畏民志，此謂知本。猶人，不異於人也。情，實也。引夫子之言，而言聖人能使無實之人不敢盡其虛誕之辭。蓋我之明德既明，自然有以畏服民之心志，故訟不待聽而自無也。觀於此言，可以知本末之先後矣。○曰：「然則聽訟、無訟，於明德、新民之義何所當也？」曰：「聖人德盛仁熟，所以自明者，皆極天下之至善，故能大有以畏服其民之心志，而使之不敢盡其無實之辭。是以雖其聽訟無以異於衆人，而自無訟之可聽。蓋己德既明，而民德自新，則得其本之明效也。或不能然，而欲區區於分争辯訟之閒，以求新民之效，其亦末矣。」○問「聽訟，吾猶人也，必也使無訟乎」云云。曰：「聖人固不會錯斷了事。只是他所以無訟者，却不在於善於聽訟，在於意誠心正，自然有以薰炙漸染，大服民志，故自無訟之可聽耳。如成人有其兄死而不爲之衰者，聞子皋將至，遂爲衰。子皋又何常聽訟了致然，只是自有以感動人處故耳。」

右傳之四章。釋本末。此章舊本誤在「止於信」下。

此謂知本。程子曰：衍文也。**此謂知之至也。**此句之上，別有闕文，此特其結語耳。

右傳之五章，蓋釋格物致知之義，而今亡矣。此章舊本通下章，誤在經文之下。**閒嘗竊取程子之意以補之，曰：「所謂致知在格物者，言欲致吾之知，在即物而窮其理也。蓋人心之靈莫不有知，而天下之物莫不有理，惟於理有未窮，故其知有不盡也。是以大學始教，必使學者即凡天下之物，莫不因其已知之理而益窮之，以求至乎其極。至於用力之久，而一旦豁然貫通焉，則衆物之表裏精粗無不到，而吾心之全體大用無不明矣。此謂物格，此謂知之至也。」**問：「此經之序，自誠意以下，其義明而傳悉矣。獨其所謂格物、致知者，字義不明，而傳復闕焉。且爲最初用力之地，而無復上文語緒之可尋也。子乃自謂取程子之意以補之，則程子之言，何以見其必合於經意？而子之言，又似不盡出於程子，何邪？」曰：「或問於程子曰：『學何爲而可以有覺也？』程子曰：『學莫先於致知，能致其知，則思日益明，至於久而後有覺爾。書所謂「思曰睿，睿作聖」，董子所謂「勉强學問，則聞見博而智益明」，正謂此也。學而無覺，則亦何以學爲也哉。』」○或問：「忠信則可勉矣，而致知爲難，奈何？」程子曰：「誠敬固不可以不勉，然天下之理不先知之，亦未有能勉以行之者也。故大學之序，先致知而後誠意，其等有不可躐者。苟無聖人之聰明睿智，而徒欲勉焉以踐其行事之迹，則亦安能如彼之動容周旋無不中禮也哉！惟其燭理之明，乃能不待勉强而自樂循理爾。夫人之性本無不善，循理而行，宜無難者，惟其知之不至，而但欲以力爲之，是以苦其難而不知其樂耳。知之而至，則循理爲樂，不循理爲不樂，何苦而不循理以害吾樂邪？昔嘗見有談虎傷人者，衆莫不聞，而其閒一人神色獨變，問其所以，乃嘗傷於虎者也。夫虎能傷人，人孰不知，然聞之有懼有不懼者，知之有真有不真也。學者之知道，必如此人之知虎，然後爲至耳。若曰知不善之不可爲，而猶或爲之，則亦未嘗真知而已矣。」此兩條者，皆言格物致知所以當先而不可後之意也。○又有問進修之術何先者。程子曰：「莫先於正心誠意，然欲誠意，必先致知，而欲致知，又在格物。致，盡也。格，至也。凡有一物，必有一理，窮而至之，所謂格物者也。然而格物亦非一端，如或讀書講明道義，或論古今人物而别其是非，或應接事物而處其當否，皆窮理也。」○曰：「格物者，必物物而格之邪？將止格一物而萬理皆通邪？」曰：「一物格而萬理通，雖顔子亦未至此。惟今日而格一物焉，明日又格一物焉，積習既多，然後脱然有貫通處耳。」○又曰：「自一身之中，以至萬物之理，理會得多，自當豁然有箇覺處。」○又曰：「窮理者，非謂必盡窮天下之理，又非謂止窮得一理便到，但積累多後，自當脱然有悟處。」○又曰：「格物，非欲盡窮天下之物，但於一事上窮盡，其他可以類推。至於言孝，則當求其所以爲孝者如何。若一事上窮不得，且别窮一事，或先其易者，或先其難者，各隨人淺深。譬如千蹊萬徑，皆可以適國，但得一道而入，則可以類推而通其餘矣。蓋萬物各具一理，而萬理同出一原，此所以可推而無不通也。」○又曰：「物必有理，皆所當窮，若天地之所以高深，鬼神之所以幽顯是也。若曰天吾知其高而已矣，地吾知其深而已矣，鬼神吾知其幽且顯而已矣，則是已然之辭，又何理之可窮哉！」○又曰：「如欲爲孝，則當知所以爲孝之道，如何而爲奉養之宜，如何而爲温凊之節，莫不窮究，然後能之，非獨守夫孝之一字而可得也。」○或問：「觀物察己者，豈因見物而反求諸己乎？」曰：「不必然也。物我一理，纔明彼，即曉此，此合内外之道也。語其大，天地之所以高厚；語其小，至一物之所以然，皆學者所宜致思也。」曰：「然則先求之四端可乎？」曰：「求之性情，固切於身，然一草一木亦皆有理，不可不察。」○又曰：「致知之要，當知至善之所在，如父止於慈，子止於孝之類。若不務此，而徒欲汎然以觀萬物之理，則吾恐其如大軍之遊騎，出太遠而無所歸也。」○又曰：「格物，莫若察之於身，其得之尤切。」此十條者，皆言格物致知所當用力之地，與其次第工程也。○又曰：「格物窮理，但立誠意以格之，其遲速則在乎人之明暗耳。」○又曰：「入道莫如敬，未有能致知而不在敬者。」○又曰：「涵養須用敬，進學則在致知。」○又曰：「致知在乎所養，養知莫過於寡欲。」○又曰：「格物者，適道之始，思欲格物，則固已近道矣。是何也？以收其心而不放也。」此五條者，又言涵養本原之功，所以爲格物致知之本者也。凡程子之爲説者，不過如此，其於格物致知之傳詳矣。今也尋其義理，既無可疑，考其字義，亦皆有據。至以他書論之，則文言所謂「學、聚、問、辨」，中庸所謂「明善、擇善」，孟子所謂「知性、知天」，又皆在乎固守力行之先，而可以驗夫大學始教之功，爲有在乎此也。愚嘗反覆考之，而有以信其必然。是以竊取其意，以補傳文之闕。不然，則又安敢犯不韙之罪，爲無證之言，以自託於聖經賢傳之閒乎？曰：「然則吾子之意，亦可得而悉聞之乎？」曰：「吾聞之也，天道流行，造化發育，凡有聲色貌象而盈於天地之閒者，皆物也。既有是物，則其所以爲是物者，莫不各有當然之則而自不容已，是皆得於天之所賦，而非人之所能爲也。今且以其至切而近者言之，則心之爲物，實主於身，其體則有仁、義、禮、智之性，其用則有惻隱、羞惡、恭敬、是非之情，渾然在中，隨感而應，各有攸主，而不可亂也。次而及於身之所具，則有口、鼻、耳、目、四肢之用。又次而及於身之所接，則有君臣、父子、夫婦、長幼、朋友之常。是皆必有當然之則而自不容已，所謂理也。外而至於人，則人之理不異於己也。遠而至於物，則物之理不異於人也。極其大，則天地之運、古今之變不能外也；盡於小，則一塵之微、一息之頃不能遺也。是乃上帝所降之衷，烝民所秉之彝，劉子所謂『天地之中』，夫子所謂『性與天道』，子思所謂『天命之性』，孟子所謂『仁義之心』，程子所謂『天然自有之中』，張子所謂『萬物之一原』，邵子所謂『道之形體』者。但其氣質有清濁偏正之殊，物欲有淺深厚薄之異，是以人之與物，賢之與愚，相與懸絶，而不能同耳。以其理之同，故以一人之心，而於天下萬物之理無不能知。以其稟之異，故於其理或有所不能窮也。理有未窮，故其知有不盡。知有不盡，則其心之所發，必不能純於義理，而或雜乎物欲之私。此其所以意有不誠，心有不正，身有不修，而天下、國家不可得而治也。昔者聖人蓋有憂之，是以於其始教，爲之小學而使之習於誠敬，則所以收其放心，養其德性者，已無所不用其至矣。及其進乎大學，則又使之即夫事物之中，因其所知之理，推而究之，以各到乎其極。則吾之知識，亦得以周遍精切而無不盡也。若其用力之方，則或考之事爲之著，或察之念慮之微，或求之文字之中，或索之講論之際。使於身心性情之德，人倫日用之常，以至天地鬼神之變，鳥獸草木之宜，自其一物之中，莫不有以見其所當然而不容已，與其所以然而不可易者，必其表裏精粗無所不盡，而又益推其類以通之，至於一日脱然而貫通焉，則於天下之物，皆有以究其義理精微之所極，而吾之聰明睿智，亦皆有以極其心之本體而無不盡矣。此愚之所以補乎本傳闕文之意。雖不能盡用程子之言，然其指趣要歸，則不合者鮮矣。讀者其亦深考而實識之哉。」曰：「然則子之爲學，不求諸心而求諸迹，不求之内而求之外，吾恐聖賢之學不如是之淺近而支離也。」曰：「人之所以爲學，心與理而已矣。心雖主乎一身，而其體之虚靈，足以管乎天下之理。理雖散在萬物，而其用之微妙，實不外乎一人之心。初不可以内外精粗而論也。然或不知此心之靈而無以存之，則昏昧雜擾而無以窮衆理之妙，不知衆理之妙而無以窮之，則偏狹固滯而無以盡此心之全。此其理勢之相須，蓋亦有必然者。是以聖人設教，使人默識此心之靈，而存之於端莊静一之中，以爲窮理之本。使人知有衆理之妙，而窮之於學、問、思、辨之際，以致盡心之功。巨細相涵，動静交養，初未嘗有内外精粗之擇。及其真積力久而豁然貫通焉，則亦有以知其渾然一致而果無内外精粗之可言矣。今必以是爲淺近支離，而欲藏形匿景，别爲一種幽深恍惚、艱難阻絶之論，務使學者莽然措其心於文字言語之外，而曰求道必如此，然後可以得之，則是近世佛學詖、淫、邪、遁之尤者，而欲移之以亂古人明德、新民之實學，其亦誤矣。」〇曰：「近世大儒有爲格物致知之説者曰：『格猶扞也、禦也，能扞禦外物，而後能知至道也。』又有推其説者曰：『人生而静，其性本無不善，而有爲不善者，外物誘之也。所謂格物以致其知者，亦曰扞去外物之誘，而本然之善自明耳。』是其爲説，不亦善乎？」曰：「天生烝民，有物有則，則物之與道，固未始相離也。今曰禦外物而後可以知至道，則是絶父子而後可以知孝慈，離君臣然後可以知仁敬也。是安有此理哉！若曰所謂外物者，不善之誘耳，非指君臣、父子而言也，則夫外物之誘人，莫甚於飲食男女之欲，然推其本，則固亦莫非人心所當有而不能無者也，但於其間自有天理、人欲之辨，而不可以豪釐差耳。惟其徒有是物，而不能察於吾之所以行乎其間者，孰爲天理，孰爲人欲，是以無以致其克復之功，而物之誘於外者，得以奪乎天理之本然也。今不即物以窮其原，而徒惡物之誘乎己，乃欲一切扞而去之，則是必閉口枵腹，然後可以得飲食之正，絶滅種類，然後可以全夫婦之别也。是雖裔戎無君無父之教，有不能充其説者，況乎聖人大中至正之道，而得以此亂之哉！」○曰：「自程子以格物爲窮理，而其學者傳之，見於文字多矣。是亦有以發其師説而有助於後學者邪？」曰：「程子之説，切於己而不遺於物，本於行事之實，而不廢文字之功，極其大而不略其小，究其精而不忽其粗。學者循是而用力焉，則既不務博而陷於支離，亦不徑約而流於狂妄；既不舍其積累之漸，而其所謂豁然貫通者，又非見聞思慮之可及也。是於説經之意，入德之方，其亦可謂反復詳備，而無俟於發明矣。若其門人雖曰祖其師説，然以愚考之，則恐其皆未足以及此也。蓋有以必窮萬物之理同出於一爲格物，知萬物同出乎一理爲知至，如合内外之道，則天人物我爲一；通晝夜之道，則死生幽明爲一；達哀樂好惡之情，則人與鳥獸魚鼈爲一；求屈伸消長之變，則天地山川草木爲一者，似矣。然其欲必窮萬物之理而專指外物，則於理之在己者有不明矣；但求衆物比類之同，而不究一物性情之異，則於理之精微者有不察矣；不欲其異而不免乎四説之異，必欲其同而未極乎一原之同，則徒有牽合之勞，而不睹貫通之妙矣。其於程子之説何如哉！又有以爲窮理只是尋箇是處，然必以恕爲本，而又先其大者，則一處理通而觸處皆通者。其曰尋箇是處者則得矣，而曰以恕爲本，則是求仁之方，而非窮理之務也；又曰先其大者，則不若先其近者之切也；又曰一處通而一切通，則又顔子之所不能及，程子之所不敢言，非若類推積累之可以循序而必至也。又有以爲天下之物不可勝窮，然皆備於我，而非從外得也；所謂格物，亦曰反身而誠，則天下之物無不在我者，是亦似矣。然反身而誠，乃爲物格知至以後之事，言其窮理之至，無所不盡。故凡天下之理，反求諸身，皆有以見，其如目視耳聽、手持足行之畢具於此，而無豪髮之不實耳。固非以是方爲格物之事，亦不謂但務反求諸身，而天下之理自然無不誠也。中庸之言明善，即物格知至之事；其言誠身，即意誠心正之功。故不明乎善，則有反諸身而不誠者，其功夫地位固有序而不可誣矣。今爲格物之說，又安得遽以是而爲言哉！又有以今日格一物、明日格一物爲非程子之言者。則諸家所記程子之言，比類非一，不容皆誤。且其爲說，正中庸『學問思辨，弗得弗措』之事，無所咈於理者，不知何所病而疑之也？豈其習於持敬之約，而厭夫觀理之煩邪？抑直以己所未聞，而不信他人之所聞也？夫持敬、觀理，不可偏廢，程子固已言之。若以己偶未聞，而遂不之信，則以有子之似聖人而速貧速朽之論，猶不能無待於子游而後定，今又安得遽以一人之所未聞，而盡廢衆人之所共聞者哉！又有以爲物物致察而宛轉歸己，如察天行以自强，察地勢以厚德者，亦似矣。然其曰物物致察，則是不察程子所謂不必盡窮天下之物也；又曰宛轉歸己，則是不察程子所謂物我一理，纔明彼，即曉此之意；又曰察天行以自强，察地勢以厚德，則是但欲因其已定之名，擬其已著之迹，而未嘗如程子所謂求其所以然與其所以爲者之妙也。獨有所謂即事即物、不厭不弃，而身親格之以精其知者，爲得致字向裏之意。而其曰格之之道，必立志以定其本，居敬以持其志，志立乎事物之表，敬行乎事物之内，而知乃可精者，又有以合乎所謂未有致知而不在敬者之指。但其語意頗傷急迫，既不能盡其全體規摹之大，又無以見其從容潛玩、積久貫通之功耳。嗚呼！程子之言，其答問反復之詳且明也如彼，而其門人之所以爲説者乃如此，雖或僅有一二之合焉，而不免於猶有所未盡也。是亦不待七十子喪而大義已乖矣，尚何書其能有所發而有助於後學哉！閒獨惟念昔聞延平先生之教，以爲爲學之初，且當常存此心，勿爲他事所勝。凡遇一事，即當且就此事反復推尋，以究其理，待此一事融釋脱落，然後循序少進，而别窮一事。如此既久，積累之多，胷中自當有灑然處，非文字言語之所及也。詳味此言，雖其規摹之大，條理之密，若不逮於程子，然其功夫之漸次，意味之深切，則有非他説所能及者。惟嘗實用力於此者，爲能有以識之，未易以口舌争也。」曰：「然則所謂格物致知之學，與世之所謂博物洽聞者，奚以異？」曰：「此以反身窮理爲主，而必究其本末是非之極致；彼以徇外誇多爲務，而不覈其表裏真妄之實然。必究其極，是以知愈博而理愈明；不覈其實，是以識愈多而心愈窒。此正爲己、爲人之所以分，不可不察也。」○問：「格物工夫未到得貫通，亦未害否？」先生云：「學者所以學，便須是到聖賢地位，不到不肯休，方是。但用工做向前去，莫問程途，少閒自能到。如何先立一箇不解到得便休底規摹放這裏了，如何做事？」○問「全體大用」。曰：「體用元不相離，如人行坐，坐則此身全坐，便是體，行則此體全行，便是用。」○「學而無覺，則亦何以學爲也哉。」此程子曉人至切處。○今日格一件，明日又格一件，積習既多，然後脱然有箇貫通處，此一項尤有意味。向非其人善問，則亦何以得之。○又曰：「自一身之中以至萬物之理，理會得多，自當豁然有箇覺處。」先生曰：「此一段尤其要切，學者所當深究。」道夫曰：「自一身以至萬物之理，則所謂由中而外，自近而遠，秩然有序而不迫切者？」先生曰：「然。到得豁然處，是非人力勉强而至者也。」○又曰：「窮理者，非謂必盡窮天下之理，又非謂止窮得一理便到。但積累多後，自當脱然有悟處。」先生曰：「程先生言語氣象自活，與衆人不同。」○又問「物必有理，皆所當窮」云云。先生曰：「此處是緊切，學者須當知夫天如何而能高，地如何而能厚，鬼神如何而能幽顯，山岳如何而能融結，這方是格物。」○又曰「致知之要，當知至善之所在」云云。先生曰：「天下之理，富塞充滿。耳之所聞，目之所見，無非物也。若之何而窮之哉？須當察之於心，使此心之理既明，然後於物之所在從而察之，則不至於汎濫矣。」○又曰：「格物莫若察之於一身，其得之爲尤切。」先生曰：「前既説當察物理，不可專在性情，至此又言莫若得之於身爲尤切，皆是互相發處。」○又曰「格物窮理，但立誠意以格之」云云。先生曰：「立誠意，只是樸實下工夫，與經文誠意之説不同。」○又曰：「入道莫如敬，未有致知而不在敬者。」先生曰：「敬則此心惺惺。」○又曰：「涵養須用敬，進學則在致知。」先生曰：「二者偏廢不得，致知須用涵養，涵養必用致知。」○知便要知得極致。知是推致到極處，窮究徹底，真見得決如此。程子説虎傷人之譬，甚好。這如一箇物，四陲四角皆知得盡，前頭更無去處，外面更無去處，方始是格到那物。○問：「固有人明得此理，而涵養未到，却爲私意所奪。」先生云：「只爲明得不盡。若明得盡，私意自然留不得。若半青半黄，未能透徹，便是尚有查滓，非所謂真知也。」問：「須是涵養到心體無不盡處方善。不然，知之雖至，行之終恐不盡也。」先生云：「只爲知不至。今人行到五分，便是他只知得五分，見識只識到那地位。譬諸穿窬，稍是箇人，便不肯做，蓋真知穿窬之不善也。」○問：「一理通則萬理通，其説如何？」曰：「伊川嘗云『雖顏子亦未到此』，天下豈有一理通，解萬理皆通也？須積累將去。如顏子高明，不過聞一以知十，亦是大段聰明了。學問却有漸，無急迫之理。有人嘗説，學問只用窮究一箇大處[二]，則其他皆通。如某正不敢如此説，須是逐旋做將去，不成只用窮究一箇，其他更不用管，便都理會得？豈有此理？」○問：「正心誠意，莫須操存否？」曰：「也須見得後，方始操得。不然，只恁空手，終不濟事。蓋謹守則在此，一合眼則便走了。須是格物，蓋格物則理明，理明則誠一而心自正矣。不然則戢戢而生，如何守得他住？」曰：「格物最是難事，如何便盡格得？」曰：「程子謂『今日格一件，明日又格一件，積習既多，然後脱然有貫通處』。某嘗

[二] 學，原作「曰」，各本同，據明成化本朱子語類卷十八改。

謂他此語便是真實做工夫來。他也不説格一件後便會通，也不説盡格得天下物理後方始通，只云『積習既多，然後脱然有箇貫通處』。」又曰：「今却不用慮其他，只是箇『知至而后意誠』這一轉較難。」〇「今日格一件，明日格一件，積習既多，自當脱然有貫通處」，乃是零零碎碎，湊合將來，不知不覺，自然醒悟。其始固須用力，及其得之也，又却不假用力。此箇事不可欲速，欲速則不達。〇問：「伊川説『今日格一件，明日格一件』，工夫如何？」曰：「如讀書，今日看一段，明日看一段。又如今日理會一事，明日理會一事，積習多後，自然貫通。」〇人之良知，本所固有。然不能窮理者，只是足於已知已達，而不能窮其未知未達。故見得一截，不曾又見得一截，此其所以於理未精。〇問：「無事時見得是如此，臨事又做錯了，如何？」曰：「只是斷置不分明，所以格物便要閑時理會，不是要臨時理會。閑時看得道理分曉，則事來時斷置自易。格物只是理會未理會得底，不是從頭都要理會。如水火，人自是知其不可蹈，何曾有錯去蹈水火？格物只是理會當蹈水火與不當蹈水火，臨事時斷置教分曉。且如看文字，聖賢説話，粹無可疑者。若後世諸儒之言，喚做都不是也不得，有好底，有不好底，好底裏面也有不好處，不好底裏面也有好處，有這一事説得是，那一件説得不是，有這一句説得是，那一句説得不是，都要恁地分別。如臨事，亦要如此理會那箇是，那箇不是，若道理明時自分曉。有一般説漢唐來都是，有一般説漢唐來都不是，恁地也不得。且如董仲舒、賈誼説話，何曾有都不是底？何曾有都是底？須是要見得他那箇議論是不是，如此方喚做格物。如今將一箇物事來，是與不是見得不定，便是自家這裏道理不通透。若道理明，則這樣處自通透。」○又問「天地之所以高深，鬼神之所以幽顯」。曰：「公且說天是如何後高？蓋天只是氣，非獨是高，只今人在地上，便只見如此高。要之，他連那地下亦是天。天只管轉來旋去，天大了，故旋得許多查滓在中間。世間無一箇物事恁地大。地只是氣之查滓，故厚而深。鬼神之幽顯，自今觀之，他是以鬼爲幽，以神爲顯。鬼者，陰也；神者，陽也。氣之屈者謂之鬼，氣之只管恁地來者謂之神。『洋洋然如在其上』，『焄蒿悽愴，此百物之精也，神之著也』，這便是那發生之精神。神者是生底，以至長大，故見其顯，便是氣之伸者。今人謂人之死爲鬼，是死後收斂，無形無迹，不可理會，便是那氣之屈底。」道夫問：「橫渠所謂『二氣之良能』，良能便是那會屈伸底否？」曰：「然。」○問：「程子言[一]『格物非謂盡窮天下之理，但於一事上窮盡，其他可以類推』。二說如何？」曰：「既是教類推，不是窮盡一事便了。且如孝，盡得箇孝底道理，故忠可移於君，又須去盡得忠。以至於兄弟、夫婦、朋友，從此推之無不盡窮，始得。」○格物不可只理會文義，須便實下工夫格將去，始得。○今人務博者，却要盡窮天下之理；務約者又要反身而

[一] 明成化本朱子語類卷十八「程子言」後有「今日格一件明日格一件積習既久自當脱然有貫通處又言」二十四字。

誠，則天下之物無不在我者，皆不是。如一百件事，理會得五六十件了，這三四十件雖未理會，也大概是如此。○問程子格物之説。曰：「須合而觀之。所謂『不必盡窮天下之物』者，如十事已窮得八九，則其一二雖未窮得，將來湊會，都自見得。又如四旁已窮得，中央雖未窮得，畢竟是在中閒了，將來貫通，自能見得。程子謂『但積累多後，自當脱然有悟處』，此語最好。」○問：「程子論致知處云：『若一事上窮不得，且别窮一事。』竊謂致之爲言，推而至之以至於盡也。於窮不得處，正當努力，豈可遷延逃避，别窮一事邪？至於所謂：『但得一道而入，則可以類推而通其餘矣。』夫專心致志，猶慮其未能盡知，況敢望以其易而通其難者乎？」曰：「這是言隨人之量，非曰遷延逃避也。蓋於此處既理會不得，若專一守在這裏，却轉昏了，須著别窮一事，又或可以因此而明彼也。」○問：「伊川説『若一事窮不得，須别窮一事』，與延平李先生説如何？」曰：「這説自有一項難窮底事。如造化、禮樂、度數等事，是卒急難曉，只得且放住。且如所説春秋書『元年春王正月』，這如何要窮曉得？李先生説，是窮理之要。若平常遇事，這一件理會未透，又理會第二件，第二件理會未得，又理會第三件，恁地終身不長進。」○問：「或問中『千蹊萬徑，皆可適國』，國恐是譬理之一源處。不知從一事上便可窮得到一源處否？」曰：「也未解便如此，只要以類而推。理固是一理，然其閒曲折甚多，須是把這箇做樣子，却從這裏推去，始得。且如事親，固當盡其事之之道，若得於親時是如何，不得於親時又當如何。以此而推之於事君，則知得於君時是如何，不得於君時又當如何。推以事長亦是如此。自此推去，莫不皆然。」○問：「萬物各具一理，而萬理同出一源，此所以可推而無不通也。」曰：「近而一身之中，遠而八荒之外，微而一草一木之衆，莫不各具此理。如此四人在坐，各有這箇道理，某不用假借於公，公不用求於某。然雖各自有這一箇理，又却同出於一箇理爾。如排數器水相似，這盂也是這樣水，那盂也是這樣水，各各滿足，不待求假於外，然打破放裏，却也只是箇水。此所以可推，推而無不通也。所以謂格得多後自此貫通者，只謂是一理。釋氏云：『一月普現一切水，一切水月一月攝。』這是那釋氏也窺見得他這些道理。濂溪通書只是說這一事。」○問「萬物各具一理，而萬理同出一原」。曰：「萬物皆有此理，理皆同出一原，但所居之位不同，則其理之用不一。如爲君須仁，爲臣須敬，爲子須孝，爲父須慈。物物各具此理，而物物各異其用，然莫非一理之流行也。聖人所以窮理盡性而至於命，凡世間所有之物，莫不窮極其理，所以處置得物物各得其所，無一事一物不得其宜。除是無此物，方無此理，既有此物，聖人無有不盡其理者也。」○問：「或問『觀物察己，還因見物反求諸己』，此說亦是。程子非之，何也？」曰：「這理是天下公共之理，人人都一般，初無物我之分。不可道我是一般道理，人又是一般道理，將來相比。如赤子入井，皆有怵惕，知得人有這箇，便知自家亦有這箇，更不消比並自知。」○格物、致知，彼我相對而言耳，格物所以致知。於這一物上窮得一分之理，即我之知亦知得一分；於物之理窮二分，即我之知亦知得二分；於物之理窮得愈多，則我之知愈廣。其實只是一理，才明彼，即曉此。所以大學說「致知在格物」，又不說「欲致其知者在格其物」，蓋致知便在格物中，非格之外別有致處也。又曰：「格物之理，所以致我之知。」○問：「或問『致知』章引程子所謂『汎然徒欲以觀萬物之理，譬如大軍之遊騎，出太遠而無所歸』，莫只是要切己看否？」曰：「只要從近去。」○且窮實理，令有切己功夫。若只汎窮天下萬物之理，不務切己，即是遺書所謂「遊騎無所歸」矣。○問：「程子謂『一草一木皆所當窮』，又謂『恐如大軍遊騎，出太遠而無所歸』，何也？」曰：「便是此等語說得好，平正不向一邊去。」○問：「『知至而后意誠』，而程子又云『格物窮理，立誠意以格之』，何也？」曰：「此『誠』字說較淺，未說到深處，只是確定其志，樸實去做工夫。如胡氏『立志以定其本』，便是此意。」○敬則心存，心存則理具，於此而得失可驗，故曰「未有致知而不在敬者」。○問：「程子云『未有致知而不在敬者』，蓋敬則胷次虛明，然後能格物而判其是非。」曰：「雖是如此，然亦須格物。不使一豪私欲得以爲之蔽，然後胷次方得明。只一箇持敬，也易得做病。若只持敬，不時時提撕著，亦易以昏困。須是提撕，才見有私欲底意思來，便屏去，且謹守著，到得復來，又屏去，時時提撕，私意當自去也。」○問：「格物敬爲主，如何？」曰：「敬者，徹上徹下工夫。」○世間之物，無不有理，皆須格過。古人自幼便識其具，且如事親事君之禮，鍾鼓鏗鏘之節，進退揖遜之儀，皆目熟其事，躬親其禮。及其長也，不過只是窮此理，因而漸及於天地、鬼神、日月、陰陽、鳥獸、草木之理，所以用工也易。今人皆無此等禮數可以講習，只靠先聖遺經，自去推究，所以要人格物主敬，便將此心去體會古人道理，備而行之。如事親孝，自家既知所以孝，便將此孝心依古禮而行之；事君敬，便將此敬心依聖經所説之禮而行之。一一須要窮過，自然浹洽貫通。○問：「或問『涵養又在致知之先』。」曰：「涵養是合下在先。古人從少以敬涵養，父兄漸漸教之讀書識義理。今若説待涵養了方去理會致知，也無期限。須是兩下用工，也著涵養，也著致知。伊川多説敬，敬則此心不放，事事皆從此做去。」○問：「養知莫過於寡欲，是既知後，便如此養否？」曰：「此不分先後。未知之前若不養之，此知如何發得？既知之後若不養，則又差了。不可道未知之前便不必如此。」○「致知」一章，此是大學最初下手處。若理會得透徹，後面便容易。故程子此處説得節目甚多，皆是因人之資質了説，雖若不同，其實一也。見人之敏者，太去理會外事，則教之使去父慈子孝處理會。曰：「若不務此，而徒欲汎然以觀物之理，則吾恐其如大軍之遊騎，出太遠而無所歸。」若是人專只去裏面理會，則教之以求之性情，固切於身，然一草一木亦皆有理。要之，內事外事皆是自己合當理會底，但須是六七分去裏面理會，三四分去外面理會方可。若是工夫中半時，亦自不可。況在外工夫多，在內工夫少邪？此尤不可也。○誠敬涵養，爲格物致知之本。○問：「或問載程子致知格物之説不同。」曰：「當時答問，各就其人而言之。今須是合就許多不同處，來看作一意爲佳。」○問「由中而外，自近而遠」。曰：「某之意，只是説欲致其知者，須先存得此心。此心既存，却看這箇道理是如何。又推之於身，又推之於物，只管一層展開一層，又見得許多道理。」又曰：「如『足容重，手容恭，目容端，口容止，聲容静，頭容直，氣容肅，立容德，色容莊』，這便是一身之則所當然者。『曲禮三百，威儀三千』，皆是人所合當做而不得不然者，非是聖人安排這物事約束人。如洪範亦曰『貌曰恭，言曰從，視曰明，聽曰聰，思曰睿』，以至於『睿作聖』，夫子亦謂『君子有九思』，此皆人之所不可已者。」○問：「『降衷』之『衷』與『受中』之『中』，二字義如何？」曰：「左氏云：『始終而衷舉之。』又曰：『衷甲以見。』看此『衷』字，義本是『衷甲以見』之義，爲其在裏而當中也。然『中』字大概因過不及而立名。後人云『衷，善也』，却説得未親切。」○問：「天道流行，發育萬物，人物之生，莫不得其所以生者以爲一身之主。是此性隨所生處便在否？」曰：「一物各具一太極。」○問：「或問『詩所謂秉彝，書所謂降衷』一段，其名雖異，要之皆是一理。」曰：「誠是一理，豈可無分別？且如何謂之『降衷』？」曰：「衷是善也。」曰：「若然，何不言降善而言降衷？『衷』字看來只是箇無過不及之中，是箇恰好底道理。天之生人物，箇箇有這一副當恰好、無過不及底道理降與你，與程子所謂『天然自有之中』、劉子所謂『民受天地之中』相似，與詩所謂『秉彝』、張子所謂『萬物之一原』又不同。須各曉其名字訓義之所以異，方見其所謂同。『衷』只是中。今人言折衷，折衷者，以中爲準則而取正也。『天生烝民，有物有則』，『則』字却似『衷』

蓋物物有則，字。天之生此物，必有箇當然之則，故民執之以爲常道，所以無不好此懿德。物物有則，蓋君有君之則，臣有臣之則。『爲人君止於仁』，君之則也；『爲人臣止於敬』，臣之則也。如耳有耳之則，目有目之則。『視遠惟明』，目之則也；『聽德惟聰』，耳之則也。『從作乂』，言之則；『恭作肅』，貌之則也。四支百骸，萬物萬事，莫不各有當然之則。子細推之，皆可見。」又曰：「凡看道理，須是細心看他名義分位之不同。通天下故同此一理，然聖賢所說有許多般樣，須是一一通曉，分別得出，始得。若只儱侗說了，盡不見他裏面好處。如『降衷于下民』，這緊要字却在『降』字上，故自天而言，則謂之『降衷』，自人受此衷而言，則謂之性。如云『天所賦爲命，物所受爲性』，命便是那『降』字，至物所受，則謂之性，而不謂之衷。所以不同，緣各據他來處、所受處而言也。惟『皇上帝降衷于下民』，此據天之所與物者而言。『若有常性』，是據民之所受者而言。『克綏厥猷』，猷即道，道者，性之發用處，能安其道者惟后也。如『天命之謂性，率性之謂道，脩道之謂教』三句，亦是如此。古人說得道理如此縝密，處處皆合。今人心粗，如何看得出。」○用之說「衷」是道理之心，這話恁地說不得。心、性固只一理，然自有合言處，又有析而言處。須知其所以析，又知其所以合，乃可。然謂性便是心，則不可；謂心便是性，亦不可。孟子曰「盡其心，知其性」，又曰「存其心，養其性」，聖賢說話，自有分別，何嘗如此儱侗不分曉？固有儱侗一統說時，然名義各自不同。心性之別，如以碗盛水，水須碗乃能盛，然謂碗便是水，則不可。後來横渠説得極精，云「心，統性情者也」。如「降衷」之「衷」，同是此理，然此字但可施於天之所降而言，而不可施於人之所受而言也。○問：「劉子所謂『天地之中』，即周子所謂『太極』否？」曰：「只一般，但名不同。中只是恰好處。書『惟皇上帝降衷于下民』，亦只是恰好處。極不是中，極之爲物，只是在中。」○問：「『民受天地之中以生』，與程子『天然自有之中』，還是一意否？」曰：「只是一意，蓋指大本之中也。」○問：「或問云：『天地鬼神之變，鳥獸草木之宜，莫不有以見其所當然而不容已。』此處所謂『不容已』者是何？」曰：「春生了，便秋殺，他住不得。陰極了，便陽生，如人在背後，只管來相趲，如何住得。」○問或問中「莫不有以見其所當然而不容已者，然又當求其所以然而不可易者」。先生問：「每常如何看？」廣云：「所以然而不可易者，是指理而言；所當然而不容已者，是指人心而言。」曰：「下句只是指事而言，凡事固有所當然而不容已者，然又當求其所以然者，何故？其所以然，理也，理如此，故不可易。又如人見赤子入井，皆有怵惕惻隱之心，此其事所當然而不容已者也，然其所以者是何故？必有箇道理之不可易者。今之學者，但止見其一邊，只據眼前理會得箇皮膚便休，都不曾會得那徹心徹髓處。以至於天地間造化，固是陽長則生，陰消則死，然其所以然者是如何？又如天下萬事，一事各有一理，須是一一理會交徹。不成只説道『天，吾知其高而已；地，吾知其深而已；萬物萬事，吾知其爲萬物萬事而已』？明道詩云：『道通天地有形外，思入風雲變態中。』觀他此語，須知有極至之理，非册子之上所能載者。」廣云：「大至於陰陽造化，皆是所當然而不容已者；所謂太極，則是所以然而不可易者。」曰：「固是。人須是自向裏入深去理會。此箇道理，才理會到深處，又易得似禪。須是理會到深處，又却不與禪相似，方是。」○因舉五峯之言曰：「『身親格之，以精其知』，雖於『致』字得向裏之意，然却恐遺了外面許多事。如某，便不敢如此說。須是内外、本末、隱顯、精粗一一周遍，方始是儒者之學。」○或問：「理之不容已者如何？」曰：「理之所當爲者，自不容已。孟子最發明此理處，如曰『孩提之童，無不知愛其親，及其長也，無不知敬其兄』，自是有住不得處。」○上蔡說：「窮理只尋箇是處，以恕爲本。」窮理自是我不曉這道理，所以要窮，如何說得「恕」字？○窮理蓋是合下工夫，恕則在窮理之後。胡文定載顯道語云「恕則窮理之要」，某理會安頓此語不得。○謝子「尋箇是處」之說甚好。○龜山說：「只反身而誠，便天地萬物之理在我。」胡文定却言「物物致察，宛轉歸己。見雲雷，知經綸；見山下出泉，知果行」之類。惟伊川言「不可只窮一理，亦不能徧窮天下萬物之理」。某謂：「須有先後緩急，久之亦要窮盡。如正蒙，是盡窮萬物之理。」○問：「『物物致察』與『物物而格』何別？」曰：「文定所謂『物物致察』，只求之於外，如所謂『察天行以自强，察地勢以厚德』，祇因其物之如是而求之耳，初不知天如何而健，地如何而順也。」道夫曰：「所謂『宛轉歸己』，此等言語，似失之巧。」曰：「若宛轉之說，則是理本非己有，乃强委曲牽合，使他入來爾。許多説，只有上蔡所謂『窮理只是尋箇是處』爲得之。」道夫曰：「龜山『反身而誠』之説，只是摹空説了。」曰：「都無一箇著實處。」道夫曰：「却似甚快。」曰：「若果如此，則聖賢都易做了。」又問：「他既如此説，其下工夫時亦須有箇窒礙。」曰：「也無做處。如龜山於天下事極明得，如言治道與官府政事，至纖至細處亦曉得。到這裏却恁説，次第他把來做兩截看了。」○五峯説「格物，立志以定其本，居敬以持其志。志立乎事物之表，敬行乎事物之內，而知乃可精」者，這段語本説得極精。然却有病者，只説得向裏來，不曾説得外面，所以語意頗傷急迫。蓋致知本是廣大，須用説得表裏內外周徧兼該，方得。其曰「志立乎事物之表，敬行乎事物之內」，此語極好。而曰「而知乃可精」，便有局蹙氣象，他便要就這裏便精其知。殊不知致知之道不如此急迫，須是寬其程限，大其度量，久久自然通貫。他言語只説得裏面一邊極精，遺了外面一邊，所以其規摹之大，不如程子。且看程子所説：「今日格一件，明日格一件，積久自然貫通。」此言該內外，寬緩不迫，有涵泳從容之意，所謂「語小，天下莫能破；語大，天下莫能載」也。○諸公致知格物之説，皆失了伊川意，此正是入門款，於此既差，則他可知矣。

所謂誠其意者，毋自欺也。如惡惡臭，如好好色，此之謂自謙。故君子必慎其獨也。好、惡，上字皆去聲。謙，讀爲慊，苦劫反。○誠其意者，自修之首也。毋者，禁止之辭。自欺云者，知爲善以去惡，而心之所發有未實也。慊，快也，足也。獨者，人所不知而己所獨知之地也。言欲自修者知爲善以去其惡，則當實用其力，而禁止其自欺。使其惡惡則如惡惡臭，好善則如好好色，皆務決去而求必得之，以自快足於己，不可徒苟且以狥外而爲人也。然其實與不實，蓋有他人所不及知而己獨知之者，故必謹之於此以審其幾焉。**小人閒居爲不善，無所不至，見君子而后厭然，揜其不善，而著其善。人之視己，如見其肺肝然，則何益矣。此謂誠於中，形於外，故君子必慎其獨也。**閒，音閑。厭，鄭氏讀爲黶。○閒居，獨處也。厭然，消沮閉藏之貌。此言小人陰爲不善，而陽欲揜之，則是非不知善之當爲與惡之當去也，但不能實用其力以至此耳。然欲揜其惡而卒不可揜，欲詐爲善而卒不可詐，則亦何益之有哉！此君子所以重以爲戒，而必謹其獨也。**曾子曰：「十目所視，十手所指，其嚴乎！」**引此以明上文之意。言雖幽獨之中，而其善惡之不可揜如此，可畏之甚也。**富潤屋，德潤身，心廣體胖，故君子必誠其意。**胖，步丹反。○胖，安舒也。言富則能潤屋矣，德則能潤身矣，故心無愧怍，則廣大寬平，而體常舒泰，德之潤身者然也。蓋善之實於中而形於外者如此，故又言此以結之。○或問：「六章之指，其詳猶有可得而言者邪？」曰：「天下之道二，善與惡而已矣。然揆厥所元，而循其次第，則善者天命所賦之本然，惡者物欲所生之邪穢也。是以人之常性莫不有善而無惡，其本心莫不好善而惡惡。然既有是形體之累，而又爲氣稟之拘，是以物欲之私得以蔽之，而天命之本然者不得而著。其於事物之理，故有瞢然不知其善惡之所在者，亦有僅識其粗，而不能真知其可好可惡之極者。夫不知善之真可好，則其好善也雖曰好之，而未能無不好者以拒之於内；不知惡之真可惡，則其惡惡也雖曰惡之，而未能無不惡者以挽之於中。是以不免於苟焉以自欺，而意之所發有不誠者。夫好善而不誠，則非惟不足以爲善，而反有以賊乎其善；惡惡而不誠，則非惟不足以去惡，而適所以長乎其惡。是則其爲害也，徒有甚焉，而何益之有哉？聖人於此，蓋有憂之，故爲大學之教，而必首之以格物致知之目以開明其心術，使既有以識夫善惡之所在與其可好可惡之必然矣。至此而復進之以必誠其意之説焉，則又欲其謹之於幽獨隱微之奥，以禁止其苟且自欺之萌。而凡其心之所發，如曰好善，則必由中及外，無一豪之不好也；如曰惡惡，則必由中及外，無一豪之不惡也。夫好善而中無不好，則是其好之也，如好好色之真，欲以快乎己之目，初非爲人而好之也；惡惡而中無不惡，則是其惡之也，如惡惡臭之真，欲以足乎己之鼻，初非爲人而惡之也。所發之實既如此矣，而須臾之頃，纖芥之微，念念相承，又無敢少有閒斷焉，則庶乎内外昭融，表裏澄徹，而心無不正，身無不修矣。若彼小人，幽隱之閒，實爲不善，而猶欲外託於善以自蓋，則亦不可謂其全然不知善惡之所在，但以不知其真可好惡，而又不能謹之於獨，以禁止其苟且自欺之萌，是以淪陷至於如此而不自知耳。此章之説，其詳如此，是固宜爲自修之先務矣。然非有以開其知識之真，則不能有以致其好惡之實，故必曰『欲誠其意者，先致其知』，又曰『知至而后意誠』。然猶不敢恃其知之已至，而聽其所自爲也，故又曰『必誠其意，必謹其獨，而毋自欺焉』。則大學功夫次第相承，首尾爲一，而不假他術以雜乎其閒，亦可見矣。彼此皆然，今不復重出也。」〇曰：「然則慊之爲義，或以爲少，又以爲恨，與此不同，何也？」曰：「『慊』之爲字，有作『嗛』者，而字書以爲口銜物也。然則『慊』亦但爲心有所銜之義，而其爲快、爲足、爲恨、爲少，則以所銜之異而別之耳。孟子所謂『慊於心』，樂毅所謂『慊於志』，則以銜其快與足之意而言者也。孟子所謂『吾何慊』，漢書所謂『嗛栗姬』，則以銜其恨與少之意而言者也。讀者各隨所指而觀之，則既並行而不悖矣。字書又以其訓快與足者，讀與愜同，則義愈明而音又異，尤不患於無別也。」○問：「格物知至了，如何到誠意又說『毋自欺』也？毋者，禁止之辭？」曰：「物既格，知既至，到這裏方可著手下工夫。不是物格知至了，下面許多一齊掃了。若如此，却不消說下面許多。看下面許多，節節有工夫。」○問劉棟：「看大學自欺之說如何？」曰：「不知義理，却道我知義理，是自欺。」先生曰：「自欺是箇半知半不知底人，知道善我所當爲，却又不十分去爲善；知道惡不可作，却又是自家所愛，舍他不得，這便是自欺。不知不識，只喚做不知不識，却不喚做自欺。」○或問「誠其意者毋自欺」。先生曰：「譬如一塊物，外面是銀，裏面是鐵，便是自欺。須是表裏如一，便是不自欺。然所以不自欺，須是見得分曉。譬如今人見烏喙之不可食，知水火之不可蹈，則自不食不蹈。如寒之欲衣，飢之欲食，則自是不能已。今人果見得分曉，如烏喙之不可食，水火之不可蹈，見善如飢之欲食，寒之欲衣，則此意自是實矣。」○自欺，非是心有所慊。蓋外面雖爲善事，其中却是不然，乃自欺也。○而今說自欺，未說到與人說時，方謂之自欺。只是自家知得善好，要爲善，然心中却覺得微有些沒緊要底意思，便是自欺，便是虛僞不實矣。正如金，已是真金了，只是鍛鍊得微不熟，微有些查滓去不盡，顔色或白、或青、或黄，便不是十分精金。○問「自慊」。先生云：「人之爲善，須是十分真實爲善，方是自慊。若有六七分爲善，又有兩三分爲惡底意思在裏面相牽，便是不自慊。須是如『惡惡臭，好好色』方是。」○「『自慊』之『慊』，大意與孟子『行有不慊』相類，細思亦微有不同。孟子『慊』訓『滿足』意多，大學訓『快意』多。横渠云：『自慊，不足以合天心。』初看亦只一般，然横渠亦是訓『足』底意思多。」○字有同一義而二用者。「慊」字訓足也，「我何慊乎哉」，彼心中不以彼之富貴而懷不足也；「行有不慊於心」，謂義須充足於中，不然則餒也。如「忍」之一字，自容忍而爲善者言之，則爲忍去忿欲之氣；自殘忍而爲惡者言之，則爲忍去了惻隱之心。「慊」字亦同此義。○誠意，十分爲善。有一分不好底意思潛發以間於其間，此意一發，便由斜徑以長，這一從「口」，如胡孫兩「嗛」，皆本虚字看懷藏何物於内耳[二]。如「銜」字或爲銜恨，或爲銜恩，箇却是實，前面善意却是虚矣。如見孺子入井，救之是好意，其間便有些要譽底意思以雜之；如薦好人是善意，便有些要人德之之意隨後生來；治惡人是好意，便有狼疾之意隨後來，前面好意都成虚了。如姤卦上五爻皆陽，下面只是一陰生，五陽便立不住。○「誠與不誠，自慊與自欺，只争這些子毫髮之間耳。」又曰：「自慊則一，自欺則二。自慊者，外面如此，中心也是如此，表裏一般；

[二] 字看，原作「著」，各本同，據宋福州學官刻元修本西山讀書記甲集十六改。

自欺者，外面如此做，中心其實有些子不願，外面且要人道好，只此便是二心。誠僞之所由分也。」○知之不至，則不能謹獨，亦不肯謹獨。知至者，見得實是實非灼然如此，而必戰懼以終之，此所謂能謹獨也。如顏子「請事斯語」，曾子「戰戰兢兢」，終身而後已，彼豈知之不至？必如此，方意誠。蓋無放心底聖賢，「惟聖罔念作狂」。一豪少不謹懼，則已墮於意欲之私矣。此聖人教人徹上徹下，不出一「敬」字也。蓋「知至而後意誠」，則知至之後，意已誠矣。猶恐隱微之閒有所不實，又必提掇而謹之，使無豪髮妄馳，則表裏隱顯無一不實而自快慊也。○「知至而後意誠」，已有八分。恐有照管不到，故曰謹獨。○「誠意」章上云「必慎其獨」者，欲其自慊也；下云「必慎其獨」者，防其自欺也。○致知者，誠意之本也。慎獨者，誠意之助也。致知則意已誠七八分了，只是猶恐隱微獨處尚有些子未誠實，故其要在謹獨。○大學看來雖只恁地滔滔地説去，然段段致戒，如一下水船相似，也要舵，也要楫。○誠意只是表裏如一，若外面白，裏面黑，便非誠意。○凡惡惡之不實，爲善之不勇，外然而中實不然，或有所爲而爲之，或始勤而終怠，或九分爲善，內有一分苟且之心，皆不實而自欺之患也。所謂「誠其意」者，表裏內外徹底皆如此，無纖豪絲髮苟且爲人之弊。如飢之必欲食，渴之必欲飲，皆自以求飽足於己而已，非爲他人而食飲也。又如一盆水，徹底皆清瑩，無一豪砂石之雜。如此，則其好善也必誠好之，惡惡也必誠惡之，而無一豪勉强自欺之雜。所以説自慊，但自滿足而已，豈有待於外哉！是故君子謹其獨，非特顯明之處是如此，雖至微至隱，人所不知之地，亦常謹之。小處如此，大處亦如此；顯明處如此，隱微處亦如此。表裏內外，精粗隱顯，無不謹之，方謂之誠其意。○謂誠意者，須是隱微顯明、小大表裏都一致，方得。○「誠於中，形於外」，那箇形色氣貌之見於外者自別，決不能欺人，祇自欺而已。這樣底永無緣做得好人，爲其無爲善之地也。外面一副當雖好，然裏面却踏空，永不足以爲善。○敬子問：「『所謂誠其意者，毋自欺也』，注云：『外爲善，而中實未能免於不善之雜。』某意欲改作：『外爲善，而中實容其不善之雜。』如何？蓋所謂不善之雜，非是不知，是知得了，又容著在這裏，是不奈他何了，不能不自欺。」曰：「公合下認錯了，只管説箇『容』字。不是如此。『容』字又是第二節，緣不奈何，所以容在這裏。荀子曰：『心卧則夢，偷則自行，使之則謀。』蓋偷心是不知不覺自走去底，不由自家使底，倒要自家去捉他；『使之則謀』，這却是好底心，由自家使底。」又引中庸論誠處而曰：「一則誠，雜則僞。只是一箇心，便是誠；纔有兩箇心，便是自欺。好善『如好好色』，惡惡『如惡惡臭』，它徹底只是這一箇心，所以謂之自慊。若纔有些子間雜，便是兩箇心，便是自欺。如自家欲爲善，後面又有箇心在這裏拗你莫去爲善；欲惡惡，又似有箇人在這裏拗你莫要惡惡，此便是自欺。如人説十句話，九句實，一句脱空，那九句實底被這一句脱空底都壞了；如十分金，徹底好，方謂之真金，若有一分銀，便和那九分底也壞了。」又曰：「佛家看此亦甚精，被他分析得項數多，如云有十二因緣，只是一心之發，便被他推尋得許多，察得來極精微。又有所謂『流注想』，他最怕這箇，所以潙山禪師云：『某參禪幾年了，至今不曾斷得這流注想。』此即荀子所謂『偷則自行』之心也。」次早又曰：「昨夜思量，敬子之言自是，但傷雜耳。某之言却即説得那箇自欺之根。

自欺却是敬子『容』字之意，『容』字却説得是。蓋知其爲不善之雜，而又蓋庇以爲之，此方是自欺。」○「看來『如好好色，如惡惡臭』一段，便是連那『毋自欺也』説，言人之毋自欺時，便要『如好好色，如惡惡臭』樣方得。若好善不『如好好色』，惡惡不『如惡惡臭』，此便是自欺。毋自欺者，謂如爲善，若有些自欺時，便當斬根去之，真箇是『如惡惡臭』始得。如『小人閒居爲不善』底一段，便是自欺底，只是反説。『閒居爲不善』，便是惡惡不『如惡惡臭』；『見君子而後厭然，揜其不善而著其善』，便是好善不『如好好色』。若只如此看，此一篇文義都貼實平易，坦然無許多屈曲。」○「心廣體胖」，心本是闊大底物事，只是因愧怍了，便卑狹，便被他隔礙了，只見得一邊，所以體不能得舒泰。○問「誠意」章曾子曰「十目所視」止「心廣體胖」處。先生曰：「『十目所視，十手所指』，不是怕人見。蓋人雖不知，而我已自知，自是甚可皇恐了。其與十目十手所視所指，何以異哉？」○意誠，便全然在天理上行。意未誠以前，尚汩在人欲裏。○知至意誠，是萬善之根。

右傳之六章。釋誠意。經曰：「欲誠其意者，先致其知。」又曰：「知至而后意誠。」蓋心體之明有所未盡，則其所發必有不能實用其力而苟焉以自欺者。然或已明而不謹乎此，則其所明又非己有，而無以爲進德之基。故此章之指，必承上章而通考之，然後有以見其用力之始終，其序不可亂而功不可闕如此云。

所謂脩身在正其心者：身有所忿懥，則不得其正；有所恐懼，則不得其正；有所

好樂，則不得其正；有所憂患，則不得其正。程子曰：「『身有』之『身』，當作『心』。」忿，弗粉反。懥，敕值反。好、樂，並去聲。○忿懥，怒也。蓋是四者，皆心之用，而人所不能無者。然一有之而不能察，則欲動情勝，而其用之所行，或不能不失其正矣。**心不在焉，視而不見，聽而不聞，食而不知其味。**心有不存，則無以檢其身，是以君子必察乎此而敬以直之，然後此心常存而身無不脩也。**此謂脩身在正其心。**或問：「人之有心，本以應物，而此章之傳，以爲有所喜怒憂懼，便爲不得其正。然則其爲心也，必如槁木之不復生，死灰之不復然，乃爲得其正邪？」曰：「人之一心，湛然虛明，如鑑之空，如衡之平，以爲一身之主者，固其真體之本然，而喜怒憂懼隨感而應，妍蚩俯仰因物賦形者，亦其用之所不能無者也。故其未感之時，至虛至靜，所謂鑑空衡平之體，雖鬼神有不得窺其際者，固無得失之可議。及其感物之際，而所應者又皆中節，則其鑑空衡平之用流行不滯，正大光明，是乃所以爲天下之達道，亦何不得其正之有哉！惟其事物之來，有所不察，應之既或不能無失，且又不能不與俱往，則其喜怒憂懼必有動乎中者，而此心之用始有不得其正者耳。傳者之意，固非以心之應物便爲不得其正，而必如枯木死灰然後乃爲得其正也。惟是此心之靈，既曰一身之主，苟得其正，而無不在是，則耳、目、鼻、口、四肢、百骸，莫不有所聽命以供其事，而其動靜語默，出入起居，惟吾所使而無不合於理。如其不然，則身在於此，而心馳於彼，血肉之軀，無所管攝，其不爲『仰面貪看鳥，回頭錯應人』者，幾希矣。孔子所謂

『操則存，舍則亡』，孟子所謂『求其放心，從其大體』者，蓋皆謂此。學者可不深念而屢省之哉！」○到得正心時節，已是煞好了。只是就好裏面又有許多偏。要緊最是誠意時節，正是分別善惡，最要著力，所以重複説道「必謹其獨」。若打得這關過，已是煞好了。到正心，又怕於好上要偏去。如水相似，那時節已是淘去了濁，十分清了，又怕於清裏面有波浪動蕩處。○問：「忿懥、恐懼、憂患、好樂，皆不可有否？」曰：「四者豈得皆無？但要得其正耳，如中庸所謂『喜怒哀樂發而中節』者也。」○問「忿懥」章。先生云：「這心之正，却如稱一般。未有物時，稱無不平，纔把一物在上面[二]，便不平了。鏡中先有一人在裏面了，別一箇來，便照不得。這心未有物之時，先有箇主張説道我要如何處事，纔遇著事，便以是心處之，便是不正。且如今人説『是我做官，要抑强扶弱』，及遇著當强底事，也去抑他，這便是不正。」○問「正心」章云：「人心要當不容一物。」曰：「這説便是難。纔説不容一物，却又似一向全無相似。只是這許多好樂、恐懼、忿懥、憂患，只要從無處發出，不可先有在心下。」○人心如一箇鏡，先未有一箇影象，有事物來，方始照見妍醜。若先有一箇影象在裏，如何照得？人心本是湛然虛明，事物之來，隨感而應，自然見得高下輕重，事過便當依前恁地虛，方得。若事未來，先有一箇忿懥、好樂、恐懼、憂患之心在這裏，及忿

[二] 物，原作「字」，乾隆本、同治本、薈要本同，據四庫本改。

懥、好樂、恐懼、憂患之事到來，又以這心相與袞合，便失其正。事了，又只管留在這裏，如何得正？」○大學七章，看「有所」二字。「有所憂患」，憂患是合當有，若因此一事而在胷中，便是有。「有所忿懥」，因人之有罪而撻之，才撻了，其心便平，是不有，若此心常又不平，便是有。恐懼、好樂亦然。○問：「伊川云：『忿懥、恐懼、好樂、憂患，人所不能無者，但不以動其心。』既謂之忿懥、憂患，如何不牽動他心？」曰：「事有當怒當憂者，但過了則休，不可常留在心。顏子未嘗不怒，但不遷耳。」○四者人不能無，只是不要他留而不去。如所謂「有所」，則是被他爲主於內心，反爲他動也。○心不可有一物，外面酬酢萬變，都只是隨其分限應去，都不關自家心事。纔係於物，心便爲其所動。其所以係於物者有三：或是事未來，而自家先有這箇期待底心；或事已應過去了，又却長留在胷中不能忘；或正應事之時，意有偏重，便只見那邊重。這都是爲物所係縛。既爲物所繫縛，便是有這箇物事，及別事來到面前，應之便差了。這如何會得其正？聖人之心，瑩然虛明，無纖豪形迹。一看事物之來，若小若大，四方八面，莫不隨物隨應，此心元不曾有這箇物事。○或問：「忿懥、恐懼、好樂、憂患四者，人之所不能無，何以謂心不得其正？」曰：「四者心之所有，但不可使之有所私爾。纔有所私，便不能化，梗在胷中。且如忿懥、恐懼，有當然者，若定要他無，直是用死方得，但不可先有此心耳。今人多是纔忿懥，雖有可喜之事，亦所不喜；纔喜，雖有當怒之事，亦不復怒。便是蹉過事理了，便是『視而不見，聽而不聞，食而不知其味』了。蓋這物事纔私，便不去，只管在胷中推盪，終不消釋。設使此心如太虛然，則應接萬務，各止其所而我無所與，則便視而見，聽而聞，食而真知其味矣。看此一段，只是要人不可先有此心耳。譬如衡之爲器，本所以平物也，今若先有一物在上，則又如何稱？」或問公私之別。曰：「今小譬之。譬如一事，若係公衆，便心下不大段管；若係私己，便只管横在胷中，念念不忘。只此便是公私之辨。」○問：「七章謂喜怒憂懼，人心所不能無。如忿懥乃戾氣，豈可有？」曰：「忿又重於怒，然此處須看文勢大意。但此心先有忿懥時，這下面便不得其正。如鏡有人形在裏面，第二人來，便照不得。如稱子，釘盤星上加一錢，則稱一錢物，便成兩錢重了。心若先有怒時，更有當怒底事，便成兩分怒了；有當喜底事來，又減却半分喜了。但先有好樂，也如此。先有憂患，也如此。若把忿懥做可疑，則下面憂患、好樂等皆可疑。」○或問：「大學或問『意既誠矣，而心猶有動焉，然後可以責其不正而復乎正』，是如何？」曰：「若是意未誠時，只是一箇虚僞無實之人，更問甚心之正與不正。惟是意已誠實，然後方可見得忿懥、恐懼、好樂、憂患有偏重處，即便隨而正之也。」

右傳之七章。釋正心脩身。此亦承上章以起下章。蓋意誠則真無惡而實有善矣，所以能存是心以檢其身。然或但知誠意，而不能密察此心之存否，則又無以直内而脩身也。○自此以下，並以舊文爲正。

所謂齊其家在脩其身者：人之其所親愛而辟焉，之其所賤惡而辟焉，之其所畏敬而辟焉，之其所哀矜而辟焉，之其所敖惰而辟焉。故好而知其惡，惡而知其美者，天下鮮矣。辟，讀爲僻。惡而之惡、敖、好，並去聲。鮮，上聲。○人，謂衆人。之，猶於也。辟，猶偏也。五者，在人本有當然之則。然常人之情，惟其所向而不加審焉，則必陷於一偏而身不脩矣。語也。溺愛者不明，貪得者無厭。是則偏之爲害，而家之所以不齊也。**故諺有之曰：「人莫知其子之惡，莫知其苗之碩。」**諺，音彦。碩，叶韻，時若反。○諺，俗**家。**或問：「八章之辟，舊讀爲譬，而今讀爲僻，何也？」曰：「舊音舊説，以上章例之而不合也，以下文逆之而不通也，是以閒者竊以類例文意求之，而得其説如此。蓋曰人之常情，於此五者一有所向，則失其好惡之平，而陷於一偏，是以身有不修，不能齊其家耳。蓋偏於愛，則溺焉而不知其惡矣；偏於惡，則阻焉而不知其善矣。是其身之所接，好惡取舍之閒，將無一當於理者，而況於閨門之内，恩常掩義，亦何以勝其情愛暱比之私，而能有以齊之哉！」曰：「凡是五者，皆身與物接所不能無，而亦既有當然之則矣。今曰一有所向，便爲偏倚，而身不修，則是必其接物之際，此心漠然，都無親疎之等，尊賤之别，然後得免於偏也。且心既正矣，則宜其身之無不修，今乃猶有若是之偏，何哉？」曰：「不然也。此章之義，實承上章，其立文命意大抵相似。蓋以爲身與事接，而後或有所偏，非以爲一與事接，而必有所偏。所謂心正而后身修，亦曰心得其正，乃能修身，非謂此心一正，則身不待檢而自修也。」○曰：「親愛、賤惡、畏敬、哀矜，固人心之所宜有，若夫敖惰，則凶德也，曾謂本心而有如是之則哉？」曰：「敖之爲凶德也，正以其先有是心，不度所施而無所不敖爾。若因人之可敖而敖之，則是常情所宜有，而事理之當然也。今有人焉，其親且舊，未至於可親而愛也；其位與德，未至於可畏而敬也；其窮未至於可哀，而其惡未至於可賤也；其言無

此謂身不脩不可以齊其

足去取，而其行無足是非也，則視之泛然如塗之人而已爾。又其下者，則夫子之取瑟而歌，孟子之隱几而卧，蓋亦因其有以自取，而非吾故有敖之之意，亦安得而遽謂之凶德哉？又況此章之指，乃爲慮其因有所重而陷於一偏者發，其言雖曰有所敖惰，而其意則正欲人之於此更加詳審，雖曰所當敖惰，而猶不敢肆其敖惰之心也，亦何病哉！」○或問：「『正心』章説忿懥、恐懼、好樂、憂患，與夫『修身』章説親愛、賤惡、畏敬、哀矜、敖惰如何？」曰：「是心卓然立乎此數者之外，則平正而不偏辟，自外來者必不能以動其中，自内出者必不至於溺於彼。」或問：「畏敬如何？」曰：「如家人有嚴君焉，吾之所當畏敬者也。然當不義則争之，若過於畏敬而從其令，則陷於偏矣。若夫賤惡者固當賤惡，然或有長處，亦當知之。下文所謂『好而知其惡，惡而知其美者，天下鮮矣』，此是指點人偏處，最切當。」○問：「『正心』章既説忿懥四者，而『修身』章又説『之其所親愛』之類，是如何？」曰：「忿懥等是心與物接時事，親愛等是身與物接時事。」○親愛、賤惡、畏敬、哀矜、敖惰，各自有當然之則，只不可偏。如人飢而食，食纔過些子，便是偏；渴而飲，飲纔過些子，便是偏。如愛其人之善，若愛之過，則不知其惡，便是因其所重而陷於所偏。惡惡亦然。下面説「人莫知其子之惡，莫知其苗之碩」，上面許多偏病不除，必至於此。○「人之其所親愛而辟焉」，如父子是當主於愛，然父有不義，子不可以不争；如爲人父雖是止於慈，若一向辟將去，則子有不肖，亦不知責而教焉，不可。「人之其所賤惡而辟焉」，人固自有一種可厭者，然猶未至於可賤惡處，或尚可教，若一向辟將去，便賤惡他，也不得。「人之其所畏敬而辟焉」，如事君固是畏敬他，然「説大人則藐之」，又不甚畏敬也。孟子此語雖稍麤，然古人正救其惡，與「陳善閉邪」「責難於君」，也只管畏敬不得。○或問：「之其所親愛、哀矜、畏敬而辟焉，莫是君子用心過於厚否？」先生曰：「此可將來『觀過知仁』處説，不可將來此説。蓋不必論近厚近薄，大抵一切事，只是才過便不得。『觀過知仁』，乃是因此見其用心之厚，故可知其仁，然過則終亦未是也。大凡讀書，須要先識認他本文是説箇甚麽，須全做不曾識他相似，虚心認他字字分明，復更看數過，自然會熟，見得分明。」○問「齊家」段「辟」作「僻」。曰：「人情自有偏處，所親愛莫如父母，至於父母有當幾諫處，豈可以親愛而忘正救？所敬畏莫如君父，至於所當直言正諫，豈可專持敬畏而不敢言？」○問：「敖惰，惡德也，豈君子宜有？」曰：「讀書不可泥，且當看其大意。」○問：「人之其所親愛、賤惡、畏敬、哀矜、敖惰而辟焉，章句曰：『人於五者本有當然之則。』竊謂則之爲言，法也，性之所固有，事之所當然，而不可易者也。然敖之與惰，則氣習之所爲，實爲惡德，非性之所有。若比之四者而言，則是性有善惡。至若哀矜之形，正良心苗裔，偏於哀矜，不失爲仁德之厚，又何以爲『身不修而不可以齊其家』者乎？」先生曰：「敖惰，謂如孔子之不見孺悲，孟子不與王驩言。哀矜，謂如有一般大姦大惡，方欲治之，被他哀鳴懇告，却便恕之。」道夫曰：「這只是言流爲姑息之意。」曰：「這便是哀矜之不得其正處。」○問：「『之其所敖惰而辟焉』，君子亦有敖惰於人者乎？」曰：「人自有苟賤可厭弃者。」○問：「大學釋『修身齊家』章，不言修身，何也？」答曰：「好而不知其惡，惡而不知其美，是以好爲惡，以曲爲直，可謂之修身乎？」○問：

「『正心修身』章後注云：『此亦當通上章推之。蓋意或不誠，則無能實用其力以正其心者。』竊謂意既能誠，則復何所待於用力？」先生曰：「大學所以有許多節次，正欲學者逐節用工。非如一無節之竹，使人才能格物，則便到平天下也。夫人蓋有意誠而心未正者，故於忿懥、恐懼等事，誠不可不隨事而排遣也。蓋有心正而身未修者，故於好惡之閒，誠不可不隨人而節制也。至於齊家以下，皆是教人節節省察用功。故經序但言心正者必自誠意而來，修身者必自正心而來。非謂意既誠而心無事乎正，心既正而身無事乎修也。」○大學如「正心」章已說盡了[二]，至「修身」章又從頭說起，至「齊家治國」章又依前說教他，何也？蓋要節節去照管，不成却說自家在這裏心正身修了，便都只聽其自治。

右傳之八章。釋脩身齊家。

所謂治國必先齊其家者，其家不可教而能教人者，無之。故君子不出家而成教於國：孝者，所以事君也；弟者，所以事長也；慈者，所以使衆也。弟，去聲。長，上聲。○身脩，則家可教矣；孝、弟、慈，所以脩身而教於家者也；然而國之所以事君、事長、使衆之道不外乎此。此所以家齊於上，而教成於下也。**康誥曰：「如保赤子。」心誠求之，雖不中，不**

[二] 章，原作「意」，各本同，據明成化本朱子語類卷十六改。

遠矣。未有學養子而后嫁者也。中，去聲。○此引書而釋之，又明立教之本不假强爲，在識其端而推廣之耳。**一家仁，一國興仁；一家讓，一國興讓；一人貪戾，一國作亂。其機如此。此謂一言僨事，一人定國。**僨，音奮。○一人，謂君也。機，發動所由也。僨，覆敗也。此言教成於國之效。**堯舜帥天下以仁，而民從之；桀紂帥天下以暴，而民從之；其所令反其所好，而民不從。是故君子有諸己而后求諸人，無諸己而后非諸人。所藏乎身不恕，而能喻諸人者，未之有也。**好，去聲。○此又承上文「一人定國」而言。有善於己，然後可以責人之善；無惡於己，然後可以正人之惡。皆推己以及人，所謂恕也。不如是，則所令反其所好，而民不從矣。喻，曉也。**故治國在齊其家。**通結上文。**詩云：「桃之夭夭，其葉蓁蓁。之子于歸，宜其家人。」宜其家人，而后可以教國人。**夭，平聲。蓁，音臻。○詩，周南桃夭之篇。夭夭，少好貌。蓁蓁，美盛貌。興也。之子，猶言是子，此指女子之嫁者而言也。婦人謂嫁曰歸。宜，猶善也。**詩云：「宜兄宜弟。」宜兄宜弟，而后可以教國人。**詩，小雅蓼蕭篇。**詩云：「其儀不忒，正是四國。」其爲父子兄弟足法，而后民法之也。**詩，曹風鳲鳩篇。忒，差也。**此謂治國在齊其家。**此三引詩，皆以詠歎上文之事，而又結之如此，其味深長，最宜潛玩。○「孝者所以事君，弟者所以事長，慈者所以使衆」，此道理皆是我家裏做成了，天下人看著自能如此，不是我推之於國。○「心誠求之」者，求赤子之所欲也。於民，亦當求其有不能自達。此是推其慈幼之心以使衆也。○問「有諸己而后求諸人」。先生云：「只從頭讀來，便見得分曉。這箇只是『躬自厚而薄責於人』『攻其惡，無攻人之惡』。」○或問「有諸己而後求諸人，無諸己而後非諸人」。先生曰：「此是退一步説，猶言『温故知新而可以爲人師』，以明未能如此，則不可如此。非謂温故知新，便要求爲人師也。然此意正爲治國者言。必先治國，禁人爲惡而欲人爲善，便是求諸人、非諸人。然須是在己有善無惡，方可求人、非人也。」或問：「范忠宣『以恕己之心恕人』，此語固有病。但上文先言『以責人之心責己』，則連下句亦未害。」先生曰：「上句自好，下句自不好。蓋纔説恕己，便已不是。若橫渠云『以愛己之心愛人，則盡仁；以責人之心責己，則盡道』，語便不同。蓋『恕己』與『愛己』字不同。大凡知道君子，發言自別。近觀聖賢言語，與後世人言語自不同。此學者所以貴於知道也。」○問：「『所藏乎身不恕』處，『恕』字還只就接物上説，如何？」曰：「是就接物上見得。忠只是實心，直是真實不僞。到應接事物，也只是推這箇心去，直是忠方能恕，若不忠便無本領了，更把甚麼去及物？程先生説道：『「維天之命，於穆不已」，忠也，便是實理流行；「乾道變化，各正性命」，恕也，便是實理及物。』」問：「恁地説，又與『夫子之道，忠恕而已矣』之『忠恕』相似。」曰：「只是一箇忠恕，豈有二樣。聖人與常人忠恕也不甚相遠。」○「治國」章乃責人之恕，「平天下」章乃愛人之恕。○因講「禮讓爲國」曰：「一家仁，一國興仁；一家讓，一國興讓」，自家禮讓有以感之，故民亦如此興起。自家好争利，却責民間禮讓，如何得他應。東坡策别『敦教化』中一段，説得也好，雖説得麤，道理却是如此。看道理不要玄妙，只就麤處說得出便是。如今官司不會制民之產，民自去買田，又取他牙稅錢。古者羣飲者殺，今置官誘民飲酒，惟恐其不來，如何得民興於善。」○問：「齊家治國之道，斷然是『父子兄弟足法，而後人法之』。然堯舜不能化其子，而周公則上見疑於君，下不能和其兄弟，是如何？」曰：「聖人是論其常，堯舜是處其變。看他『烝烝乂，不格姦』，至於『瞽瞍厎豫』，便是他有以處那變處。」○或問「先吏部說『有諸己而后求諸人，無諸己而后非諸人』」。曰：「這便是說尋常人。若自家有諸己，又何必求責於人，『攻其惡，毋攻人之惡』。至於大學之說，是有天下國家者，勢不可以不責他。然又須自家有諸己，然後可以求人之善；無諸己，然後可以非人之惡。」○范忠宣公「恕己之心恕人」，這一句自好。只是聖賢說恕，不曾如是倒說了。不若橫渠說「以責人之心責己，愛己之心愛人」，則是見他人不善，我亦當無是不善；我有是善，亦要他人有是善。推此計度之心，此乃恕也。於己不當下恕字。

右傳之九章。釋齊家治國。

所謂平天下在治其國者：上老老而民興孝，上長長而民興弟，上恤孤而民不倍，是以君子有絜矩之道也。長，上聲。弟，去聲。倍，與「背」同。絜，胡結反。○老老，所謂老吾老也。興，謂有所感發而興起也。孤者，幼而無父之稱。絜，度也。矩，所以爲方也。言此三者，上行下效，捷於影響，所謂家齊而國治也。亦可以見人心之所同，而不可使有一夫之不獲矣。是以君子必當因其所同，推以度物，使彼我之閒各得分願，則上下四旁均齊方正，而天下平矣。**所**

惡於上，毋以使下；所惡於下，毋以事上；所惡於前，毋以先後；所惡於後，毋以從前；所惡於右，毋以交於左；所惡於左，毋以交於右：此之謂絜矩之道。惡、先，並去聲。○此覆解上文絜矩二字之義。如不欲上之無禮於我，則必以此度下之心，而亦不敢以此無禮使之。不欲下之不忠於我，則必以此度上之心，而亦不敢以此不忠事之。至於前後左右，無不皆然，則身之所處，上下、四旁、長短、廣狹，彼此如一，而無不方矣。彼同有是心而興起焉者，又豈有一夫之不獲哉？所操者約，而所及者廣，此平天下之要道也。故章内之意，皆自此而推之。**詩云：「樂只君子，民之父母。」民之所好好之，民之所惡惡之，此之謂民之父母。**樂，音洛。只，音紙。好、惡，並去聲，下並同。○詩，小雅南山有臺之篇。只，語助辭。言能絜矩，而以民心爲己心，則是愛民如子，而民愛之如父母矣。**詩云：「節彼南山，維石巖巖。赫赫師尹，民具爾瞻。」有國者不可以不慎，辟則爲天下僇矣。**節，讀爲截。辟，讀爲僻。僇，與「戮」同。○詩，小雅節南山之篇。節，截然高大貌。師尹，周太師尹氏也。具，俱也。辟，偏也。言在上者人所瞻仰，不可不謹。若不能絜矩，而好惡狥於一己之偏，則身弑國亡，爲天下之大僇矣。**詩云：「殷之未喪師，克配上帝。儀監于殷，峻命不易。」道得衆則得國，失衆則失國。**喪，去聲。儀，詩作「宜」。峻，詩作「駿」。易，去聲。○詩，文王篇。師，衆也。配，對也。配上帝，言其爲天下君，而對乎上帝也。監，視也。峻，大也。不易，言難保也。道，言也。引詩而言此，以結上文兩節之意。有天下者，能存此心而不失，則所以絜矩而與民同欲者，自不能已矣。**是故君子先慎乎德。有德此有人，有人此有土，有土此有財，有財此有用。**先謹乎德，承上文「不可不謹」而言。德，即所謂明德。有人，謂得衆。有土，謂得國。有國則不患無財用矣。**德者本也，財者末也，**本上文而言。**外本內末，爭民施奪。**人君以德爲外，以財爲內，則是爭鬬其民，而施之以劫奪之教也。蓋財者人之所同欲，不能絜矩而欲專之，則民亦起而爭奪矣。**是故財聚則民散，財散則民聚。**外本內末故財聚，爭民施奪故民散，反是則有德而有人矣。**是故言悖而出者，亦悖而入；貨悖而入者，亦悖而出。**悖，布內反。○悖，逆也。此以言之出入，明貨之出入也。自「先謹乎德」以下至此，又因財貨以明能絜矩與不能者之得失也。**康誥曰：「惟命不于常。」道善則得之，不善則失之矣。**道，言也。因上文引文王詩之意而申言之，其丁寧反覆之意益深切矣。**楚書曰：「楚國無以爲寶，惟善以爲寶。」**楚書，楚語。言不寶金玉而寶善人也。**舅犯曰：「亡人無以爲寶，仁親以爲寶。」**舅犯，晉文公舅狐偃，字子犯。亡人，文公時爲公子，出亡在外也。仁，愛也。事見檀弓。此兩節又明不外本而內末之意。**秦誓曰：「若有一个臣，斷斷兮無他技，其心休休焉，其如有容焉。人之有技，若己有之，人之彥聖，其心好之，不啻若自其口出，寔能容之，以能保我子孫黎民，尚亦有利哉。人之有技，媢疾以惡之，人之彥聖，而違之俾不通，寔不能容，以不能保我**

子孫黎民，亦曰殆哉。」个，古賀反，書作「介」。斷，丁亂反。媢，音冒。○秦誓，周書。斷斷，誠一之貌。彥，美士也。聖，通明也。尚，庶幾也。媢，忌也。違，拂戾也。殆，危也。

唯仁人放流之，迸諸四夷，不與同中國。此謂唯仁人爲能愛人，能惡人。迸，讀爲屏，古字通用。○迸，猶逐也。言有此媢疾之人，妨賢而病國，則仁人必深惡而痛絶之。以其至公無私，故能得好惡之正如此也。

見賢而不能舉，舉而不能先，命也；見不善而不能退，退而不能遠，過也。命，鄭氏云當作「慢」，程子云當作「怠」，未詳孰是。遠，去聲。○若此者，知所愛惡矣，而未能盡愛惡之道，蓋君子而未仁者也。

好人之所惡，惡人之所好，是謂拂人之性，菑必逮夫身。菑，古「災」字。夫，音扶。○拂，逆也。好善而惡惡，人之性也。至於拂人之性，則不仁之甚者也。自秦誓至此，又皆以申言好惡公私之極，以明上文所引南山有臺、節南山之意。

是故君子有大道，必忠信以得之，驕泰以失之。君子，以位言之。道，謂居其位而修己治人之術。發己自盡爲忠，循物無違謂信。驕者矜高，泰者侈肆。此因上所引文王、康誥之意而言。章内三言得失，而語益加切，蓋至此而天理存亡之幾決矣。

生財有大道，生之者衆，食之者寡，爲之者疾，用之者舒，則財恒足矣。恒，胡登反。○呂氏曰：「國無遊民，則生者衆矣；朝無倖位，則食者寡矣；不奪農時，則爲之疾矣；量入爲出，則用之舒矣。」愚按：此因有土有財而言，以明足國之道在乎務本而節用，非必外本内末而後財可聚也。

自此以至終篇，皆一意也。**仁者以財發身，不仁者以身發財。**發，猶起也。仁者散財以得民，不仁者亡身以殖貨。**未有上好仁而下不好義者也，未有好義其事不終者也，未有府庫財非其財者也。**上好仁以愛其下，則下好義以忠其上，所以事必有終，而府庫之財無悖出之患也。**孟獻子曰：「畜馬乘不察於雞豚，伐冰之家不畜牛羊，百乘之家不畜聚斂之臣。與其有聚斂之臣，寧有盜臣。」此謂國不以利爲利，以義爲利也。**畜，許六反。乘、斂，並去聲。○孟獻子，魯之賢大夫仲孫蔑也。畜馬乘，士初試爲大夫者也。伐冰之家，卿大夫以上，喪祭用冰者也。百乘之家，有采地者也。君子寧亡己之財，而不忍傷民之力，故寧有盜臣，而不畜聚斂之臣。「此謂」以下，釋獻子之言也。**長國家而務財用者，必自小人矣。彼爲善之，小人之使爲國家，菑害並至。雖有善者，亦無如之何矣。此謂國不以利爲利，以義爲利也。**長，上聲。「彼爲善之」，此句上下，疑有闕文誤字。○自，由也，言由小人導之也。此一節深明以利爲利之害，而重言以結之，其丁寧之意切矣。○問「平天下在治其國」章。曰：「此三節見上行下效，理之必然，又以見人心之所同。『是以君子有絜矩之道』，所以以己之心度人之心，使皆得以自盡其興起之善心。若不絜矩，則雖躬行於上，使彼有是興起之善心，而不可得遂，亦徒然也。」又曰：「因何恁地上行下效？蓋人心之同然，所以絜矩之道：我要恁地，也使彼有是心者亦得恁地。全章大意，只反覆說絜矩。如專利於上，急征橫斂，民不得以自養，我這裹雖能興起其善心，濟甚事！若此類，皆是不能絜矩。」○問：「『上老老而民興孝』，下面便接『是以君子有絜矩之道也』，似不相續，如何？」曰：「這箇便是相續。絜矩是四面均平底道理，教他各得老其老，各得長其長，各得幼其幼。不成自家老其老，教他不得老其老；長其長，教他不得長其長；幼其幼，教他不得幼其幼？便不得。」○上面說人心之所同者既如此，是以君子見人之心與己之心同，故必以己心度人之心，使皆得其平。下面方說所以絜矩。○問「絜矩」。曰：「上之人老老、長長、恤孤，則下之人興孝、興弟、不倍，此是說上行下效。到絜矩處，是就政事上言。若但興起其善心，而不有以使之得遂其心，則雖能興起，終亦徒然。如政煩賦重，不得以養其父母，又安得以遂其善心？須是推己之心以及於彼，使之『仰足以事父母，俯足以畜妻子』，方得。如詩裹說大夫行役無期度，不得以養其父母，到得使下，也須教他外無怨，始得。」○爲國絜矩之大者，又在於財用，所以後面只管說財。○問：「前後左右何指？」先生曰：「譬如交代官相似。前官之待我者既不善，吾毋以前官之所以待我者待後政也。左右，如東鄰西鄰。以鄰國爲壑，是所惡於左而以交於右也。俗語所謂『將心比心』，如此則各得其平矣。」○問：「章句中所謂『絜矩之道，是使之各得盡其心而無不平也』，如何？」曰：「此是推本『上老老而民興孝，上長長而民興弟，上恤孤而民不倍』。須是留那地位，使人各得自盡其孝弟不倍之心，如『八十者，其家不從政；廢疾非人不養者，一子不從政』，是使其各得自盡也。又如生聚蕃息，無令父子兄弟離散之類。」○「所謂絜矩者，如以諸侯言之，上有天子，下有大夫，天子擾我，使我不得行其孝悌，我亦當察此，不可有以擾其大夫，使大夫不得行其孝悌。且如自家有一丈地，左家有一丈地，右家有一丈地，左家侵著我五尺地，是不矩，我必去說他取我五尺。我若侵著右家五尺地，亦是不矩，合當還右家。只是上也方，下也方，左也方，右也方，前也方，後也方，不相侵越。」亞夫曰：「務使上下四方一齊方，不侵過他人地步。」曰：「然。」○問：「論平天下而言財利者，何也？」答曰：「天下之所以不平者，皆因此也。」○問：「絜矩之道是廣其仁之用否？」先生曰：「此乃求仁工夫，此處正要著力。若仁者，則是舉而措之，不待絜矩，而自無不平者矣。」○問：「盡得絜矩，是仁之道？恕之道？」曰：「未可說到那裏。且理會絜矩是如何。」曰：「此是『我不欲人之加諸我，吾亦欲無加諸人』意否？」曰：「此是兩人，須把三人看，便見。人莫不有在我之上者，莫不有在我之下者。如親在我之上，子孫在我之下，我欲子孫孝於我，而我却不能孝於親，我欲親慈於我，而我却不能慈於子孫，便是一畔長，一畔短，不是絜矩。」○「君子先慎乎德」一條，德便是明德之德。自家若意誠、心正、身修、家齊了，則天下之人安得不歸於我。如湯武之東征西怨，則自然有人有土。○斷斷者是絜矩，娼疾者是不能。「唯仁人放流之」，是大能絜矩底人。「見賢而不能舉，舉而不能先」，是稍能絜矩。「好人之所惡」者，是大不能絜矩。○問「仁者以財發身」。曰：「不是特地散財以取名，買教人來奉己。只是不私其有，則人自歸之而身自尊。只是言其散財之效如此。」○問：「『未有上好仁而下不好義』，如何上仁而下便義？」曰：「這只是一箇。在上便喚做仁，在下便喚做義，在父便謂之慈，在子便謂之孝。」直卿曰[二]：「也只如『孝慈則忠』。」曰：「然。」○如食禄之家，又畜雞豚牛羊，却是與民爭利，便是不絜矩。所以道「以義爲利」者，「義以方外」也。○問：「絜矩以好惡、財用、媢疾彥聖爲言，何也？」答曰：「如桑弘羊聚許多財，以奉武帝之好。若是絜矩底人，必思許多財物必是侵過著民底，滿得我好，民必惡。言財用者，蓋如自家在一鄉之間，却專其利，便是侵過著他底，便是不絜矩。言媢疾彥聖者，蓋有善人則合當舉之，使之各得其所，今則不舉他，便失其所，是侵善人之分，便是不絜矩。此特言其好惡、財用之類當絜矩，事事亦當絜矩。」○問：「自致知至於平天下，其道至備，其節目至詳且悉，而反覆於終篇者，乃在於財利之説。得非義利之辨，其事尤難，而至善之止，於此尤不可不謹歟？」曰：「此章大概是專從絜矩上來。蓋財者，人之所同好也，而我欲專其利，則民有不得其所好者矣。大抵有國有家所以生起禍亂，皆是從這裏來。」道夫云：「古注，絜音户結反，云結也。」曰：「作結字解，亦自得。蓋荀子、莊子注云：『絜，圍束也。』是將一物圍束以爲之則也。」又曰：「某十二三歲時，見范文正所言如此。他甚自喜，以爲先儒所未嘗到也。」

右傳之十章。釋治國平天下。

此章之義，務在與民同好惡而不專其利，皆推廣絜矩之意

[二] 直，原作「真」，各本同，據明成化本朱子語類卷十六改。黄榦字直卿。

也。能如是，則親賢樂利，各得其所，而天下平矣。**凡傳十章：前四章統論綱領指趣，後六章細論條目功夫。其第五章乃明善之要，第六章乃誠身之本，在初學尤爲當務之急，讀者不可以其近而忽之也。**

大學集編

中庸章句序

中庸何爲而作也？子思子憂道學之失其傳而作也。蓋自上古聖神繼天立極，而道統之傳有自來矣。其見於經，則「允執厥中」者，堯之所以授舜也；「人心惟危，道心惟微，惟精惟一，允執厥中」者，舜之所以授禹也。堯之一言，至矣，盡矣，而舜復益之以三言者，則所以明夫堯之一言，必如是而後可庶幾也。

蓋嘗論之，心之虛靈知覺，一而已矣。而以爲有人心、道心之異者，則以其或生於形氣之私，或原於性命之正，而所以爲知覺者不同。是以或危殆而不安，或微妙而難見耳。然人莫不有是形，故雖上智不能無人心；亦莫不有是性，故雖下愚不能無道心。二者雜於方寸之間，而不知所以治之，則危者愈危，微者愈微，而天理之公卒無以勝夫人欲之私矣。精則察夫二者之間而不雜也，一則守其本心之正而不離也。從事於斯，無少間斷，必使道心常爲一身之主，而人心每聽命焉，則危者安，微者著，而動静云爲自無過不及之差矣。

夫堯、舜、禹，天下之大聖也；以天下相傳，天下之大事也。以天下之大聖，行天下之大事，而其授受之際，丁寧告戒，不過如此，則天下之理，豈有以加於此哉？自是以來，聖聖相承，若成湯、文、武之爲君，皋陶、伊、傅、周、召之爲臣，既皆以此而接夫道統之傳；若吾夫子，則雖不得其位，而所以繼往聖，開來學，其功反有賢於堯舜者。當是時，見而知之者，惟顔氏、曾氏之傳得其宗。及曾氏之再傳，而復得夫子之孫子思，則去聖遠而異端起矣。子思懼夫愈久而愈失其真也，於是推本堯舜以來相傳之意，質以平日所聞父師之言，更互演繹，作爲此書，以詔後之學者。蓋其憂之也深，故其言之也切；其慮之也遠，故其説之也詳。其曰「天命」「率性」，則道心之謂也；其曰「擇善固執」，則精一之謂也；其曰「君子時中」，則執中之謂也。世之相後，千有餘年，而其言之不異，如合符節。歴選前聖之書，所以提挈綱維，開示藴奥，未有若是其明且盡者也。自是而又再傳以得孟氏，爲能推明是書，以承先聖之統，及其没而遂失其傳焉。則吾道之所寄，不越乎言語文字之閒，而異端之説日新月盛，以至於老佛之徒出，則彌近理而大亂真矣。然而尚幸此書之不泯，故程夫子兄弟者出，得有所考，以續夫千載不傳之緒，得有所據，以斥夫二家似是之非。蓋子思之功於是爲大，而微程夫子，則亦莫能因其語而得其心也。惜乎其所以爲説者不傳，而凡石氏之所輯録，僅出於其門人之所記，是以大義雖明，而微言未析。至其門人所自爲說，則雖頗詳盡而多所發明，然倍其師說而淫於老佛者，亦有之矣。

熹自早歲即嘗受讀而竊疑之，沈潛反復，蓋亦有年。一旦恍然似有以得其要領者，然後乃敢會衆說而折其中。既爲定著章句一篇，以俟後之君子。而一二同志復取石氏書，删其繁亂，名以輯略，且記所嘗論辨取舍之意，别爲或問，以附其後。然後此書之旨，支分節解，脉絡貫通，詳略相因，巨細畢舉。而凡諸説之同異得失，亦得以曲暢旁通，而各極其趣。雖於道統之傳不敢妄議，然初學之士或有取焉，則亦庶乎行遠升高之一助云爾。淳熙己酉春三月戊申，新安朱熹序。

中庸

朱子曰：「中者，不偏不倚、無過不及之名。庸，平常也。」

或問：「名篇之義，程子專以不偏爲言，呂氏專以無過不及爲説，二者固不同矣。子乃合而言之，何也？」曰：「中，一名而有二義，程子固言之矣。今以其説推之，不偏不倚云者，程子所謂在中之義，未發之前，無所偏倚之名也；無過不及者，程子所謂中之道也，見諸行事，各得其中之名也。蓋不偏不倚，猶立而不近四旁，心之體、地之中也；無過不及，猶行而不先不後，理之當、事之中也。故於未發之大本，則取不偏不倚之名；於已發而時中，則取無過不及之義，語固各有當也。然方其未發，雖未有無過不及之可名，而所以爲無過不及之本體[二]，實在於是；及其發而得中也，雖其所主不能不偏於一事，然其所以無過不及者，是乃無偏倚者之所爲，而於一事之中亦未嘗有所偏倚也。故程子又曰：『言和，則中在其中；言中，則喜怒哀樂在其中。』而呂氏亦云：『當其未發，此心至虛，無所偏倚，故謂之中；以此心而應萬物之變，無往而非中矣。』是則二義雖殊，而實相爲體用。此愚於名篇之義，所以不得取此而遺彼也。」〇曰：「『庸』字之義，程子以不易言

[二] 不及，原脱，乾隆本、同治本同，據薈要本、四庫本補。

之，而子以爲平常，何也？」曰：「唯其平常，故可常而不可易，若驚世駭俗之事，則可暫而不得爲常矣。二説雖殊，其致一也。但謂之不易，則必要於久而後見，不若謂之平常，則直驗於今之無所詭異，而其常久而不可易者可兼舉也。況中庸之云，上與高明爲對，而下與無忌憚者相反。其曰『庸德之行，庸言之謹』，又以見夫雖細微而不敢忽。則其名篇之義，以不易而爲言者，又孰若平常之爲切乎？」曰：「然則所謂平常，將不爲淺近苟且之云乎？」曰：「不然也。所謂平常，亦曰事理之當然，而無所詭異云爾。是固非有甚高難行之事，而亦豈同流合汙之謂哉！既曰當然，則君臣父子日用之常，推而至於堯舜之禪授，湯武之放伐，其變無窮，亦無適而非平常矣。」○曰：「此篇首章先明中和之義，次章乃及中庸之説，至其名篇，乃不曰中和而曰中庸者，何哉？」曰：「中和之中，其義雖精，而中庸之中，實兼體用。且其所謂庸者，又有平常之理焉。則比之中和，所該者尤廣，而於一篇大指，精粗本末，無所不盡。此其所以不曰中和，而曰中庸也。」問名篇之義。曰：「中者，不偏不倚、無過不及之名，兼此二義，包括方盡。所以名篇者，本是取時中之中。然所以能時中者，蓋有那未發之中在。所以先説未發之中，然後又説君子之時中。」○未發之中是體，時中之中是用。○中庸之中，是兼以發而中節、無過不及者得名。故周子曰：「惟中者，和也，中節也，天下之達道也。」若不識得此理，則周子之言更解不得。○問：「程子以不易爲庸，先生以常爲庸，二説不同。」曰：「言常，則不易在其中矣。惟其常也，所以不易。如飲食之有五穀，衣服之有布帛，若是奇羞異味、錦綺組繡，不久便須厭了。庸固是定理，若直解爲定，又却不見得平常意思。

今以平常言，定理在其中矣。」○問：「以不偏不倚、無過不及説中，乃是精密切至之語，而以平常説庸，恰似不相黏著。」曰：「此其所以黏著，蓋緣處得極精極密，只是如此平常。若有些子差異，便不是精密，便不是中庸。」○中、庸只是一箇道理。以其不偏不倚，故謂之中；以其不差異可常行，故謂之庸。未有中而不庸者，亦未有庸而不中者。惟中，故平常。堯授舜，舜授禹，都是當其時合如此做，做得來恰好，所謂中也。中即平常也，不如此，便非中，便不是平常。以至湯武之事亦然。又如當盛夏極暑時，須飲冷、就涼、衣葛、揮扇，此便是中，便是平常。當隆冬盛寒時，須飲湯、密室、重裘、擁火，此便是中，便是平常。若極暑時重裘擁火，盛寒時衣葛揮扇，便是差異，便是失其中矣。」○中庸該得中和之義。庸是見於事，和是發於心，庸該得和。

子程子曰：「不偏之謂中，不易之謂庸。中者，天下之正道；庸者，天下之定理。」此篇乃孔門傳授心法，子思恐其久而差也，故筆之於書，以授孟子。其書始言一理，中散爲萬事，末復合爲一理。放之則彌六合，卷之則退藏於密，其味無窮，皆實學也。善讀者玩索而有得焉，則終身用之，有不能盡者矣。

又曰：「中庸之書，雖是雜記，更不分精粗，一滚説了。今人語道，多説高便遺却卑，説本便遺却末。」○張子曰：「學者信書，且須信論、孟、詩、書，無舛雜。如中庸、大學出於聖門，無可疑者。」又曰：「學者如中庸文字輩，直須句句理會過，使其互相發明。」○呂氏曰：「中庸之書，聖門學者盡心以知性，躬行以盡性，始卒不越乎此書。孔子傳之曾子，曾子傳之子思，子思述所授之言，以著於篇。故此書所論，皆聖人之緒言，入德之大要也。」又曰：「中庸之書，學者所以進德之要，本末具備矣。」○龜山楊氏曰：「『中庸爲書，微極乎性命之際，幽盡乎鬼神之情，廣大精微，無不畢舉，而獨以「中庸」名書何也？』曰：『予聞之師曰：「不偏之謂中，不易之謂庸。中者，天下之正道；庸者，天下之定理。」推是言也，則其所以名篇者，義可知也。世之學者，智不足以知此，而妄意聖人之微言，故物我異觀，天人殊歸，而高明、中庸之學，始二致矣。謂高明者，所以處己而同乎天；中庸者，所以應物而同乎人。則聖人所以處己者常過乎中，而與不及者無以異矣。爲是説者，奚足以議聖學哉！』」

天命之謂性，率性之謂道，脩道之謂教。命，猶令也。性，即理也。天以陰陽五行化生萬物，氣以成形，而理亦賦焉，猶命令也。於是人物之生，因各得其所賦之理，以爲健順五常之德，所謂性也。率，循也。道，猶路也。人物各循其性之自然，則其日用事物之間，莫不各有當行之路，是則所謂道也。脩，品節之也。性道雖同，而氣稟或異，故不能無過不及之差，聖人因人物之所當行者而品節之，以爲法於天下，則謂之教，若禮樂刑政之屬是也。蓋人之所以爲人，道之所以爲道，聖人之所以爲教，原其所自，無一不本於天而備於我。學者知之，則其於學知所用力而自不能已矣。故子思於此首發明之，讀者所宜深體而默識也。○或問：「『天命之謂性，率性之謂道，脩道之謂教』，何也？」曰：「此先明性、道、教之所以名，以見其本皆出乎天，而實不外於我也。『天命之謂性』，言天之所以命乎人者，是則人之所以爲性也。蓋天之所以賦與萬物而不能自已者，命也；吾之得乎是命以生而莫非全體者，性也。故以命言之，則曰元亨利貞，而四時五行，庶類萬化，莫不由是而出；以性言之，則曰仁義禮智，而四端五典，萬物萬事之理，無不統於其閒。蓋在天在人，雖有性命之分，而其理則未嘗不一；在人在物，雖有氣稟之異，而其理則未嘗不同。此吾之性所以純粹至善，而非若荀、揚、韓子之所云也。『率性之謂道』，言循其所得乎天以生者，則事事物物莫不自然各有當行之路，是則所謂道也。蓋天命之性，仁義禮智而已。循其仁之性，則自父子之親，以至於仁民愛物，皆道也；循其義之性，則自君臣之分，以至於敬長尊賢，亦道也；循其禮之性，則恭敬辭讓之節文，皆道也；循其智之性，則是非邪正之分別，亦道也。蓋所謂性者，無一理之不具，故所謂道者，不待外求而無所不備；所謂性者，無一物之不得，故所謂道者，不假人爲而無所不周。雖鳥獸草木之生，僅得形氣之偏，而不能有以通貫乎全體，然其知覺運動，榮悴開落，亦皆循其性而各有自然之理焉。至於虎狼之父子，蜂蟻之君臣，豺獺之報本，雎鳩之有別，則其形氣之所偏，又反有以存其義理之所得，尤可以見天命之本然，初無閒隔，而所謂道者亦未嘗不在是也。是豈有待於人爲，而亦豈人之所得爲哉？『修道之謂教』，言聖人因是道而品節之，以立法垂訓於天下，是則所謂教也。蓋天命之性，率性之道，皆理之自然而人物之所同得者也。人雖得其形氣之正，然其清濁厚薄之稟，亦有不能不異者，是以賢智者或失之過，愚不肖者或不能及，而得於此者，亦或不能無失於彼。是以私意人欲或生其閒，而於所謂性者，不免有所昏蔽錯雜，而無以全其所受之正。性有不全，則於所謂道者，因亦有所乖戾舛逆而無以適乎所行之宜。惟聖人之心，清明純粹，天理渾然，無所虧闕，故能因其道之所在而爲之品節防範，以立教於天下，使夫過不及者，有以取中焉。蓋有以辨其親疏之殺，而使之各盡其情，則仁之爲教立矣；有以別其貴賤之等，而使之各盡其分，則義之爲教行矣；爲之制度文爲，使之有以守而不失，則禮之爲教得矣；爲之開導禁止，使之有以別而不差，則知之爲教明矣。夫如是，是以人無智愚，事無大小，皆得有所持循據守，以去其人欲之私，而復乎天理之正。推而至於天下之物，則亦順其所欲，違其所惡，因其材質之宜以致其用，制其取用之節以遂其生，皆有政事之施焉。此則聖人所以財成天地之道，而致其彌縫輔贊之功，然亦未始外乎人之所受乎天者而强爲之也。子思以是三言著於篇首，雖曰姑以釋夫三者之名義，然學者能因其所指而反身以驗之，則其所知豈獨名義之間而已哉？蓋有得乎天命之説，則知天之所以與我者，無一理之不備，而釋氏所謂空者，非性矣；有以得乎率性之説，則知我之所得乎天者，無一物之不該，而老氏所謂無者，非道矣；有以得乎修道之説，則知聖人之所以教我者，莫非因其所固有而去其所本無，背其所至難而從其所甚易，而凡世儒之訓詁辭章，管商之權謀功利，佛老之清淨寂滅，與夫百家衆技之支離偏曲，皆非所以爲教矣。由是以往，因其所固有之不可昧者，而益致其學問思辨之功，因其所甚易之不能已者，而益致其持守推行之力，則夫天命之性，率性之道，豈不昭然日用之間，而脩道之教，又將由我而復立矣？」○曰：「率性之説不同，孰爲是邪？」曰：「程子之論率性，正就私意人欲未萌之處，指其自然發見各有條理者而言，以見道之所以得名，非指脩爲而言也。呂氏『良心之發』以下，至『安能致是』一節，亦甚精密，但謂人雖受天地之中以生，而梏於形體，又爲私意小知所撓，故與天地不相似而發不中節，必有以不失其所受乎天者，然後爲道，則所謂道者，又在修爲之後，而反由教以得之，非復子思、程子所指人欲未萌、自然發見之意矣。游氏所謂『無容私焉，則道在我』，楊氏所謂『率之而已』者，似亦皆有呂氏之病也。」

○「天命之謂性」，是專言理，雖氣亦包在其中，然說理意較多。若云兼言氣，便說「率性之謂道」不去，如太極雖不離乎陰陽，而亦不雜乎陰陽。○「率性之謂道」，蓋曰循萬物自然之性之謂道，此「率」字不是用力字，伊川謂「合而言之道也」是此義。○問「率」字。曰：「只是『循』字，循此理便是道。」○「率性之謂道」，只是隨性去，皆是道。呂氏說以人行道，若然，則未行之前便不是道乎？○或問「率性之謂道」。曰：「率，非人率之也。伊川解字亦只訓循。到呂與叔說『循性而行，則謂之道』，伊川以爲非是。至其言則曰：『循牛之性，則不爲馬之性；馬之性，不爲牛之性。』乃知循性者，是循其理之自然耳。」○性善只一般，但人物氣稟有異，不可道無這理。性是個渾淪物，道是性中分派條理，隨分派條理去，皆是道。如穿牛鼻，絡馬首，皆是隨他所通處。仁義禮智，物豈不有，但偏耳。隨他性之所通處，道皆無所不在。○性與道相對，則性是體，道是用，道便是在裏面做出底道理。○孟子說性善，全是說理。若中庸「天命之謂性」，已是兼帶人物而言。○問：「『率性之謂道』，通人物而言，則『修道之謂教』，亦通人物。如『服牛乘馬』『不殺胎，不殀夭』『斧斤以時入山林』，此是聖人教化，不特在人倫上品節防範，而及於物否？」曰：「也是如此，所以謂之『盡物之性』。但於人較詳，於物較畧，人上較多，物上較少。」○輯略程子曰：「言天之自然者，謂之天道；言天之付與萬物者，謂之天命。」○又曰：「民受天地之中以生，『天命之謂性』也。『人之生也直』，意亦如此。」○又曰：「孟子曰『仁者，人也，合而言之道也』，中庸所謂『率性之謂道』是也。」○生之謂性云云，此謂天命也。順而循之，則道也。循此而修之，各得其分，則教也。自天命以至於教，我無加損焉，此舜有天下而不與焉者也。○又曰：「『上天之載，無聲無臭』，其體則謂之易，其理則謂之道，修道則謂之教。」○道即性也。若道外尋性，性外尋道，便不是。○又曰：「『生之謂性』與『天地之性』，同乎『性』字，不可一概論。生之謂性，止訓所稟受也；天命之謂性，此言性之理也。今人言性柔緩、性剛急，皆生來如此，此訓所稟受也；若性之理，則無不善。」曰：「天者，自然之理也。」○又曰：「告子云『生之謂性』，凡天地所生之物，須是謂之性。皆謂之性則可，於中却須分別牛之性、馬之性。是他便只道一般，如釋氏說蠢動含靈皆有佛性，如此則不可。『天命之謂性，率性之謂道』者，『天降是於下，萬物流形，各正性命』者，是所謂性也。循其性而不失，是所謂道也。此亦通人物而言。循性者，馬則爲馬之性，又不做牛底性；牛則爲牛之性，又不爲馬底性，此所謂率性也。人在天地之間，與萬物同流，天幾時分別出是人是物？『修道之謂教』，此則專在人事。」○又曰：「『率性之謂道』，率，循也。若言道不須先立下名義，則茫茫地何處下手？何處著心？」○又曰：「人須是自爲善，然又不可都不管他，蓋有教焉。『修道之謂教』，豈可不修？」○呂氏曰：「中者，天道也，天德也。降而在人，人稟而受之，是之謂性。書曰『惟皇上帝降衷于下民』，傳曰『民受天地之中以生』，此人性之所以必善，故曰『天命之謂性』。性與天道，本無有異，但人雖受天地之中以生，而梏於蕞然之形體，常有私意小知撓乎其閒，故與天地不相似，所發遂至乎出入不齊而不中節。如使所得於天者不喪，則何患不中節乎？故良心所發，莫非道也。在我者，惻隱、羞惡、辭遜、是非，皆道也；在彼者，君臣、父子、夫婦、兄弟、朋友之交，亦道也。在物之分，則有彼我之殊；在性之分，則合乎内外一體而已。是皆人心所同然，乃吾性之所固有。隨喜怒哀樂之所發，則愛必有差等，敬必有節文。所感重者，其應也亦重；所感輕者，其應也亦輕。自斬至緦，喪服異等，而九族之情無所憾；自王公至皁隸，儀章異制，而上下之分莫敢爭。非出於性之所有，安能致是乎？故曰：『率性之謂道。』」○游氏曰：「天之所以命萬物者，道也；而性者，其道以生也。因其性之固然而無容私焉，則道在我矣，此『率性之謂道』也；若出於人爲，則非道矣。夫知天命之謂性，則孟子性善之説可見矣。或曰性惡，或曰善惡混，或曰有三品，皆非知天命者也。」○楊氏曰：「『天命之謂性』，人欲非性也；『率性之謂道』，離性非道也。性，天命也；命，天理也；道，則性命之理而已。孟子道性善，蓋原於此。謂性有不善者，誣天也。性無不善，則不可加損也，無俟乎修焉，率之而已。揚雄謂『學以修性』，非知性也。故孔子曰『盡性』，子思曰『率性』、曰『尊德性』，孟子曰『知性』『養性』，未嘗言修也。」「然則道其可修乎？」曰：「道者，日用而不知也，先王爲之防範，使過不及者取中焉，所以教也。謂之修者，蓋亦品節之而已。」○又曰：「性、命、道，三者一體而異名，初無二致也。

故在天曰『命』，在人曰『性』，率性而行曰『道』，特所從言之異耳。」〇又曰：「人性上不可添一物，堯舜所以爲萬世法，只是率性而已。所謂率性，循天理是也。外邊用計用數，假饒立得功業，只是人欲之私，與聖賢作用天地懸隔。」**道也者，不可須臾離也，可離非道也。是故君子戒慎乎其所不睹，恐懼乎其所不聞。**離，去聲。〇道者，日用事物當行之理，皆性之德而具於心，無物不有，無時不然，所以不可須臾離也。若其可離，則爲外物而非道矣。是以君子之心常存敬畏，雖不見聞，亦不敢忽，所以存天理之本然，而不使離於須臾之頃也。**莫見乎隱，莫顯乎微，故君子慎其獨也。**見，音現。〇隱，暗處也。微，細事也。獨者，人所不知而己所獨知之地也。言幽暗之中，細微之事，跡雖未形而幾則已動，人雖不知而己獨知之，則是天下之事無有著見明顯而過於此者。是以君子既常戒懼，而於此尤加謹焉，所以遏人欲於將萌，而不使其滋長於隱微之中，以至離道之遠也。〇或問：「既曰『道也者，不可須臾離也，可離非道也。是故君子戒慎乎其所不睹，恐懼乎其所不聞』矣，而又曰『莫見乎隱，莫顯乎微，故君子慎其獨也』，何也？」曰：「此因論率性之道，以明由教而入者，其始當如此，蓋兩事也。其先言道不可離，而君子必戒謹恐懼乎其所不睹不聞者，所以言道之無所不在，無時不然，學者當無須臾豪忽之不謹而周防之，以全其本然之體也。又言『莫見乎隱，莫顯乎微，而君子必謹其獨』者，所以言隱微之閒，人所不見而己獨知之，則其事之纖悉，無不顯著，又有甚於他人之知者，學者尤當隨其念之方萌而致察焉，以謹其善惡之幾也。蓋所謂道者，率性而已，性無不有，故道無不在，大而父子君臣，小而動靜食息，不假人力之爲，而莫不各有當然不易之理。所謂道也，是乃天下人物之所共由，充塞天地，貫徹古今，而取諸至近，則常不外乎吾之一心，循之則治，失之則亂，蓋無須臾之頃可得而暫離也。若其可以暫合暫離，而於事無所損益，則是人力私智之所爲者，而非率性之謂矣。聖人之所修以爲教者，因其不可離者而品節之也；君子之所由以爲學者，因其不可離者而持守之也。是以日用之間，須臾之頃，持守工夫一有不至，則所謂不可離者，雖未嘗不在我，而人欲間之，則亦判然二物而不相管矣。是則雖曰有人之形，而其違禽獸也何遠哉。是以君子戒慎乎其目之所不及見，恐懼乎其耳之所不及聞，瞭然心目之間，常若見其不可離者，而不敢有須臾之間，以流於人欲之私，而陷於禽獸之域。若書之言防怨，而曰『不見是圖』，禮之言事親，而曰『聽於無聲，視於無形』，蓋不待其徵於色、發於聲，然後有以用其力也。夫既已如此矣，則又以謂道固無所不在，而幽隱之間，乃他人之所不見，而己所獨見；道固無時不然，而細微之事，乃他人之所不聞，而己所獨聞。是皆常情所忽，以爲可以欺天罔人而不必謹者，而不知吾心之靈，皎如日月，既已知之，則其豪髮之間無所潛遁，又有甚於他人之知矣。又況既有是心，藏伏之久，則其見於聲音容貌之間，發於行事施爲之實，必有暴著而不可掩者，又不止於念慮之差而已也。是以君子既戒懼乎耳目之所不及，則此心常明，不爲物蔽，而於此尤不敢不致其謹焉。必使其幾微之際，無一豪人欲之萌，而純乎義理之發，則下學之功盡善全美，而無須臾之閒矣。二者相須，皆反躬爲己，遏人欲、存天理之實事。蓋體道之功，莫有先於此者，亦莫有切於此者，故子思於此，首以爲言，以見君子之學必由此而入也。」曰：「諸家之説，皆以『戒謹不睹，恐懼不聞』即爲慎獨之意，子乃分之以爲兩事，無乃破碎支離之甚邪？」曰：「既言道不可離，則是無適而不在矣；而又言『莫見乎隱，莫顯乎微』，則是切要之處，尤在於隱微也。既言『戒謹不睹，恐懼不聞』，則是無處而不謹矣；又言『謹獨』，則是其所謹者，尤在於獨也。是固不容於不異矣，若其同爲一事，則其爲言，又何必若是之重複邪？且此書卒章『潛雖伏矣』『不愧屋漏』，亦兩言之，正與此相首尾。但諸家皆不之察，獨程子嘗有『不愧屋漏與謹獨是持養氣象』之言，其於二者之間特加『與』字，是固已分爲兩事，而當時聽者有未察耳。」曰：「子又安知不睹不聞之不爲獨乎？」曰：「其所不睹不聞者，己之所不睹不聞也。故上言道不可離，而下言君子自其平常之處，無所不用其戒懼，而極言之以至於此也。獨者，人之所不睹不聞也，故上言『莫見乎隱，莫顯乎微』，而下言君子之所謹者，尤在於此幽隱之地也。是其語勢自相唱和，各有血脉，理甚分明。如曰是兩條者皆爲謹獨之意，則是持守之功無所施於平常之處，而專在幽隱之間也，且難免於破碎之譏，而其繁複偏滯而無所當，亦甚矣。」○楊氏「無適非道」之云則善矣，然其言似亦有未盡。蓋衣食、作息、視聽、舉履，皆物也，其所以如此之義理準則，乃道也。若曰所謂道者，不外乎物，而人在天地之間，不能違物而獨立，是以無適而不有義理之準則，不可頃刻去之而不由，則是中庸之旨也。若便指物以爲道，而人不能頃刻而離此，百姓特日用而不知耳，則是不唯昧於形而上下之别，而墮於釋氏「作用是性」之失，且使學者誤謂道無不在，雖欲離之而不可得，吾既知之，則雖猖狂妄行，亦無適而不爲道。則其爲害將有不可勝言者，不但文義之失而已也。○問：「中庸曰『道不可須臾離』，伊川却云『存無不在道之心，便是助長』，何也？」曰：「中庸所言是日用常行合做底道理，如『爲人君止於仁，爲人臣止於敬，爲人子止於孝，爲人父止於慈，與國人交止於信』，皆是不可已者。伊川所言是爲闢釋氏而發，蓋釋氏不理會常行之道，只要空守著這一個物事，便喚做道，與中庸自不同。」○問楊氏所謂「無適非道」之云。曰：「衣食動作只是物，物之理乃道也。將物便喚做道，則不可。且如這箇椅子，有四隻脚，可以坐，此椅之理也。若除去一隻脚，坐不得，便失其椅之理矣。形而上爲道，形而下爲器。就這形而下之器之中，便有那形而上之道。若便將形而下之器作形而上之道，則不可。天地中間，上是天，下是地，中間有許多日月星辰、山川草木、人物禽獸，此皆形而下之器也。然這形而下之器之中，便各有箇道理，此便是形而上之道。所謂格物，便是要就這形而下之器，窮得那形而上之道理而已，如何便將形而下之器作形而上之道理得。飢而食，渴而飲，日出而作入而息，其所以飲食作息者，皆道之所在也。若便謂飲食作息者是道，則不可。與龐居士『神通妙用，運水搬柴』之頌一般，亦是此病。如『徐行後長』與『疾行先長』，都一般是行，只是徐行後長方是道，若疾行先長便不是道，豈可説只認行底便是道？『神通妙用，運水搬柴』，須是運得水是，搬得柴是，方是神通妙用。若運得不是，搬得不是，如何是神通妙用？佛家所謂『作用是性』，便是如此。他都不理會是和非，只認得那衣食、作息、視聽、舉履，便是道。説我這箇會説話底、會作用底、叫著便應底，便是神通，更不問道理如何。儒家則須是就這上尋討箇道理，方是道。」○又曰：「所謂不可離者，謂道也。若便以日用之閒、舉止動作便是道，則無所適而非道，無時而非道，然則君子何用恐懼戒慎？何用更學道爲？爲其不可離，所以須是依道而行。如人説話，不成便以説話者爲道，須是有箇仁義禮智，始得。若便以舉止動作爲道，何用更説不可離得。」又曰：「大學所以説格物，却不説窮理。蓋説窮理，則似懸空無捉摸處。只説格物，則只就那形而下之器上便尋那形而上之道，便見得這箇原不相離，所以只説格物。『天生蒸民，有物有則』，所謂道者是如此，何嘗説物便是則？龜山便只指那物做則，只是就這物上分精粗爲物則。如云目是物也，目之視乃則也；耳是物也，耳之聽乃則也。殊不知目視耳聽依舊是物，其視之聽之方是則也。龜山又云：『伊尹之耕於莘野，此農夫田父之所日用者，而樂在是。』如此，則世閒伊尹甚多矣。龜山説話，大概有此病。」○「戒謹不睹，恐懼不聞」，即是道不可須臾離處。○所不聞不見，非是合眼掩耳，便是喜怒哀樂未發時。只是凡事若未萌芽，自家便先恁地戒謹恐懼，常要提起此心，使在這裏，便是防於未然、不見是圖底意思。○問：「戒謹恐懼，只管如此，又恐執持太過；若不如此，又恐都忘了。中庸之言，必有深旨。」曰：「也有甚麽矜持？只不要昏了他，便是戒謹恐懼。」○戒謹恐懼，不須説得太重，只是常常提撕，認得那箇物事，常常存得，不失了。今人只見他説得四箇字重，便作臨事驚恐看了。「如臨深淵，如履薄冰」，曾子也只是順這道理，常常恁地把捉去。○若不用戒謹恐懼而此理常流通者，惟天地與聖人耳。聖人『不勉而中，不思而得，從容中道』，亦只是此心常存，理常明，故能如此。

賢人所以異於聖人，衆人所以異於賢人，亦只爭這些子境界存與不存而已。嘗謂人無有極則處，便是堯舜周孔。不成説我是從容中道，不要去戒謹恐懼？他那工夫，亦自未嘗得息。○戒謹恐懼是未發，然只做未發也不得，便是所以養其未發。只是聳然提起在這裏，這箇未發底便常在，何曾發？」或問：「戒懼是已思否？」曰：「思又別。思是思索了，戒謹恐懼正是防閑其未發。」或問：「即是持敬否？」曰：「亦是。程子曰：『敬不是中，只敬而無失，則所以中。』『敬而無失』，便是常敬，這中底便常在。」○問：「中庸所謂『戒謹恐懼』，大學所謂『格物致知』，皆是爲學知利行以下底説否？」曰：「固然。然聖人亦未嘗不戒謹恐懼。『惟聖罔念作狂，惟狂克念作聖。』但聖人所謂念者，自然之念。狂者之念，則勉强之念耳。」○問：「伊川鬼神憑依語言爲『莫見乎隱，莫顯乎微』，如何？」曰：「隱微之事在人心，不可得而知，却被他説出來，豈非『莫見乎隱，莫顯乎微』？蓋鬼神只是氣，心中實有是事，則感於氣者，自然發見昭著如此。」○黄灝云：「戒懼是統體做工夫，謹獨是又於其中緊要切處加工夫，猶一經一緯而成帛。」先生以爲然。○問：「能存天理了，則下面謹獨似多了一截。」先生曰：「雖是存得天理，臨發時也須點檢，這便是他密處。若只説存天理了，更不謹獨，却是只用致中，不用致和也。」又問：「致中是未動之前，然謂之戒懼，却是動了。」先生曰：「公莫看得戒謹恐懼太重了，此只是略略收拾來，便在這裏。伊川所謂『道箇「敬」字，也不大段用得力』。孟子曰『操則存』，操亦不是著力把持，只是操一操，便在這裏。如人之氣，呼便出，吸便入。」○戒謹恐懼，是事之未形處。謹獨，是幾之將然處。○「道不可須臾離」，言道之至廣至大者。「莫見乎隱，莫顯乎微」，言道之至精至極者。〇方不聞不睹之時，不惟人所不知，自家亦未有所知。若所謂獨，即人所不知而已所獨知，極是要戒懼。自來人説「不睹不聞」與「謹獨」只是一意，無分别，便不是。〇「戒謹不睹，恐懼不聞」，非謂於睹聞之時不戒懼也。言雖不睹不聞之際，亦致其謹，則睹聞之際，其謹可知。此乃統同説，承上「道不可須臾離」，則是無時不戒懼也。然下文「謹獨」既專就已發上説，則此段正是未發時工夫，只得説「不睹不聞」也。「莫見乎隱，莫顯乎微，故君子必謹其獨」，上既統同説了，此又就中有一念萌動處，雖至隱微，人所不知而已所獨知，尤當致謹。如一片止水，中間忽有一點動處，此最緊要著工夫處。」

輯略程子曰：「一物不該，非中也；一事不爲，非中也；一息不存，非中也，何哉？爲其偏而已矣，故曰：『道也者，不可須臾離也，可離非道也。』修此道者，戒慎乎其所不睹，恐懼乎其所不聞而已。由是而不息焉，則上天之載，無聲無臭，可以馴致也。」〇或問：「游宣德記先生語云：『人能戒慎恐懼於不睹不聞之閒，則無聲無臭可以馴致。』此説如何？」曰：「馴致，漸進也，然此亦大綱説。固是自小以至大，自修身可以至於盡性至命，然其閒有多少股數？其所以至之之道當如何？荀子曰：『始乎爲士，終乎爲聖人。』今學者纔讀書，便望爲聖賢，然中閒至之之方，更有多少？荀子雖能如此説，却以禮義爲僞，性爲不善，他自情性尚理會不得，怎生到得聖人？大抵以堯所行者欲力行之，以多聞多見取之，其所學者，皆外也。」〇曰：「道之外無物，物之外無道，是天地之閒，無適而非道也。即父子，而父子在所親；即君臣，而君臣在所敬；以至爲夫婦、爲長幼、爲朋友，無所爲而非道，此道所以不可須臾離也。然則毁人倫、去四大者，其去於道也遠矣。」○又曰：「人只以耳目所見聞者爲顯見，所不見者爲隱微，然不知理却甚顯也。且如昔人彈琴，見螳蜋捕蟬，而聞者以爲有殺聲。殺在心，而人聞其琴而知之，豈非顯乎？人有不善，自謂人不知之，然天地之理甚著，不可欺也。」○又曰：「不愧屋漏與愼獨，這是箇持養底氣象也。」○吕氏曰：「此章明道之要，不可不誠。道之在我，猶飲食居處之不可去，可去皆外物也。誠以爲己，故不欺其心。人心至靈，一萌於思，善與不善，莫不知之。他人雖明，有所不與也。故愼獨者，知爲己而已。」○又曰：「『率性之謂道』，則四端之在我者，人倫之在彼者，皆吾性命之理，受乎天地之中，所以立人之道，不可須臾離也。絶類離倫，無意乎君臣父子者，過而離乎此者也；賊恩害義，不知有君臣父子者，不及而離乎此者也。雖過不及有差，而皆不可以行於世，故曰『可離非道也』。」○楊氏曰：「夫盈天地之閒，孰非道乎？道而可離，則道有在矣。譬之四方有定位焉，適東則離乎西，適南則離乎北，斯則可離也。若夫無適而非道，則烏得而離邪？故寒而衣，飢而食，日出而作，晦而息，耳目之視聽，手足之舉履，無非道也，此百姓所以日用而不知。伊尹耕于有莘之野，以樂堯舜之道。夫堯舜之道，豈有物可玩而樂之乎？即耕于有莘之野是已，此農夫田父之所日用者，而伊尹之樂有在乎是。若伊尹，所謂知之者也。」

喜怒哀樂之未發，謂之中；發而皆中節，謂之和。中也者，天下之大本也；和也者，天下之達道也。樂，音洛。中節之中，去聲。○喜怒哀樂，情也。其未發，則性也，無所偏倚，故謂之中。發皆中節，情之正也，無所乖戾，故謂之和。

大本者，天命之性，天下之理皆由此出，道之體也。達道者，循性之謂，天下古今之所共由，道之用也。此言性情之德，以明道不可離之意。**致中和，天地位焉，萬物育焉。**致，推而極之也。位者，安其所也。育者，遂其生也。自戒懼而約之，以至於至静之中，無少偏倚，而其守不失，則極其中而天地位矣。自謹獨而精之，以至於應物之處，無少差謬，而無適不然，則極其和而萬物育矣。蓋天地萬物本吾一體，吾之心正，則天地之心亦正矣；吾之氣順，則天地之氣亦順矣，故其效驗至於如此。此學問之極功，聖人之能事，初非有待於外，而修道之教亦在其中矣。是其一體一用雖有動静之殊，然必其體立而後用有以行，則其實亦非有兩事也，故於此合而言之，以結上文之意。

○或問：「『喜怒哀樂之未發謂之中』云云，何也？」曰：「此推本天命之性，以明由教而入者，其始之所發端，終之所至極，皆不外於吾心也。蓋天命之性，萬理具焉，喜怒哀樂，各有攸當。方其未發，渾然在中，無所偏倚，故謂之中。及其發而皆得其當，無所乖戾，故謂之和。謂之中者，所以狀性之德，道之體也，以其天地萬物之理無所不該，故曰天下之大本。謂之和者，所以著情之正，道之用也，以其古今人物之所共由，故曰天下之達道。蓋天命之性，純粹至善，而具於人心者，其體用之全，本皆如此，不以聖愚而有加損也。然静而不知所以存之，則天理昧而大本有所不立矣。動而不知所以節之，則人欲肆而達道有所不行矣。惟君子自其不睹不聞之前，而所以戒謹恐懼者，愈嚴愈敬，以至於無一豪之偏倚，而守之常不失焉，則爲有以致其中，而大本之立，日以益固矣。尤於隱微幽獨之際，而所以謹其善惡之幾者，愈精愈密，以至於無一豪之差謬，而行之每不違焉，則爲有以致其和，而達道之行，日以益廣矣。致者，用力推致而極其至之謂。致焉而極其至，至於靜而無一息之不中，則吾心正，而天地之心亦正，故陰陽動靜各止其所，而天地於此乎位矣。動而無一事之不和，則吾氣順，而天地之氣亦順，故充塞無間，歡欣交通，而萬物於此乎育矣。此萬化之本原，一心之妙用，聖神之能事，學問之極功，固有非始學所當議者。然射者之的，行者之歸，亦學者立志之初所當知也。此章雖爲一篇開卷之首，然子思之言，亦必至此而後已焉，其旨深矣！」「然則中、和果二物乎？」曰：「觀其一體一用之名，則安得不二。察其一體一用之實，則此爲彼體，彼爲此用。如耳目之能視聽，視聽之由耳目，初非有二物也。」曰：「天地位，萬物育，諸家皆以其理言，子獨以其事論。然則自古衰亂之出，所以病乎中和者多矣，天地之位，萬物之育，豈以是而失其常邪？」曰：「三辰失行，山崩川竭，則不必天翻地覆而已爲不位矣。兵亂凶荒，胎殰卵殈，則不必人消物盡而已爲不育矣。凡若此者，豈非不中不和之所致，而又安可誣哉！今以事言，固以爲有是理而後有是事。彼以理言者，亦非以爲無是事而徒有是理也。但其言之不備，有以啓後學之疑，不若直以事言，而理在其中之爲盡耳。」曰：「然則當其不位不育之時，豈無聖賢生於其世，而其所以致夫中和者，乃不能有以救其一二，何邪？」曰：「善惡感通之理，亦及其力之所至而止耳。彼達而在上者，既曰有以病之，則夫災異之變，又豈窮而在下者所能救也哉。但能致中和於一身，則天下雖亂，而吾身之天地萬物，不害爲安泰。其不能者，天下雖治，而吾身之天地萬物，不害爲乖錯。其間一家一國，莫不皆然，此又不可不知耳。」曰：「二者之爲實事可也，而分中和以屬焉，將不反爲破碎之甚邪？」曰：「世固未有能致中而不足於和者，亦未有能致和而不本於中者也。未有天地已位而萬物不育者，亦未有天地不位而萬物自育者也。特據其效而推本其所以然，則各有所從來，而不可紊耳。」曰：「子思之言中和如此，而周子之言則曰『中者，和也，中節也，天下之達道也』，乃舉中而合之於和，然則又將何以爲天下之大本邪？」曰：「子思之所謂中，以未發而言也。周子之所謂中，以時中而言也。愚於篇首已辨之矣，學者涵泳而別識之，見其並行而不相悖焉可也。」○或問：「程子以赤子之心爲已發，何也？」曰：「衆人之心，莫不有未發之時，亦莫不有已發之時，不以老稚賢愚而有別也。但孟子所指赤子之心純一無僞者，乃因其發而後可見，若未發，則純一無僞又不足以名之。」曰：「程子明鏡止水之云，固以聖人之心爲異乎赤子之心矣，然則此其爲未發者邪？」曰：「聖人之心，未發則爲水鏡之體，既發則爲水鏡之用，亦非獨指未發而言也。」曰：「諸説如何？」曰：「程子備矣，但其答蘇季明後章，記録多失本真，如耳無聞目無見之答，以下文若無事時須見須聞之説參之，其誤必矣。蓋未發之時，但爲未有喜怒哀樂之偏耳，若其目之有見，耳之有聞，則當愈益精明而不可亂，豈若心不在焉，而遂廢耳目之用哉？其言静時既有知覺，豈可言静？而引『復以動見天地之心』爲説，亦不可曉。蓋當至静之時，但有能知覺者，而未有所知覺也。故以爲静中有物則可，而便以才思即是已發爲比則未可。以爲坤卦純陰而不爲無陽則可，而便以復之一陽已動爲比則未可也。其答動字静字之問，以至若無事時須見須聞之説，則皆精當。但其曰當祭祀時，無所見聞，則古人之制祭服、設旒纊，雖曰欲其不得廣視雜聽，而致其精一，然非以爲是真足以全蔽其聰明，使之一無見聞也。若曰履之有絇，以爲行戒，尊之有禁，以爲飲戒，然初未嘗以是而遂不行不飲也。若使當祭之時而爲旒纊所塞，遂如聾瞽，則是禮容樂節，皆不能知，亦將何以致其誠意，而交於鬼神哉？程子之言，決不如是之過也。」○又曰：「呂氏此章，尤多可疑，蓋其病根，正在欲於未發之前，求見夫所謂中者而執之，是以屢言之而病愈甚。殊不知經文所謂致中和者，亦曰當其未發，此心至虛，如鏡之明，如水之止，則但當敬以存之，而不使其少有偏倚；至於事物之來，此心發見，喜怒哀樂各有攸當，則又當敬以察之，而不使其小有差忒而已。未有如是之說也。且曰未發之前，則宜其不待著意推求，而瞭然心目之前。一有求之之心，則是便爲已發，固已不得而見之，況欲從而執之？則其爲偏倚亦甚矣，又何中之可得乎？且夫未發已發，日用之閒，固有自然之機，不假人力。方其未發，本自寂然，固無所事於執；及其當發，則又當即事即物，隨感而應，亦安得塊然不動，而執此未發之中邪？此爲義理之根本，於此有差，則無所不差矣。此呂氏之説，所以條理紊亂，援引乖刺，而不勝其可疑也。程子譏之，以爲不識大本，豈不信哉！」○問：「舊看程先生所答蘇季明『耳無聞，目無見』之説，亦不甚曉。昨見先生答呂子約書，以爲『目之有見，耳之有聞，心之有知』未發與『目之有視，耳之有聽，心之有思』已發不同，方曉然無疑。不知足之履、手之持，亦可分未發已發否？」曰：「便是書不如此讀。聖人只教去喜怒哀樂上討未發已發，却何嘗教去手持足履上分未發已發？都不干事。且如眼見一箇物事，心裏愛，便是已發，便屬喜。見箇物事，惡之，便屬怒。若見箇物事，心裏不喜不怒，有何干涉？」○問靜中有知覺。曰：「此是坤中不能無陽，到動處却是復，只將十二卦排便見。」○問：「未發之前，當戒謹恐懼，提撕警覺，則亦是知覺。而伊川謂『既有知覺，却是動』，何也？」曰：「未發之前，須常恁地醒，不是瞑然不省，若瞑然不省[二]，則道理何在？成甚麼大本？」○問：「伊川言『喜怒哀樂未發之前，下靜字亦可，然靜中須有物始得』，此物云何？」先生曰：「是太極也。」○問：「所謂靜中有物，莫是喜怒哀樂？雖未形，而含喜怒哀樂之理否？」先生曰：「喜怒哀樂乃是感物而有，猶鏡中之影，鏡未照物，安得有影？」曰：「然則『靜中有物』乃鏡中之光明？」曰：「此却說得近似，但只是比類。所謂靜中有物者，只是知覺便是。」曰：「伊川却云『纔說知覺，便是動』。」曰：「此恐伊川說得太過，若云知箇甚底，覺箇甚底，如知得寒，覺得暖，便是知覺一箇物事。今未曾知覺甚事，但有知覺在，何妨其爲靜？不成靜坐便只是瞌睡？」○涵養於喜怒哀樂未發之前，只是「戒慎乎其所不睹，恐懼乎其所不聞」，大綱約住，執持在這裏。到謹獨處，便是發了，「莫見乎隱，莫顯乎微」，雖未大段發出，便已有一豪一分見了，便就這處分別，從善去惡。○問：「伊川言『喜怒哀樂之未發，謂之中』，是言在中之義，如何？」曰：「是言在裏面底道理，非以在中釋中字。」○問：「喜怒哀樂固是心之發，如未喜怒哀樂之前，便是寂然而靜時，

[二]不是瞑然不省若瞑然不省，原作「不是瞑然只省」，各本同，據明成化本朱子語類卷九十六補改。

然豈得皆塊然如槁木？其耳目亦必有自然之聞見，其手足亦必有自然之舉動，不審此時喚作如何？」曰：「喜怒哀樂未發，只是這心未發耳。其手足運動，自是形體如此。」○「中」字是狀性之體，性具於心，發而中節，則是性自心中發出來也，是之謂情。○問：「『坤卦純陰，不爲無陽』之說，如何？」曰：「雖是十月爲坤，十一月爲復，然自小雪後，其下面一畫，便有三十分之一分陽生，至冬至，方足得一爻成耳，故十月謂之陽月。蓋嫌於無陽也。自姤至坤，亦然。」○爲臣必忠、爲子必孝之類，皆是已發，然所以合做此事，實具此理，乃未發也。○喜怒哀樂未發，如處室中，東西南北未有定向，所謂中也。及其既發，如已出門，東者不復能西，南者不復能北，然各因其事，無所乖逆，所謂和也。○中，性之德。和，情之德。○孟子所謂「存心養性」「收其放心」「操則存」，此等處，乃致中也。至於充廣其仁義之心等處，乃致和也。○「致」字是只管挨排去之義，如射箭，才上紅心，便道是中，亦未是。須是射著紅心之中，方是。如「致知」之「致」，亦同此義。「致」字工夫極精密也。○天地位，萬物育，便是財成輔相、以左右民底工夫。○此爲在上聖人而設。○問：「致中和，天地位，萬物育，此以有位者言，如一介之士，如何得如此？」先生曰：「若致得一身中和，便充塞得一身。致得一家中和，便充塞得一家。若致天下中和，便充塞天下。有此理，便有此事。有此事，便有此理。如『一日克己復禮，天下歸仁』，如何一日克己於家，便得天下歸仁？爲有此理故也。」○輯略呂與叔曰：「中者，道之所由出。」程子曰：「此語有病。」呂曰：「論其所同，不容更有二名；別而言之，亦不可混爲一事。如所謂『天命之謂性，率性之謂道』，又曰『中者，天下之大本；和者，天下之達道』，則性與道，大本與達道，豈有二乎？」先生曰：「中即道也。若謂道出於中，則道在中内，别爲一物矣。所謂『論其所同，不容更有二名；别而言之，亦不可混爲一事』，此語固無病。若謂性與道，大本與達道，可混爲一，即未安。在天曰命，在人曰性，循性曰道。性也，命也，道也，各有所當。大本言其體，達道言其用，體用自殊，安得不爲二乎？」吕曰：「既云率性之謂道，則循性而行莫非道，此非性中别有道也。中即性也，在天爲命，在人爲性，由中而出莫非道，所以云『中者，道之所由出』。」先生曰：「『中即性也』，此語極未安。中也者，所以狀性之體段，如稱天圓地方，遂謂方圓即天地可乎？方圓既不可謂之天地，則萬物決非方圓之所自出。如中既不可謂之性，則道何從稱出於中？蓋中之爲義，自過不及而立名，若只以中爲性，則中與性不合。」吕曰：「不倚之謂中，不雜之謂和。」先生曰：「『不倚之謂中』，甚善，语猶未瑩。『不雜之謂和』，未當。」吕曰：「喜怒哀樂之未發，則赤子之心，當其未發，此心至虚，無所偏倚，故謂之中。以此心應萬物之變，無往而非中矣。孟子曰：『權然後知輕重，度然後知長短。物皆然，心爲甚。』此心度物所以甚於權度之審者，正以至虚無所偏倚故也。有一物存乎其閒，則輕重長短皆失中矣，又安得如權度乎？『大人不失其赤子之心』，乃所謂『允執厥中』者也。大臨始者有見於此，便指此心名爲『中』，故前言『中者，道之所由出也』。今細思，乃命名未當耳。此心之狀，可以言中，未可便指此心名之曰中。」先生曰：「喜怒哀樂未發謂之中，赤子之心，發而未遠乎中。若便謂之中，是不識大本也。」吕曰：「聖人智周萬物，赤子全未有知，其心固有不同矣。然推孟子所云，豈非止取純一無僞可與聖人同乎？非謂無豪髮之異也。大臨前日所云，亦取諸此而已。此義大臨昔者既聞先生君子之教，反求諸己，若有所自得，參之前言往行，將無所不合，由是而之焉，似得其所安，以是自信不疑。今承教乃云『已失大本』，茫然不知所向。聖人之學，以中爲大本，雖堯舜相授以天下，亦云『允執其中』。中者，無過不及之謂也。何所準則而知過不及乎？求之此心而已。此心之動，出入無時，何從而守之乎？求之於喜怒哀樂未發之際而已。當是時也，此心即赤子之心，此心所發，純是義理，與天下之所同然，安得不和？大臨前日敢指赤子之心爲中者，其説如此。來教云『赤子之心可謂之和，不可謂之中』，大臨思之，所謂和者，指已發而言之。今言赤子之心，乃論其未發之際純一無僞，無所偏倚，可以言中。若謂已發，恐不可言心。」先生曰：「所云『非謂無豪髮之異』，是有異也。有異者，得爲大本乎？推此一言，餘皆可見。」吕曰：「大臨以赤子之心爲未發，先生以赤子之心爲已發，所謂大本之實，則先生與大臨之言未有異也，但解赤子之心一句不同耳。大臨初謂赤子之心，止取純一無僞與聖人同，孟子之義亦然，更不曲折一一較其同異，故指以爲言，固未嘗以已發不同處爲大本也。先生謂凡言心者，皆指已發而言，然則未發之前，謂之無心可乎？竊謂未發之前，心體則昭昭具在，已發乃心之用也。」先生曰：「所論意雖以已發者爲未發，反求諸言，却是認已發者爲説。辭之未瑩，乃是擇之未精。『凡言心者，指已發而言』，此固未當。心，一也，有指體而言者，『寂然不動』是也；有指用而言者，『感而遂通天下之故』是也，惟觀其所見何如耳。大抵論愈精微，言愈易差也。」〇又曰：

「敬而無失，便是喜怒哀樂之未發，謂之中也。敬不可謂之中，但敬而無失，即所以中也。」○蘇季明問：「中之道，與喜怒哀樂未發謂之中，同否？」曰：「非也。喜怒哀樂未發，是言在中之義，只一箇中字，但用不同。」或曰：「於喜怒哀樂之前求中，可否？」曰：「不可。既思於喜怒哀樂未發之前求之，又却是思也。既思，即是已發，才發便謂之和，不可謂之中也。」又問：「吕博士當求於喜怒哀樂未發之前，信斯言也，恐無著落，如之何而可？」曰：「言存養於喜怒哀樂未發之時，則可。若言求中於喜怒哀樂未發之前，則不可。」又問：「學者於喜怒哀樂發時固當勉強裁抑，於未發之前，當如何用功？」曰：「喜怒哀樂未發之前，更怎生求？但平日涵養便是。涵養久，則喜怒哀樂發自中節。」或曰：「有未發之中，有既發之中。」曰：「非也。既發時，便是和矣。發而中節，固是得中、時中之類，只爲將中和來分説，便是和也。」○又問：「先生説喜怒哀樂未發謂之中，是在中之義，不識何意？」曰：「只喜怒哀樂未發，便是中也。」曰：「中莫無形體，只是箇言道之題目否？」曰：「非也。中有甚形體，然既謂之中，也須有箇形象。」曰：「當中之時，耳無聞，目無見否？」曰：「雖耳無聞，目無見，然見聞之理在，始得。」曰：「中是有時而中否？」曰：「何時而不中？以事言之，則有時而中；以道言之，何時而不中。」曰：「固是所爲皆中，然而觀於四者未發之時，静時自有一般氣象，及至接事時又自别，何也？」曰：「善觀者不如此，却於喜怒哀樂已發之際觀之焉，且説静時如何。」曰：「謂之無物則不可，然自有知覺處。」曰：「既有知覺，却是動也，怎生言静？人説『復其見天地之心』，皆以謂至静能見天地之心，非也。復之卦，下面一畫，便是動也，安得謂之静？自古儒者皆言静見天地之心。」或曰：「莫是於動上求静否？」曰：「固是，然最難。云云。」或曰：「先生於喜怒哀樂未發之前，下動字？下静字？」曰：「謂之静則可，然静中須有物，始得。這裏便是難處。學者莫若且先理會得敬，能敬則自知此矣。」或曰：「敬何以用功？」曰：「莫若主一。」季明曰：「某嘗患思慮不定，或思一事未了，他事如麻又生，如何？」曰：「不可，此不誠之本也。須是習，習能專一時便好，不拘思慮與應事，皆要求一。」或曰：「當静坐時，物之過乎前者，還見不見？」曰：「看事如何。若是大事，如祭祀，前旒蔽明，黈纊充耳，凡物之過者，不見不聞也。若無事時，目須見，耳須聞。」或曰：「當敬時，雖見聞，莫過焉而不留否？」曰：「不説道非禮勿視、勿聽。勿者，禁止之辭，纔説弗字，便不得也。」或問：「雜説中以赤子之心爲已發，是否？」曰：「已發而去道未遠也。」曰：「『大人不失赤子之心』，如何？」曰：「取其純一近道也。」曰：「赤子之心與聖人之心若何？」曰：「聖人之心，如明鏡，如止水。」○又曰：「性即理也，所謂理，性是也。天下之理，原其所自，未有不善。喜怒哀樂未發，何嘗不善？發而中節，即無往而不善；發而不中節，然後爲不善。故凡言善惡，皆先善而後惡；言吉凶，皆先吉而後凶；言是非，皆先是而後非。」○又曰：「喜怒哀樂未發謂之中，只是言一箇中一作本體。既是喜怒哀樂未發，那裏有箇甚麽，只可謂之中。如乾體便是健，及分在諸處，不可皆名健，然在其中矣。天下事事物物皆有中，發而皆中節謂之和，非是謂之和便不中也，言和則中在其中矣。中，便是含喜怒哀樂在其中矣。」○又曰：「聖人未嘗無喜也，『象喜亦喜』；聖人未嘗無怒也，『一怒而安天下之民』；聖人未嘗無哀也，『哀此煢獨』；聖人未嘗無懼也，『臨事而懼』；聖人未嘗無愛也，『仁民而愛物』；聖人未嘗無欲也，『我欲仁，斯仁至矣』。但其中節，則謂之和。」○又曰：「中者，天下之大本，天地之閒亭亭當當、直上直下之正理。出則不是。唯『敬而無失』最盡。」○又曰：「『喜怒哀樂未發謂之中』，中也者，言『寂然而不動』者也，故曰『天下之大本』。『發而皆中節謂之和』，和也者，言『感而遂通』者也，故曰『天下之達道』。」○又曰：「『致』與『位』字，非聖人不能言，子思特傳之耳。」○又曰：「聖人修己以敬，以安百姓，篤恭而天下平。唯上下一於恭敬，則天地自位，萬物自育，氣無不和，四靈何有不至？此體信達順之道，聰明睿知皆由是出，以此事天享帝。」○游氏曰：「極中和之理，則天地之覆載，四時之化育，在我而已，故曰『天地位焉，萬物育焉』。然則三公所以燮理陰陽者，豈有資於外哉？亦盡吾喜怒哀樂之性而已。」○楊氏曰：「自『天命之謂性』至『萬物育焉』，中庸一篇之體要也。」○又曰：「怒者喜之反，哀者樂之反。既發則倚於一偏而非中也，故『未發謂之中』。中者，不偏之謂也。由中而出，無人欲之私焉，發必中節矣。一不中節，則與物戾，非和也，故『發而皆中節謂之和』。中也者，『寂然不動』之時也，無物不該焉，故謂之『大本』。和也者，所以『感通天下之故』，故謂之『達道』。中以形道之體，和以顯道之用。致中則範圍而不過，致和則曲成而不遺，故『天地位焉，萬物育焉』。」○孔子之慟，孟子之喜，因其可慟可喜而已，於孔孟何有哉？其慟也，其喜也，中固自若也。鑑之茹物，因物而異形，而鑑之明未嘗異也。若聖人而無喜怒哀樂，則天下之達道廢矣，一人衡行於天下，武王亦不必恥也。故於是四者，當論其中節不中節，不當論其有無也。○中，一也。未發之中，「時中」在其中矣，特未發耳。○祁寬問曰：「如顏子之不遷怒，此是中節，亦只是中，何故才發便謂之和？」尹子曰：「雖顏子之怒，亦是倚於怒矣。喜哀樂亦然，故只可謂之和。」○又曰：「『致中和』，致者，致之也，如致將去。」

右第一章。子思述所傳之意以立言。首明道之本原出於天而不可易，其實體備於己而不可離；次言存養省察之要；終言聖神功化之極。蓋欲學者於此反求諸身而自得之，以去夫外誘之私，而充其本然之善，楊氏所謂一篇之體要是也。其下十章，蓋子思引夫子之言，以終此章之義。

仲尼曰：「君子中庸，小人反中庸。中庸者，不偏不倚，無過不及，而平常之理，乃天命所當然，精微之極致也。唯君子爲能體之，小人反是。君子之中庸也，君子而時中；小人之中庸也，小人而無忌憚也。」王肅本作「小人之反中庸也」，程子亦以爲然。今從之。○君子之所以爲中庸者，以其有君子之德，而又能隨時以處中也。小人之所以反中庸者，以其有小人之心，而又無所忌憚也。蓋中無定體，隨時而在，是乃平常之理也。君子知其在我，故能戒謹不睹，恐懼不聞，而無時不中。小人不知有此，則肆欲妄行，而無所忌憚矣。○或問曰：「君子所以中庸，小人所以反之者，何也？」曰：「中庸者，無過不及而平常之理，蓋天命人心之正也。唯君子爲能知其在我，而戒謹恐懼以無失其當然，故能隨時而得中。小人則不知有此，而無所忌憚，故其心每反乎此，而不中不常也。」○曰：「『小人之中庸』，王肅、程子悉加『反』字，蓋疊上文之語。然諸說皆謂小人實反中庸，而不自知其爲非，乃敢自以爲中庸而居之不疑，如漢之胡廣，唐之吕温、柳宗元者，則其所謂中庸，是乃所以爲無忌憚也。如此，則不煩增字而理亦通矣。」曰：「小人之情狀，固有若此者矣，但以文勢考之，則恐未然。蓋論一篇之通體，則此章乃引夫子所言之首章，且當略舉大端，以分别君子、小人之趣向，未當遽及此意之隱微也。若論一章之語脉，則上文方言君子中庸而小人反之，其下且當平解兩句之義以盡其意，不應偏解上句而不解下句，又遽别生他説也。故疑王肅所傳之本爲得其正，而未必肅之所增；程子從之，亦不爲無所據而臆決也。諸説皆從鄭本，雖非本文之意，然所以發明小人之情狀，則亦曲盡其妙，而足以警乎鄉原亂德之姦矣。今存吕氏以備觀攷，他不能盡録也。」○輯略程子曰：「君子之於中庸也，無適而不中，則其心與中庸無異體矣。小人之於中庸，無所忌憚，則與戒慎恐懼者異矣，是其所以反中庸也。」又曰：「『小人之中庸，小人而無忌憚也』，小人更有甚中庸，脱一『反』字。小人不主於義理，則無忌憚，無忌憚，所以反中庸也。亦有其心畏謹而不中，亦是反中庸。謂惡有淺深則可，謂之中庸則不可。」○又曰：「欲知中庸，無如權。須是時而爲中。若以手足胼胝、閉户不出二者之間取中，便不是中。若當手足胼胝，則於此爲中；當閉户不出，則於此爲中。權之爲言，稱錘之義也。何物爲權？義也。」○蘇季明問：「君子時中，莫是隨時否？」曰：「是也。『中』字最難識，須是默識心通。且試言。一廳，則中央爲中；一家，則廳中非中，而堂爲中；言一國，則堂非中，而國之中爲中。推此類可見矣。且如初寒時，則薄裘爲中，如在盛寒而用初寒之裘，則非中也。更如『三過其門不入』，在禹稷之世爲中，若『居陋巷』則不中矣；『居陋巷』在顏子之時爲中，若『三過其門不入』則非中矣。」或曰：「男女不授受之類皆然？」曰：「是也。男女不授受，中也；在喪祭，則不如此矣。」○又曰：「楊子『拔一毛』不爲，墨子又『摩頂放踵』爲之，此皆是不得中。至於子莫『執中』，又欲執此二者之中，不知怎生執得？識得，則事事物物上皆天然有箇中在那上[二]，不待人安排也，安排著則不中矣。」○又曰：「『可以仕則仕，可以止則止，可以久則久，可以速則速』，此皆時也，未嘗不合中，故曰『君子而時中』。」○又曰：「萬物無一物失所，便是天理時中。」○張子曰：「時中之義甚大，須精義入神，始得。觀其會通，行其典禮，此方是真義理也。行其典禮而不達會通，則有非時中者矣。君子要『多識前言往行，以畜其德』者，以其看前言往行熟，則自能見得時中。」○呂氏曰：「『時中』者，『當其可』之謂也。『時止則止，時行則行』，當其可也。『可以仕則仕，可以止則止，可以久則久，可以速則速』，當其可也。『曾子、子思易地則皆然』『禹稷、顏回同道』，當其可也。舜不告而娶，周公殺管蔡，孔子以微罪行，當其可也。小人見君子之時中唯變所適，而

[二] 那，原作「箇」，乾隆本、同治本、四庫本同，薈要本作「這」，據宋本中庸輯略上改。

不知當其可，而欲肆其姦心，濟其私欲。或言不必信，行不必果，則曰『唯義所在』而已，然實未嘗知義之所在。有臨喪而歌，人或非之，則曰『是惡知禮意』，然實未嘗知乎禮意。猖狂妄行，不謹先王之法，以欺惑流俗，此小人之亂德，先王之所以必誅而不以聽者也。」〇又曰：「執中無權，雖君子之所惡，苟無忌憚，則不若無權之爲愈。」〇游氏曰：「道之體無偏，而其用則通而不窮。無偏，中也；不窮，庸也。以性情言之則爲中和，以德行言之則爲中庸，其實一道也。君子者，道中庸之實也。小人則竊中庸之名而實背之，是中庸之賊也，故曰『反中庸』。」〇或問：「有謂『中所以立常，權所以盡變』，不知權則不足以應物，知權則中有時乎不必用矣，是否？」楊氏曰：「知中則知權，不知權則是不知中也。如一尺之物，約五寸而執之，中也。一尺而厚薄小大之體殊，則所執者輕重不等矣，猶執五寸以爲中，是無權也。蓋五寸之執，長短多寡之中，而非厚薄小大之中也。欲求厚薄小大之中，則釋五寸之約，唯輕重之知，而其中得矣。故權以中行，中因權立。中庸之書不言權，其曰『君子而時中』，蓋所以爲權也。」〇又曰：「中者豈執一之謂哉？亦貴乎時中也。時中者，當其可之謂也。堯授舜，舜授禹，受之而不爲泰；湯放桀，武王伐紂，取之而不爲貪。伊尹放太甲，君子不以爲篡；周公誅管蔡，天下不以爲逆。以其事觀之，豈不異哉？聖人安行而不疑者，蓋當其可也。後世聖學不明，昧執中之權，而不通時措之宜，故狥名失實，流而爲之噲之讓、白公之争，自取絶滅者有之矣。至或臨之以兵而爲忠，小不忍而爲仁，皆失是也。」

右第二章。此下十章，皆論中庸以釋首章之義。文雖不屬，而意實相承也。變和言庸者，游氏曰：「以性情言之，則曰中和；以德行言之，則曰中庸是也。」然中庸之中，實兼中和之義。

子曰：「中庸其至矣乎！民鮮能久矣。」過則失中，不及則未至，故惟中庸之德爲至。然亦人所同得，初無難事，但世教衰，民不興行，故鮮能之，今已久矣。論語無「能」字。

右第三章。

子曰：「道之不行也，我知之矣，知者過之，愚者不及也。道之不明也，我知之矣，賢者過之，不肖者不及也。道者，天理之當然，中而已矣。知愚賢不肖之過不及，則生稟之異而失其中也。知者知之過，既以道爲不足行；愚者不及知，又不知所以行，此道之所以常不行也。賢者行之過，既以道爲不足知；不肖者不及行，又不求所以知，此道之所以常不明也。**人莫不飲食也，鮮能知味也。」**道不可離，人自不察，是以有過不及之弊。〇或問：「智愚之過不及，宜若道之所以不明也；賢不肖之過不及，宜若道之所以不行也。今其互言之，何也？」曰：「測度深微，揣摩事變，能知君子之所不必知者，知者之過乎中也。昏昧蹇淺，不能知君子之所當知者，愚者之不及乎中也。知之過者，既唯知是務，而以道爲不足行，愚者又不知所以行也，此道之所以不行也。刻意尚行，驚世駭俗，能行君子之所不必行者，賢者之過乎中也。卑汙苟賤，不能行君子之所當行者，不肖者之不及乎中也。賢之過者，既唯行是務，而以道爲不足知，不肖者又不求所以知也，此道之所以不明也。然道之所謂中者，是乃天命人心之正，當然不易之理，固不外乎人生日用之閒，特行而不著，習而不察，是以不知其至而失之耳。故曰：『人莫不飲食也，鮮能知味也。』知味之正，則必嗜之而不厭矣；知道之中，則必守之而不失矣。」○輯略程子曰：「『知者過之』，若是聖人之知，豈更有過？」○又曰：「聖人與理爲一，故無過無不及，中而已矣。其他皆以心處這箇道理，故賢者常失之過，不肖者常失之不及。」○呂氏曰：「諸子百家，異端殊技，其設心非欲理義之不當，然卒不可以入堯舜之道者，所知有過不及之害也。疏明曠達，以中爲不足守，出於天地範圍之中，淪於虛無寂滅之境，窮高極深，要之無所用於世，此過之之害也。蔽蒙固滯，不知所以爲中，泥於形名度數之末節，狥於耳目聞見之所及，不能體天地之化，達君子之時中，此不及之害也。二者所知，一過一不及，天下欲蹈乎中庸而無所歸，此道之所以不行也。賢者常處其厚，不肖者常處其薄。曾子執親之喪，水漿不入口者七日，高柴泣血三年，未嘗見齒，雖本於厚，而滅性傷生，無義以節之者也。宰予以三年之喪爲已久，食稻衣錦而自以爲安，墨子之治喪也，以薄爲其道，既本於薄，又狥生逐末，不勉於恩以厚之也。二者所行，一過一不及，天下欲擇乎中庸而不得，此道之所以不明也。」○楊氏曰：「若佛氏之寂滅，莊生之荒唐，絕類離倫，不足以經世，道之所以不行也，此『知者過之』也。若楊氏之爲我，墨氏之兼愛，過乎仁義者也，而卒至於塞路，道之所以不明也，此『賢者過之』也。自知賢愚不肖言之，則賢知宜愈矣，至其妨於道，則過猶不及也。」

右第四章。

子曰：「道其不行矣夫！」 由不明，故不行。

右第五章。 此章承上章而舉其不行之端，以起下章之意。

子曰：「舜其大知也與！舜好問而好察邇言，隱惡而揚善，執其兩端，用其中於民，其斯以爲舜乎！」 舜之所以爲大知者，以其不自用而取諸人也。邇言者，淺近之言，猶必察焉，其無遺善可知。然於其言之未善者，則隱而不宣，其善者，則播而不匿，其廣大光明又如此，則人孰不樂告以善哉？兩端，謂衆論不同之極致。蓋凡物皆有兩端，如小大、厚薄之類，於善之中又執其兩端，而量度以取中，然後用之，則其擇之審而行之至矣。然非在我之權度精切不差，何以與此？此知之所以無過不及，而道之所以行也。○兩端之説，呂楊爲優。○兩端，如厚薄、輕重，執其兩端用其中於民，非謂只於二者之閒取中。當厚而厚，即厚上是中；當薄而薄，即薄上是中。輕重亦然。○輯略呂氏曰：「舜之知所以爲大者，樂取諸人以爲善而已。『好問好察邇言』，『隱惡而揚善』，皆樂取諸人者也。兩端，過與不及也。『執其兩端』，乃所以用其時中，猶持權衡而稱物，輕重皆得其平。故舜之所以爲舜，取諸人，用諸民，皆以能執兩端而不失中也。」○一本云：「好問」則無知愚，無賢不肖，無貴賤，無長幼，皆在所問。「好察邇言」者，流俗之諺，野人之語，皆在所察。廣問合乎衆議者也，邇言出於無心者也，雖未盡合乎理義，而理義存焉。其惡者隱而不取，其善者舉而從之，出與人同之道也。○楊氏曰：「道之不行，知者過之也，故以舜大知之事明之。『舜好問而好察邇言』，取諸人以爲善也，『隱惡而揚善』，與人爲善也。取諸人以爲善，人必以善告之；與人爲善，人必以善歸之，皆非小智自私之所能爲也。『執其兩端』，所以權輕重而取中也，由是而用於民，雖愚者可及矣。此舜之所以大知，而道之所以行也。」

右第六章。

子曰：「人皆曰『予知』，驅而納諸罟擭陷阱之中，而莫之知辟也。人皆曰『予知』，擇乎中庸而不能期月守也。」罟，網也；擭，機檻也；陷阱，坑坎也，皆所以揜取禽獸者也。擇乎中庸，辨別衆理以求所謂中庸，即上章好問用中之事也。期月，匝一月也。言知禍而不知辟，以況能擇而不能守，皆不得爲知也。○呂氏曰：「中庸者，天下之所共知，天下之所共行，猶寒而衣，飢而食，渴而飲，不可須臾離也。衆人之情，厭常而喜新，質薄而氣弱，雖知不可離，亦不能久也。惟君子之學，自明而誠。明而未至乎誠，雖心悅而不去。然知不可不思，行不可不勉，在思勉之分。而氣不能無衰，志不能無懈，故有『日月至焉』者，有『三月不違』者，皆德之可久者也。若至乎誠，則不思不勉至於常久而不息，非聖人其孰能之？」

右第七章。承上章大知而言，又舉不明之端，以起下章也。

子曰：「回之爲人也，擇乎中庸，得一善則拳拳服膺而勿失之矣。」回，孔子弟子顏淵名。拳拳，奉持之貌。服，猶著也。膺，胷也。奉持而著之心胷之閒，言能守也。顏子蓋真知之，故能擇能守如此，此行之所以無過不及，而道之所以明也。○或問：「此其稱回之賢，何也？」曰：「承上章『不能朞月守』者而言，如回之賢而不過，則道之所以明也。蓋能擇乎中庸，則無賢者之過矣；服膺不失，則非不肖者之不及矣。然則茲賢也，乃其所以爲知也歟。」曰：「諸說如何？」曰：「程子所引『屢空』，張子所引『未見其止』，皆非論語之本意。唯呂氏之論顏子有曰：『隨其所至，盡其所得，據而守之，則「拳拳服膺」而不敢失，勉而進之，則「既竭吾才」而不敢緩，此所以恍惚前後而不可爲象，求見聖人之止，欲罷而不能也。』此數言者，乃爲親切確實，而足以見其深潛縝密之意，學者所宜諷誦而服行也。但『求見聖人之止』一句，文義亦未安耳。」○輯略程子曰：「顏子擇中庸，得善則拳拳。中庸如何擇？如『博學之』，又『審問之』，又『謹思之』，又『明辨之』，所以能擇中庸也。雖然，學問思辨亦何所據乃識中庸？此則存乎致知。致知者，此則在學者自加功也。大凡於道，擇之則在乎智，守之則在乎仁，斷之則在乎勇。人之於道，則患在不能擇，不能守，不能斷。」呂氏曰：「擇乎中庸，可守而不能久，知及之而仁不能守之者也。『知及之，仁不能守之』，自謂之知，安在其爲知也歟？『雖得之，必失之。』故君子之學，自明而誠，明則能擇，誠則能守。能擇，知也；能守，仁也。如顏子者，可謂能擇而能守也。高明不可窮，博厚不可極，則中道不可識。『仰之彌高，鑽之彌堅，瞻之在前，忽焉在後。』察其志也，非見聖人之卓，不足謂之中。隨其所至，盡其所得，據而守之，則『拳拳服膺』而不敢失，勉而進之，則『既竭吾才』而不敢緩。此所以恍惚前後而不可爲象，求見聖人之止，欲罷而不能也。」

右第八章。

子曰：「天下國家可均也，爵禄可辭也，白刃可蹈也，中庸不可能也。」均，平治也。三者亦知仁勇之事，天下之至難也。然不必其合於中庸，則質之近似者，皆能以力爲之。若中庸，則雖不必皆如三者之難，然非義精仁熟，而無一豪人欲之私者，不能及也。三者難而易，中庸易而難，此民之所以鮮能也。〇或問：「『中庸不可能』，何也？」曰：「此亦承上章之意，以三者之難，明中庸之尤難也。蓋三者之事，亦知仁勇之屬，而人之所難。然皆取必於行，而無擇乎義，且或出於氣質之偏，事勢之迫，未必從容而中節也。若曰中庸，則雖無難行之事，然天理渾然，無過不及，苟一豪之私意有所未盡，則雖欲擇而守之，而擬議之閒，忽已墮於過與不及之偏而不自知矣。此其所以雖若甚易，而實不可能也。故程子以克己最難言之，其旨深矣。」〇問：「『天下國家可均也，爵禄可辭也，白刃可蹈也』，謂資質之近於智而力能勉者，皆足以能之。若中庸，則四邊都無倚著，浄浄潔潔，不容分豪力。」曰：「中庸便是三者之閒，非是別有箇道理。只於三者做得那恰好處，便是中庸。不然，只可謂之三事。」〇輯略程子曰：「克己最難，故曰『中庸不可能也』。」〇吕氏曰：「此章言中庸之難也。均之爲言，平治也。周官冢宰『均邦國』，平治之謂也。平治乎天下國家，智之所能也；遜千乘之國，辭萬鍾之禄，廉者之所能也；犯難致命，死而無悔，勇者之所能也。三者世之所難也，然有志者率皆能之。中庸者，世之所謂易也，然非聖人，其孰能之？唯其以爲易，故以爲不足學而不察，以爲不足行而不守，此道之所以不行也。」

右第九章。亦承上章，以起下章。

子路問强。子路，孔子弟子仲由也。子路好勇，故問强。**子曰：「南方之强與？北方之强與？抑而强與？**抑，语辭。而，汝也。**寬柔以教，不報無道，南方之强也，君子居之。**寬柔以教，爲含容巽順以誨人之不及也。不報無道，謂横逆之來，直受之而不報也。南方風氣柔弱，故以含忍之力勝人爲强，君子之道也。**衽金革，死而不厭，北方之强也，而强者居之。**衽，席也。金，戈兵之屬。革，甲胄之屬。北方風氣剛勁，故以果敢之力勝人爲强，强者之事也。**故君子和而不流，强哉矯！中立而不倚，强哉矯！國有道，不變塞焉，强哉矯！國無道，至死不變，强哉矯！」**此四者，汝之所當强也。矯，强貌。詩曰「矯矯虎臣」是也。倚，偏著也。塞，未達也。國有道，不變未達之所守；國無道，不變平生之所守也。此則所謂中庸之不可能者，非有以自勝其人欲之私，不能擇而守也。君子之强，孰大於是？夫子以是告子路者，所以抑其血氣之剛，而進之以德義之勇也。○或問：「此章記子路之問强，何也？」曰：「亦承上章之意，以明擇中庸而守之，非强不能，而所謂强者，又非世俗之所謂强也。蓋强者，力有以勝人之名也。凡人和而無節，則必至於流；中立而無依，則必至於倚；國有道而富貴，或不能不改其平素；國無道而貧賤，或不能久處乎窮約。非持守之力有以勝人者，其孰能及之？故此四者，汝子路之所當强也。南方之强，不及强者也；北方之强，過乎强者也；四者之强，强之中也。子路好勇，故聖人之言所以長其善而救其失者類如此。」曰：「和與物同，故疑於流，而以不流爲强。中立本無所依，又何疑於倚而以不倚爲强哉？」曰：「中立固無所依也，然凡物之情，惟强者爲能無所依而獨立，弱而無所依，則其不傾側而偃仆者幾希矣，此中立之所以疑於必倚，而不倚之所以爲强也。」〇又問「中立而不倚」。先生曰：「只中立便是不倚了，然中立却易得倚，中立而不倚，此其所以爲强。」〇國有道，則有達之理，故不變其未達之所守；國無道，則有不幸而死之理，故不變其平生之所守。不變其未達之所守易，不變其平生之所守難。〇輯略程子曰：「南方人柔弱，所謂强者，是理義之强，故君子居之。北方人强悍，所謂强者，是血氣之强，故小人居之。凡人血氣，須要以理義勝之。」

右第十章。

子曰：「素隱行怪，後世有述焉，吾弗爲之矣。素，案漢書當作「索」，蓋字之誤也。索隱行怪，言深求隱僻之理，而過爲詭異之行也。然以其足以欺世而盜名，故後世或有稱述之者。此知之過而不擇乎善，行之過而不用其中，不當强而强者也，聖人豈爲之哉？**君子遵道而行，半塗而廢，吾弗能已矣。**遵道而行，則能擇乎善矣；半塗而廢，則力之不足也。此其知雖足以及之，而行有不逮，當强而不强者也。已，止也。聖人於此，非勉焉而不敢廢，蓋至誠無息，自有所不能止也。**君子依乎中庸，遯世不見知而不悔，唯聖者能之。」**不爲索隱行怪，則依乎中庸而已。不能半塗而廢，是以遯世不見知而不悔也。此中庸之成德，知之盡、仁之至、不賴勇而裕如者，正吾夫子之事，而猶不自居也，故曰唯聖者能之而已。○或問素隱之說。曰：「呂氏從鄭注，以『素』爲『傃』，固有未安。唯其舊說有謂無德而隱爲素隱者，於義略通，又以『遯世不見知』之語反之，似亦有據。但『素』字之義，與後章『素其位』之『素』，不應頓異，則又若有可疑者。獨漢藝文志劉歆論神仙家流引此而以『素』爲『索』，顏氏又釋之以爲求索隱暗之事，則二字之義既明，而與下文『行怪』二字語勢亦相類，其說近是。」○輯略程子曰：「『索隱行怪』，是過者也。『半塗而廢』，是不及者也。『不見知而不悔』，是中者也。」

右第十一章。子思所引夫子之言，以明首章之義者，止此。蓋此篇大旨，以知、仁、勇三達德爲入道之門。故於篇首，即以大舜、顏淵、子路之事明之。舜，知也；顏淵，仁也；子路，勇也。三者廢其一，則無以造道而成德矣。餘見第二十章。

君子之道費而隱。費，符味反。○費，用之廣也。隱，體之微也。**夫婦之愚，可以與知焉，及其至也，雖聖人亦有所不知焉；夫婦之不肖，可以能行焉，及其至也，雖聖人亦有所不能焉。天地之大也，人猶有所憾。故君子語大，天下莫能載焉；語小，天下莫能破焉。**與，去聲。○君子之道，近自夫婦居室之閒，遠而至於聖人天地之所不能盡，其大無外，其小無內，可謂費矣。然其理之所以然，則隱而莫之見也。蓋可知可能者，道中之一事，及其至，而聖人不知不能。則舉全體而言，聖人固有所不能盡也。侯氏曰：「聖人所不知，如孔子問禮、問官之類；所不能，如孔子不得位、堯舜病博施之類。」愚謂：人所憾於天地，如覆載生成之偏，及寒暑災祥之不得其正者。**詩云：「鳶飛戾天，魚躍于淵。」言其上下察也。**鳶，余專反。○詩，大雅旱麓之篇。鳶，鴟類。戾，至也。察，著也。子思引此詩以明化育流行，上下昭著，莫非此理之用，所謂費也；然其所以然者，則非見聞所及，所謂隱也。故程子曰：「此一節，子思喫緊爲人處，活潑潑地。」讀者其致思焉。**君子之道，造端乎夫婦，及其至也，察乎天地。**結上文。○或問十二章之説。曰：「道之用廣，而其體則微密而不可見，所謂『費而隱』也。即其近而言之，男女居室，人道之常，雖愚不肖亦能知而行之；極其遠而言之，則天下之大，事物之多，聖人亦容有不盡知盡能者也。然非獨聖人有所不知不能也，天能生覆而不能形載，地能形載而不能生覆，至於氣化流行，則陰陽寒暑、吉凶災祥，不能盡得其正者尤多，此所以雖以『天地之大』，而人猶有憾』也。夫自夫婦之愚不肖所能知行，至於聖人天地之所不能盡，道蓋無所不在也。故君子之語道也，其大至於天地聖人所不能盡，而道無不包，則『天下莫能載』矣。其小至於愚夫愚婦之所能知能行，而道無不體，則『天下莫能破』矣。道之在天下，其用之廣如此，可謂費矣；而其所用之體，則不離乎此，而有非視聽之所及者，此所以爲『費而隱』也。子思之言，至此極矣，然猶以爲不足以盡其意也，故又引詩以明之，曰『鳶飛戾天，魚躍於淵』，所以言道之體用，上下昭著，而無所不在也。『造端乎夫婦』，極其近小而言也；『察乎天地』，極其遠大而言也。蓋夫婦之際，隱微之閒，尤見道之不可離處，知其造端乎此，則其所以戒謹恐懼之實，無不至矣。易首乾坤而重咸恒，詩首關雎而戒淫泆，書記釐降，禮謹大昏，皆此意也。」○曰：「諸說如何？」曰：「程子至矣。」曰：「諸家皆以夫婦之能知能行者爲道之費，聖人之所不知不能而天地有憾者爲道之隱，其於文義協矣。若從程子之說，則使章內專言費而不及隱，恐其有未安也。」曰：「謂不知不能爲隱，似矣。若『天地有憾』『鳶飛魚躍』『察乎天地』而欲亦謂之隱，則恐未然。且隱之爲言，正以其非言語指陳之可及耳，故獨舉費而隱常默具乎其中。若於費外別有隱而可言，則已不得爲隱矣。程子之云，又何疑邪？」○曰：「然則程子所謂『「鳶飛魚躍」，子思喫緊爲人處，與「必有事焉而勿正心」之意同，活潑潑地』者，何也？」曰：「道之流行發見於天地之間，無所不在。在上則鳶之飛而戾于天者此也，在下則魚之躍而出於淵者此也，其在人則日用之閒，人倫之際，夫婦之所知所能，而聖人之所不知不能者，亦此也。此其流行發見於上下之閒者，可謂著矣。子思於此指而言之，惟欲學者於此默而識之，則爲有以洞見道體之妙而無疑。而程子以爲『子思喫緊爲人處』者，正以示人之意爲莫切於此也。其曰『與「必有事焉而勿正心」之意同，活潑潑地』，則又以明道之體用流行發見，充塞天地，亘古亘今，雖未嘗有一豪之空闕，一息之閒斷，然其在人而見諸日用之閒者，則初不外乎此心。故必此心之存，而後有以自覺也。『必有事焉而勿正心，活潑潑地』，亦曰此心之存，而全體呈露，妙用顯行，無所滯礙云爾，非必仰而視乎鳶之飛，俯而觀乎魚之躍，然後可以得之也。抑孟子此言，固爲精密，然但爲學者集義養氣而發耳。至於程子借以爲言，則又以發明學者洞見道體之妙，非但如孟子之意而已也。蓋此一言，雖若二事，然其實則必有事焉，半辭之閒已盡其意。善用力者，苟能於此超然默會，則道體之妙，已躍如矣，何待下句而後足於言邪？聖賢特恐學者用力之過，而反爲所累，故更以下句解之，欲其雖有所事，而不爲所累耳。非謂必有事焉之外，又當別設此念，以爲正心之防也。」曰：「然則其所謂『活潑潑地』者，毋乃釋氏之遺意邪？」曰：「此但俚俗之常談，釋氏蓋嘗言之，而吾亦言之耳，彼固不得而專之也。況吾之所言雖與彼同，而所形容實與彼異。若出於吾之所謂，則夫道之體用，固無不在，然鳶而必戾于天，魚而必躍于淵，是君君臣臣、父父子子，各止其所，而不可亂也。若如釋氏之云，則鳶可以躍淵，而魚可以戾天矣，是安可同日而語哉？且子思以夫婦言之，所以明人事之至近而天理在焉，釋氏則舉此而絕之矣，又安可同年而語哉？謝氏既曰『非是極其上下而言』矣，又曰『非指鳶魚而言』，蓋曰子思之引此詩，姑借二物以明道體無所不在之實，非以是爲窮其上下之極，而形其無所不包之量也；又非以是二物專爲形其無所不在之體，而欲學者之必觀乎此也。此其發明程子之意，蓋有非一時同門之士所得聞者，而又別以夫子與點之意明之，則其爲説益以精矣。但所謂察見天理者，恐非本文之訓，而於程子之意，亦未免小失之耳。」○問：「形而上下與費而隱，如何？」先生曰：「形而上者就物上説，費而隱者就道上説。」○「夫婦之愚可以與知焉」，若據先儒解，當初何不道行道之人[二]，何不道衆

[二] 初，原作「切」，各本同，據宋福州學官刻元修本西山讀書記甲集十三改。

人之愚，何爲説夫婦？是必有意。○至，盡也。論道而至於盡處，若有小小閑慢，亦不必知、不必能亦可。○至者，非極至之至。蓋道無不包，若盡論之，聖人豈能纖悉盡知？伊川之説是。○聖人也只知得大綱，到不可知處，亦無可奈何。但此等瑣碎，不知亦無害耳。○問：「『語小天下莫能破』，是極其小者而言之。今以一髮之微，尚有可破而爲二者，所謂『莫能破』，則足見其小。注中謂『其小無内』，亦是説其至小無去處了。」先生曰：「然。」○問：「『其大無外，其小無内』二句，是古語，是自做？」先生曰：「楚辭云：『其小無内，其大無垠。』」○鳶飛可見，魚躍可見，而所以飛、所以躍，果何物也？中庸言許多費，而不言隱者，隱在費之中。○鳶飛魚躍之説，盡是分明，見得道體隨事發見處。察者，著也，非「察察」之「察」。詩中之意，本不爲此，中庸只是借此兩句形容道體。○鳶飛魚躍，費也。必有一箇什麼物使得他如此，此便是隱。○問：「『鳶飛魚躍』如何與他『勿忘勿助長』之意同？」曰：「孟子言『勿忘勿助長』，本言得粗，程子却説得細，只是用其語句耳。如程子之説，却不曾下『勿』字，蓋謂都没耳。其曰『正當處』者，謂天理流行處，故謝氏亦以此論曾點事。其所謂『勿正勿助長』者，亦非立此在四邊，故防檢不得犯著，蓋謂俱無此而皆天理之流行耳。」○問：「中庸語『鳶飛魚躍』處，伊川云：『會得活潑潑地，不會得只是弄精神。』惟上蔡看破。先生引君臣父子爲言此吾儒之所以異於佛者，如何？」先生曰：「鳶飛魚躍，只是言其發見耳。釋氏亦言發見，但渠言發見却一切混亂，至吾儒須辨其定分，君臣父子皆定分也。鳶必戾于天，魚必躍于淵。」○問：「鳶有鳶之性，魚有魚之性，其飛其躍，天機自完，便是天理流行發見之妙處。故子思姑舉此一二，明道之無所不在否？」曰：「是。」○「活潑潑地」，所謂活者，只是不滯於一隅。○又問：「『上下察』是此理流行，上下昭著。下面『察乎天地』是察見天地之理，或是與上句『察』字同意？」先生曰：「與上句『察』字同意，言其昭著徧滿於天地之間。」○問：「中庸言『造端乎夫婦』，何也？」先生曰：「夫婦者，人倫中之至親且密者。夫人所爲，蓋有不可告其父兄而悉以告其妻子者。」○或問：「中庸説道之費隱，如是其大且妙，後面却只歸在『造端乎夫婦』上，此中庸之道所以異於佛老之謂道也？」曰：「須更看所謂『優優大哉，禮儀三百，威儀三千』處，聖人之道，彌滿充塞，無少空闕處。若於此有一豪之差，便於道體有虧欠也。若佛則只説道無不在，無適而非道，政使於禮儀有錯差處亦不妨，故他於此都理會不得。」○問「君子之道費而隱」云：「許多章都是説費處，却不説隱處，莫所謂隱者只在費中否？」曰：「惟是不説，乃所以見得隱在其中。舊人都分畫，將聖人不知不能處做隱，覺得下面多説不去。且如『鳶飛于天，魚躍于淵』，亦何嘗隱來？」○輯略程子曰：「費，日用處。」○問：「聖人亦何有不能、不知也？」曰：「天下之理，聖人豈有不盡者？蓋於事有所不徧知、不徧能也。至纖悉委曲處，如農圃百工之事，孔子亦豈能知哉？」○又曰：「『鳶飛魚躍，言其上下察也。』此一段，子思喫緊爲人處，與『必有事焉而勿正』之意同，活潑潑地。會得時，活潑潑地；會不得，只是弄精神。」○又曰：「『鳶飛戾天』，向上更有天在；『魚躍于淵』，向下更有地在。」○謝氏曰：「『鳶飛戾天，魚躍于淵』，非是極其上下而言，蓋真箇見得如此。此正是子思喫緊道與人處，若從此解悟，便可入堯舜氣象。」○又曰：「『鳶飛戾天，魚躍于淵』，無些私意。『上下察』，以明道體無所不在，非指鳶魚而言也。若指鳶魚言，則上面更有天，下面更有地在。知『勿忘勿助長』則知此，知此則知夫子與點之意。」○又曰：「詩云『鳶飛戾天，魚躍于淵』，猶韓愈所謂『魚川泳而鳥雲飛』，上下自然，各得其所也。詩人之意，言如此氣象，周王之『作人』似之。子思之意，『言上下察也』，猶孟子所謂『必有事焉而勿正』，察見天理，不用私意也。故結上文云：『君子語大，天下莫能載；語小，天下莫能破。』今人學詩，將章句橫在肚裏，怎生得脱洒去？」○楊氏曰：「道者，人之所日用也，故『費』。雖曰日用，而至賾存焉，故『隱』。」

右第十二章。子思之言，蓋以申明首章道不可離之意也。其下八章，雜引孔子之言以明之。

子曰：「道不遠人，人之爲道而遠人，不可以爲道。道者，率性而已，固衆人之所能知能行者也，故常不遠於人。若爲道者厭其卑近，以爲不足爲而反務爲高遠難行之事，則非所以爲道矣。**詩云：『伐柯伐柯，其則不遠。』執柯以伐柯，睨而視之，猶以爲遠。故君子以人治人，改而止。**睨，研計反。○詩，豳風伐柯之篇。柯，斧柄。則，法也。睨，邪視也。言人執柯伐木以爲柯者，彼柯長短之法，在此柯耳。然猶有彼此之別，故伐者視之猶以爲遠也。若以人治人，則所以爲人之道，各在當人之身，初無彼此之別。故君子之治人也，即以其人之道，還治其人之身。其人能改，即止不治。蓋責之以其所能知能行，非欲其遠人以爲道也。張子所謂「以衆人望人則易從」是也。**忠恕違道不遠，施諸己而不願，亦勿施於人。**盡己之心爲忠，推己及人爲恕。違，去也，如春秋傳齊師「違穀七里」之「違」，言自此至彼，相去不遠，非背而去之之謂也。道，即其不遠人者是也。施諸己而不願，亦勿施於人，忠恕之事也。以己之心度人之心，未嘗不同，則道之不遠於人者可見。故己之所不欲，則勿以施之於人，亦不遠人以爲道之事。張子所謂「以愛己之心愛人則盡仁」是也。**君子之道四，丘未能一焉。所求乎子，以事父未能也；所求乎臣，以事君未能也；所求乎弟，以事兄未能也；所求乎朋友，先施之未能也。庸德之行，庸言之謹，有所不足，不敢不勉，有餘不敢盡。言顧行，行顧言，君子胡不慥慥爾！**」「子」「臣」「弟」「友」四字絶句。○求，猶責也。道不遠人，凡己之所以責人者，皆道之所當然也，故反之以自責而自脩焉。庸，平常也。行者，踐其實。謹者，擇其可。德不足而勉，則行益力；言有餘而訒，則謹益至。謹之至則言顧行矣，行之力則行顧言矣。慥慥，篤實貌。言君子之言行如此，豈不慥慥乎，贊美之也。凡此皆不遠人以爲道之事。張子所謂「以責人之心責己則盡道」是也。○或問：「十三章之説，子以爲以人治人，爲以彼人之道還治彼人，善矣。又謂責其所能知能行，而引張子之説以實之，則無乃流於姑息之論，而所謂人之道者，不得爲道之全也邪？」曰：「上章固言之矣。夫婦之所能知能行者，道也。聖人之所不知不能而天地猶有憾者，亦道也。

然自人而言，則夫婦之所能知能行者，人之所切於身而不可須臾離者也。至於天地聖人所不能及，則其求之當有漸次，而或非日用之所急矣。然則責人而先其切於身之不可離者，後其有漸而不急者，是乃行遠自邇、升高自卑之序，使其由是而不已焉，則人道之全，亦將可以馴致。今必以是爲姑息，而遽欲盡道以責於人，吾見其失先後之序，違緩急之宜。人之受責者，將至於有所不堪，而道之無窮，則終非一人一日之所能盡也，是亦兩失之而已焉耳。」○曰：「『子』『臣』『弟』『友』之絶句，何也？」曰：「夫子之意，蓋曰我之所責乎子之事己者如此，而反求乎己之所以事父，則未能如此也；所責乎臣之事己者如此，而反求乎己之所以事君，則未能如此也；所責乎弟之事己者如此，而反求乎己之所以事兄，則未能如此也；所責乎朋友之施己者如此，而反求乎己之所以先施於彼者，則未能如此也。於是以其所以責彼者，自責於庸言庸行之閒，蓋不待求之於他，而吾之所以自脩之則，具於此矣。今或不得其讀，而以『父』『君』『兄』『之』四字爲絶句[二]，則於文意皆有所不通，而其義亦何所當哉？」○曰：「諸説如何？」曰：「諸家説論語者，多引此章以明『一以貫之』之義，説此章者，又引論語以釋『違道不遠』之意，一矛一盾，終不相謀，而牽合不置，學者蓋深病之。及深攷乎程子之言，有所謂『動以天』者，然後知二者之爲忠恕，其迹雖同，而所以爲忠恕

[二] 之，原作「友」，各本同，據元至正尚德堂本中庸章句或問改。

者，其心實異。非其知德之深，知言之至，其孰能判然如此而無疑哉？然盡己推己，乃忠恕之所以名，而正爲此章違道不遠之事。若動以天，而一以貫之，則不待盡己，而至誠者自無息；不待推己，而萬物已各得其所矣。曾子之言，蓋指其不可名之妙，而借其可名之粗以明之，學者默識於言意之表，則亦足以互相發明，而不害其爲同也。餘説雖多，大概放此，推此意以觀之，則其爲得失自可見矣。違道不遠，如齊師『違穀七里』之『違』，非謂昔本禽獸而今始違之也，亦曰自此而去入於禽獸不遠耳。孟子所謂『夜氣不足以存，則其違禽獸不遠矣』，蓋曰自此而去以至于穀纔七里耳。

蓋所謂道者，當然之理而已，根於人心而見諸行事，不待勉而能也。然惟盡己之心而推以及人，可以得其當然之實而施無不當，不然，則求之愈遠而愈不近矣。此所以自是忠恕而往，以至於道，獨爲不遠，其曰違者，非背而去之之謂也。程子又謂『事上之道莫若忠，待下之道莫若恕』，此則不可曉者。若姑以所重言之，則似亦不爲無理，若究其極，則忠之與恕，初不相離。張子所謂要除一箇除不得，而謝氏以爲猶形影者，意可見矣。今析爲二事而兩用之，則是果有無恕之忠、無忠之恕，而所以事上接下者，皆出於强爲而不由乎中矣，豈忠恕之謂哉？是於程子他説，殊不相似，意其記録之或誤，不然，則一時有爲言之，而非正爲忠恕發也。張子二説，皆深得之。吕氏改本太略，不盡經意，舊本乃推張子之言而詳實有味，但『柯猶在外』以下爲未盡善。若易之曰：所謂則者，猶在所執之柯，而不在所伐之柯，故執柯者必有睨視之勞，而猶以爲遠也。若夫以人治人，則異於是。蓋衆人之道，止在衆人之身，若以其所及知者責其知，以其所能行者責其行，人改即止，不厚望焉，則不必睨視之勞，而所以治之之則，不遠於彼而得之矣。忠者，誠有是心而不自欺也；恕者，推待己之心以及人也。推其誠心以及於人，則其所以愛人之道，不遠於我而得之矣。至於事父、事君、事兄、交友，皆以所求乎人者，責乎己之所未能，則其所以治己之道，亦不遠於心而得之矣。夫四者固皆衆人之所能，而聖人乃自謂未能者，亦曰未能如其所以責人者耳。此見聖人之心，純亦不已，而道之體用，其大天下莫能載，其小天下莫能破。舜之所以盡事親之道，必至於瞽瞍厎豫者，蓋爲此也。如此，然後屬乎庸者常道之云，則庶乎其無病矣。且其曰『有餘而盡之，則道難繼而不行』，又不若游氏所引『恥躬不逮』爲得其文意也。謝氏、侯氏所論論語之忠恕，獨得程子之意。但程子所謂天地之不恕，亦曰天地之化，生生不窮，特以氣機闔闢，有通有塞。故當其通也，天地變化草木蕃，則有似於恕；當其塞也，天地閉而賢人隱，則有似於不恕耳。其曰不恕，非若人之蔽於私欲而實有忮害之心也。謝氏推明其説，乃謂天地之有不恕，乃因人而然，則其説有未究者。蓋若以爲人不致中，則天地有時而不位，人不致和，則萬物有時而不育，是謂天地之氣，因人之不恕而有似於不恕，則可。若曰天地因人之不恕，而實有不恕之心，則是彼爲人者，既以忮心失恕，而自絶於天矣，爲天地者，反效其所爲，以自已其於穆之命也，豈不誤哉？游氏之説，其病尤多。至謂『道無物我之閒，而忠恕將以至於忘己忘物』，則爲已違道而猶未遠也，是則老莊之遺意，而遠人甚矣，豈中庸之旨哉？楊氏又謂『以人爲道，則與道二而遠於道』，故戒人不可以爲道，如執柯以伐柯，則與柯二，故睨而視之，猶以爲遠，則其違經背理，又有甚焉。使經而曰，人而爲道則遠人，故君子不可以爲道，則其説信矣。今經文如此，而其説乃如彼，於文義有所不通。而推其意，又將使道爲無用之物，人無入道之門，而聖人之教人以爲道者，反爲誤人而有害於道，是安有此理哉？至四者未能之説，獨以爲若止謂恕己以及人，則是聖人將使天下皆無父子君臣矣。此則諸家皆所不及。蓋近世果有不得其讀而輒爲之説，曰此君子以一己之難克，而知天下皆可恕之人也。嗚呼！此非所謂將使天下皆無父子君臣者矣？侯氏之言於是乎驗矣。」○未改以前，却是失人道，既改，則便是復得人道了，更何用治他？○能改即是善矣，更何待别求善邪？天下只是一箇善惡，不善即惡，不惡即善。如何説既能改其惡，更用别討箇善？只改底便是善。○「所求乎子，以事父未能也。」須要如舜之事父，方盡得子之道，若有一豪不盡，便是道理有所欠闕，便非子之道矣。「所求乎臣，以事君未能也。」須要如舜、周公之事君，若有一豪不盡，便非臣之道矣。無不是如此，只緣道理當然，自是住不得。○論著忠恕名義，自合依子思「忠恕違道不遠」是也；曾子所説，却是移上一階，説聖人之忠恕；到程子又移上一階，説天地之忠恕。其實只一箇忠恕，須自看教有許多等級分明。○或謂：「到得忠恕，已是道，如何云『違道不遠』？」曰：「仁是道，忠恕正是學者著力下工夫處。」○「維天之命，於穆不已」「乾道變化，各正性命」，便是天之忠恕；「純亦不已」「萬物各得其所」，便是聖人之忠恕；「施諸己而不願，亦勿施於人」，便是學者之忠恕。○問：「忠恕即道也，而曰『違道不遠』，何邪？」曰：「道是自然底。人能忠恕，則去道不遠。」○輯略程子曰：「『執柯伐柯，其則不遠』，人猶以爲遠。君子之道本諸身，發諸心，豈遠乎哉？」○以己及物，忠也；推己及物，恕也，「違道不遠」是也。忠恕一以貫之：忠者天道，恕者人道；忠者無妄，恕者所以行乎忠也；忠者體，恕者用，大本達道也。此與「違道不遠」異者，動以天耳。○又曰：「忠恕兩字，要除一箇除不得。」○又曰：「盡己之謂忠，推己之謂恕。忠，體也；恕，用也。」○又曰：「盡己爲忠，如心爲恕。」○或問：「恕字學者可用功否？」曰：「恕字甚大。然恕不可獨用，須得忠以爲體，不忠何以能恕？看忠恕兩字，自見相爲用處。」○又曰：「忠恕所以公平，造德則自忠恕，其致則公平。」○又曰：「人謂盡己之謂忠，盡物之謂恕。盡己之謂忠固是，盡物之謂恕則未盡。推己之謂恕，盡物之謂信。」○又曰：「有餘便是過。慥慥，篤實貌。」○張子曰：「所求乎『君子之道四』，是實未能。道何嘗有盡？聖人，人也。人則有限，是誠不能盡道也。聖人之心則直欲盡道，事則安能盡？如博施濟衆，堯舜實病諸。堯舜之心，其施直欲至於無窮方爲博施，然安能若是？修己以安百姓，是亦堯舜實病之，欲得人人如此，然安得如此？」○又曰：「『以責人之心責己則盡道』，所謂『君子之道四，丘未能一焉』者也；『以愛己之心愛人則盡仁』，所謂『施諸己而不願，亦勿施於人』者也；『以衆人望人則易從』，所謂『以人治人，改而止』者也。此君子所以責己、責人、愛人之三術也。」○呂氏曰：「妙道精義，常存乎君臣、父子、夫婦、朋友之閒，不離乎交際、酬酢、應對之末，皆人心之所同然，未有不出於天者也。若絶乎人倫，外乎世務，窮其所不可知，議其所不可及，則有天人之分，内外之別，非所謂『大而無外』『一以貫之』，安在其爲道也歟？柯，斧之柄也。執斧之柯，而求柯於木，其尺度之則，固不遠矣。然在柯猶在外，睨而視之，始得其則。若夫治己治人之道，於己取之，不必睨視之勞而自得於此矣。故君子推是心也，其治衆人也，以衆人之道而已。以衆人之所及知，責其所知，以衆人之所能行，責其所行，改而後止，不厚望也。其愛人也，以忠恕而已。忠者，誠有是心而不自欺；恕者，推待己之心以及人者也。忠恕不可謂之道，而道非忠恕不行，此所以言『違道不遠』者。其治己也，以求乎人者反於吾身，事父、事君、事兄、先施之朋友，皆衆人之所能，盡人倫之至，則雖聖人亦自謂未能。此舜所以盡事親之道，必至瞽瞍底豫者也。庸者，常道也。事父孝，事君忠，事兄弟，交朋友信，『庸德』也，必行而已；有問有答，有唱有和，不越乎此者，『庸言』也，無易而已。不足而不勉，則德有止而不進；有餘而盡之，則道難繼而不行。無是行也，不敢苟言以自欺，故『言顧行』；有是言也，不敢不行而自棄，故『行顧言』。」○問忠恕。謝氏曰：「猶形影也，無忠做恕不出來。『己所不欲，勿施於人』『施諸己而不願，亦勿施諸人』，說得自分明。恕，如心而已。」○游氏曰：「有所不足，不敢不勉』，將以踐言也，則其『行顧言』矣；『有餘不敢盡』，『恥躬之不逮』也，則其『言顧行』矣。言行相顧，則於心無餒，故曰『胡不慥慥爾』。慥慥，心之實也。」○楊氏曰：「孟子言舜之『怨慕』，非深知舜之心不能及此。據舜惟患『不順於父母』，不謂其盡孝也。凱風之詩曰：『母氏聖善，我無令人。』孝子之事親如此，此孔子所以取之也。孔子曰：『君子之道四，丘未能一焉。』若乃自以爲能，則失之矣。」○或曰：「曾子說出忠恕二字，子思所以只發明恕字者，何故？」侯氏曰：「無恕不見得忠，無忠做恕不出來。誠有是心之謂忠，見於功用之謂恕。」曰：「明道言『忠恕二字要除一箇除不得』，正謂此歟？」曰：「然。」○曰：「父子、君臣、兄弟、朋友之常，孔子自謂皆未能，何也？只謂恕己以及人，則將使天下皆無父子、無君臣乎？蓋以責人之心責己，則盡道也。今人有君親而不盡其心以事焉，曰聖人猶未能盡，而曰恕己以及人，是禍天下君臣父子也。」

右第十三章。道不遠人者，夫婦所能；丘未能一者，聖人所不能，皆費也。而其所以然者，則至隱存焉。下章倣此。

君子素其位而行，不願乎其外。素，猶見在也。言君子但因見在所居之位而爲其所當爲，無慕乎其外之心也。**素富貴，行乎富貴；素貧賤，行乎貧賤；素夷狄，行乎夷狄；素患難，行乎患難；君子無入而不自得焉。**難，去聲。○此言素其位而行也。**在上位不陵下，在下位不援上，正己而不求於人則無怨。上不怨天，下不尤人。**援，平聲。○此言不願乎其外也。**故君子居易以俟命，小人行險以徼幸。**易，去聲。○易，平地也。居易，素位而行也。俟命，不願乎外也。徼，求也。幸，謂所不當得而得者。**子曰：「射有似乎君子，失諸正鵠，反求諸其身。」**正，音征。鵠，工毒反。○畫布曰正，棲皮曰鵠，皆侯之中，射之的也。子思引此孔子之言，以結上文之意。○或問十四章之說。曰：「此章文義，無可疑者，而張子所謂『當知無天下國家皆非之理』者，尤爲切至。呂氏說雖不免時有小失，然其大體則皆平正慤實而有餘味也。游氏說亦條暢，而存亡、得喪、窮通、好醜之說尤善。侯氏所辨常總默識自得之說甚當。

近世佛者妄以吾言傳著其説，而指意乖剌，如此類者多矣，甚可笑也。」○輯略張子曰：「責己者當知無天下國家皆非之理，故學至於『不尤人』，學之至也。」○呂氏曰：「『達則兼善天下』『得志則澤加於民』，『素富貴，行乎富貴』者也，不驕不淫不足以道之也。『窮則獨善其身』『不得志則修身見於世』，『素貧賤，行乎貧賤』者也，不諂不懾不足以道之也。『言忠信，行篤敬，雖蠻貊之邦行矣』，『素夷狄，行乎夷狄』者也。文王『內文明而外柔順，以蒙大難』，箕子『內難而能正其志』，『素患難，行乎患難』者也。」○又曰：「『愛人不親反其仁，治人不治反其智』，此『在上位』所以『不陵下』也。『彼以其富，我以吾仁，彼以其爵，我以吾義，吾何慊乎哉』，此『在下位』所以『不援上』也。陵下不從則罪其下，援上不得則非其上，是所謂『尤人』者也。『庸德之行，庸言之謹』，『居易』者也。『國有道，不變塞焉；國無道，至死不變』，『心逸日休』，『行其所無事』，如子從父命，無所往而不受，『俟命』者也。若夫行險以徼一旦之幸，得之則貪爲己力，不得則不能反躬，是所謂『怨天』者也。故君子『正己而不求於人』，如射而已，射之不中，由我巧之不至也，故『失諸正鵠』者未有不反求諸身。如君子之治己，行有不得，亦反求諸身，則德之不進，豈吾憂哉？」○游氏曰：「『素其位而行』者，即其位而道行乎其中，若其素然也。『舜之飯糗茹草，若將終身』，此非素貧賤而道行乎貧賤不能然也。『及其爲天子，被袗衣，鼓琴，若固有之』，此非素富貴而道行乎富貴不能然也。『飯糗』『袗衣』，其位雖不同，而此道之行一也。至於夷狄、患難，亦若此而已。道無不行，則『無入而不自得』矣。蓋道之在天下，不以易世而有存亡，故無古今；則君子之行道，不以易地而有加損，故無得喪。至於『在上位不陵下』，知富貴之非泰也；『在下位不援上』，知貧賤之非約也。此惟『正己而不求於人』者能之，故能『上不怨天，下不尤人』。蓋君子爲能循理，故『居易以俟命』。居易未嘗不得也，故窮通皆好。小人反是，故『行險以徼幸』。行險未必常得也，故窮通皆醜。學者要當篤信而已。『射有似乎君子』者，射者發而不中，則必反而求其不中之故，意者志未正邪？體未直邪？持弓矢而未審固邪？然而不中者寡矣。君子之正身亦若此也，『愛人不親反其仁，治人不治反其智，禮人不答反其敬，行有不得者，皆反求諸己』而已，而何怨天尤人之有哉？『失諸正鵠』者，行有不得之況也。」○楊氏曰：「君子居其位，若固有之，不出位之思，『素其位』也。」○侯氏曰：「總老嘗問一士人曰：『論語云「默而識之」，識是識箇甚？子思言「君子無入不自得」，得是得箇甚？』或者無以爲對。此是不識吾儒之道，猶以吾儒語爲釋氏用，在吾儒爲不成說話。既曰『默識』與『無入不自得』，更理會甚識、甚得之事，是不成說話也。今人見筆墨須謂之筆墨，見人須謂之人，不須問。『默而識之』是默識也，聖賢於道猶是也。庸言之信，庸行之謹，是自得也。豈可名其所識、所得之事乎？」

右第十四章。子思之言也。凡章首無「子曰」字者放此。

君子之道，辟如行遠必自邇，辟如登高必自卑。「辟」「譬」同。**詩曰：「妻子好合，如鼓瑟琴。兄弟既翕，和樂且耽。宜爾室家，樂爾妻帑。」**好，去聲。耽，詩作「湛」，亦音耽。樂，音洛。○詩，小雅常棣之篇。鼓瑟琴，和也。翕，亦合也。耽，亦樂也。帑，子孫也。

子曰：「父母其順矣乎！」夫子誦此詩而贊之曰：人能和於妻子，宜於兄弟，如此則父母其安樂之矣。子思引詩及此語，以明行遠自邇、登高自卑之意。○輯略呂氏曰：「不得乎親，不可以爲人；不順乎親，不可以爲子。故君子之道莫大乎孝，孝之本，莫大乎順父母。故仁人孝子欲順乎親，必先乎妻子不失其好，兄弟不失其和，室家宜之，妻帑樂之，致家道成，然後可以養父母之志而無違。『行遠』『登高』者，謂孝莫大乎順其親者也。『自邇』『自卑』者，謂本乎妻子兄弟者也。故身不行道，不行於妻子，文王『刑于寡妻，至于兄弟』，則治家之道必自妻子始。」

右第十五章。

子曰：「鬼神之爲德，其盛矣乎！」程子曰：「鬼神，天地之功用，而造化之迹也。」張子曰：「鬼神者，二氣之良能也。」愚謂：以二氣言，則鬼者陰之靈也，神者陽之靈也；以一氣言，則至而伸者爲神，反而歸者爲鬼，其實一物而已。爲德，猶言性情功效。**視之而弗見，聽之而弗聞，體物而不可遺。**鬼神無形與聲，然物之終始，莫非陰陽合散之所爲，是其爲物之體，而物所不能遺也。其言體物，猶易所謂幹事。**使天下之人齊明盛服，以承祭祀。洋洋乎如在其上，如在其左右。**齊，側皆反。○齊之爲言，齊也，所以齊不齊而致其齊也。明，猶潔也。洋洋，流動充滿之意。能使人畏敬奉承，而發見昭著如此，乃其體物而不可遺之驗也。孔子曰：「其氣發揚于上，爲昭明、焄蒿、悽愴，此百物之精也，神之著也。」正謂此爾。**詩曰：『神之格思，不可**

度思，矧可射思！』度，待落反。射，音亦，詩作「斁」。○詩，大雅抑之篇。格，來也。矧，況也。射，厭也，言厭怠而不敬也。思，語辭也。**夫微之顯，誠之不可揜如此夫。」**夫，音扶。○誠者，真實無妄之謂。陰陽合散，無非實者，故其發見之不可揜如此。○或問：「鬼神之說，其詳奈何？」曰：「鬼神之義，孔子所以告宰予者，見於祭義之篇，其說已詳。而鄭氏釋之，亦已明矣。其以口鼻之噓吸者爲魂，耳目之精明者爲魄，蓋指血氣之類以明之。程子、張子更以陰陽造化爲說，則其意又廣，而天地萬物之屈伸往來，皆在其中矣。蓋陽魂爲神，陰魄爲鬼，是以其在人也，陰陽合，則魂凝魄聚而有生；陰陽判，則魂升爲神，魄降爲鬼。易大傳所謂『精氣爲物，遊魂爲變，故知鬼神之情狀』者，正以明此。而書所謂『殂落』者，亦以其升降爲言耳。若又以其往來者言之，則來者方伸而爲神，往者既屈而爲鬼。蓋二氣之分，實一氣之運，故陽主伸，陰主屈，而錯綜以言，亦各得其義焉。學者熟玩而精察之，如謝氏所謂『做題目入思議』者，則庶乎有以識之矣。」曰：「諸說何如？」曰：「呂氏推本張子之說，尤爲詳備，但改本有『所屈者不忘』一句，乃形潰反原之意，張子他書亦有是說，而程子數辨其非，東見録中所謂『不必以既反之氣，復爲方伸之氣』者，其類可考也。謝氏說則善矣，但歸根之云，似亦微有反原之累耳。游楊之說，皆有不可曉者，唯『妙萬物而無不在』一語近是，而以其他語攷之，不知其於是理之說果如何也。侯氏曰：『鬼神形而下者，非誠也，鬼神之德，則誠也。』案經文本贊鬼神之德之盛，如下文所云，而結之曰『誠之不可揜如此』，則是以爲鬼神之德所以盛者，蓋以其誠耳，非以誠自爲一物，而別爲鬼神之德也。今侯氏乃析鬼神與其德爲二物，而以形而上、下言之，乍讀如可喜者，而細以經文事理求之，則失之遠矣。程子所謂『只好隔壁聽』者，其謂此類也夫。」曰：「子之以『幹事』明『體物』，何也？」曰：「天下之物，莫非鬼神之所爲也，故鬼神爲物之體，而物無不待是而有者。然曰爲物之體，則物先乎氣，必曰體物，然後見其氣先乎物，而言順耳。幹，猶木之有幹，必先有此，而後枝葉有所附而生焉。貞之幹事，亦猶是也。」○侯師聖解中庸「鬼神之爲德」，謂「鬼神爲形而下者，鬼神之德爲形而上者」。且如「中庸之爲德」，不成説中庸爲形而下者，中庸之德爲形而上者？○問：「『體物而不可遺』，是有此物便有鬼神，凡天下萬物萬事皆不能外夫鬼神否？」曰：「不是有此物時便有此鬼神，説倒了。乃是有這鬼神了，方有此物。及至有此物了，又不能違夫鬼神也。『體物而不可遺』，用拽轉看，將鬼神做主，將物做賓，方看得出是鬼神去體那物，鬼神却是主也。」○問：「或問中謂：『循其説而體驗之，若有以使人神識飛揚，眩瞀迷惑，無所底止。』所謂『其説』者，莫是指楊先生『非體物不遺者，其孰能察之』之説否？」曰：「然。不知前輩讀書如何也恁鹵莽？據『體物而不遺』一句，乃是論鬼神之德爲萬物之體幹耳，今乃以爲體察之體，其可邪？」○「微之顯，誠之不可揜如此夫」，皆實理也。○問：「中庸十六章，初説鬼神『體物而不可遺』，只是就陰陽上説，末後又却以祭祀言之，是如何？」曰：「此是就其親切著見者言之也。若不如此説，則人必將風雷山澤做一般鬼神看，將廟中祭享者又做一般鬼神看。故即其親切著見者言之，欲人會之爲一也。」○問：「『鬼神之德其至矣乎』，此止説嘘吸聰明之鬼神，末後却歸向『齊明盛服，以承祭祀，洋洋乎如在其上』，是如何？」曰：「惟是齊戒祭祀之時，鬼神之理著。若是他人，亦是卒未曉得，他須道風雷山澤之鬼神是一般鬼神，廟中泥塑底又是一般鬼神，只道有兩樣鬼神。所以如此說起，又歸向親切明著處去，庶幾人知得不是二事也。」問：「鬼神之德，如何是良能功用處？」曰：「論來只是陰陽屈伸之氣，只謂之陰陽亦可也。然必謂之鬼神者，以其良能功用而言也。今又須從良能功用上求見鬼神之德，始得。」○問：「中庸『鬼神』章，首尾皆主二氣屈伸往來而言，而中間『洋洋如在其上』引『其氣發揚於上，爲昭明、焄蒿、悽愴』，此乃人物之死氣，似與前後意不合，何也？」曰：「死便是屈，感召得來便是伸。」曰：「『昭明、焄蒿、悽愴』，這是人之死氣也，此氣會消了？」曰：「是。」問：「伸底只是這既死之氣復來伸否？」曰：「這裏便難恁地說。這伸底又是別新生了。」問：「如何會別生？」曰：「祖宗氣只存在子孫身上，祭祀時只是這氣，便自然又伸。自家極其誠敬，肅然『如在其上』是甚物？得不是伸？此便是神之著也。所以古人燎以求諸陽，灌以求諸陰。謝氏謂『祖考精神，便是自家精神』，已說得是。」○問：「章句云『猶言性情功效』云爾，性情乃鬼神之情狀，不審所謂功效者何謂？」曰：「能『使天下之人齊明盛服，以承祭祀』，便是功效。」問：「魂魄守體，有所知否？」曰：「耳目聰明爲魄，安得謂無知？」問：「然則人之死也，魂升魄降，是兩處有知覺也？」曰：「孔子分明言『合鬼與神，教之至也』。當祭之時，求諸陽及求諸陰，正謂此。況祭亦有報魄之說。」○問：「五廟、七廟遞遷之制，恐是世代浸遠，精爽消亡，故廟有遷毀？」曰：「雖是如此，然祭者求諸陰，求諸陽，此氣依舊在。若不如此，則是知死而致死之也[二]。蓋其子孫未絶，此氣接續亦未絶。」又曰：「天神地祇，山川之神，有此物在，其氣自在，此故不難曉。惟人已死，其事杳茫，所以難説。」○問鬼神造化之迹。曰：「鬼神是天地閒造化，只是箇二氣屈伸往來。神是陽，鬼是陰。往者屈，來者伸，便有箇迹恁地。」○「人死時，這知覺便散否？」曰：「不是散，是盡了。氣盡則知覺亦盡。」曰：「世俗所謂物怪神姦之説，則如何斷？」曰：「世俗大抵十分有八分是胡説，二分亦有此理。多有是非命死者，是他氣未盡，故憑依如此，然終久亦必消了；又有是乍死後氣未消盡，是他當初稟得氣盛，故如此，終久亦消了。蓋精與氣合，便生人物；『游魂爲變』，便無了。如人説神仙，古來神仙皆不見，只是説後來神仙。」曰：「謝氏謂『祖考精神，便是自家精神』，如何？」曰：「此句已是説得好。祖孫只是一氣，極其誠敬，自然相感。如這大樹，有種子下地，生出又成樹，便即是那大樹也。」○問：「『明則有禮樂，幽則有鬼神』，何也？」程子曰：「鬼神只是一箇造化。『天尊地卑，乾坤定矣』『鼓之以雷霆，潤之以風雨』是也。」○又曰：「夫天，專言之，則道也；分而言之，則以形體謂之天，以主宰謂之帝，以功用謂之鬼神，以妙用謂之神，以性情謂之乾。」伊川○又曰：「鬼神者，造化之迹也。」○又曰：「鬼神是往而不反之義。」○又曰：「言『清虚一大』爲萬物之源，恐未安。

[二] 知死而致死之，明成化本朱子語類卷六十三作「之死而致死之」。

須兼清濁虛實，乃可言神。道體物不遺，不應有方所。」明道○又曰：「『上天之載，無聲無臭』，其體則謂之易，其理則謂之道，其用則謂之神。故説神『如在其上，如在其左右』，大小事而只曰『誠之不可揜如此夫』。徹上徹下[二]，不過如此。」○問：「世言鬼神之事，雖知其無，然不能無疑，如何可以曉悟其理？」曰：「理會得『精氣爲物，游魂爲變』，與『原始要終』之説，便能知也。鬼神之道，只恁説與賢，雖會得，亦信不過，須是自得也。」○張子曰：「鬼神者，二氣之良能也。」○又曰：「天道不窮，寒暑已；衆動不窮，屈伸已。鬼神之實，不越二端而已矣。」○又曰：「鬼神，往來屈伸之義。故天曰神，地曰祇，人曰鬼。神來者[三]，歸之始；歸往者，來之終。」○又曰：「天體物不遺，猶仁體事而無不在也。『禮儀三百，威儀三千』，無一物之非仁也。『昊天曰明，及爾出王；昊天曰旦，及爾游衍』，無一物之不體也。」○又曰：「凡可狀，皆有也；凡有，皆象也；凡象，皆氣也。氣之性，本虛而神，則神與性乃氣所固有，此鬼神所以『體物而不可遺』也。」○呂氏曰：「鬼神者無形，故視之不見；無聲，故聽之不聞。然萬物之生，莫不有氣，氣也者，神之盛也；莫不有魄，魄也者，鬼之盛也。故人亦鬼神之會耳，此『體物而不可遺者』也。鬼神者，周流天地之閒，無所不在，雖『寂然不動』，而有感必通；雖無形無聲，而有所謂昭昭不可欺者，故

[二] 徹上徹下，原作「從上徹下」，各本同，據宋本中庸輯略上改。
[三] 來，宋本中庸輯略上作「示」。

『如在其上，如在其左右』也。『弗見』『弗聞』，可謂『微』矣，然『體物而不可遺』，此謂之『顯』。周流天地之間，昭昭而不可欺，可謂『誠』矣，然因感而必通，此之謂『不可揜』。」○又曰：「鬼神者，二氣之往來耳。物感雖微，無不通於二氣。故人有是心，雖自謂隱微，心未嘗不動，動則固已感於氣矣。鬼神安有不見乎？其心之動，又必見於聲色舉動之間，人乘見以知之，則感之著者也。」○謝氏曰：「動而不已，其神乎？滯而有迹，其鬼乎？往來不息，神也；摧仆歸根，鬼也。致生之故，其鬼神，致死之故，其鬼不神，何也？人以爲神則神，以爲不神則不神矣。知死而致生之，不智；知生而致死之，不仁。聖人所謂神明之也。」○或問死生之説。謝曰：「死時氣盡也。」曰：「有鬼神否？」謝曰：「余當時亦曾問明道先生，明道曰：『待向你道無來，你怎生信得；及待向你道有來，你但去尋討看。』」謝曰：「此便是答底語。」又曰：「横渠説得來别。這箇便是天地間妙用，須是將來做箇題目入思議，始得，講説不濟事。」曰：「沈魂滯魄影響底事，如何？」曰：「須是自家看得破，始得。張亢郡君化去，嘗來附語，亢所知事，皆能言之。亢一日方與道士圍碁，又自外來，道士封一把碁子，令將去問之，張不知數，便道不得。又如紫姑神，不識字底把著寫不得，不信底把著寫不得。推此可以見矣。」曰：「先生祭享鬼神則甚？」曰：「是他意思别。三日齊，五日戒，求諸陰陽、四方、上下，蓋是要集自家精神。所以格『有廟』，必於萃與涣言之。雖然，如是以爲有亦不可，以爲無亦不可。這裏有妙用，於若有若無之間，須斷置得去，始得。」曰：「如此却是鶻突也。」謝氏：「不是鶻突。自家要有便有，自家要無便無，始得。鬼神在虚空中辟塞滿，觸目皆是，爲他是天地妙用。祖考精神，便是自家精神。」○楊氏曰：「鬼神『體物而不可遺』，蓋其妙萬物而無不在故也。」

右第十六章。不見不聞，隱也；體物如在，則亦費矣。此前三章，以其費之小者而言；此後三章，以其費之大者而言。此一章，兼費隱、包小大而言。

子曰：「舜其大孝也與！德爲聖人，尊爲天子，富有四海之内，宗廟饗之，子孫保之。與，平聲。○子孫，謂虞思、陳胡公之屬。**故大德必得其位，必得其禄，必得其名，必得其壽。**舜年百有十歲。**故天之生物，必因其材而篤焉。故栽者培之，傾者覆之。**材，質也。篤，厚也。栽，植也。氣至而滋息爲培，氣反而遊散則覆。**詩曰：『嘉樂君子，憲憲令德。宜民宜人，受禄于天。保佑命之，自天申之。』**詩，大雅假樂之篇。假，當依此作「嘉」。憲，當依詩作「顯」。申，重也。**故大德者必受命。」**受命者，受天命爲天子也。○或問十七章之説。曰：「程子、張子、吕氏之説備矣。楊氏所辨孔子不受命之意，則亦程子所謂『非常理』者盡之。而侯氏所推以謂舜『得其常』，而孔子『不得其常者』，尤明白也。至於顔跖壽夭之不齊，則亦不得其常而已。楊氏乃忘其所以論孔子之意，而更援老聃之言，以爲顔子雖夭而不亡者存，則反爲衍説，而非吾儒之所宜言矣。且其所謂不亡者，果何物哉？若曰天命之性，則是古今聖愚公共之物，而非顔子所能專；若曰氣散而其精神魂魄猶有存者，則是物而不化之意，猶有滯於冥漠之間，尤非所以語顔子也。侯氏所謂孔子『不得其常者』善矣，然又以爲天於孔子固已培之，則不免有自相矛盾處。蓋德爲聖人者，固孔子所以爲栽者也。至於禄也、位也、壽也，則天之所當以培乎孔子者，而以適丁氣數之衰，是以雖欲培之，而有所不能及耳。是亦所謂『不得其常者』，何假復爲異説以汨之哉？」曰：「只是一理，此亦非是有物使之然。但物之生時，自節節長將去，恰似有物扶持他；及其衰也，則自節節消磨將去，恰似有箇物推倒他。理自如此。唯我有是受福之理，故天既佑之，又申之。」○輯略程子曰：「『知天命』是達天理也，『必受命』是得其應也。命者是天之付與，如命令之命。天之報應，皆如影響，得其報者，是常理也，不得其報者，非常理也。然而細推之，則須有報應，但人以淺狹之見求之，便爲差誤。天命不可易也，然有可易者，唯有德者能之。如修養之引年，世祚之祈天永命，常人之至於聖賢，皆此道也。」伊川○張子曰：「德不勝氣，性命於氣；德勝其氣，性命於德。窮理盡性，則性天命，命天德。氣之不可變者，獨死生脩夭而已。故論死生則曰『有命』，以言其氣也；語富貴則曰『在天』，以言其理也。此『大德』所以『必受命』。」○吕氏曰：「中庸之行，孝悌而已。如舜之德位，皆極流澤之遠，始可謂盡孝。故禄位名壽之必得，非大德其孰能致之？」○一本云：「天之於萬物，其所以爲吉凶之報，莫非因其所自取也。植之固者，加雨露之養，則其末必盛茂。植之不固者，震風淩雨，則其本先撥。至於人事，則『得道者多助，失道者寡助』，是皆『因其材而篤焉』『栽者培之，傾者覆之』者也。古之君子，既有『憲憲』之

『令德』，而又有『宜民宜人』之大功，此宜受天祿矣，故天保佑之，申之以受天命。此『大德』所以『必受命』，是亦『栽者培之』之義歟。」○又曰：「命雖不易，惟至誠不息，亦足以移之。此『大德』所以『必受命』，君子所以『有性焉，不謂命也』。」○侯氏曰：「舜，匹夫也，而有天下，『尊爲天子，富有四海之内』，以天下養，『宗廟饗之，子孫保之』，孝之大也。祿位名壽必得者，理之常也；不得者，非常也。得其常者，舜也；不得其常者，孔子也。舜自匹夫而有天下，『栽者培之』也；桀自天子而爲匹夫，『傾者覆之』也。天非爲舜桀存亡之也，理固然也，故曰『大德必受命』。必，言其可必也。」

右第十七章。此由庸行之常，推之以極其至，見道之用廣也。而其所以然者，則爲體微矣。後二章亦此意。

子曰：「無憂者其惟文王乎！以王季爲父，以武王爲子，父作之，子述之。此言文王之事。書言「王季其勤王家」，蓋其所作，亦積功累仁之事也。**武王纘大王、王季、文王之緒，壹戎衣而有天下，身不失天下之顯名。尊爲天子，富有四海之内，宗廟饗之，子孫保之。**大，音泰，下同。○此言武王之事。纘，繼也。大王，王季之父也。書云：「大王肇基王迹。」詩云：「至于大王，實始翦商。」緒，業也。戎衣，甲胄之屬。壹戎衣，武成文，言一著戎衣以伐紂也。**武王末受命，周公成文、武之德，追王大王、王季，上祀先公以天子之禮。**

斯禮也，達乎諸侯、大夫及士、庶人。父爲大夫，子爲士；葬以大夫，祭以士。父爲士，子爲大夫；葬以士，祭以大夫。期之喪，達乎大夫；三年之喪，達乎天子。父母之喪，無貴賤，一也。」「追王」之「王」，去聲。○此言周公之事。末，猶老也。追王，蓋推文、武之意，以及乎王迹之所起也。先公，組紺以上至后稷也。上祀先公以天子之禮，又推大王、王季之意，以及於無窮也。制爲禮法，以及天下，使葬用死者之爵，祭用生者之祿。喪服自朞以下，諸侯絶，大夫降；而父母之喪，上下同之，推己以及人也。

右第十八章。

子曰：「武王、周公，其達孝矣乎！」達，通也。承上章而言武王、周公之孝，乃天下之人通謂之孝，猶孟子之言達尊也。**夫孝者，善繼人之志，善述人之事者也。**上章言武王纘大王、王季、文王之緒以有天下，而周公成文武之德以追崇其先祖，此繼志述事之大者也。下文又以其所制祭祀之禮，通於上下者言之。**春秋脩其祖廟，陳其宗器，設其裳衣，薦其時食。**祖廟，天子七，諸侯五，大夫三，適士二，官師一。宗器，先世所藏之重器，若周之赤刀、大訓、天球、河圖之屬也。裳衣，先祖之遺衣服，祭則設之以授尸也。時食，四時之食，各有其物，如春行羔、豚、膳、膏、香之類是也。**宗廟之禮，所以序昭穆也；序爵，所以辨貴賤也；序事，所以辨賢也；旅酬，下爲上，所以逮賤也；燕毛，所以序齒也。**昭，如字。爲，去聲。○

宗廟之次，左爲昭，右爲穆，而子孫亦以爲序。有事於太廟，則子姓、兄弟、羣昭、羣穆咸在而不失其倫焉。爵，公、侯、卿、大夫也。事，宗祝有司之職事也。旅，衆也。酬，導飲也。旅酬之禮，賓弟子、兄弟之子各舉觶於其長而衆相酬。蓋宗廟之中以有事爲榮，故逮及賤者，使亦得以申其敬也。燕毛，祭畢而燕，則以毛髮之色别長幼，爲坐次也。齒，年數也。**踐其位，行其禮，奏其樂，敬其所尊，愛其所親，事死如事生，事亡如事存，孝之至也。**踐，猶履也。其，指先王也。所尊、所親，先王之祖考、子孫、臣庶也。始死謂之死，既葬則曰反而亡焉，皆指先王也。此結上文兩節，皆繼志、述事之意也。**郊社之禮，所以事上帝也；宗廟之禮，所以祀乎其先也。明乎郊社之禮、禘嘗之義，治國其如示諸掌乎。**郊，祭天。社，祭地。不言后土者，省文也。禘，天子宗廟之大祭，追祭太祖之所自出於太廟，而以太祖配之也。嘗，秋祭也。四時皆祭，舉其一耳。禮必有義，對舉之，互文也。示，與「視」同。視諸掌，言易見也。此與論語文意大同小異，記有詳略耳。

右第十九章。

哀公問政。哀公，魯君，名蔣。**子曰：「文武之政，布在方策。其人存，則其政舉；其人亡，則其政息。**方，版也。策，簡也。息，猶滅也。有是君，有是臣，則有是政矣。**人道敏政，地道敏樹。夫政也者，蒲盧也。**夫，音扶。○敏，速也。蒲盧，沈括以爲蒲葦是也。以人立政，猶以地種樹，其成速矣，而蒲葦又易生之物，其成尤速也。言人存政舉，其易如此。**故爲政在人，取人以身，脩身以道，脩道以仁。**此承上文「人道敏政」而言也。爲政在人，家語作「爲政在於得人」，語意尤備。人，謂賢臣。身，指君身。道者，天下之達道。仁者，天地生物之心，而人得以生者，所謂「元者善之長也」。言人君爲政在於得人，而取人之則又在脩身。能仁其身，則有君有臣，而政無不舉矣。**仁者，人也，親親爲大；義者，宜也，尊賢爲大。親親之殺，尊賢之等，禮所生也。**殺，去聲。○人，指人身而言。具此生理，自然便有惻怛慈愛之意，深體味之可見。宜者，分別事理，各有所宜也。禮，則節文斯二者而已。**在下位不獲乎上，民不可得而治矣。**鄭氏曰：「此句在下，誤重在此。」**故君子不可以不脩身；思脩身，不可以不事親；思事親，不可以不知人；思知人，不可以不知天。**爲政在人，取人以身，故不可以不脩身。脩身以道，脩道以仁，故思脩身不可以不事親。欲盡親親之仁，必由尊賢之義，故又當知人。親親之殺，尊賢之等，皆天理也，故又當知天。**天下之達道五，所以行之者三。曰君臣也，父子也，夫婦也，昆弟也，朋友之交也，五者天下之達道也；知、仁、勇，三者天下之達德也。所以行之者，一也。**知，去聲。○達道者，天下古今所共由之路，即書所謂「五典」，孟子所謂「父子有親，君臣有義，夫婦有別，長幼有序，朋友有信」是也。知，所以知此也；仁，所以體此也；勇，所以強此也。謂之達德者，天下古今所同得之理也。一，則誠而已矣。達道雖人所共由，然無是三德，則無以行之；達德雖人所同得，然一有不誠，則人欲間之，而德非其德矣。程子曰：「所謂誠者，止是誠實此三者。三者之外，更別無誠。」**或生而知之，或學而知之，或困而知之，及其知之，一也；或安而行之，或利而行之，或勉强而行之，及其成功，一也。」**强，上聲。○知之者之所知，行之者之所行，謂達道也。以其分而言，則所以知者，知也；所以行者，仁也；所以至於知之、成功而一者，勇也。以其等而言，則生知、安行者，知也；學知、利行者，仁也；困知、勉行者，勇也。蓋人性雖無不善，而氣稟有不同者，故聞道有蚤莫，行道有難易，然能自强不息，則其至，一也。吕氏曰：「所入之塗雖異，而所至之域則同，此所以爲中庸。若乃企生知安行之資爲不可幾及，輕困知勉行爲不能有成，此道之所以不明不行也。」**子曰：「好學近乎知，力行近乎仁，知恥近乎勇。**「子曰」二字衍文。「好」、「近乎知」之「知」，並去聲。○此言未及乎達德而求以入德之事。通上文三知爲知，三行爲仁，則此三近者，勇之次也。吕氏曰：「愚者自是而不求，自私者狥人欲而忘反，懦者甘爲人下而不辭。故好學非知，然足以破愚；力行非仁，然足以忘私；知恥非勇，然足以起懦。」**知斯三者，則知所以脩身；知所以脩身，則知所以治人；知所以治人，則知所以治天下國家矣。**斯三者，指三近而言。人者，對己之稱。天下國家，則盡乎人矣。言此以結上文脩身之意，起下文九經之端也。

凡爲天下國家有九經，曰脩身也，尊賢也，親親也，敬大臣也，體羣臣也，子庶民也，

來百工也，柔遠人也，懷諸侯也。經，常也。體，謂設以身處其地而察其心也。子，如父母之愛其子也。柔遠人，所謂無忘賓旅者也。此列九經之目也。呂氏曰：「天下國家之本在身，故脩身爲九經之本；然必親師取友，然後脩身之道進，故尊賢次之；道之所進，莫先其家，故親親次之；由家以及朝廷，故敬大臣、體羣臣次之；由朝廷以及其國，故子庶民、來百工次之；由其國以及天下，故柔遠人、懷諸侯次之。此九經之序也。」視羣臣猶吾四體，視百姓猶吾子，此視臣、視民之別也。**脩身則道立，尊賢則不惑，親親則諸父昆弟不怨，敬大臣則不眩，體羣臣則士之報禮重，子庶民則百姓勸，來百工則財用足，柔遠人則四方歸之，懷諸侯則天下畏之。**此言九經之效也。道立，謂道成於己而可爲民表，所謂「皇建其有極」是也。不惑，謂不疑於理。不眩，謂不迷於事。敬大臣，則信任專，而小臣不得以閒之，故臨事而不眩也。來百工，則通工易事，農末相資，故財用足。柔遠人，則天下之旅皆悅而願出於其塗，故四方歸。懷諸侯，則德之所施者博，而威之所制者廣矣，故曰天下畏之。**齊明盛服，非禮不動，所以脩身也；去讒遠色，賤貨而貴德，所以勸賢也；尊其位，重其祿，同其好惡，所以勸親親也；官盛任使，所以勸大臣也；忠信重祿，所以勸士也；時使薄斂，所以勸百姓也；日省月試，既稟稱事，所以勸百工也；送往迎來，嘉善而矜不能，所以柔遠人也；繼絶世，舉廢國，治亂持危，朝聘以時，厚往而薄來，所以懷諸侯也。**齊，側皆反。去，上聲。遠、好、惡、斂，並去聲。既，許氣反。稟，彼錦、力錦二反。稱，去聲。朝，音潮。○此言九經之事也。官盛任使，謂官屬衆盛，足任使令也。蓋大臣不當親細事，故所以優之者如此。忠信重祿，謂待之誠而養之厚。蓋以身體之，而知其所賴乎上者如此也。既，讀曰餼。餼稟，稍食也。稱事，如周禮稾人職曰「考其弓弩，以上下其食」是也。往則爲之授節以送之，來則豐其委積以迎之。朝，謂諸侯見於天子。聘，謂諸侯使大夫來獻。王制：「比年一小聘，三年一大聘，五年一朝。」厚往薄來，謂燕賜厚而納貢薄。**凡爲天下國家有九經，所以行之者，一也。**一者，誠也，一有不誠，則是九者皆爲虛文矣。此九經之實也。**凡事豫則立，不豫則廢。言前定則不跲，事前定則不困，行前定則不疚，道前定則不窮。**跲，其劫反。行，去聲。○凡事，指達道、達德、九經之屬。豫，素定也。跲，躓也。疚，病也。此承上文，言凡事皆欲先立乎誠，如下文所推是也。**在下位不獲乎上，民不可得而治矣；獲乎上有道，不信乎朋友，不獲乎上矣；信乎朋友有道，不順乎親，不信乎朋友矣；順乎親有道，反諸身不誠，不順乎親矣；誠身有道，不明乎善，不誠乎身矣。**此又以在下位者推言素定之意。反諸身不誠，謂反求諸身而所存所發未能真實而無妄也。不明乎善，謂未能察於人心天命之本然而真知至善之所在也。**誠者，天之道也；誠之者，人之道也。誠者，不勉而中，不思而得，從容中道，聖人也；誠之者，擇善而固執之者也。**中，並去聲。從，七容反。○此承上文誠身而言。誠者，真實無妄之謂，天理之本然也。誠之者，未能真實無妄而欲其真實無妄之謂，人事之當然也。聖人之德，渾然天理，真實無妄，不待思勉而從容中道，則亦天之道也。未至於聖，則不能無人欲之私，而其爲德不能皆實。故未能不思而得，則必擇善，然後可以明善；未能不勉而中，則必固執，然後可以誠身，此則所謂人之道也。不思而得，生知也；不勉而中，安行也。擇善，學知以下之事；固執，利行以下之事也。**博學之，審問之，慎思之，明辨之，篤行之。**此誠之之目也。學、問、思、辨，所以擇善而爲知，學而知也。篤行，所以固執而爲仁，利而行也。程子曰：「五者廢其一，非學也。」**有弗學，學之弗能弗措也；有弗問，問之弗知弗措也；有弗思，思之弗得弗措也；有弗辨，辨之弗明弗措也；有弗行，行之弗篤弗措也。人一能之，己百之；人十能之，己千之。**君子之學，不爲則已，爲則必要其成，故常百倍其功。此困而知、勉而行者也，勇之事也。**果能此道矣，雖愚必明，雖柔必强。**」明者，擇善之功；强者，固執之效。呂氏曰：「君子所以學者，爲能變化氣質而已。德勝氣質，則愚者可進於明，柔者可進於强；不能勝之，則雖有志於學，亦愚不能明，柔不能立而已矣。蓋均善而無惡者，性也，人所同也；昏明强弱之稟不齊者，才也，人所異也。誠之者，所以反其同而變其異也。夫以不美之質，求變而美，非百倍其功，不足以致之。今以鹵莽滅裂之學，或作或輟，以變其不美之質，及不能變，則曰天質不美，非學所能變，是果於自棄，其爲不仁甚矣。」○或問：「蒲蘆之説，何以廢舊説而從沈氏也？」曰：「蒲蘆之爲果贏，他無所考，且於上下文義亦不甚通，唯沈氏之說，乃與『地道敏樹』之云者相應，故不得而不從耳。」〇曰：「達道達德，有三知三行之不同，而其致則一，何也？」曰：「此氣質之異，而性則同也。『生而知』者，生而神靈，不待教而於此無不知也；『安而行』者，安於義理，不待習而於此無所咈也。此人之稟氣清明，賦質純粹，天理渾然，無所虧喪者也。『學而知』者，有所不知，則學以知之，雖非生知，而不待困也；『利而行』者，真知其利而必行之，雖有未安，而不待勉也。此得清之多而未能無蔽，得粹之多而未能無雜，天理小失而能亟反之者也。『困而知』者，生而不明，學而未達，困心衡慮，而後知之者也；『勉强而行』者，不獲所安，未知其利，勉力矯强而行之者也。此則昏蔽駁雜，天理幾亡，久而後能反之者也。此三等者，其氣質之稟，亦不同矣；然其性之本，則善而已。故及其知之而成功也，則其所知所至無少異焉，亦復其初而已矣。」曰：「張子、吕、楊、侯氏，皆以生知安行爲仁，學知利行爲知，困知勉行爲勇，其說善矣。子之不從，何也？」曰：「安行可以爲仁矣，然生而知之，則知之大，而非仁之屬也。利行可以爲知矣，然學而知之，則知之次，而非知之大也。且上文三者之目，固有次序，而篇首諸章，以舜明知，以回明仁，以子路明勇，其語知也不卑矣，夫豈專以學知利行者爲足以當之乎？故今以其分而言，則三知爲智，三行爲仁，所以勉而不息，以至於知之、成功之一爲勇。以其等而言，則以生知安行者主於知而爲智，學知利行者主於行而爲仁，困知勉行者主於强而爲勇。又通三近而言，則又以三知爲智，三行爲仁，而三近爲勇之次，則亦庶乎其曲盡歟。」〇曰：「九經之說奈何？」曰：「不一其內，則無以制其外；不齊其外，則無以養其內。静而不存，則無以立其本；動而不察，則無以勝其私。故齊明盛服，非禮不動，則内外交養，而動静不違，所以爲修身之要也。信讒邪，則任賢不專；狥貨色，則好賢不篤。賈捐之所謂『後宮盛色，則賢者隱微；佞人用事，則諍臣杜口』，蓋持衡之勢，此重則彼輕，理固然矣。故去讒遠色，賤貨而一於貴德，所以爲勸賢之道也。親之欲其貴，愛之欲其富，兄弟婚姻欲其無相遠，故尊位重禄，同其好惡，所以爲勸親親之道也。大臣不親細事，則以道事君者得以自盡，故官屬衆盛，足任使令，所以爲勸大臣之道也。盡其誠而恤其私，則士無仰事俯育之累，而樂趨事功，故忠信重禄，所以爲勸士之道也。人情莫不欲逸，亦莫不欲富，故時使薄斂，所以爲勸百姓之道也。日省月試，以程其能，既稟稱事，以償其勞，則不信度作淫巧者無所容，惰者勉而能者勸矣。爲之授節，以送其往，待以委積，以迎其來，因能授任，以嘉其善，不强其所不欲，以矜其不能，則天下之旅皆悦而願出於其塗矣。無後者續之，已滅者封之，治其亂，使上下相安，持其危，使大小相恤，朝聘有節而不勞其力，貢賜有度而不匱其財，則天下諸侯，皆竭其忠力，以蕃衛王室，而無倍畔之心矣。凡此九經，其事不同，然總其實，不出乎脩身、尊賢、親親三者而已。敬大臣，體羣臣，則自尊賢之等而推之也。子庶民，來百工，柔遠人，懷諸侯，則自親親之殺而推之也。至於所以尊賢而親親，則又豈無所自而推之哉？亦曰脩身之至，然後有以各當其理而無所悖耳。」曰：「親親而不言任之以事者，何也？」曰：「此親親、尊賢並行不悖之道也。苟以親親之故，不問賢否，而輕屬任之，不幸而或不勝焉，治之則傷恩，不治則廢法，是以富之貴之親之厚之，而不曰任之以事，是乃所以親愛而保全之也。若親而賢，則自當置之大臣之位，而尊之敬之矣，豈但富貴之而已哉。觀於管、蔡監商，而周公不免於有過，及其致辟之後，則惟康叔、聃季相與夾輔王室，而五叔者有土而無官焉，則聖人之意，亦可見矣。」曰：「子謂信任大臣而無以間之，故臨事而不眩，使大臣而賢也則可，其或不幸，而有趙高、朱异、虞世基、李林甫之徒焉，則鄒陽所謂『偏聽生姦，獨任成亂』，范雎所謂『妬賢嫉能，御下蔽上，以成其私，而主不覺悟』者，亦安得而不慮邪？」曰：「不然也。彼其所以至此，正坐不知九經之義而然耳。使其明於此義，而能以修身爲本，則固視明聽聰，而不可欺以賢否矣。能以尊賢爲先，則其所置以爲大臣者，必不雜以如是之人矣。不幸而或失之，則亦亟求其人以易之而已，豈有知其必能爲姦以敗國，顧猶置之大臣之位，使之姑以奉行文書爲職業，而又恃小臣之察以防之哉？夫勞於求賢，而逸於得人，任則不疑，而疑則不任，此古之聖君賢相所以誠意交孚，兩盡其道，而有以共成正大光明之業也。如其不然，吾恐上之所以猜防畏備者愈密，而其爲眩愈甚；下之所以欺罔蒙蔽者愈巧，而其爲害愈深。不幸而臣之姦遂，則其禍固有不可勝言者；幸而主之威勝，則夫所謂偏聽獨任、御下蔽上之姦，將不在於大臣而移於左右，其爲國家之禍，尤有不可勝言者矣。嗚呼危哉！」○曰：「所謂前定，何也？」曰：「先立乎誠也。先立乎誠，則言有物而不躓矣，事有實而不困矣，行有常而不疚矣，道有本而不窮矣。諸説惟游氏『誠定』之云得其要。張子以『精義入神』爲言，是則所謂『明善』者也。」○曰：「『在下獲上，明善誠身之説，奈何？』曰：「夫在下位而不獲乎上，則無以安其位而行其志，故民不可治。然欲獲乎上，又不可以諛説取容也，其道在信乎友而已。蓋不信乎友，則志行不孚，而名譽不聞，故上不見知。然欲信乎友，又不可以便佞苟合也，其道在悦乎親而已。蓋不悦乎親，則所厚者薄，而無所不薄，故友不見信。然欲順乎親，又不可以阿意曲從也，其道在誠乎身而已。蓋反身不誠，則外有事親之禮，而内無愛敬之實，故親不見悦。然欲誠乎身，又不可以襲取强爲也，其道在明乎善而已。蓋不能格物致知，以真知至善之所在，則好善必不能如好好色，惡惡必不能如惡惡臭，雖欲勉焉以誠其身，而身不可得而誠矣。此必然之理也。故夫子言此，而其下文即以天道、人道、擇善、固執者繼之。蓋擇善所以明善，固執所以誠身。擇之之明，則大學所謂物格而知至也；執之之固，則大學所謂意誠而心正身脩也。知至，則反諸身者將無一豪之不實。意誠、心正而身脩，則順親、信友、獲上、治民，將無所施而不利，而達道達德、九經凡事亦一以貫之而無遺矣。」○曰：「誠之爲義，其詳可得而聞乎？」曰：「難言也。姑以其名義言之，則真實無妄之云也。若事理之得此名，則亦隨其所指之大小，而皆有取乎真實無妄之意耳。蓋以自然之理言之，則天地之閒，惟天理爲至實而無妄，故天理得誠之名，若所謂天之道、鬼神之德是也。以德言之，則有生之類，惟聖人之心爲至實而無妄，故聖人得誠之名，若所謂不勉而中、不思而得者是也。至於隨事而言，則一念之實亦誠也，一言之實亦誠也，一行之實亦誠也。是其大小雖有不同，然其義之所歸，則未始不在於實也。」曰：「然則天理、聖人之所以若是其實者，何也？」曰：「一則純，二則雜，純則誠，雜則妄。此常物之大情也。夫天之所以爲天也，沖漠無朕，而萬理兼該，無所不具，然其爲體則一而已矣，未始有物以雜之也。是以無聲無臭，無思無爲，而一元之氣，春秋冬夏，晝夜昏明，百千萬年，未嘗有一息之繆。天下之物，洪纖巨細，飛潛動植，亦莫不各得其性命之正以生，而未嘗有一豪之差，此天理之所以爲實而不妄者也。若夫人物之生，性命之正，固亦莫非天理之實，但以氣質之偏，口鼻耳目四支之好得以蔽之，而私欲生焉。是以當其惻隱之發，而忮害雜之，則所以爲仁者有不實矣；當其羞惡之發，而貪昧雜之，則所以爲義者有不實矣。此常人之心，所以雖欲勉於爲善，而内外隱顯，常不免於二致，其甚至於詐僞欺罔，而卒墮於小人之歸，則以其二者雜之故也。惟聖人氣質清純，渾然天理，初無人欲之私以病之。是以仁則表裏皆仁，而無一豪之不仁；義則表裏皆義，而無一豪之不義。其爲德也，固舉天下之善而無一事之或遺；而其爲善也，又極天下之實而無一豪之不滿。此其所以不勉不思，從容中道，而動容周旋，莫不中禮也。」曰：「然則常人未免於私欲而無以實其德者，奈何？」曰：「聖人固已言之，亦曰擇善而固執之耳。夫於天下之事，皆有以知其如是爲善而不能不爲，知其如是爲惡而不能不去，則其爲善去惡之心固已篤矣。於是而又加以固執之功，雖其不睹不聞之閒，亦必戒謹恐懼而不敢懈，則凡所謂私欲者，出而無所施於外，入而無所藏於中，自將消磨泯滅，不得以爲吾之病，而吾之德又何患於不實哉？是則所謂誠之者也。」曰：「然則大學論小人之陰惡陽善，而以誠於中者目之，何也？」曰：「若是者，自其天理之大體觀之，則其爲善也誠虚矣；自其人欲之私分觀之，則其爲惡也何實如之，而安得不謂之誠哉？但非天理真實無妄之本然，則其誠也，適所以虚其本然之善，而反爲不誠耳。」〇曰：「學、問、思、辨，亦有序乎？」曰：「學之博，然後有以備事物之理，故能參伍之以得其所疑而有所問；問之審，然後有以盡師友之情，故能反復之以發其端而可思；思之謹，則精而不雜，故能有所自得而可以施其辨；辨之明，則斷而不差，故能無所疑惑而可以見於行；行之篤，則凡所學、問、思、辨而得之者，又皆必踐其實而不爲空言矣。此五者之序也。」〇曰：「何以言誠爲此篇之樞紐也？」曰：「誠者，實而已矣。天命云者，實理之原也。性，其在物之實體。道，其當然之實用。而教也者，又因其體用之實而品節之也。不可離者，此理之實也。隱之見，微之顯，實之存亡而不可掩者也。戒謹恐懼而謹其獨焉，所以實乎此理之實也。中和云者，所以狀此實理之體用也。天地位，萬物育，則所以極此實理之功效也。中庸云者，實理之適可而平常者也。過與不及，不見實理而妄行者也。費而隱者，言實理之用廣而體微也。鳶飛魚躍，流動充滿，夫豈無實而有是哉！道不遠人以下，至於大舜、文、武、周公之事，孔子之言，皆實理應用之當然。而鬼神之不可揜，則又其發見之所以然也。聖人於此，固以其無一豪之不實，而至於如此之盛，其示人也，亦欲其必以其實而無一豪之僞也。蓋自然而實者，天也，必期於實者，人而天也。『誠明』以下累章之意，皆所以反復乎此，而語其所以。至於正大經而立大本，參天地而贊化育，則亦真實無妄之極功也。卒章『尚絅』之云，又本其務實之初心而言也。內省者，謹獨克己之功；不愧屋漏者，戒謹恐懼而無己可克之事，皆所以實乎此之序也。『時靡有争』，變也；『百辟刑之』，化也；『無聲無臭』，又極乎天命之性、實理之原而言也。蓋此篇大指，專以發明實理之本然，欲人之實此理而無妄，故其言雖多，而其樞紐不越乎誠之一言也。嗚呼深哉！」○聖賢言仁字處，便有箇溫厚慈祥之意，帶箇愛底道理。下文便言親親爲大。○問：「『修道以仁』，繼之以『仁者人也』，何爲下面又添説義、禮？」曰：「仁便有義，如陽便有陰。親親尊賢，皆仁之事。親之尊之，其中自有箇差等，這便是義與禮。親親，在父子如此，在宗族如彼，所謂殺也。尊賢，有當事之者，有當友之者，所謂等也。」○問：「仁亦是道，如何却説脩道以仁？」答曰：「道是汎説，仁是切要底。」○思脩身，不可以不事親；思事親，不可以不知人；思知人，不可以不知天。知天起頭處，能知天，則知人、事親、脩身皆得其理矣。聞見之知與德性之知，皆知也，只是要知得到，信得及。如君之仁、子之孝之類，人所共知，而多不能盡者，非真知故也。○知恥。如「舜人也，我亦人也，舜爲法於天下，可傳於後世，我猶未免爲鄉人也」，是則可憂也』，既恥爲鄉人，進學安得不勇？○豫，先知也。事未至而先知其理之謂豫。凡事豫則立，不豫則廢。横渠曰：「豫，吾内；求利，吾外也。」又曰：「精義入神者，豫而已矣。」皆一義也。○誠是天理之實然，更無纖豪作爲。聖人之生，其稟受渾然，氣質清明純粹，全是此理，更不待脩爲而自然與天爲一。若其餘，則須是博學、審問、謹思、明辨、篤行，如此不已，直待得仁義禮知與夫忠孝之道、日用本分事無非實理，然後爲誠。有一豪見得與天理不相合，便於誠有一豪未至。○誠者，天之道。天無不實，寒便是寒，暑便是暑，更不待使他恁地。聖人仁便真箇是仁，義便真箇是義，更無不實處在。常人説仁時，恐猶有不仁處，説義時，恐猶有不義處，便須著思有以實之，始得。○問：「『博學之』至『明辨之』，是致知之事，『篤行』則力行之事否？」曰：「然。」○問「哀公問政」章。「舊只零碎解。某自讀時，只覺首段尾與次段首意相接。如云『政也者，蒲盧也，故爲政在人，取人以身，脩身以道，脩道以仁』，便説『仁者人也，親親爲大；義者宜也，尊賢爲大』，都接續説去，一段看，始覺貫穿。後因看家語，乃是本來只一段也。中庸三十三章，其次序甚密，古人著述便是不可及。此只將别人語言鬬凑成篇，本末次第終始總合，如此縝密。」○輯略程子曰：「生知者，只是他生自知禮義，不待學而知。縱使孔子是生知，亦何害於學？如問禮於老聃，訪官名於郯子，何害於孔子？禮文、官名，既欲知舊物，又不可鑿空撰得出，須是問他先知者，始得。」○又曰：「生而知之，學而知之亦是才。」○問：「生而知之要學否？」曰：「生而知固不待學，然聖人必須學。」○張子曰：「天下之達道五，其生民之大經乎！經正則道前定，事豫立，不疑其所行，利用安身之要，莫先焉。」○又曰：「知仁勇，天下之達道，雖本末有差，及其所以知之、成之，則一也。蓋仁者以生知、以安行此五者，知者以學知、以利行此五者，勇者以困知、以勉强行此五者。」○又曰：「性一也。形之分有剛柔、昏明者，非性也。有三人焉，皆有目以别乎衆色，一居乎密室，一居乎帷箔之下，一居於廣庭之中，三人所見昏明各異，豈目有不同乎？隨其所居，蔽有厚薄耳。凡學者，所以解蔽去惑，故生知、學知、困知，『及其知之一也』。安得不貴於學乎？」○誠即天道也。天道自然，無勉無思，其中其得，自然而已。聖人誠一於天，天即聖人，聖人即天，由仁義行，何思勉之有？故從容中道而不迫。誠之者，以人求天者也。思誠而復之，故明有未究，於善必擇，誠有未至，所執必固。學問思辨，所以求之也；行，所以至之也。求之至之，非人一己百、人十己千，不足以化氣質。」○一本云：「誠者理之實，致一而不可易者也。大而天下，遠而萬古，求之人情，參之物理，皆所同然。有一無二，雖前聖後聖，若合符節。理本如是，非人私知之所能爲，此之謂誠。誠即天道也。天道自然，何勉何思，莫非性命之理而已。故誠者，天之道，性之者也；誠之者，人之道，反之者也。聖人之於天道，性之者也；賢者之於天道，反之者也。性之者，成性而與天無閒也，天即聖人，聖人即天，縱心所欲，由仁義行也，出於自然，從容不迫，不待乎思勉而後中也。反之者，求復乎性而未至，雖誠而猶雜之僞，雖行而未能無息，則善不可不思而擇，德不可不勉而執，不如是猶不足以至乎誠，故學問思辨皆所以求之也，行所以至之也。」○謝氏曰：「誠是實理，不是專一。尋常人謂至誠，止是專一。實理則『如惡惡臭，如好好色』，不是安排來。」○問：「中庸只論誠，而論語曾不一及誠，何也？」楊氏曰：「論語之教人，凡言恭敬忠信所以求仁而進德之事，莫非誠也。論語示人以入之方，中庸言其至也。蓋中庸子思傳道之書，不正言其至，則道不明。孔子所罕言，孟子常言之，亦猶是矣。」

右第二十章。此引孔子之言，以繼大舜、文、武、周公之緒，明其所傳之一致，舉而措之，亦猶是耳。蓋包費隱，兼小大，以終十二章之意。章內語誠始詳，而所謂誠者，實此篇之樞紐也。又案：孔子家語亦載此章，而其文尤詳。「成功一也」之下，有「公曰：子之言美矣！至矣！寡人實固，不足以成之也」，故其下復以「子曰」起答辭。今無此問辭，而猶有「子曰」二字，蓋子思刪其繁文以附於篇，而所刪有不盡者，今當爲衍文也。「博學之」以下，家語無之，意彼有闕文，抑此或子思所補也歟？

自誠明，謂之性；自明誠，謂之教。誠則明矣，明則誠矣。自，由也。德無不實而明無不照者，聖人之德，所性而有者也，天道也。先明乎善，而後能實其善者，賢人之學，由教而入者也，人道也。誠則無不明矣，明則可以至於誠矣。○或問誠明之説。曰：「吕氏性教二字得之。」○「自誠明，謂之性」，誠，實然之理，此堯舜以上事。學者則「自明誠，謂之教」，明此性而求實然之理。○輯略程子曰：「君子之學，必先明諸心，知所養，然後力行以求至，所謂自明而誠也。」○吕氏曰：「自誠明，性之者也；自明誠，反之者也。性之者，成德而言，聖人之所性也；反之者，自志學而言，聖人之所教也。」一本云：「謂之性者，生之所固有以得之；謂之教者，由學以復之。」

右第二十一章。子思承上章夫子天道、人道之意而立言也。自此以下十二章，皆子思之言，以反覆推明此章之意。

唯天下至誠，爲能盡其性；能盡其性，則能盡人之性；能盡人之性，則能盡物之性；能盡物之性，則可以贊天地之化育；可以贊天地之化育，則可以與天地參矣。天下至誠，謂聖人之德之實，天下莫能加也。盡其性者，德無不實，故無人欲之私，而天命之在我者，察之由之，巨細精粗，無豪髪之不盡也。人物之性，亦我之性，但以所賦形氣不同而有異耳。能盡之者，謂知之無不明而處之無不當也。贊，猶助也。與天地參，謂與天地並立爲三也。此自誠而明者之事也。○或問：「至誠盡性諸説如何？」曰：「程子論贊天地之化育，而曰不可以贊助言，論窮理盡性以至於命，而曰只窮理便是至於命，則亦若有可疑者。蓋嘗竊論之，天下之理未嘗不一，而語其分，則未嘗不殊，此自然之勢也。蓋人生天地之閒，稟天地之氣，其體即天地之體，其心即天地之心，以理而言，是豈有二物哉？故凡天下之事，雖若人之所爲，而其所以爲之者，莫非天地之所爲也。又況聖人純於義理，而無人欲之私，則其所以代天而理物者，乃以天地之心而贊天地之化，尤不見其有彼此之閒也。若以其分言之，則天之所爲，固非人之所及，而人之所爲，又有天地之所不及者，其事固不同也。但分殊之狀，人莫不知，而理一之致，多或未察，故程子之言，發明理一之意多，而及於分殊者少，蓋抑揚之勢不得不然，然亦不無小失其平矣。唯其所謂止是一理，而天人所爲各自有分，乃爲全備而不偏，而讀者亦莫之省也。至於窮理至命，盡人盡物之説，則程、張之論雖有不同，然亦以此而推之，則其説初亦未嘗甚異也。蓋以理言之，則精粗本末，初無二致，固不容有漸次，當如程子之論；若以其事而言，則其親疏近遠、深淺先後，又不容於無別，當如張子之言也。呂游楊説皆善，而呂尤確實。」○或曰：「中庸之盡性，即孟子所謂盡心否？」曰：「盡心是就知上説，盡性是就行上説。」或曰：「能盡得真實本然之全體，是盡性；能盡得虛靈知覺之妙用，是盡心。」曰：「然。盡心就所知上説，盡性就事物上説。」○問：「至誠盡人物之性，是曉得盡否？」答曰：「非特曉得盡，亦是要處之盡其道。若凡所以養人教人之政，與夫利萬物之政，皆是也。故下文云『贊天地之化育，而與天地參矣』。若只曉得盡，如何得與天地參？」○盡人性，盡物性，性只一般，人物氣稟不同。人雖稟得氣濁，善底只在那裏，有可開通之理。是以聖人有教化去開通他，使復其善底。物稟得氣偏了，無道理使開通，故無用教化。盡物性，只是所以處之各當其理，且隨他所明處使之。他所明處亦只是這箇善，聖人便是用他善底。如馬悍者，用鞭策亦乘得。然物只到得這裏，此亦是教化，是隨他天理流行發見處使之也。如虎狼，便只得陷而殺之，驅而遠之。○盡己之性，如在君臣則義，在父子則親，在兄弟則愛之類，己無一之不盡。盡人之性，如黎民時雍，各得其所。盡物之性，如鳥獸草木咸若。如此，則可以贊天地之化育。○聖人贊天地之化育，有不恰好處，被聖人做得都好。丹朱不肖，堯則以天下與人。洪水汎濫，舜尋得禹而民得安居。桀紂暴虐，湯武起而誅之。○贊天地之化育，人在天地中閒，雖只是一理，然天人所爲各自有分。人做得底，却有天做不得底。如天能生物，而耕種必用人；水能潤物，而灌漑必用人；火能潤物，而薪爨必用人。財成輔相須是人做，非贊助而何？○輯略程子曰：「『贊天地之化育』，自人而言之。從『盡其性』至『盡物之性』，然後『可以贊天地之化育』，『可以與天地參矣』，言人盡性所造如是，若只是『至誠』，更不須論。所謂『人者天地之心』，及『天聰明，自我民聰明』，止謂只是一理，而天人所爲各自有分。」○又曰：「至誠可以贊化育者，可以回造化。」○又曰：「贊者，參贊之義，『先天而天弗違，後天而奉天時』之謂也。非謂贊助只有一箇誠，何助之有？」○張子曰：「二程解『窮理盡性以至於命』，只窮理便是至於命，亦是失於太快。此義儘有次序，須窮理便能盡得己之性，既盡得己之性，則推類又盡人之性，既盡得人之性，須是并萬物之性一齊盡得，如此然後至於天道也。其閒煞有事，豈有當下理會了？學者須是窮理爲先，如此則方有學。今言『知命』與『至於命』，儘有遠近，豈可以知便謂之至也？」○呂氏曰：「人受天地之中，其生也具有天地之德，柔强昏明之質雖異，其心之所然者皆同。特蔽有淺深，故别而爲昏明；稟有多寡，故分而爲强柔。至於理之所同然，雖聖愚有所不異。盡己之性，則天下之性皆然，故能盡人之性。蔽有淺深，故爲昏明；蔽有開塞，故爲人物。稟有多寡，故爲强柔；稟有偏正，故爲人物。故物之性與人異者幾希，惟塞而不開，故知不若人之明；偏而不正，故才不若人之美。然人有近物之性者，物有近人之性者，亦繫乎此。於人之性開塞偏正無所不盡，則物之性未有不能盡也。己也、人也、物也，莫不盡其性，則天地之化幾矣。故行其所無事，順以養之而已，是所謂『贊天地之化育』者也。如堯『命羲和，欽若昊天』，至於民之析、因、夷、隩，鳥獸之孳尾、希革、毛毨、氄毛，無不與知，則所贊可知矣。天地之化育猶有所不及，必人贊之而後備，則天地非人不立。故人與天地並立而爲三才，此之謂『與天地參』。」○游氏曰：「『萬物皆備於我矣，反身而誠，樂莫大焉』，故『惟天下至誠，爲能盡其性』。千萬人之性，一己之性是也，故『能盡其性，則能盡人之性』。萬物之性，一人之性是也，故『能盡人之性，則能盡物之性』。同然皆得者，各安其常，則盡人之性也；同然皆生者，各得其理，則盡物之性也。至於盡物之性，則和氣充塞，故『可以贊天地之化育』。夫如是，則天覆地載，教化各任其職，而成位乎其中矣。」○問：「天下將亂，何故賢者便生得不豐厚？」侯曰：

「氣之所鍾便如此。」曰：「有變化之道乎？」曰：「在君相斡旋之力耳。若舉賢任能，使政事治而百姓和，則天地之氣和而復淳厚矣。此天下所以有資於聖賢，有賴於君相也。子思曰『贊天地之化育』，正謂是也。若曰治亂自有數而任之，則何賴於聖賢哉？子思所以言贊化育也，書亦曰『祈天永命』，如此而已。」

右第二十二章。言天道也。

其次致曲。曲能有誠，誠則形，形則著，著則明，明則動，動則變，變則化，唯天下至誠爲能化。其次，通大賢以下凡誠有未至者而言也。致，推致也。曲，一偏也。形者，積中而發外。著，則又加顯矣。明，則又有光輝發越之盛也。動者，誠能動物。變者，物從而變。化，則有不知其所以然者。蓋人之性本無不同，而氣則有異，故惟聖人能舉其性之全體而盡之。其次則必自其善端發見之偏，而悉推致之，以各造其極也。曲無不致，則德無不實，而形、著、動、變之功自不能已。積而至於能化，則其至誠之妙，亦不異於聖人矣。○或問致曲之說。曰：「人性雖同，而氣稟或異。自其性而言之，則人自孩提，聖人之質悉已完具。以其氣而言之，則惟聖人爲能舉其全體而無所不盡，上章所言至誠盡性是也。若其次，則善端所發，隨其所稟之厚薄，或仁或義，或孝或弟，而不能同矣。自非各因其發見之偏，一一推之，以至乎其極，使其薄者厚而異者同，則不能有以貫通乎全體而復其初，即此章所謂致曲，而孟子所謂擴充其四端者是也。」○問：「致曲是就偏曲處致力否？」曰：「如程子說『或孝或弟，或仁或義』所偏發處，推致之各造其極也。」曰：

「如此，恐將來只就所偏處成就。」曰：「不然。或仁或義，或孝或弟，更互而發，便就此做致曲工夫。」○又問：「『其次致曲』與易中『納約自牖』之意亦略相類。『納約自牖』是因人之明而導之，『致曲』是因己之明而推之。是如此否？」先生曰：「正是如此。」○問：「『其次致曲』，注所謂『善端發見之偏』如何？」曰：「人所稟各有偏善，或稟得剛强，或稟得和柔，各有一偏之善。若就他身上更求其他好處，又不能如此，所以就其善端之偏而推極其全。惻隱、羞惡、是非、辭遜四端，隨人所稟，發出來各有偏重處，是一偏之善。」○問：「則夜與直卿論『致曲』一段，或問中舉孟子云『知皆擴而充之』，直卿以爲未妥。既是四端，安得謂之曲？」曰：「四端先後互發，豈不是曲？孟子四端擴而充之，則自可見。若曰只有此一曲，則是夷惠之偏，如何得該偏？聖人具全體，一齊該了，而當用時亦只時發一端。」○問：「聖人用時雖發一端，然其餘只平鋪在，要用即用，不似以下人有先後間斷之異，須待擴而後充。」曰：「然。」又問：「顏曾以下皆是致曲？」曰：「顏子體段已具；曾子却是致曲，一一推之，至答一貫之時，則渾合矣。」曰：「所以必致曲者，只是爲氣稟隔，必待因事逐旋發見？」曰：「然。」又問：「程子說致曲『先於偏勝處發』，似未妥，如此則專主一偏矣。」曰：「此說甚可疑。須於事上論，不當於人上論。」○問中庸「致曲」。先生曰：「只爲氣質不同，故發見有偏。如至誠盡性，則全體著見。次於此者，未免爲氣質所隔。只如人氣質溫厚，其發見者必多興仁，仁多便侵却那義底分數；氣質剛毅，其發見者必多興義，義多便侵却那仁底分數。」○問「其次致曲」。曰：「伊川先生說得好，將曲專做好處，所以云『或仁或義，或孝或弟』，就此等處推致其極。」○「曲能有誠」一句，猶言若曲處能盡其誠，則「誠則形，形則著」也。蓋曲處若不能有其誠，則其善端之發見者，或存或亡，終不能實有諸己。故須就此一偏發見處，便推致之，使有誠則不失也。」又問：「明、動、變、化，伊川以『君子所過者化』解『動』字，是和那『變』『化』二字都説在裏面否？」曰：「動，是方感動。變化，則已改其舊俗，然尚有痕迹在。化，則都消化了，無復痕迹矣。」○輯略程子曰：「『其次致曲』者，學而後知之也。而其成也，與生而知之者不異焉。故君子莫大於學，莫害於畫，莫病於自足，莫罪於自棄。學而不止，此湯武所以聖也。」〇又曰：「致曲者，就其曲而致之也。」〇又曰：「人自孩提，聖人之質已完。只先於偏勝處發，或仁或義，或孝或弟。去氣偏處發，便是致曲。」○又曰：「曲，偏曲之謂，非大道也。就一事中用志不分，亦能有誠，如養由基射之類是也。誠則形，誠後便有物，如參前倚衡，如有所立卓爾是也。形則著，又著見也。著則明，是有光輝之時也。明則動，誠則動人也。君子所過者化，豈非動乎？」或曰：「變與化何別？」曰：「變如物方變而未化，化則更無舊迹，自然之謂也。莊子言變大於化，非也。」

右第二十三章。言人道也。

至誠之道，可以前知。國家將興，必有禎祥。國家將亡，必有妖孽。見乎蓍龜，動乎四體。禍福將至，善，必先知之；不善，必先知之。故至誠如神。見，音現。○禎祥者，福之兆。妖孽者，禍之萌。蓍，所以筮。龜，所以卜。四體，謂動作威儀之閒，如執玉高卑，其容俯仰之類。凡此皆理之先見者也。然唯誠之至極，而無一豪私僞留於心目之閒者，乃能有以察其幾焉。神，謂鬼神。○或問「至誠如神」之說。曰：「吕氏得之矣，其論動乎四體，爲威儀之則者，尤爲確實。」○程子「用便近二」之論，蓋因異教之說，如蜀山人董五經之徒，亦有能前知者，故就之而論其優劣，非以其不用而不知者爲真可貴，而賢於至誠之前知也。至誠前知，乃因其事理朕兆之已形而得之，如所謂不逆詐、不億、不信而常先覺者，非有術數推驗之煩，思想測度之私也，亦何害其爲一哉。○輯略程子曰：「人固可以前知，然其理須是用則知，不用則不知。知不如不知之愈，蓋用便近二，所以釋子謂又不是野狐精也。」○又曰：「蜀山人不起念十年，便能前知。」○吕氏曰：「誠一於理，無所閒雜，則天地人物，古今後世，融徹洞達，一體而已。興亡之兆，猶心之有思慮，如有萌焉，無不前知。蓋有方所，則有彼此先後之別。既無方所，彼即我也，先即後也，未嘗分別隔礙，自然達乎神明，不特前知而已。」○一本云：「至誠與天地同德，與天地同德則其氣化運行與天地同流矣。興亡之兆，禍福之來，感於吾心，動於吾氣，如有萌焉，無不前知。況乎誠心之至，求乎蓍龜而蓍龜告，察乎四體而四體應，所謂『莫見乎隱，莫顯乎微』者也。此至誠所以達乎神明而無閒，故曰『至誠如神』。『動乎四體』，如傳所謂『威儀之則以定命』者也。」

右第二十四章。言天道也。

誠者自成也，而道自道也。道也之道，音導。○言誠者物之所以自成，而道者人之所當自行也。誠以心言，本也；道以理言，用也。**誠者物之終始，不誠無物。是故君子誠之爲貴。**

天下之物，皆實理之所爲，故必得是理，然後有是物。所得之理既盡，則是物亦盡而無有矣。故人之心一有不實，則雖有所爲亦如無有，而君子必以誠爲貴也。蓋人之心能無不實，乃爲有以自成，而道之在我者亦無不行矣。**誠者非自成己而已也，所以成物也。成己，仁也；成物，知也。性之德也，合外内之道也，故時措之宜也。**知，去聲。○誠雖所以成己，然既有以自成，則自然及物，而道亦行於彼矣。仁者體之存，智者用之發，是皆吾性之固有，而無内外之殊。既得於己，則見於事者，以時措之，而皆得其宜也。○或問二十五章之説。曰：「自成自道，如程子説，乃與下文相應。游楊皆以無待而然論之，其説雖高，然於此爲無所當，且又老莊之遺意也。誠者物之終始，不誠無物之義，亦唯程子之言爲至當，然其言太略，故讀者或不能曉，請得而推言之。蓋誠之爲言，實而已矣。然此篇之言，有以理之實而言者，如曰『誠不可揜』之類是也；有以心之實而言者，如曰『反諸身不誠』之類是也。讀者各隨其文意之所指而尋之，則其義各得矣。所謂『誠者物之終始，不誠無物』者，以理言之，則天地之理，至實而無一息之妄，故自古至今，無一物之不實，而一物之中，自始至終，皆實理之所爲也；以心言之，則聖人之心，亦至實而無一息之妄，故從生至死，無一事之不實，而一事之中，自始至終，皆實心之所爲也。此所謂『誠者物之終始』者然也。苟未至於聖人，而其本心之實者猶未免於閒斷，則自其實有是心之初，以至未有閒斷之前，所爲無不實者。及其閒斷，則自其閒斷之後，以至未相接續之前，凡所云爲，皆無實之可言，雖有其事，亦無以異於無有矣。如曰『三月不違』，則三月之閒所爲皆實，而三月之後未免於無實，蓋

『不違』之終始，即其事之終始也。『日月至焉』，則至此之時所爲皆實，而去此之後未免於無實，蓋『至焉』之終始，即其物之終始也。是則所謂『不誠無物』者然也。以是言之，則在天者本無不實之理，故凡物之生於理者，必有是理，方有是物，未有無其理而徒有不實之物者也。在人者或有不實之心，故凡物之出於心者，必有是心之實，乃有是物之實，未有無其心之實而能有其物之實者也。程子所謂『徹頭徹尾』者蓋如此。其餘諸説，大抵皆知誠之在天爲實理，而不知其在人爲實心，是以爲説太高，而往往至於交互差錯，以失經文之本意。正猶知愛之不足以盡仁，而凡言仁者遂至於無字之可訓，其亦誤矣。」○「誠者自成也，而道自道也。」上句是孤立懸空説這一句，四旁都無所倚靠。蓋有是實理，則有是天；有是實理，則有是地；如無是實理，則便没這天，也没這地。凡物都是如此，故云「誠者自成」，蓋本來自成此物。到得「道自道」，便是有這道在這裏[二]，人若不自去行，便也空了。問：「既説『物之所以自成』，下文又云『誠以心言』，莫是心者物之所存主處否？」曰：「『誠以心言』者，是就一物一面説也。故凡物必有是心，有是心然後有是事。下面説『誠者物之終始』，是解『誠者自成』一句。『不誠無物』，已是説著『自道』句了。蓋人則有不誠，而理則無不誠者。恁地看，覺得前後文意相應。」○問：「『誠者自成也，而道自道也』，兩句語

[二] 這道在，原脱，各本同，據明成化本朱子語類卷六十四補。

勢相似，而先生之解不同。上句工夫在『誠』字上，下句工夫在『行』字上。」先生曰：「亦微不同。『自成』若只做『自道』解，亦得。」某因言：「妄意謂此兩句只是説箇爲己，不是爲人，其後却説不獨是自成，亦可以成物。」先生未答，久之，復曰：「某舊説誠有病。蓋誠與道皆汨在『誠之爲貴』上了，後面却便是説箇合内外底道理。若如舊説，則誠與道成兩物也。」○「誠者自成也」，下文云「誠者物之終始，不誠無物」，此二句便解上一句。實有此理，故有是人；實有此理，故有是事。○誠有主事而言者，有主理而言者。蓋「不誠無物」，是事之實然，至於參贊化育，則便是實然之理。○「誠者物之終始」，猶言「體物而不可遺」。○「誠者物之終始」，以理而言；「不誠無物」，以人而言。○「誠者物之終始」，來處是誠，去處亦是誠。誠則有物，不誠則無物。且如而今對人説話，若句句説實，皆自心中流出，這便是有物。若是脱空誑誕，不説實話，雖有兩人相對説話，如無物也。且如草木自萌芽發生，以至枯死朽腐歸土[二]，皆是有此實理，方有此物。若無此理，安得有此物。○「誠者物之終始，不誠無物。」如讀書，半版以前，心在書上，則此半版有終有始；半版以後，心不在焉，則如不讀矣。○問：「『誠者物之終始，不誠無物』，是實有是理，而後有是物否？」答曰：「且看他聖人説底正文語脉。蓋『誠者物之終始』，却是事物之實理，始終無

[二] 土，原作「生」，各本同，據明成化本朱子語類卷六十四改。

有閒斷。自開闢以來，以至人物消盡，只是如此。在人之心，苟誠實無僞，則徹頭徹尾，無非此理。一有閒斷，則就閒斷處即非誠矣。如聖人至誠，便是自始生至没身，首尾是誠。顔子不違仁，便是自三月之初爲誠之始，三月之末爲誠之終，三月以後便不能不閒斷矣。『日月至焉』，只就至焉時便爲終始，至焉之外即閒斷而無誠，無誠即無物矣。不誠，則『心不在焉，視不見，聽不聞』，是雖謂之無耳目可也。」○「誠者物之終始，不誠無物。」做萬物看亦得，就事物上看亦得。物以誠爲體，故不誠則無此物。終始，是徹頭徹尾底意。「或問中云『自其閒斷之後，雖有其事，皆無實之可言』，何如？」曰：「此是説『不誠無物』。如人做事，未做得一半，便棄了，即一半便不成。」再問：「爲其『至誠無息』，所以『四時行，百物生』，更無已時，此所以『維天之命，於穆不已』問游氏云「四時之運已，即成物之功廢」。先生曰：「只爲有這些子，如無這些子，其機關都死了。」也？」先生曰：「然。」○問「不誠無物」。曰：「誠，實也。且如人爲孝，若是不誠，恰似不曾誠便是事底骨子。」○「不誠無物」，不誠，雖有物，猶無物。如「禘自既灌而往」者，誠意一散，如不祭一般。○「不誠無物」，人心無形影，惟誠時方有這物事。今人做事，若初閒有誠意，到半截後意思懶散，慢做將去，便只是前半截有物，後半截無了。○「誠者物之終始」，指實理而言；「君子誠之爲貴」，指實心而言。○「誠者非自成己而已」，此「自成」字與前面不同。蓋怕人只説「自成」，故言「非自成己，乃所以成物」。成己便以仁言，成物便以知言。故成己、成物固無内外之殊，但必先成己，然後能成物，此道之所以當自行也。○「成己，仁也」，是體；「成物，知也」，是用。「學不厭，知也」，是體；「教不倦，仁也」，是用。○問：「『成己，仁也；成物，知也』，成物如何説知？」曰：「須是知運用，方成得物。」問：「『時措之宜』是顔稷閉户纓冠之義否？」曰：「亦有此意。須是仁知具，内外合，然後有箇『時措之宜』。」又云：「如平康無事時，是一般處置；倉卒緩急時，又有一樣處置。」○問：「『成己，仁也；成物，知也』，以某觀之，成己却是知，成物却是仁。」曰：「顔子『克己復禮爲仁』，非成己而何？『智周乎萬物而道濟天下』，非成物而何？」○輯略程子曰：「誠者自成。如至誠事親，則成人子；至誠事君，則成人臣。不誠無物，誠者物之終始，猶俗語徹頭徹尾，不誠更有甚物也。」○又曰：「聖人言忠信者多矣，人道只在忠信，不誠則無物。『出入無時，莫知其鄉』者，人心也。若無忠信，豈復有物乎？」○又曰：「學者不可以不誠，不誠無以爲善，不誠無以爲君子。修學不以誠，則學雜；爲事不以誠，則事敗；自謀不以誠，則是欺其心而自棄其志；與人不以誠，則是喪其德而增人之怨。今小道異端，亦必誠而後得，而況欲爲君子者乎？故曰學者不可以不誠。雖然，誠者在知道本而誠之耳。」○又曰：「成己須是仁，推成己之道成物，便是知。」○又曰：「性之德者，言性之所有，如卦之德乃卦之緼也。」又曰：「性不可以内外言。」○又曰：「『時措之宜』，言隨時之義，若『溥博淵泉而時出之』。」○吕氏曰：「誠者，實而已矣，所謂『誠者物之終始，不誠無物』也。故君子必明乎善，知至則意誠矣。既有惻怛之誠意，乃能竭不倦之强力，竭不倦之强力，然後有可見之成功。苟不如是，雖博聞多見，舉歸於虚而已，是誠之所以爲貴也。誠雖自成也，道雖自道也，非有我之得私也，與天下同之而已。

故思成己，必思所以成物，是所謂仁智之道也，性之所固有，合外内而無間者也。天大無外，造化發育皆在其閒，自無内外之别。人有是形而爲形所梏，故有内外。内外一生，則物自物，己自己，與天地不相似矣。反乎性之德，則安有物我之異、内外之别哉？故具仁與智，無己無物，誠一以貫之，合天地而施化育，故能『時措之宜』也。」○又曰：「子貢曰：『學不厭，智也；教不倦，仁也。』學不厭所以成己，此則成己爲仁；教不倦所以成物，此則成物爲智。何也？夫盡性以成己，則仁之體也；推是以成物，則智之事也，自成德而言也。學不厭所以致吾知，教不倦所以廣吾愛，自入德而言也。此子思、子貢之言所以異也。」

右第二十五章。言人道也。

故至誠無息。既無虛假，自無閒斷。**不息則久，久則徵，**久，常於中也。徵，驗於外也。**徵則悠遠，悠遠則博厚，博厚則高明。**此皆以其驗於外者言之。鄭氏所謂「至誠之德，著於四方」者是也。存諸中者既久，則驗於外者益悠遠而無窮矣。悠遠，故其積也廣博而深厚。博厚，故其發也高大而光明。**博厚，所以載物也；高明，所以覆物也；悠久，所以成物也。**悠久，即悠遠，兼内外而言之也。本以悠遠致高厚，而高厚又悠久也。此言聖人與天地同用。**博厚配地，高明配天，悠久無疆。**此言聖人與天地同體。**如此者，不見而章，不動而變，無爲而成。**見，音現。○見，猶示也。不見而章，以配地而言也。不動而變，以配天而言也。無爲而成，以無疆而言也。**天地之道，可一言而盡也：其爲物不貳，則其生物不測。**此以下，復以天地明至誠無息之功用。天地之道，可一言而盡，不過曰誠而已。不貳，所以誠也。誠故不息，而生物之多，有莫知其所以然者。**天地之道，博也，厚也，高也，明也，悠也，久也。**言天地之道，誠一不貳，故能各極其盛，而有下文生物之功。**今夫天，斯昭昭之多，及其無窮也，日月星辰繫焉，萬物覆焉。今夫地，一撮土之多，及其廣厚，載華嶽而不重，振河海而不洩，萬物載焉。今夫山，一卷石之多，及其廣大，草木生之，禽獸居之，寶藏興焉。今夫水，一勺之多，及其不測，黿鼉、蛟龍、魚鼈生焉，貨財殖焉。**夫，音扶。華、藏，並去聲。卷，平聲。勺，市若反。○昭昭，猶耿耿，小明也。此指其一處而言之。及其無窮，猶十二章「及其至也」之意，蓋舉全體而言也。振，收也。卷，區也。此四條，皆以發明由其不貳不息以致盛大而能生物之意。然天地山川，實非由積累而後大，讀者不以辭害意可也。**詩云：「維天之命，於穆不已。」蓋曰天之所以爲天也。「於乎不顯，文王之德之純！」蓋曰文王之所以爲文也，純亦不已。**於，音烏。乎，音呼。○詩，周頌維天之命篇。於，歎辭。穆，深遠也。不顯，猶言豈不顯也。純，純一不雜也。引此以明至誠無息之意。程子曰：「天道不已，文王純於天道，亦不已。純則無二無雜，不已則無間斷先後。」○或問二十六章之説。曰：「此章之説，最爲繁雜。呂氏所謂『不已其命，不已其德』，意雖無爽，而語亦有病。蓋天道、聖人之所以不息，皆實理之自然，雖欲已之而不可得。今曰『不已其命，不已其德』，則是有意於不已，而非所以明聖人、天道之自然矣。又以積天之昭昭以至於無窮，譬夫人之充其良心，以至於與天地合德，意則甚善。而此章所謂至誠無息，以至於博厚高明，乃聖人久於其道。而天下化成之事，其所積而成者，乃其氣象功效之謂，若鄭氏所謂『至誠之德，著於四方』者是已。非謂在己之德，亦待積而後成也，故章末引文王之詩以證之。夫豈積累漸次之謂哉？若如吕氏之說，則是因無息然後至於誠，由不已然後純於天道也，失其旨矣。大抵聖賢之言，内外精粗，各有攸當，而無非極致。近世諸儒，乃或不察乎此，而於其外者皆欲引而納之於内，於其粗者皆欲推而致之於精，若致曲之明動變化，此章之博厚高明，蓋不勝其繁碎穿鑿，而於其本指失之愈遠，學者不可不察也。」○問：「『至誠無息，不息則久，久則徵』，徵是徵驗發見於外否？」曰：「除是久，然後有徵驗。只一日兩日工夫，如何有徵驗。」○問悠久、博厚、高明。曰：「此是言聖人功業，自『徵則悠遠』至『博厚』『高明』『無疆』，皆是功業著見如此，故鄭氏云『聖人之德，著於四方』。又『致曲』章『明則動』諸說，多就性分上理會，惟程子云『明則動是誠能動人也』。」又說：「『著則明』，如見面盎背是『著』，若『明』則人所共見，如『令聞廣譽施於身』之類。」○問：「悠遠、博厚、高明，章句中取鄭氏說，謂『聖人之德，著於四方』，豈以聖人之誠自近而遠，自微而著，如書稱堯『光被四表，格于上下』者乎？」曰：「亦須看他一箇氣象，自『至誠不息，不息則久』積之，自然如此。」○「至誠無息」一段，鄭氏曰「言至誠之德，著於四方」，是也。諸家都將做進德次第說。只一箇「至誠」已該了，豈復更有許多節次?不須説入裏面來。古注有不可易處。○吕氏説:「有如是廣博，則不得不高；有如是深厚，則不得不明。」此兩句甚善。章句中雖是用他意，然當初只欲辭簡，故反不似他説得分曉。譬如爲臺觀，須是大做根基，方始上面可以高大。又如萬物精氣蓄於下者深厚，則其發越於外者自然光明。○輯略程子曰:「『維天之命，於穆不已』，此是理自相續不已，非是人爲之。如使可爲，雖使百萬般安排，也須有息時。只爲無爲，故不息。中庸言:『不見而章，不動而變，無爲而成。天地之道，可一言而盡也。』」○吕氏曰:「實理不貳，則其體無雜，其體不雜，則其行無閒，故『至誠無息』，非使之也，機自動耳，乃乾坤之所以闔闢，萬物之所以生育，亘萬古而無窮者也。如使之，則非實，非實則有時而息矣。久者，日新而無敝之謂也。徵，驗也。悠遠，長也。天地運行而不息，故四時變化而無敝；日月相從而不已，故朔晦生明而無敝，此之謂『不息則久』。四時變化而無敝，故有生生之驗；晦朔生明而無敝，故有照臨之驗，此之謂『久則徵』。生生也，照臨也，苟日新而有徵，則可以繼繼其長至於無窮矣，此之謂『徵則悠遠』。悠遠無窮者，其積必多，博者能積衆狹，厚者能積衆薄，此之謂『悠遠則博厚』。有如是廣博，則其勢不得不高；有如是深厚，則其精不得不明，此之謂『博厚則高明』。博厚則無物不能任也，高明則無物不能冒也，悠久則無時而不養也。所以載物、覆物、成物者，其能也；所以章、所以變、所以成者，其功也。能非力之所任，功非用而後有，其勢自然，不得不爾，是皆至誠不貳而已，此天地之道所以一言而盡也。天地所以生物不測者，至誠不貳者也；天地所以成者，積之無疆者也。如使天地爲物而貳，則其行有息，其積有限，昭昭撮土之微，將下同乎衆物，又焉有載物、覆物、成物之功哉？雖天之大，昭昭之多而已；雖地之廣，撮土之多而已；山之一卷，水之一勺，亦猶是矣，其所以高明、博厚、神明不測者，積之之多而已。今夫人之有良心也，莫非受天地之中，是爲可欲之善，不充之，則不能與天地相似而至乎大，大而不化，則不能不勉不思與天地合德而至於聖。然所以至於聖者，充其良心，德盛仁熟而後爾也，故曰『過此以往，未之或知也。窮神知化，德之盛也』。如指人之良心而責之與天地合德，猶指撮土而求其載華嶽、振河海之力，指一勺而求其生蛟龍、殖貨財之功，是亦不思之甚也。天之所以爲天，不已其命而已；聖人之所以爲聖，不已其德而已。其爲天人德命則異，其所以不已則一。故聖人之道可以配命者，如此而已。」

右第二十六章。言天道也。

大哉聖人之道！包下文兩節言。**洋洋乎！發育萬物，峻極于天。**峻，高大也。此言道之極於至大而無外也。**優優大哉！禮儀三百，威儀三千。**優優，充足有餘之意。禮儀，經禮也。威儀，曲禮也。此言道之入於至小而無閒也。**待其人而後行。**總結上兩節。**故曰：苟不至德，至道不凝焉。**至德，謂其人。至道，指上兩節而言也。凝，聚也，成也。**故君子尊德性而道問學，致廣大而盡精微，極高明而道中庸，温故而知新，敦厚以崇禮。**尊者，恭敬奉持之意。德性者，吾所受於天之正理。道，由也。温，猶燖温之温，謂故學之矣，復時習之也。敦，加厚也。尊德性，所以存心而極乎道體之大也；道問學，所以致知而盡乎道體之細也。二者修德凝道之大端也。不以一豪私意自蔽，不以一豪私欲自累，涵泳乎其所已知，敦篤乎其所已能，此皆存心之屬也；析理則不使有豪釐之差，處事則不使有過不及之謬，理義則日知其所未知，節文則日謹其所未謹，此皆致知之屬也。蓋非存心無以致知，而存心者又不可以不致知。故此五句，大小相資，首尾相應，聖賢所示入德之方，莫詳於此，學者宜盡心焉。**是故居上不驕，爲下不倍。國有道，其言足以興；國無道，其默足以容。詩曰：「既明且哲，以保其身。」其此之謂與！**倍，與「背」同。與，平聲。○興，謂興起在位也。詩，大雅烝民之篇。○或問二十七章之說。曰：「程張備矣。張子所論逐句爲義一條，甚爲切於文義，故呂氏因之，然須更以游楊二說足之，則其義始備爾。游氏分別『至道』『至德』爲得之，唯『優優大哉』之說爲未善。而以無方無體、離形去智爲極高明之意，又以人德、地德、天德爲德性廣大高明之分，則其失愈遠矣。楊氏之說，亦不可曉。蓋道者自然之路，德者人之所得，故禮者道體之節文，必其人之有德，然後乃能行之也。今乃以禮爲德，而欲以凝夫道，則既誤矣，而又曰『道非禮則蕩而無止，禮非道則梏於儀章器數之末而有所不行』，則是所謂道者，乃爲虛無恍惚元無準則之物，所謂德者，又不足以凝道而反有所待於道也，其諸老氏之言乎？誤益甚矣。温故知新，敦厚崇禮，諸說但以二句相對，明其不可偏廢。大意固然，然細分之，則温故然後有以知新，而温故又不可不知新；敦厚然後有以崇禮，而敦厚又不可不崇禮。此則諸說之所遺也。大抵此五句，承章首道體大小而言，故一句之內，皆具大小二意。如德性也、廣大也、高明也、故也、厚也，道之大也；問學也、精微也、中庸也、新也、禮也，道之小也；尊之、道之、致之、盡之、極之、道之、温之、知之、敦之、崇之，所以修是德而凝是道也。以其於道之大小無所不體，故居上居下，在治在亂，無所不宜。此又一章之通旨也。」○「大哉聖人之道」此一段，大處做大處有，細密處做細密處有，渾淪處做渾淪處有。○或問「聖人之道，發育萬物，峻極于天」。曰：「即春生夏長、秋收冬藏，便是聖人之道。不成須要聖人使他發育方是聖人之道？『峻極于天』只是充塞天地底意思。」○「禮儀三百，威儀三千」「優優大哉」，皆是天道流行，發見爲用處。○「優優大哉，禮儀三百，威儀三千」，一事不可欠闕，才闕一事，便是於全體處有虧也。佛老之學，只説道無不存，無適非道，只此便了，若有一二事著也不妨。○「經禮三百」，便是儀禮中士冠、諸侯冠、天子冠禮之類。此是大節，有三百條。如始加、再加、三加，又如其「坐如尸，立如齊」之類，皆是其中之小目，便有三千條。或有變禮，亦是小目。吕與叔云：「經便是常行底，緯便是變底。」恐不然。經中自有常有變，緯中亦自有常有變。○「德性猶言義理之性？」曰：「然。」○不尊德性，則懈怠弛慢矣，學問何從而進？○聖人將那廣大底收拾向實處來，教人從實處做將去。老佛之學則説向高遠處去，故都無工夫了。聖人雖説本體如此，及做時須事事著實。如禮樂刑政，文爲制度，觸處都是。體用動静，互换無端，都無少許空闕處。若於此有一豪之差，則便於本體有虧欠處也。「洋洋乎！禮儀三百，威儀三千。」洋洋，是流動充滿之意。○「廣大」似所謂「理一」，「精微」似所謂「分殊」。○「致廣大」，謂心胸開闊，無此疆彼界之殊。「極高明」，謂無一豪人欲之私以累於己。纔汩於人欲，便卑汙矣。○問：「『致廣大』，章句謂『不以一豪私欲自蔽』，『極高明』是『不以一豪私欲自累』，豈以上面已説『尊德性』是『所以存心而極乎道體之大』，故於此略言之歟？」曰：「也只得如此説。此心本廣大，若有一豪私意蔽之，便狹小了；此心本高明，若以一豪私欲累之，便卑汙了。若能不以一豪私意自蔽，則其心開闊，都無此疆彼界底意思，自然能『致廣大』。惟不以一豪私欲自累，則其心峻潔，決無汙下昏冥底意思，自然能『極高明』。」因舉張子言曰：「陽明勝則德性用，陰濁勝則物欲行。」○「温故而知新」，温故有七分工夫，知新有三分工夫，其實温故則自然知新。上下五句皆然。○「敦厚以崇禮」，厚是資質恁地朴實，敦是愈加他重厚，此是培其基本。○問：「德性、問學、廣大、精微、高明、中庸，據或問中所論，皆具大小之意，如温故，恐做不得大看。」曰：「就知新言之，便是新來方理會得那枝分節解底，舊來已見得大體，與他温尋去，亦有大小之意。」○「居上不驕，爲下不倍。國有道，其言足以興；國無道，其默足以容。」舉此數事，言大小精粗一齊理會過、貫徹了後，盛德之效自然如此。○問：「『尊德性而道問學』，行意在先；『擇善而固執之』，知意又在先，如何？」曰：「此便是互相爲用。」○「大哉聖人之道，洋洋乎，發育萬物，峻極于天」，是言道體之大處；「禮儀三百，威儀三千」，是言道之細處。只章首便分兩節來，故下文五句又相因。「尊德性」至「敦厚」，此上一截，便是渾淪處；「道問學」至「崇禮」，此下一截，便是詳密處。道體之大處直是難守，細處又難窮究。若有上面一截，而無下面一截，只管道是我渾淪，更不務致知，如此則茫然無覺；若有下面一截，而無上面一截，只管要纖息皆知，更不去行，如此則又空無所寄。如有一般人實是敦厚淳朴，然或箕踞不以爲非，便是不崇禮。若只去理會禮文而不敦厚，則又無以居之。所以「忠信之人可學禮」，便是「敦厚以崇禮」。○三千三百之儀，聖人之道無不充足，其中略無些子空闕處，此便是「語小，天下莫能破」也。○因言：「某舊年讀中庸，都心煩看不得，且是不知是誰做。若以爲子思做，又却時復有箇『子曰』字，更没理會處。蓋某僻性，讀書須先理會得這樣分曉了，方去涵泳他義理。後來讀得熟後，方見得是子思參取夫子之説，著爲此書。自是沈潛反復，遂漸得其旨趣，定得今章句一篇。其擺布得來直恁麽細密。」○輯略程子曰：「自『大哉聖人之道』至『至道不凝焉』，皆是一貫。」○又曰：「中庸言『禮儀三百，威儀三千』，方是説『優優大哉』，又却非如異教之説，須得如枯木死灰以爲得也。」○又曰：「德性者，言性之可貴，與言性善其實一也。」○又曰：「須是合内外之道，一天人，齊上下，下學而上達，極高明而道中庸。」○又曰：「『極高明而道中庸』，非是二事。中庸，天理也，天理固高明，不極乎高明，不足以道中庸，中庸乃高明之極也。」又曰：「理則極高明，行之只是中庸。」○張子曰：「天體物而不遺，猶仁體事而無不在也。『禮儀三百，威儀三千』，無一物之非仁也；『昊天曰明，及爾出王，昊天曰旦，及爾游衍』，無一物之不體也。」又曰：「不尊德性，則問學從而不道；不致廣大，則精微無所立其誠；不極高明，則擇乎中庸，失時措之宜矣。」○又曰：「『尊德性而道問學，致廣大而盡精微，極高明而道中庸』，皆逐句爲一義，上言重，下語輕。『尊德性』猶『據於德』，德性須尊之。道，行也。問，問得者；學，行得者，猶學問也。『尊德性』須是將前言往行、所聞所知以參驗，恐行有錯。『致廣大』須『盡精微』，不得鹵莽。『極高明』須道中庸之道。」○又曰：「今且將『尊德性而道問學』爲心，日自求於問學有所背否，於德性有所懈否。此義亦是博文約禮，下學上達。以此警策一年，安得不長？每日須求多少爲益，知所亡，改得少不善，此德性上之益。讀書求義理，編書須理會，有所歸著，勿徒寫過，又多識前言往行，此問學上益也。勿使有俄頃閑度，似此三年，庶幾有進。」○又曰：「『致廣大』『極高明』，此則儘遠大，所處則直是精約。」○又曰：「温故知新，多識前言往行以畜德，繹舊業而知新，益思昔未至而今至之，緣舊所見聞而察來，皆其義也。」○呂氏曰：「道之在我者，德性而已，不先貴乎此，則所謂問學者，不免乎口耳爲人之事而已。道之全體者，廣大而已，不先充乎此，則所謂精微者，或偏或隘矣。道之上達者，高明而已，不先止乎此，則所謂中庸者，同汙合俗矣。温故知新，將以進吾知也；敦厚崇禮，將以實吾行也。知崇禮卑至於成性，則道義皆從此出矣。居上而驕，知上而不知下者也；爲下而倍，知下而不知上者也。國有道，不知言之足興，知藏而不知行者也；國無道，不知默之足容，知行而不知藏者也。是皆一偏之行，不蹈乎時中。惟明哲之人，知上知下，知行知藏，此所以卒保其身者也。」○游氏曰：「『發育萬物，峻極于天』，至道之功也。『禮儀三百，威儀三千』，至道之具也。『洋洋乎』，言上際於天，下蟠於地也。『優優大哉』，言動容周旋中禮也。夫以三百三千之多儀，非天下至誠，孰能從容而盡中哉？故曰『待其人而後行』。蓋盛德之至者，人也，故曰『苟不至德，至道不凝焉』。至德非他，至誠而已則擇善不明矣。」〇又曰：「『懲忿窒慾』『閑邪存誠』，此『尊德性』也。非學以聚之，問以辨之，則擇善不明矣，故繼之以『道問學』。『尊德性而道問學』，然後能『致廣大』。尊其所聞，行其所知，充其德性之體，使無不該徧，此『致廣大』也。非『盡精微』，則無以極深而研幾也，故繼之以『盡精微』。『致廣大而盡精微』，然後能『極高明』。始也未離乎方，今則無方矣；始也未離乎體，今則無體矣。離形去智，廓然大通，此『極高明』也。非道中庸，則無踐履可據之地，不幾於蕩而無執乎，故繼之以『道中庸』。高明者，中庸之妙理，而中庸者，高明之實德也，其實非兩體也。」〇楊氏曰：「道之『峻極于天』，道之至也，無禮以範圍之，則蕩而無止，而天地之化或過矣。『禮儀三百，威儀三千』，所以體道而範圍之也，故曰『苟不至德，至道不凝焉』。所謂至德者，禮其是乎！夫禮，天所秩也。後世或以爲忠信之薄，或以爲僞，皆不知天者也，故曰『待其人而後行』。蓋道非禮不止，禮非道不行，二者常相資也。苟非其人，而梏於儀章器數之末，則愚不肖者之不及也，尚何至道之凝哉？」〇又曰：「『尊德性』而後能『致廣大』，『致廣大』而後能『極高明』，『道問學』而後能『盡精微』，『盡精微』而後能『擇中庸而固執之』，入德之序也。」〇又曰：「國無道，可以『卷而懷之』，然後『其默足以容』。此明哲保身之道，非遵養之有素，其何能爾？不然，雖欲『卷而懷之』，其可得乎？」〇又曰：「道止於中而已矣。出乎中則過，未至則不及，故惟中爲至。夫中也者，道之至極，故中又謂之極。屋極亦謂之極，蓋中而高故也。『極高明』而不道乎中庸，則賢智者過之也；『道中庸』而不極乎高明，則愚不肖者之不及也。世儒以高明、中庸析爲二致，非知中庸也。以謂聖人以高明處己，中庸待人，則聖人處己常過之，待人常不及，道終不明不行，與愚不肖者無異矣。」

右第二十七章。言人道也。

子曰：「愚而好自用，賤而好自專，生乎今之世，反古之道。如此者，烖及其身者也。」好，去聲。烖，古「災」字。○以上孔子之言，子思引之。反，復也。非天子，不議禮，不制度，不考文。此以下，子思之言。禮，親疏貴賤相接之體也。度，品制。文，書名。今天下車同軌，書同文，行同倫。行，去聲。○今，子思自謂當時也。軌，轍迹之度。倫，次序之體。三者皆同，言天下一統也。雖有其位，苟無其德，不敢作禮樂焉；雖有其德，苟無其位，亦不敢作禮樂焉。鄭氏曰：「言作禮樂者，必聖人在天子之位。」子曰：「吾說夏禮，杞不足徵也；吾學殷禮，有宋存焉；吾學周禮，今用之，吾從周。」此又引孔子之言。杞，夏之後。徵，證也。宋，殷之後。三代之禮，孔子皆嘗學之而能言其意，但夏禮既不可考證，殷禮雖存，又非當世之法，惟周禮乃時王之制，今日所用。孔子既不得位，則從周而已。○或問：「子思之時，周室衰微，禮樂失官，制度不行於天下久矣，其曰『同軌』『同文』，何邪？」曰：「當是之時，周室雖衰，而人猶以爲天下之共主，諸侯雖有不臣之心，然方彼此争雄，不能相尚，下及六國之未亡，猶未有能更姓改物，而定天下於一者也。則周之文軌，孰得而變之哉？」曰：「周之車軌書文，何以能若是其必同也？」曰：「古之有天下者，必改正朔，易服色，殊徽號，以新天下之耳目而一其心志，若三代之異尚，其見於書傳者詳矣。軌者，車之轍迹也。周人尚輿，而制作之法，領於冬官，其輿之廣六尺六寸，故其轍迹之在地者，相距之間，廣狹如一，無有遠邇，莫不齊同。凡爲車者，必合乎此，然後可以行乎方內而無不通。不合乎此，則不惟有司得以討之，而其行於道路，自將偏倚𣩬𧿒而跬步不前，亦不待禁而自不爲矣。古語所謂『閉門造車，出門合轍』，蓋言其法之同。而春秋傳所謂『同軌畢至』者，則以言其四海之內政令所及者，無不來也。文者，書之點畫形象也。周禮司徒教民道藝，而書居其一，又有外史掌達書名於四方，而大行人之法，則又每九歲而一喻焉，其制度之詳如此，是以雖其末流，海內分裂，而猶不得變也。必至於秦滅六國，而其號令法制有以同於天下，然後車以六尺爲度，書以小篆、隸書爲法，而周制始改爾。孰謂子思之時而遽然哉？」○楊氏曰：「愚，無德也，而好自用；賤，無位也，而好自專。居今之世，無德無位，而反古以有爲，皆取裁之道，明哲不爲也，故繼之曰：『非天子，不議禮，不制度，不考文。』蓋禮樂、制度、書文，必自天子出，所以定民志、一天下之習也。變禮易樂則有誅焉，況敢妄作乎？有其位，可以作也，然不知禮樂之情，則雖作而不足爲法於天下矣。故有其位無其德，亦不敢作也，況無其位乎？」

右第二十八章。承上章爲下不倍而言，亦人道也。

王天下有三重焉，其寡過矣乎！王，去聲。○呂氏曰：「三重，謂議禮、制度、考文。惟天子得以行之，則國不異政，家不殊俗，而人得寡過矣。」**上焉者雖善無徵，無徵不信，不信民弗從；下焉者雖善不尊，不尊不信，不信民弗從。**上焉者，謂時王以前，如夏商之禮雖善，而皆不可考。下焉者，謂聖人在下，如孔子雖善於禮，而不在尊位也。**故君子之道，本諸身，徵諸庶民，考諸三王而不繆，建諸天地而不悖，質諸鬼神而無疑，百世以俟聖人而不惑。**此君子，指王天下者而言。其道，即議禮、制度、考文之事也。本諸身，有其德也。徵諸庶民，驗其所信從也。建，立也，立於此而參於彼也。天地者，道也。鬼神者，造化之迹也。百世以俟聖人而不惑，所謂「聖人復起，不易吾言」者也。**質諸鬼神而無疑，知天也；百世以俟聖人而不惑，知人也。**知天、知人，知其理也。**是故君子動而世爲天下道，行而世爲天下法，言而世爲天下則。遠之則有望，近之則不厭。**動，兼言、行而言。道，兼法、則而言。法，法度也。則，準則也。**詩曰：「在彼無惡，在此無射。庶幾夙夜，以永終譽。」君子未有不如此而蚤有譽於天下者也。**惡，去聲。射，音妒，詩作「斁」。○詩，周頌振鷺之篇。射，厭也。所謂此者，指「本諸身」以下六事而言。○或問二十九章之說。曰：「三重，諸說不同，雖程子亦因鄭注，然於文義皆不通，唯呂氏一說爲得之耳。至於上下焉者，則呂氏亦失之，惜乎其不因上句以推之，而爲是矛盾也。」曰：「然則上焉者以時言，下焉者以位言，宜不得爲一說，且又安知下焉者之不爲霸者事邪？」曰：「以王天下者而言，則位不可以復上矣，以霸者之事而言，則其善又不足稱也，亦何疑哉？」曰：「此章文義，多近似而若可以相易者，其有辨乎？」曰：「有。三王，以迹言者也，故曰不謬，言與其已行者無所差也。天地，以道言者也，故曰不悖，言與其自然者無所拂也。鬼神無形而難知，故曰無疑，謂幽有以驗乎明也。後聖未至而難料，故曰不惑，謂遠有以驗乎近也。動，舉一身兼行與言而言之也。道者，人所共由，兼法與則而言之也。法謂法度，人之所當守也。則謂準則，人之所取正也。遠者悅，其德之廣被，故企而慕之；近者習，其行之有常，故久而安之也。」○問：「『建諸天地而不悖』，以上下文例之，此天地似乎是形氣之天地，蓋建諸天地之間而其道不悖於我也。」先生曰：「此天地只是道耳，謂吾建於此而與道不相悖也。」○問：「『質諸鬼神而無疑』，只是『龜從，筮從』，『與鬼神合其吉凶』否？」曰：「亦是，然不專在此，只是合鬼神之理。」○呂氏曰：「君子之道，必無所不合而後已。有所不合，僞也，非誠也。故於身、於民、於古、於天地、於鬼神、於後世無不合，是所謂誠也，非僞也，物我、古今、天人之所同者也。」

右第二十九章。承上章居上不驕而言，亦人道也。

仲尼祖述堯舜，憲章文武；上律天時，下襲水土。祖述者，遠宗其道。憲章者，近守其法。律天時者，法其自然之運。襲水土者，因其一定之理。皆兼内外、該本末而言也。**辟如天地之無不持載，無不覆幬，辟如四時之錯行，如日月之代明。**辟，音譬。幬，徒報反。○

錯，猶迭也。此言聖人之德。**萬物並育而不相害，道並行而不相悖，小德川流，大德敦化，此天地之所以爲大也。**悖，猶背也。天覆地載，萬物並育於其間而不相害；四時日月，錯行代明而不相悖。所以不害不悖者，小德之川流；所以並育並行者，大德之敦化。小德者，全體之分；大德者，萬殊之本。川流者，如川之流，脈絡分明而往不息也。敦化者，敦厚其化，根本盛大而出無窮也。此言天地之道，以見上文取辟之意也。○或問小德大德之説。曰：「以天地言之，則高下散殊者，小德之川流；於穆不已者，大德之敦化。以聖人言之，則物各付物者，小德之川流；純亦不已者，大德之敦化。以此推之，可見諸説之得失矣。」曰：「子之所謂『兼內外、該本末而言』者，何也？」曰：「是不可以一事言也，姑以夫子已行之迹言之。則由其書之有得夏時贊周易也，由其行之有不時不食也，迅雷風烈必變也，以至於仕止久速之皆當其可也，而其所以律天時之意可見矣。由其書之有序禹貢述職方也，由其行之有居魯而逢掖也，居宋而章甫也，以至於用舍行藏之所遇而安也，而其襲水土之意可見矣。若因是以推之，則古先聖王之所以迎日推筴，頒朔授民，而其大至於禪授放伐，各以其時者，皆律天時之事也。其所以體國經野，方設居方，而其廣至於昆蟲草木各遂其性者，皆襲水土之事也。使夫子而得邦家也，則亦何慊於是哉！」○大德是敦那化底，小德川流出那敦化底出來。這便如忠恕，忠便是做那恕底，恕便是流出那忠來底。如中和，中便是「大德敦化」，和便是「小德川流」。自古亘今，都只是這一箇道理。「天高地下，萬物散殊，而禮制行矣；流而不息，合而同化，而樂興焉。」聖人做出許多文章、制度、禮樂，都只是這一箇道理做出來。○輯略程子曰：「孔子既知桓魋不能害己，又却微服過宋。舜既見象之將殺己，而又『象憂亦憂，象喜亦喜』。國祚長短，自有命數，人君何用汲汲求治？禹稷救飢溺者，過門不入，非不知飢溺而死者自有命，又却救之如此其急。數者之事，何故如此？須思量到『道並行而不相悖』處可也。」○又曰：「『小德川流，大德敦化』，只是言孔子川流是日用處，大德是存主處，如俗言敦本之意。」○又曰：「『大德敦化』，於化育處敦本也；『小德川流』，日用處也。此言仲尼與天地合德。」○張子曰：「接物是皆小德，統會處便是大德，更須大體上求尋也。」○呂氏曰：「此言仲尼譬天地之大也。其博厚足以任天下，其高明足以冒天下。其化循環而無窮，達消息之理也；其用照監而不已，達晝夜之道也。尊賢容衆，嘉善而矜不能，『並育而不相害』之理也；貴貴尊賢，賞功罰罪，各當其理，『並行而不相悖』之義也。『禮儀三百，威儀三千』，此小德所以川流；『洋洋乎，發育萬物，峻極于天』，此大德所以敦化也。」○一本云：「祖述者，推本其意。憲章者，循守其法。川流者，如百川派別。敦化者，如天地一氣。」○又曰：「五行之氣，紛錯於太虛之中，並行而不相悖也。然一物之感，無不具有五行之氣，特多寡不常耳，一人之身，亦無不具有五行之德，故百理差殊，亦並行而不相悖。」○游氏曰：「中庸之道，至仲尼而集大成，故此書之末，以仲尼明之。道著於堯舜，故『祖述』焉。法詳於文武，故『憲章』焉。體元而亨，利物而正，一喜一怒，通於四時，夫是之謂『律天時』。修其教不易其俗，齊其政不易其宜，使五方之民各安其常，各成其性，夫是之謂『襲水土』。『上律天時』，則天道之至教修；『下襲水土』，則地理之異宜全矣。故博厚配地，『無不持載』，高明配天，『無不覆幬』，變通『如四時之錯行』，照臨『如日月之代明』。小以成小，大以成大，動者植者皆裕如也，是謂『並育而不相害』。或進或止，或久或速，無可無不可，是謂『並行而不相悖』。動以利物者智也，故曰『小德川流』；靜以裕物者仁也，故曰『大德敦化』。言川流，則知敦化者仁之體；言敦化，則知川流者智之用。」○侯氏曰：「『辟如天地之無不持載，無不覆幬』，萬物所以『並育而不相害』也；『辟如四時之錯行，如日月之代明』，道所以『並行而不相悖』也。」

右第三十章。言人道也。

唯天下至聖，爲能聰明睿知，足以有臨也；寬裕温柔，足以有容也；發强剛毅，足以有執也；齊莊中正，足以有敬也；文理密察，足以有別也。知，去聲。齊，側皆反。別，彼列反。○聰明睿知，生知之質。臨，謂居上而臨下也。其下四者，乃仁義禮知之德。文，文章也。理，條理也。密，詳細也。察，明辨也。**溥博淵泉，而時出之。**溥博，周徧而廣闊也。淵泉，靜深而有本也。出，發見也。言五者之德，充積於中，而以時發見於外也。**溥博如天，淵泉如淵。見而民莫不敬，言而民莫不信，行而民莫不説。**見，音現。説，音悦。○言其充積極其盛，而發見當其可也。**是以聲名洋溢乎中國，施及蠻貊。舟車所至，人力所通，天之所覆，地之所載，日月所照，霜露所隊，凡有血氣者，莫不尊親，故曰配天。**施，去聲。

隊，音墜。○「舟車所至」以下，蓋極言之。配天，言其德之所及，廣大如天也。○問：「至誠、至聖如何分？」曰：「至聖、至誠只是以表裏言。至聖是其德之發見乎外者，故人見之。但見其『溥博如天，淵泉如淵，見而民莫不敬，言而民莫不信』，至『凡有血氣者莫不尊親』，此其見於外者如此。至誠，則是那裏面骨子。經綸大經，立大本，知化育，此三句便是骨子，那箇聰明睿知却是這裏發出去。至誠處，非聖人不自知；至聖，則外人只見得到這處。」○或曰：「至誠、至聖，亦可以體用言否？」曰：「體用也不相似，只是說得表裏。」○問：「仁義禮智之智，與聰明睿知，想是兩樣。禮智是自然之性，能辨是非者；睿知是說聖人聰明之德，無所不能者。」先生曰：「便只是這箇物事，禮智是通上下而言，睿知是擴充得較大。爐中底便是那禮智，如睿知則是那照天燭地底。『睿知聰明，足有臨也』，某初曉那『臨』字不得。後思之，大概是有過人處方能服人。且如臨十人，須是强得那十人方得；至於百人、千人、萬人皆然。若臨天下，便須强得天下方得，所以道是『亶聰明，作元后』，又曰『聰明文思』，又曰『聰明時憲』，便是大故底要那聰明。」○問「文理密察」。先生曰：「此是聖人於至纖至悉無不詳密。且如一物，初破作兩片，又破作四片，若未恰好，又破作八片，只管詳密。文是文章，如物之文縷；理是條理。每事詳密審察，故曰『足以有別』。」○聰察便是知，强毅便是勇。○「溥博淵泉」。溥，周徧。博，宏大。淵，深沈。泉，便有箇發達不已底意。○輯略程子曰：「『溥博淵泉，而時出之』，須是先有溥博淵泉，方始能時出，自無溥博淵泉，豈能以時出之？」○楊氏曰：「書曰『惟天生聰明時乂』，易曰『知臨大君之宜吉』，則聰明睿知，人君之德也，故『足以有臨』。臨而不容，不足以得衆；容而不執，不足以有制；執而不敬，或失於自私；敬而無別，或無以方外，非成德也。『溥博如天』，則其大無外；『淵泉如淵』，則其流不窮。『淵泉』言有本也，而『時出之』則其流不息矣。故民莫不敬信而悦服，凡有血氣之類莫不尊親，則與天同德矣，故曰『配天』。」

右第三十一章。承上章而言小德之川流，亦天道也。

唯天下至誠，爲能經綸天下之大經，立天下之大本，知天地之化育。夫焉有所倚？夫，音扶。焉，於虔反。○經、綸，皆治絲之事。經者，理其緒而分之；綸者，比其類而合之也。經，常也。大經者，五品之人倫。大本者，所性之全體也。唯聖人之德極誠無妄，故於人倫各盡其當然之實，而皆可以爲天下後世法，所謂經綸之也。其於所性之全體，無一豪人欲之僞以雜之，而天下之道千變萬化皆由此出，所謂立之也。其於天地之化育，則亦其極誠無妄者有默契焉，非但聞見之知而已。此皆至誠無妄，自然之功用，夫豈有所倚著於物而後能哉？**肫肫其仁！淵淵其淵！浩浩其天！**肫，之純反。○肫肫，懇至貌，以經綸而言也。淵淵，静深貌，以立本而言也。浩浩，廣大貌，以知化而言也。其淵其天，則非特如之而已。**苟不固聰明聖知達天德者，其孰能知之？**「聖知」之「知」，去聲。○固，猶實也。鄭氏曰：「唯聖人能知聖人也。」○經綸是用，立本是體。問：「知天地之化，是與天地合否？」答曰：「然。」

右第三十二章。承上章而言大德之敦化，亦天道也。前章言至聖之德，此章言至誠之道。然至誠之道，非至聖不能知；至聖之德，非至誠不能爲，則亦非二物矣。此篇言聖人天道之極致，至此而無以加矣。

詩曰「衣錦尚絅」，惡其文之著也。故君子之道，闇然而日章；小人之道，的然而日亡。君子之道，淡而不厭，簡而文，温而理，知遠之近，知風之自，知微之顯，可與入德矣。衣，去聲。絅，口迥反。惡，去聲。闇，於感反。○前章言聖人之德，極其盛矣。此復自下學立心之始言之，而下文又推之以至其極也。詩國風衛碩人、鄭之丰皆作「衣錦褧衣」。「褧」「絅」同，襌衣也。尚，加也。古之學者爲己，故其立心如此。尚絅，故闇然；衣錦，故有日章之實。淡、簡、温，絅之襲於外也；不厭而文且理焉，錦之美在中也。小人反是，則暴於外而無實以繼之，是以的然而日亡也。遠之近，見於彼者由於此也。風之自，著乎外者本乎內也。微之顯，有諸內者形諸外也。有爲己之心，而又知此三者，則知所謹而可入德矣。故下文引詩言謹獨之事。

詩云：「潛雖伏矣，亦孔之昭。」故君子內省不疚，無惡於志。君子之所不可及者，其唯人之所不見乎。惡，去聲。○詩小雅正月之篇。承上文言「莫見乎隱，莫顯乎微」也。疚，病也。無惡於志，猶言無愧於心，此君子謹獨之事也。**詩云：「相在爾室，尚不愧于屋漏。」故君子不動而敬，不言而信。**相，去聲。○詩大雅抑之篇。相，視也。屋漏，室西北隅也。

承上文又言君子之戒謹恐懼，無時不然，不待言動而後敬信，則其爲己之功益加密矣。故下文引詩并言其效。**詩曰：「奏假無言，時靡有爭。」是故君子不賞而民勸，不怒而民威於鈇鉞。**「假」「格」同。鈇，音夫。○詩，商頌烈祖之篇。奏，進也。承上文而遂及其效，言進而感格於神明之際，極其誠敬，無有言説而人自化之也。威，畏也。鈇，莝斫刀也。鉞，斧也。**詩曰：「不顯惟德，百辟其刑之。」是故君子篤恭而天下平。**詩，周頌烈文之篇。不顯，説見二十六章，此借引以爲幽深玄遠之意。承上文言天子有不顯之德，而諸侯法之，則其德愈深而效愈遠矣。篤，厚也。篤恭，言不顯其敬也。篤恭而天下平，乃聖人至德淵微，自然之應，中庸之極功也。**詩云：「予懷明德，不大聲以色。」子曰：「聲色之於以化民，末也。」詩曰「德輶如毛」，毛猶有倫。「上天之載，無聲無臭」，至矣！**輶，由、酉二音。○詩，大雅皇矣之篇。引之以明上文所謂不顯之德者，正以其不大聲與色也。又引孔子之言，以爲聲色乃化民之末務，今但言不大之而已，則猶有聲色者存，是未足以形容不顯之妙。不若烝民之詩所言「德輶如毛」，則庶乎可以形容矣，而又自以爲謂之毛，則猶有可比者，是亦未盡其妙。不若文王之詩所言「上天之事，無聲無臭」，然後乃爲不顯之至耳。蓋聲臭有氣無形，在物最爲微妙，而猶曰無之，故惟此可以形容不顯、篤恭之妙。非此德之外，又別有是三等，然後爲至也。○或問卒章之説。曰：「承上三章，既言聖人之德而極其盛矣，子思懼夫學者求之於高遠玄妙之域，輕自大而反失之也，故反於其至近者而言之，以示入德之方，欲學者先知用心於内，不求人知，然後可以謹獨誠身，而馴致乎其極也。君子篤恭而天下平，而其所以平者，無聲臭之可尋，此至誠盛德自然之效，而中庸之極功也，故以是而終篇焉。蓋以一篇而論之，則天命之性，率性之道，脩道之教，與夫天地之所以位，萬物之所以育者，於此可見其實德。以此章論之，則所謂『淡而不厭，簡而文，温而理，知遠之近，知風之自，知微之顯』者，於此可見其成功。皆非空言也。然其所以入乎此者，則無他焉，亦曰反身以謹獨而已矣。故首章已發其意，此章又申明而極言之，其旨深哉！其曰不顯，亦充尚絅之心以至其極耳，與詩之訓義不同，蓋亦假借而言，若大學敬止之例也。」「諸説如何？」曰：「程子至矣。呂氏既失其章旨，又不得其綱領條貫，而於文義尤多未當。如此章承上文聖誠之極致，而反之以本乎下學之初心，遂推言之，以至其極而後已也。而以爲皆言德成反本之事，則既失其章旨矣。此章凡八引詩，自『衣錦尚絅』以至『不顯惟德』，凡五條，始學成德疎密淺深之序也；自『不大聲色』以至『無聲無臭』，凡三條，皆所以贊夫不顯之德也。今以『不顯惟德』，通前三義而并言之，又以後三條者，亦通爲進德工夫淺深次第，則又失其條理矣。至以『知風之自』，爲知見聞動作皆由心出；以『知微之顯』，爲知心之精微明達暴著；以『不動而敬，不言而信』，爲人敬信之；以貨色、親長、達諸天下，爲篤恭而天下平；以德爲誠之之事，而猶有聲色，至於『無聲無臭』，然後誠一於天，則又文義之未當者然也。然近世説者，乃有深取乎其『知風之自』之説，而以爲非大程夫子不能言者，蓋習於佛氏『作用是性』之談，而不察乎了翁序文之誤耳。學之不講，其陋至此，亦可憐也。游氏所謂『無藏於中，無交於物，泊然純素，獨與神明居』，所謂『離人而立於獨』者，皆非儒者之言。『不失足於人，不失色於人，不失口於人』，則又審於接物之事，而非簡之謂也。其論三知，未免牽合之病。其論『德輶如毛』以下，則其失與呂氏同。楊氏『知風之自』，與呂氏舊本之說略同，而其取證，又皆太遠。要當參取呂氏改本，去其所謂見聞者，而益以言語之得失，動作之是非，皆知其有所從來，而不可不謹，則庶乎其可耳。以『德輶如毛』爲有德而未化，則又呂游之失也。侯氏說多疏闊，惟以此章爲再序入德成德之序者，獨爲得之也。」○問：「『衣錦尚絅』章，首段雖是再序初學入德之要，然也只是說箇存養致知底工夫，但到此說得來尤密。思量來『衣錦尚絅』之意，大段好。如今學者不長進，都緣不知此理，須是『闇然而日章』。」曰：「中庸後面愈說得向裏來，凡八引詩，一步退似一步，都用那般『不言』『不動』『不顯』『不大』底字，直說到『無聲臭』，則至矣。」○問「知風之自」。答曰：「凡事自有箇來處，所以與『微之顯』厮對著。」○問「知微之顯」。先生曰：「只是收斂向内，工夫漸密，便見得近之可遠，『風之自，微之顯』。君子之道，固是不暴著於外。然曰『惡其文之著』，亦不是無文也，自有文在裏。淡則可厭，簡則不文，温則不理。而今却不厭而文且理，只緣有錦在裏。」○中庸末章恐是說只有收斂近裏如此，則工夫細密。而今人只是不收向裏，做時心便粗了，然而細密中却自有光明發出來。中庸一篇，始只是一，中間却事事有，末後却復歸結於一。○「不大聲以色」，只是說至德自無聲色。今人說恭了，便不用刑政，不用禮樂，豈有此理？古人未嘗不用禮樂刑政，但自有德以感人，不專靠他刑政耳。

○問：「『不顯其德』，案詩中例，是言『豈不顯』也。今借引此詩，便真作『不顯』説，如何？」曰：「是箇幽深玄遠意，是不顯中之顯。此段自『衣錦尚絅』『闇然日章』，漸漸收斂到後面，一段密似一段，直到聖而不可知處，曰『無聲無臭，至矣』。」○因問孔子「空空」、顏子「屢空」與中庸所謂「無聲無臭」之理。答云：「以某觀論語之意，自是孔子叩鄙夫，鄙夫空空，非是孔子空空。顏子簞瓢屢空，自對子貢貨殖而言。始自文選中説顏子屢空，空心受道，故疏論語者亦有此説。要之，亦不至如今日學者直是懸空説入玄妙處去也。中庸『無聲無臭』本是説天道。彼其所引詩，詩中自説須是『儀刑文王』，然後『萬邦作孚』，詩人意初不在『無聲無臭』上也。中庸引之，結中庸之義。嘗細推之，蓋其意自言謹獨以脩德。至詩曰『不顯惟德，百辟其刑之』，乃『篤恭而天下平』也。後面節節贊歎其德如此，故至『予懷明德』以至『「德輶如毛」，毛猶有倫，「上天之載，無聲無臭」，至矣』，蓋言天德之至，而微妙之極，難爲形容如此。今爲學之始，未知所有，而遂欲一蹴至此，吾見其倒置而終身迷亂矣。」○輯略程子曰：「學始於不欺暗室。」○又曰：「不愧屋漏，便是持敬氣象。」○又曰：「不愧屋漏，則心安而體舒。」○又曰：「云云。所謂一者，無適之謂一。且欲涵泳主一之義，一則無二三矣。言敬無如易『敬以直内，義以方外』，須是直内，乃是主一之義。至於不敢欺不敢慢，『尚不愧於屋漏』，皆是敬之事也。」○又曰：「聖人脩己以安百姓，篤恭而天下平。惟上下一於恭敬，則天地自位，萬物自育，氣無不和，四靈何有不至。此體信達順之道，聰明睿知皆由是出，以此事天饗帝。」○又曰：「道一本也，知不二本，便是『篤恭而天下平』。」○

又曰：「君子之遇事，無巨細，一於敬而已矣。簡細故以自崇，非敬也；飾私智以爲奇，非敬也。要之，無敢慢而已。語曰：『居處恭，執事敬，雖之夷狄，不可棄也。』然則『執事敬』者，固爲仁之端也，推是心而成之，則『篤恭而天下平』矣。」○又曰：「『毛猶有倫』，入豪釐絲忽終不盡。」○又曰：「聖人之言依本分，至大至妙事，語之若尋常，此所以味長。釋氏之說，纔見得些，便驚天動地，言語走作，却是味短，只爲乍見。如中庸言道，只消道『無聲無臭』四字，總括了多少釋氏非黃非白、非鹹非苦言語。」○又曰：「中庸之說，其本至於『無聲無臭』，其用至於『禮儀三百，威儀三千』，復歸於『無聲無臭』。此言聖人心要處，與佛家之言相反，儘教說無形迹無色，其實不過『無聲無臭』，必竟有甚見處？大抵語論閒不難見。如人論金曰黃色，此人必是不識金，若是識金者，更不言，設或言時，別自有道理。張子厚嘗謂佛如大富貧子，橫渠此一事甚當。」○張子曰：「闇然，修於隱也。的然，著於外也。」○游氏曰：「『君子內省不疚，無惡於志。君子所不可及者，其惟人所不見乎』，言慎獨也。」○楊氏曰：「君子之道，充諸內而已，故『闇然而日章』。小人務外而不孚其實，故『的然而日亡』。此『衣錦』所以『尚絅』，而『惡其文之著』也。淡疑於可厭，簡疑於不文，溫疑於不理。淡、簡、溫，所謂『闇然』也。『淡而不厭，簡而文，溫而理』，則闇然而章矣。此充養『尚絅』之至也。」○又曰：「『道不可須臾離也，以其無適而非道也。故於不聞不睹，必恐懼戒慎焉。『相在爾室，尚不愧於屋漏』，其充此之謂乎！』○又曰：「『上天之載，無聲無臭』，至矣。』蓋道本乎天，而其卒也反乎天，茲其所以爲至者乎！」○又曰：「孟子言『大人正己而物正』，物正，物自正也。大人只知正己而已，物自然正，此乃『篤恭而天下平』之意。」○侯氏曰：「『不愧屋漏』與『慎獨』不同。」○又曰：「自『衣錦尚絅』至『無聲無臭，至矣』，子思再序入德成德之序也。」○又曰：「子思之書中庸也，始於『寂然不動』，中則『感而遂通天下之故』，及其至也，『退藏於密』，以神明其德，復於天命，反其本而已。其意義無窮，非玩味力索，莫能得之。」

右第三十三章。子思因前章極致之言，反求其本，復自下學爲己謹獨之事，推而言之，以馴致乎篤恭而天下平之盛。又贊其妙，至於無聲無臭而後已焉。蓋舉一篇之要而約言之，其反覆丁寧示人之意，至深切矣，學者其可不盡心乎！

中庸集編

論語朱子集注序説

史記世家曰：「孔子名丘，字仲尼。其先宋人。父叔梁紇，母顔氏。以魯襄公二十二年庚戌之歲十一月庚，子生孔子於魯昌平鄉陬邑。爲兒嬉戲，常陳俎豆，設禮容。及長，爲委吏，料量平；委吏，本作「季氏史」。索隱云：「一本作『委吏』，與孟子合。」今從之。爲司職吏，畜蕃息。職，見周禮牛人，讀爲樴，義與杙同，蓋繫養犧牲之所。此官即孟子所謂乘田。適周，問禮於老子。既反，而弟子益進。昭公二十五年甲申，孔子年三十五，而昭公奔齊，魯亂。於是適齊，爲高昭子家臣，以通乎景公。有聞韶、問政二事。公欲封以尼谿之田，晏嬰不可，公惑之。有「季孟」「吾老」之語。孔子遂行，反乎魯。定公元年壬辰，孔子年四十三，而季氏强僭，其臣陽虎作亂專政。故孔子不仕，而退修詩書禮樂，弟子彌衆。九年庚子，孔子年五十一，公山不狃以費畔季氏，召，孔子欲往，而卒不行。有答子路「東周」語。定公以孔子爲中都宰，一年，四方則之，遂爲司空，又爲大司寇。十年辛丑，相定公會齊侯于夾谷，齊人歸魯侵地。十二年癸卯，使仲由爲季氏宰，墮三都，收其甲兵。孟氏不肯墮成，圍之不克。十四年乙巳，孔子年五十六，攝行相事，誅少正卯，與聞國政。三月，魯國大治。齊人歸女樂以沮之，季桓子受之，郊又不致膰俎於大夫，孔子行。魯世家以此以上皆爲十二年事。適衛，主於子路妻兄顔濁鄒家。孟子作顔讎由。適陳，過匡，匡人以爲陽虎而拘之。有顔淵後及「文王既没」之語。既解，還衛，主蘧伯玉家，見南子。有矢子路及「未見好德」之語。去，適宋，司馬桓魋欲殺之。有「天生德」語及微服過宋事。又去，適陳，主司城貞子家。居三歲而反于衛，靈公不能用。有「三年有成」之語。晉趙氏家臣佛肸以中牟畔，召孔子，孔子欲往，亦不果。有答子路堅白語及荷蕢過門事。將西見趙簡子，至河而反，又主蘧伯玉家。靈公問陳，不對而行，復如陳。據論語，則絶糧當在此時。季桓子卒，遺言謂康子，必召孔子，其臣止之，乃召冉求。史記以論語「歸與」之歎爲在此時，又以孟子所記歎辭爲主司城貞子時語，疑不然。蓋語孟所記，本皆此一時語，而記有異同耳。孔子如蔡及葉。有葉公問答子路不對、沮溺耦耕、荷蓧丈人等事。史記云：「於是楚昭王使人聘孔子，孔子將往拜禮，而陳蔡大夫發徒圍之，故孔子絶糧於陳蔡之閒。」有愠見及告子貢「一貫」之語。案：是時陳蔡臣服於楚，若楚王來聘孔子，陳蔡大夫安敢圍之？且據論語，絶糧當在去衛如陳之時。楚昭王將以書社地封孔子，令尹子西不可，乃止。史記云「書社地七百里」，恐無此理。時則有接輿之歌。又反乎衛，時靈公已卒，衛君輒欲得孔子爲政。有「魯衛兄弟」及答子貢「夷齊」、子路「正名」之語。而冉求爲季氏將，與齊戰有功，康子乃召孔子，而孔子歸魯，實哀公之十一年丁巳，而孔子年六十八矣。有對哀公及康子語。然魯終不能用孔子，孔子亦不求仕，乃敘書傳、禮記，有「杞宋」「損益」「從周」等語。删詩正樂，有語大師及「樂正」之語。序易彖、繫、象、説卦、文言。有「假我數年」之語。弟子蓋三千焉，身通六藝者七十二人。弟子顔回最賢，早死，後唯曾參得傳孔子之道。十四年庚申，魯西狩獲麟，有「莫我知」之歎。孔子作春秋。有「知我罪我」等語。論語請討陳恒事亦在是年。明年辛酉，子路死於衛。十六年壬戌四月己丑，孔子卒，年七十三，葬魯城北泗上。弟子皆服心喪三年而去，唯子貢廬於冢上，凡六年。孔子生鯉，字伯魚，先卒。伯魚生伋，字子思，作中庸。子思學於曾子，而孟子受業於子思之門人。

何氏曰：「魯論語二十篇。齊論語別有問王、知道，凡二十二篇，其二十篇中章句，頗多於魯論。古論出孔氏壁中，分堯曰下章『子張問』以爲一篇，有兩子張，凡二十一篇，篇次不與齊魯論同。」

程子曰：「論語之書，成於有子、曾子之門人，故其書獨二子以子稱。」

程子曰：「讀論語，有讀了全然無事者，有讀了後其中得一兩句喜者，有讀了後知好之者，有讀了後直有不知手之舞之足之蹈之者。」

程子曰：「今人不會讀書。如讀論語，未讀時是此等人，讀了後又只是此等人，便是不曾讀。」

程子曰：「頤自十七八讀論語，當時已曉文義。讀之愈久，但覺意味深長。」

論語集編卷第一

學而第一

朱子曰：「此爲書之首篇，故所記多務本之意，乃入道之門，積德之基，學者之先務也。凡十六章。」

子曰：「學而時習之，不亦説乎？學之爲言，效也。人性皆善，而覺有先後，後覺者必效先覺之所爲，乃可以明善而復其初也。習，鳥數飛也。學之不已，如鳥數飛也。説，喜意也。既學而又時時習之，則所學者熟，而中心喜説，其進自不能已矣。程子曰：「習，重習也。時復思繹，浹洽於中，則説也。」又曰：「學者，將以行之也。時習之，則所學者在我，故説。」謝氏曰：「時習者，無時而不習。坐如尸，坐時習也；立如齊，立時習也。」**有朋自遠方來，不亦樂乎？**朋，同類也。自遠方來，則近者可知。程子曰：「以善及人，而信從者衆，故可樂。」又曰：「説在心，樂主發散在外。」**人不知而不慍，不亦君子乎？」**慍，紆問反。○慍，含怒意。君子，成德之名。尹氏曰：「學在己，知不知在人，何慍之有？」程子曰：「雖樂於及人，不見是而無悶，乃所謂君子。」愚謂：及人而樂者順而易，不知而不慍者逆而難，故惟成德者能之。然德之所以成，亦曰學之正、習之熟、説之深而不已焉耳。○程子曰：「樂由説而後得，非樂不足以語君子。」○或問：「學之爲效，何也？」曰：「所謂學者，有所效於彼而求其成於我之謂也。以己之未知，而效夫知者，以求其知；以己之未能，而效夫能者，以求其能，皆學之事也。」曰：「學而時習，何以説也？」曰：「人而不學，則無以知其所以爲人之理，無以能其所以爲人之事，固不足以謂之人矣。然學矣而不習，則表裏扞格，而無以致其學之之道；習矣而不時，則工夫間斷，而無以成其習之之功。是以雖曰知之，而枯燥生澀，無可嗜之味；雖曰能之，而危殆杌隉，無可即之安。如是而求有以勝夫氣稟物欲之私，亦何自而能得哉？是以聖人之教，使人既學矣，而於其所學，又必時時習之，則其心與理相涵，而所知者益精；身與事相安，而所能者益熟。此其中心油然悦懌之味，雖芻豢之甘於口，亦不足以喻其美，此學之始也。」曰：「以善及人，而信從者衆，若何而可樂邪？」曰：「聞之張子曰：『性者，萬物之一原，非有我之所得私也。惟夫人爲能盡其道，故立必俱立，知必周知，愛必兼愛，成不獨成。彼自蔽塞而不能順我理者，則亦末如之何矣。』嘗以是觀之，而朋來之樂，其指可知。然吾之善未充，而無以取信於彼，雖欲求以告之，亦將不吾顧矣。惟其有以充諸身而形諸外，則彼之望風觀德者，自將敬信服從之不暇。蓋近者既至，而遠者畢來，以學於吾之所學，而求以復其初。凡吾之所得而悦諸心者，彼亦將有以得而悦之，而無物我之間。是其歡欣交通、融怡和樂之意所以盈於内而達於外者，又豈手舞足蹈之可言哉？是學之中也。」曰：「人不知而不愠，何以爲君子也？」曰：「常人之情，人不知而不能不愠者，有待於外也。若聖門之學，則其本心正以爲己而已，初非爲是以求人之知也。人知之，人不知之，亦何加損於我哉？然人雖或聞此矣，而信之有不篤，養之有不厚，守之有不固，則居之不安，而臨事未必果能真不動也。今也人不見知而處之泰然，略無纖介含怒不平之意，非成德之士，信之篤而養之厚，守之固而居之安，其孰能之？故必如是而得夫君子之名。苟自是日進而不已焉，則不怨不尤，下學上達，以馴致於聖人，亦不難矣。此學之終也。」或曰：「學有大小，此所爲學，其大學邪？」曰：「不然也。學而習，習而悅，凡學皆然，不以大小而有閒也。且洒埽應對之事，正門人小子之所宜先者，而大學之基也，聖人豈略之哉？」曰：「程子之於習，有兩義焉，何也？」曰：「重複思繹者，以知者言也；所學在我者，以能者言也。學之爲道，不越乎兩端矣。」曰：「時習之所以説，諸説孰近？」「夫習而熟，熟而説，脉絡貫通，最爲親切，程子所謂『浹洽者』是也。」曰：「朋來之樂奈何？」曰：「惟以程子之言求之，然後見夫樂之實。且其『以善及人而信從者衆』之云，才九字耳，而無一字之虚設也，非見之明而驗之實，其孰能與於此？」曰：「説、樂皆出於心，而程子有内外之辨，何也？」曰：「程子非以樂爲在外也，以爲積滿於中而發越乎外耳。説則方得於内而未能達於外也。」「不愠之説，孰爲得？」曰：「程子得之。至論其所以然者，則尹氏爲尤切，使人之始學，即知是説以立其心，則庶乎其無慕於外矣。」○南軒曰：「人有所當知，有所當能，皆天理也。惟夫人未之知能也，則貴於學焉。學之爲言，效也，效夫善而勉之於己也。學貴於時習者，重復温繹其所已知已能者也。蓋不習不時，則其趣不熟，其守不固，荒疎危殆，雖暫得之，亦且失之矣。惟夫學焉而時習之，則浹洽貫通，其說有不可既焉。『有朋自遠方來』，志同者，應講習相資，其樂孰尚？樂之義比於說，爲發舒也。雖然朋來固可樂，而人之不知，亦不愠也。蓋爲仁由己，亦豈與於知不知乎？」○案：二先生釋朋來而樂之義不同，嘗參之詳說曰：「學既有得，同類之人自遠而至，己之所得有以及於人者廣，人之所得有以裕於己者多，則不但中心自説而已。則朱子初說亦取人己相資之意，而卒從程說者，蓋己之學僅有得焉，能使同類之遠至，必其善可以及人，然後從之者多也。」

有子曰：「其爲人也孝弟，而好犯上者，鮮矣；不好犯上，而好作亂者，未之有也。弟、好，皆去聲。鮮，上聲，下同。○有子，孔子弟子，名若。善事父母爲孝，善事兄長爲弟。犯上，謂干犯在上之人。鮮，少也。作亂，則爲悖逆爭鬭之事矣。此言人能孝弟，則其心和順，少好犯上，必不好作亂也。**君子務本，本立而道生。孝弟也者，其爲仁之本與？」**務，專力也。本，猶根也。仁者，愛之理，心之德也。爲仁，猶曰行仁。與者，疑辭，謙退不敢質言也。言君子凡事專用力於根本，根本既立，則其道自生。若上文所謂孝弟，乃是爲仁之本，學者務此，則仁道自此而生也。○程子曰：「孝弟，順德也，故不好犯上，豈復有逆理亂常之事？德有本，本立則其道充大。孝弟行於家，而後仁愛及於物，所謂親親而仁民也。故爲仁以孝弟爲本，論性則以仁爲孝弟之本。」○或問：「孝弟爲仁之本，此是由孝弟可以至仁否？」曰：「非也。謂行仁自孝弟始，孝弟是仁之一事。謂之行仁之本則可，謂是仁之本則不可。蓋仁是性也，孝弟是用也，性中只有箇仁義禮智四者而已，曷嘗有孝弟來？然仁主於愛，而愛莫大於愛親，故曰：『孝弟也者，其爲然也。但親者我之所自出，兄者同出而先我，故事親而孝，從兄而弟，乃愛之先見而尤切。若君子愛之理也，其見於用，則事親、從兄、仁民、愛物，皆其爲之之事也，此論性而以仁爲孝弟之本者也。」曰：「程子以孝弟爲行仁之本，而又曰『論性則以仁爲孝弟之本』，何也？」曰：「仁之爲性，以巧言令色爲甚。記語者所以列二章於首章之次，欲學者以知仁爲急，而識其所當務與其所當戒德。是以聖門之學，必以求仁爲要，而語其所以行之者，則必以孝弟爲先，論其所以賊之者，則惟四端。故仁之爲義，偏言之，則曰愛之理，此章『孝弟爲仁之本』是也。其實愛之理，所以爲心之則一事，專言則包四者。』推此而言，則可見矣。蓋仁者，五常之首也而包四者，惻隱之體也而貫以爲心之德，何哉？」曰：「仁之道大，不可以一言盡。程子論乾：『四德之元，猶五常之仁，偏言天理之固然，人心之所以爲妙也。仁之所以爲愛之理，於此其可推矣。」或曰：「仁爲愛之理矣，又爲羞惡；水神曰智，則別之理也，而其發爲是非；土神曰信，則實有之理也，而其發爲忠信。是皆之理也，而其發爲惻隱；火神曰禮，則敬之理也，而其發爲恭讓；金神曰義，則宜之理也，而其發信之性，以爲之體；已發則有惻隱、羞惡、恭敬、是非、誠實之情，以爲之用。蓋木神曰仁，則愛○或問：「仁何以爲愛之理？」曰：「人稟五行之秀以生，故其爲心也，未發則具仁、義、禮、智、親親而仁民，仁民而愛物。能親親，豈不能仁民？能仁民，豈不能愛物？仁民而推親親，墨子也。」何？」伊川先生曰：「不愛其親而愛他人者，謂之悖德；不敬其親而敬他人者，謂之悖禮。故君子仁之本與？』」○集義明道先生曰：「孝弟本其所以生，乃爲仁之本。」或問：「爲仁先從愛物推，如以此爲務而力行之，至於行成而德立，則自親親而仁民，自仁民而愛物，其愛有等差，其施有漸次，而爲仁之道生生而不窮矣。此孝弟所以爲行仁之本也。」曰：「然則所謂性中但有仁與義禮智而無孝弟者，又何邪？」曰：「此亦以爲自性而言，則始有四者之名，而未有孝弟之目耳。非謂孝弟之理不本於性而生於外也。」曰：「然則禮義智信，爲之亦有本邪？」曰：「有。」請問之。曰：「亦孝弟而已矣。但以愛親而言，則爲仁之本，其順乎親則爲義之本，敬乎親則爲禮之本，其知乎此者則爲智之本，其誠乎此者則爲信之本。蓋人之所以爲五常百行之本，無不在此。孟子之論仁義智禮樂之實者，正爲是耳，此其所以爲至德要道也歟？」○引程子云云。「譬如一粒粟，生出爲苗。仁是粟，孝弟是苗，便是仁爲孝弟之本。又如木，有根有榦，有枝有葉，親親是根，仁民是榦，愛物是枝葉，便是行仁以孝弟爲本。」○性中只有仁義禮智四者，仁便包攝孝弟在其中，但未發出來，未有孝弟之名耳。非孝弟與仁各是一物，性中只有仁，而無孝弟也。仁所包攝，不止孝弟，凡慈愛之屬，皆所包也。○伊川云：「爲仁以孝弟爲本，事之本、守之本之類是也。論性以仁爲孝弟之本，天下之大本之類是也。」○黄氏曰：「先師嘗言，二程子之解釋經義，非諸儒所能及。程伯子曰『孝弟本其所以生，乃爲仁之本』，此語最深切。蓋推原孝弟之理，本於父母之所以生，所以爲行仁之本也。」或曰：「仁者愛之理，心之德，先師言之詳矣，而學者未之能曉也。」曰：「仁，性也，既曰愛，又曰心，何也？」曰：「天地之大德曰生，天地之所以爲德，語其全體而極其大用，不過曰生而已，生之外無他道也。天地以是爲心，而人得天地之心以爲心，故其所以爲仁者，愛是也。仁固主於愛，然人之一心，有仁有義有禮有智，其所以爲德者非一，然仁包四德而貫四端，則凡吾心之全德，莫非仁也。論仁之所專主而至切者，則曰愛；論仁之所兼統而至廣者，則曰心。不若是不足以盡其義也。」「曰愛矣而又曰愛之理，曰心矣而又曰心之德，何也？」曰：「『愛自是情，仁自是性』，程子言之矣。愛非所以言仁也，曰愛之理，則是仁者乃愛之理，而非愛也，蓋指性而言也。『合性與知覺，有心之名』，張子言之矣。言心則合性、知覺而言，曰心之德，則專指此心所得之理。所謂性也，而凡所具之理，皆在其中矣。既曰愛之理，心之德，則釐而爲二矣。」又曰：「『其實愛之理，所以爲心之德』，何也？」曰：「論其專主而至切者，固曰愛之理。然其兼統而至廣者，亦豈離乎愛之理哉？故春者，生意之生也；夏者，生意之長也；秋者，生意之斂也；冬者，生意之藏也。蓋無適而非生意也。方其靜也，則一生意足以包四德；及其動也，則一生意足以貫四端。則愛之理、心之德，豈有二事哉？但別而言之，庶其部分位置，截然不亂；又合而言之，使其倫理脉絡渾然無閒，是則先師之意也。孔門教人，莫切於求仁。歷代諸儒推明其義，卒無至當之論。自程子一爲主、一事包四者之言，而先師立『愛之理、心之德』六字以斷之，而又一離一合，以極其指歸，使天命人心之奧、聖賢典訓之微，一旦燦然大明，其功豈可量哉？」

子曰：「巧言令色，鮮矣仁。」巧，好。令，善也。好其言，善其色，致飾於外，務以悦人，則人欲肆而本心之德亡矣。聖人辭不迫切，專言鮮，則絶無可知，學者所當深戒也。○程子曰：「知巧言令色之非仁，則知仁矣。」○或問：「『辭欲巧』『令儀令色』，何以異於此章所謂『巧言令色』乎？」曰：「爲己、爲人之不同而已。意誠在於爲己，則容貌辭氣之閒無非持養用力之地，一有意於爲人，而求其悦己，則心失其正而鮮仁矣。」○只馳心於外，便是不仁。○南軒曰：「此所謂巧言令色，欲以悦人之觀聽者，其心如之何？故爲鮮矣仁。」或曰：「君子之於言色，未嘗有所苟也，則如何？」曰：「君子之修身，謹於言辭容色之閒，乃所以體當在己之實事，是求仁之要也。」

曾子曰：「吾日三省吾身：爲人謀而不忠乎？與朋友交而不信乎？傳不習乎？」

省，悉井反。爲，去聲。傳，平聲。○曾子，孔子弟子，名參，字子輿。盡己之謂忠。以實之謂信。傳，謂受之於師。習，謂熟之於己。曾子以此三者曰省其身，有則改之，無則加勉，其自治誠切如此，可謂得爲學之本矣。而三者之序，則又以忠信爲傳習之本也。○尹氏曰：「曾子守約，故動必求諸身。」謝氏曰：「諸子之學，皆出於聖人，其後愈遠而愈失其真。獨曾子之學，專用心於内，故傳之無弊，觀於子思、孟子可見矣。惜乎其嘉言善行不盡傳於世也。其幸存而未泯者，學者其可不盡心乎？」○或問：「程子所謂『盡己之謂忠，以實之謂信』，何也？」曰：「盡己之心而無隱，所謂忠也，以其出乎内者而言也。以事之實而無違，所謂信也，以其發乎外者而言也。然未有忠而不信，未有信而不出於忠者。故又曰『發己自盡爲忠，循物無違謂信』，表裏之謂也，亦此之謂而加密焉耳。」曰：「程子又謂『忠信者，以人言之，要之則實理』，何也？」曰：「信之爲信，實有之理也。凡性之所謂仁義禮智，皆實有而無妄者也，所謂實理者是也。其見於用，則出於心而自盡者謂之忠，以其物而無違者謂之信，而凡四端之發，必以是爲主焉，所謂以人言之者是也。蓋五行之氣，各居一方而王一時，惟土無不在，故居中央而分王於四季。是則天理之本然，而人之所稟以生者，莫不象之，此人之所以克肖天地而爲萬物之靈也。」○忠信一也，但發於心而自盡則爲忠，驗於理而不違則爲信。忠是信之本，信是忠之發。○忠信只是一事，而相爲內外、始終、本末，存於己爲忠，見於物爲信。○「發己自盡」，謂凡出於己者，必自竭盡而不使其有苟簡不盡之意。「循物無違謂信」，謂言語之發，循其物之本實而無所違耳。○荀子曰：「君子博學而日參省乎己，則智明而行無過矣。」○問：「未爲人謀、未交友朋時，所謂忠信，如何做工夫？」朱子引程子「鷄鳴爲善，只是主敬」之説曰：「只是存養此心在這裏，照管勿差失，此便是不動而敬、不言而信處。」○南軒曰：「曾子以此三者自省，可謂爲己篤實之功矣。」

子曰：「道千乘之國：敬事而信，節用而愛人，使民以時。」道、乘，皆去聲。○道，治也。千乘，諸侯之國，其地可出兵車千乘者也。敬者，主一無適之謂。敬事而信者，敬其事而信於民也。時，謂農隙之時。言治國之要，在此五者，亦務本之意也。○程子曰：「此言至淺，然當時諸侯果能此，亦足以治其國矣。聖人言雖至近，上下皆通。此三言者，若推其極，堯舜之治亦不過此。若常人之言近，則淺近而已矣。」楊氏曰：「上不敬則下慢，不信則下疑，下慢而疑，事不立矣。敬事而信，以身先之也。易曰：『節以制度，不傷財，不害民。』蓋侈用則傷財，傷財必至於害民，故愛民必先於節用。然使之不以其時，則力本者不獲自盡，雖有愛人之心，而人不被其澤矣。然此特論其所存而已，未及爲政也。苟無是心，則雖有政，不行焉。」胡氏曰：「凡此數者，又皆以敬爲主。」愚謂：五者反復相因，各有次第，讀者宜細推之。

子曰：「弟子入則孝，出則弟，謹而信，汎愛衆，而親仁。行有餘力，則以學文。」

「弟子」之「弟」，上聲。「則弟」之「弟」，去聲。○謹者，行之有常也。信者，言之有實也。汎，廣也。衆，謂衆人。親，近也。仁，謂仁者。餘力，猶言暇日。以，用也。文，謂詩書六藝之文。○程子曰：「爲弟子之職，力有餘則學文，不修其職而先文，非爲己之學也。」尹氏曰：「德行，本也。文藝，末也。窮其本末，知所先後，可以入德矣。」洪氏曰：「未有餘力而學文，則文滅其質；有餘力而不學文，則質勝而野。」愚謂：力行而不學文，則無以考聖賢之成法，識事理之當然，而所行或出於私意，非但失之於野而已。○南軒曰：「聖人之言貫徹上下，此章雖言爲弟爲子之職，始學者之事，然充而極之，爲賢爲聖，蓋不外是也。」

子夏曰：「賢賢易色，事父母能竭其力，事君能致其身，與朋友交言而有信。雖曰未學，吾必謂之學矣。」

子夏，孔子弟子，姓卜，名商。賢人之賢，而易其好色之心，好善有誠也。致，猶委也。委致其身，謂不有其身也。四者皆人倫之大者，而行之必盡其誠，學求如是而已。故子夏言有能如是之人，苟非生質之美，必其務學之至。雖或以爲未嘗爲學，我必謂之已學也。○游氏曰：「三代之學，皆所以明人倫也。能是四者，則於人倫厚矣。學之爲道，何以加此？子夏以文學名，而其言如此，則古人之所謂學者可知矣。故學而一篇，大抵皆在於務本。」吳氏曰：「子夏之言，其意善矣。然辭氣之閒，抑揚太過，其流之弊，將或至於廢學。必若上章夫子之言，然後爲無弊也。」○或問：「賢賢而言易色，何也？」曰：「孔子兩言『未見好德如好色』，而中庸亦以遠色爲勸賢之事，則古人之言，其以德色相爲消長者舊矣。」○南軒曰：「子夏之意，非謂能如是，則不待夫學也。蓋所以貴乎學者，在此而不在彼，欲學者務其本也。首言賢賢易色，夫能親賢，固學之先務也。不曰不學，而曰未學，辭蓋涵蓄矣。」

子曰：「君子不重則不威，學則不固。重，厚重。威，威嚴。固，堅固也。輕乎外者，必不能堅乎内，故不厚重則無威嚴，而所學亦不堅固也。**主忠信。**人不忠信，則事皆無實，爲惡則易，爲善則難，故學者必以是爲主焉。程子曰：「人道唯在忠信，不誠則無物，且出入無時，莫知其鄉者，人心也。若無忠信，豈復有物乎？」○游氏曰：「忠信所以進德也，如甘之受和，白之受采。故善學者，其心以忠信爲主，不言則已，言則必忠信也，故其言爲德言；不行則已，行則必忠信也，故其行爲德行。止而思，動而爲，無時不在是焉，則安往而非進德哉？故爲仁不主於忠信，則仁出於姑息；爲義不出於忠信，則義必出於矯亢。操是心以往，則禮必出於足恭，智必出於行險，安往而非敗德哉？而何進德之有焉？譬之欲立數仞之牆，而浮埃積沫以爲之基，亦没世不能立矣。故主忠信者，學者之要言也。」○愚案：論語止言忠信，不言誠，至子思、孟子然後言誠。蓋誠指全體而言，忠信指用功處而言。忠是盡於中者，信是形於外者，有忠方有信，不信則非所以爲忠。二者表裏體用之謂，如形之有影也。心無不盡之謂忠，言與行無不實之謂信，盡得忠與信即是誠。故孔子雖不言誠，但欲人於忠信上著力，忠信無不盡，則誠在其中矣。孔子教人，大抵只就行處説，行到盡處，自然識得本源。子思、孟子則併本源發出以示人，其義一也。**無友不如己者。**無、毋通，禁止辭也。友所以輔仁，不如己，則無益而有損。**過則勿憚改。」**勿，亦禁止之辭。憚，畏難也。自治不勇，則惡日長，故有過則當速改，不可畏難而苟安也。程子曰：「學問之道無他也，知其不善，則速改以從善而已。」○程子曰：「君子自修之道當如是也。」游氏曰：「君子之道，以威重爲質，而學以成之。學之道，必以忠信爲主而以勝己者輔之。然或吝於改過，則終無以入德，而賢者亦未必樂告以善道，故以過勿憚改終焉。」○南軒曰：「學以重爲先。重者，視聽言動之際，不敢以易也。夫然，則暴慢遠而德性充，其思必謹，其行必果，其守必篤，學之所以固也。不然，則無以持其外而非心易以入，雖得之，必失之。『主忠信』，『主』字有力，蓋斯須不忠信，則思慮言行皆無所據依，同於無物。主乎忠信，則立於實地，德所以進也。取友當求勝己者，曾己之不如，則惰志而害德矣。過勿憚改，見過則速改也，人所以不能改過者，以憚之之故耳。夫重者，嚴於外者也。忠信者，存乎中者也。存中以制外，嚴於外所以保其中也。而資友以輔之，改過以成之，君子之學不越於是矣。」○愚案：成湯之聖，猶改過不吝；顏子之賢，猶曰不貳過。以此可見雖聖賢必以改過爲貴。若知其爲過而不肯改，則是文過遂非，而流於惡矣。蓋無心而誤，謂之過；有心而爲，謂之惡。不待別爲不善，方謂之惡；只知過不改，是有心，便謂之惡。

曾子曰：「慎終追遠，民德歸厚矣。」謹終者，喪盡其禮。追遠者，祭盡其誠。民德歸厚，謂下民化之，其德亦歸於厚。蓋終者，人之所易忽也，而能謹之；遠者，人之所易忘也，而能追之，厚之道也。故以此自爲，則己之德厚，下民化之，則其德亦歸於厚也。

子禽問於子貢曰：「夫子至於是邦也，必聞其政，求之與？抑與之與？」 子禽，姓陳，名亢。子貢，姓端木，名賜。皆孔子弟子。或曰：「亢，子貢弟子。」未知孰是。抑，反語辭。**子貢曰：「夫子温、良、恭、儉、讓以得之。夫子之求之也，其諸異乎人之求之與？」** 温，和厚也。良，易直也。恭，莊敬也。儉，節制也。讓，謙遜也。五者，夫子之盛德光輝接於人者也。其諸，語辭也。人，他人也。言夫子未嘗求之，但其德容如是，故時君敬信，自以其政就而問之耳，非若他人必求之而後得也。聖人過化存神之妙，未易窺測，然即此而觀，則其德盛禮恭而不願乎外，亦可見矣。學者所當潛心而勉學也。○謝氏曰：「學者觀於聖人威儀之閒，亦可以進德矣。若子貢亦可謂善觀聖人矣，亦可謂善言德行矣。今去聖人千五百年，以此五者想見其形容，尚能使人興起，而況於親炙之者乎？」張敬夫曰：「夫子至是邦必聞其政，而未有能委國而授之以政者。蓋見聖人之儀形而樂告之者，秉彝好德之良心也，而私欲害之，是以終不能用耳。」○愚謂：温，和厚也。只和一字，不足盡温之義；只厚一字，亦不足以盡温之義。必兼二字者，和如春風和氣之和，厚如坤厚載物之厚，和不慘暴也，厚不刻薄也。良，易直也，亦如前義，易者，平易也，不艱險也；直，正直也，不邪曲也。恭，莊敬也。莊主容貌而言，敬主心内而言，自中而發外，故曰恭。儉，節制也。節制二字相似而實不同。節乃自然之節限，且如一年有八節，四立、二分、二至是也，四十五日而一換，乃天地自然之界限，故曰節。制乃用力裁制之意，義以制事，禮以制心，謂如事理合當如此，即以義裁制之，若以刀裁物也。一念慮之非，即以禮裁制之，亦如刀之裁物也。讓，謙遜也。謙謂不矜己之善，遜謂推善以及人。

子曰：「父在，觀其志；父沒，觀其行；三年無改於父之道，可謂孝矣。」行，去聲。○父在，子不得自專，而志則可知。父沒，然後其行可見。故觀此足以知其人之善惡，然又必能三年無改於父之道，乃見其孝，不然，則所行雖善，亦不得爲孝矣。○尹氏曰：「如其道，雖終身無改可也；如其非道，何待三年？然則三年無改者，孝子之心有所不忍故也。」游氏曰：「三年無改，亦謂在所當改而可以未改者耳。」○或問：「此章之指猶有可取者乎？」曰：「晁氏、洪氏之說亦善。晁氏曰：『三年無改於父之道，此觀行之一節也。』洪氏曰：『父沒雖可以行其志，然改父之道於三年之中，則無愛親之心，而其行亦不足觀矣。』」曰：「所取尹游之說，何也？」曰：「尹氏得其用心之本，游氏得其制事之宜，二說相須，爲不可易矣。」曰：「必若尹游之說，則夫子之言，得無有不盡者乎？」曰：「爲人子者，本以守父之道，不忍有改爲之心。至其所遇之不同，則隨其輕重而以義制之耳。三年而改者，意其有爲而言也。其不可改，則終身不改，固不待言。其不可以待三年者，則又非常之變，亦不可以預言矣。善讀者推類而求之，或終身不改，或三年而改，或甚不得已，則不待三年而改，顧其所遇之如何。但不忍之心，則不可無耳。」或曰：「昔謝方明承前代人，不易其政，其必宜改，則漸變之，使無迹可尋。爲人子者，不幸而父之道有當必改者，以是爲法，而隱忍遷就於理義之中，不亦可乎？」曰：「吾常聞之師曰，以爲此其意則固善矣，然用心每每如此，則駸駸然所失多矣。若不得已，但當至誠哀痛以改之而已，何必隱忍遷就之云乎？此言足以儆學者用心之微矣。」○南軒曰：「舊説爲父在能觀其志而承順之，父没觀其行而擬述之。此説文理爲順。」○案：二先生之説不同，姑兩存之。○案：書蔡仲之命：「爾尚蓋前人之愆，惟忠惟孝。」父子不幸，如大禹之承鯀，蔡仲之承蔡叔，又當思所以蓋之，故治水成功而鯀配夏郊，率德改行而蔡叔世祀，豈非孝之大乎？後世如沈充，叛臣也，其子勁以死節著；李義府，姦臣也，其子湛以忠義聞。若勁與湛，可謂能蓋其父之愆矣。○又穀梁傳：「孝子成父之美，不成父之惡。」故魏顆從治命，君子是之；魯隱與桓，春秋弗取。是亦不可不知也。

有子曰：「禮之用，和爲貴。先王之道，斯爲美，小大由之。禮者，天理之節文，人事之儀則也。和者，從容不迫之意。蓋禮之爲體雖嚴，而皆出於自然之理，故其爲用，必從容而不迫，乃爲可貴。先王之道，此其所以爲美，而小事大事無不由之也。**有所不行，知和而和，不以禮節之，亦不可行也。」**承上文而言，如此而復有所不行者，以其徒知和之爲貴而一於和，不復以禮節之，則亦非復禮之本然矣，所以流蕩忘反，而亦不可行也。○程子曰：「禮勝則離，故禮之用和爲貴。先王之道以斯爲美，而小大由之。樂勝則流，故有所不行者，知和而和，不以禮節之，亦不可行。」范氏曰：「凡禮之體主於敬，而其用則以和爲貴。敬者，禮之所以立也；和者，樂之所由生也。若有子可謂達禮樂之本矣。」愚謂：嚴而泰，和而節，此理之自然，禮之全體也。豪釐有差，則失其中正，而各倚於一偏，其不可行均矣。○或問：「禮之有和，何也？」曰：「禮之所以有是品節之詳者，皆出於人心自然之節，非以人之所不欲者强之也。故行之雖或甚苦，而自有不失其和者。若不本於此，而徒勉强於儀貌之閒，則是徒禮而無和矣。」○黄直卿云：「内則一篇，子事父母之禮，亦嚴矣。然『下氣怡色』，則和可知也。玉藻、鄉黨所載臣之事君禮，亦嚴矣。然『二爵言言，三爵油油，君在與與』，則和可知也。」先生曰：「如此則和與禮成二物矣。須是見得禮便是和，方可。如『入公門，鞠躬，如不容』，可謂至嚴矣，然甘心爲之，而無厭倦之意者，乃所以爲和也。至嚴之中，便是至和處，不可分作兩截看。」○禮之用和，是禮中之和。知和而和，已離却禮。○禮中自有和，須是知得當如此，則行之自然到和處。因舉龜山與薛宗博説會職事茶事。薛曰：「禮起聖人之僞，今日會茶，莫不須得如此。」龜山曰：「只此打不過處，便見得禮非聖人之僞。『禮之用，和爲貴』，只爲不如此則心有不安，故行之自和耳。」○禮之和處，便是禮之樂；樂之有節處，便是樂之禮。○禮主於敬，而其用以和爲貴。然如何得他敬而和？著意做不得，才著意嚴敬，便拘迫而不安，要放寬些，又流蕩而無節。須是真箇識得禮之自然處，則事事物物上都有自然之節文，雖欲不如此，不可得。故雖嚴而未嘗不和，雖和而未嘗不嚴也。○南軒曰：「禮主乎敬，而其用則以和。然有敬而後有和，和者，樂也。禮樂相須而成，故禮必以和爲貴。禮樂分而言之，則爲體爲用，相須而成；合而言之，本一而已也。」

有子曰：「信近於義，言可復也；恭近於禮，遠恥辱也；因不失其親，亦可宗也。」

近、遠，皆去聲。○信，約信也。義者，事之宜也。復，踐言也。恭，致敬也。禮，節文也。因，猶依也。宗，猶主也。言約信而合其宜，則言必可踐矣。致恭而中其節，則能遠恥辱矣。所依者不失其可親之人，則亦可以宗而主之矣。此言人之言行交際，皆當謹之於始而慮其所終，不然，則因仍苟且之閒，將有不勝其自失之悔者矣。○或問：「約信而合其宜，則言必可踐，何也？」曰：「人之約信，固欲其言之必可踐。然其始也，或不度其宜焉，則所言將有不可踐者矣。以爲義有不可，而遂不踐，則失其信；以爲信之所在，而必踐焉，則害於義，二者無一可也。若約信之始而必求近於義焉，則其言無不可踐，而無二者之失矣。」或曰：「然則葉公所謂復言非信者，何邪？」曰：「此特爲人之不顧義理、輕言而必復者發，以開其自新之路耳。若信之名，則正以復言而得之也。今不察其言不近義之差於前，而責其必復其言之失於後，顧與信之所以得名者而亂之，則是矯枉過其直矣。或者乃引之以釋此句，以爲信不近義，則言有不可復者，是乃使人不度於義而輕發其言，以開誕慢欺僞之萌，其弊且將無所不至，非聖賢所以垂世立教之旨也。」曰：「爲恭而中節，則能遠恥辱，何也？」曰：「致敬於人，固欲遠其恥辱。然不合於節文，則或過或不及，皆所以自取恥辱。」「若非禮之恭，則寧身被困辱而不爲也，其說何如？」曰：「此其意善矣，然亦非有子之意也。有子之意，本爲謹其言行，以防後患於未萌之前，所謂言必慮其所終，行必稽其所敝者也，豈使不戒於初，而徐計之於已然之後，崎嶇反側，如或者之言也哉？」曰：「因不失其所親，則爲可宗，何也？」曰：「此章前有孝弟謹信而親仁之説，厚重忠信而友勝己之説，後又有不求安飽、敏行謹言而就正有道之説，其與此章之意亦相表裏也。因，猶依也。宗，猶主也。言人欲有所從，必度其人之賢而後依之，則在我不失其所親，而後亦可以爲宗主也。」○問云云。曰：「須是合下要約時便審令近義。」○要去致敬那人，合當拜，却長揖，則爲不及於禮。禮數不及，人必怒之，豈不爲辱？合當與那人相揖，却去拜他，便是過於禮。禮數過當，被人不答，豈不可恥？所依者，不失其可親之人，亦可宗而主之。一般人求薦，我合下須知得他如何，便當謹所擇，若失其可親之人而宗之，將來必生出悔吝。○陳了翁曾受蔡卞之薦，後來擺脱不得，乃是所因失其所當親者也。○與人交際，當謹之於始，若其人下來不可宗主，則今日便莫要親他。○宗，主也。所宗者可以久而宗主之，如夫子於衛，主顔讎由，則是可親之人，若主癰疽瘠環，則是不可親之人。○愚案：因不失其親，如擇師友、結昏姻之屬皆是。

子曰：「君子食無求飽，居無求安，敏於事而慎於言，就有道而正焉，可謂好學也已。」不求安飽者，志有在而不暇及也。敏於事者，勉其所不足。慎於言者，不敢盡其所有餘也。然猶不敢自是，而必就有道之人，以正其是非，則可謂好學矣。凡言道者，皆謂事物當然之理，人之所共由者也。○尹氏曰：「君子之學，能是四者，可謂篤志力行者矣。然不取正於有道，未免有差。如楊墨學仁義而差者也，其流至於無父無君，謂之好學，可乎？」○學者先須有根本，方有可求正者。須是自去講學得七八分，一就有道求正，只一二語言，便可剖判。臨時旋學也難。○南軒曰：「於食與居，則不求飽與安。於言行，則敬而謹。是人也，物欲不行，而惟理之是趨，斯不謂之好學乎？然必終之以就正有道者，蓋世固有不徇物欲而勉於言行者，然其所學，豪釐之差，則其弊有不可勝言者。故必就夫有道而正，然後謂之好學也。正者，正吾之偏也。同世而親其人，異世而求之書，其爲就正，一也。」

子貢曰：「貧而無諂，富而無驕，何如？」子曰：「可也。未若貧而樂，富而好禮者也。」諂，卑屈也。驕，矜肆也。常人溺於貧富之中，而不知所以自守，故必有二者之病。無諂無驕，則知自守矣，而未能超乎貧富之外也。凡曰可者，僅可而有所未盡之辭也。樂則心廣體胖而忘其貧，好禮則安處善，樂循理，亦不自知其富矣。子貢貨殖，蓋先貧後富，而嘗用力於自守者，故以此爲問。而夫子答之如此，蓋許其所已能，而勉其所未至也。**子貢曰：「詩云：『如切如磋，如琢如磨。』其斯之謂與？」**磋，七多反。與，平聲。○詩，衛風淇澳之篇，言治骨角者，既切之而復磋之；治玉石者，既琢之而復磨之；治之已精，而益求其精也。子貢自以無諂無驕爲至矣，聞夫子之言，又知義理之無窮，雖有得焉，而未可遽自足也，故引是詩以明之。**子曰：「賜也，始可與言詩已矣。告諸往而知來者。」**往者，其所已言者。來者，其所未言者。○愚案：此章問答，其淺深高下，固不待辨説而明矣。然不切則磋無所施，不琢則磨無所措。故學者雖不可安於小成，而不求造道之極致；亦不可騖於虛遠，而不察切己之實病也。」○南軒曰：「諂、驕，皆惡也。無諂無驕，則免於惡矣，然質美者能之。若夫樂與好禮，則非致知力行所造日深者，無此味也。」

子曰：「不患人之不己知，患不知人也。」尹氏曰：「君子求在我者，故不患人之不己知。不知人，則是非邪正或不能辨，故以爲患也。」

爲政第二 凡二十四章。

子曰：「爲政以德，譬如北辰，居其所而衆星共之。」共，音拱，亦作「拱」。○政之爲言正也，所以正人之不正也。德之爲言，得也，得於心而不失也。北辰，北極，天之樞也。居其所，不動也。共，向也，言衆星四面旋繞而歸向之也。爲政以德，則無爲而天下歸之，其象如此。○程子曰：「爲政以德，然後無爲。」范氏曰：「爲政以德，則不動而化，不言而信，無爲而成。所守者至簡而能御煩，所處者至静而能制動，所務者至寡而能服衆。」

子曰：「詩三百，一言以蔽之，曰『思無邪』。」詩三百十一篇，言三百者，舉大數也。蔽，猶蓋也。「思無邪」，魯頌駉篇之辭。凡詩之言，善者可以感發人之善心，惡者可以懲創人之逸志，其用歸於使人得其情性之正而已。然其言微婉，且或各因一事而發，求其直指全體，則未有若此之明且盡者。故夫子言詩三百篇，而惟此一言足以盡蓋其義，其示人之意亦深切矣。○程子曰：「『思無邪』者，誠也。」范氏曰：「學者必務知要，知要則能守約，守約則足以盡博矣。經禮三百，曲禮三千，亦可以一言蔽之，曰『毋不敬』。」○朱子曰：「程子云云，蓋行無邪，未是誠；思無邪，乃可爲誠也。」又曰：「思無邪，是表裏皆無豪髮之不正。世人固有修飾於外，而其中未必能純一。惟至於思亦無邪，斯可謂之誠。」

子曰：「道之以政，齊之以刑，民免而無恥；道，猶引導，謂先之也。政，謂法制禁令也。齊，所以一之也。道之而不從者，有刑以一之也。免而無恥，謂苟免刑罰而無所羞愧，蓋雖不敢爲惡，而爲惡之心未嘗忘。**道之以德，齊之以禮，有恥且格。」**禮，謂制度品節也。格，至也。言躬行以率之，則民固有所觀感而興起矣，而其淺深厚薄之不一者，又有禮以一之，則民恥於不善，而又有以至於善也。一說，格，正也。書曰：「格其非心。」○愚謂：政者，爲治之具；刑者，輔治之法。德禮則所以出治之本，而德又禮之本也。此其相爲終始，雖不可以偏廢，然政刑能使民遠罪而已，德禮之效，則有以使民日遷善而不自知。故治民者不可徒恃其末，又當深探其本也。

子曰：「吾十有五而志于學，古者十五而入大學。心之所之謂之志。此所謂學，即大學之道也。志乎此，則念念在此而爲之不厭矣。**三十而立，**有以自立，則守之固而無所事志矣。**四十而不惑，**於事物之所當然，皆無所疑，則知之明而無所事守矣。**五十而知天命，**天命，即天道之流行而賦於物者，乃事物所以當然之故也。知此，則知極其精，而不惑又不足言矣。○程子曰：「知天命，窮理盡性也。」○或問：「所謂知天命者，何也？」曰：「天道運行，賦與萬物，莫非至善無妄之理而不已焉，是則所謂天命者也。物之所得，是之謂性。性之所具，是之謂理。其名雖殊，其實則一而已。」「程子直以窮理盡性言之，何也？」曰：「程子之意，蓋以禮也、性也、命也，即非二物而有是言耳。夫二者固非二物，然隨其所在而言，則亦不能無小分別。蓋理以事別，性以人殊，命則天道之全而性之所以爲性、理之所以爲理者也。自天命者而觀之，則性理云者，小德之川流；自性理者而觀之，則天命云者，大德之敦化也。故自窮理盡性而知天命，雖非有漸次階級之可言，然其爲先後，亦不能無眇忽之閒也。然或者又以天命爲窮達之命，則所知云者，又若別有所屬者。」「然則命有二乎？」曰：「命一也，但聖賢之言，有以其理而言者，有以其氣而言者。以理言者，此章之云是也；以氣言者，窮達有命云者是也。讀者各隨其語意而推之，則各得其當而不亂矣。」○問云云。先生曰：「上蔡云：『性之所自來，理之所自出。』此兩句甚好。子貢謂夫子言性與天道，便性是自家底，天道便是上面腦子。上面有箇腦子，下面便有許多物事。太極圖便是發明此理。箕子爲武王陳洪範，先言五行，次言五事，蓋在天則爲五行，在人則爲五事。知之者，須是知得箇模樣形體如何。舊見李先生云：『且靜坐體認作何形象。』此箇道理，大則包於乾坤，挈提造化，細則入豪釐絲忽裏去，無遠不周，無微不到，但須是見得這周到底是何物。」○問：「『知天命』與『不知命』之『命』爲如何？」曰：「不同。知天命，則知其理之所自來。譬之於水，人知其爲水，聖人則知其發源處。知命，却是説死生、壽夭、貧富、貴賤之命。」**六十而耳順，**聲入心通，無所違逆，知之之至，不思而得也。**七十而從心所欲不踰矩。**」從，如字。○從，隨也。矩，法度之器，所以爲方者也。隨其心之所欲，而自不過於法度，安而行之，不勉而中也。○程子曰：

「孔子生而知之也，言亦由學而至，所以勉進後人也。立，能自立於斯道也。不惑，則無所疑矣。知天命，窮理盡性也。耳順，所聞皆通也。從心所欲不踰矩，則不勉而中矣。」又曰：「孔子自言其進德之序如此者，聖人未必然，但爲學者立法，使之盈科而後進，成章而後達耳。」胡氏曰：「聖人之教亦多術，然其要使人不失其本心而已。欲得此心者，惟志乎聖人所示之學，循其序而進焉。至於一疵不存、萬理明盡之後，則其日用之間，本心瑩然，隨其意欲，莫非至理。蓋心即體，欲即用，體即道，用即義，聲爲律而身爲度矣。」又曰：「聖人言此，一以示學者當優游涵泳，不可躐等而進；一以示學者當日就月將，不可半途而廢也。」愚謂：聖人生知安行，固無積累之漸，然其心未嘗自謂已至此也。是其日用之間，必有獨覺其進而人不及知者。故因其近似以自名，欲學者以是爲則而自勉，非心實自聖而姑爲是退託也。後凡言謙辭之屬，意皆放此。○志是心之深處。如今學者，誰不爲學？只是不可謂之志學，如果能志于學，自住不得。

孟懿子問孝。子曰：「無違。」孟懿子，魯大夫仲孫氏，名何忌。無違，謂不背於禮。**樊遲御，子告之曰：「孟孫問孝於我，我對曰『無違』。」**樊遲，孔子弟子，名須。御，爲孔子御車也。孟孫，即仲孫也。夫子以懿子未達而不能問，恐其失指，而以從親之令爲孝，故語樊遲以發之。**樊遲曰：「何謂也？」子曰：「生，事之以禮；死，葬之以禮，祭之以禮。」**生事葬祭，事親之始終具矣。禮，即理之節文也。人之事親，自始至終，一於禮而不苟，其尊親也至矣。是時三家僭禮，故夫子以是警之，然語意渾然，又若不專爲三家發者，所以爲聖人之言也。○胡氏曰：「人子欲孝其親，心雖無窮，而分則有限。得爲而不爲，與不得爲而爲之，均於不孝。所謂以禮者，爲其所得爲者而已矣。」

孟武伯問孝。子曰：「父母惟其疾之憂。」武伯，懿子之子，名彘。言父母愛子之心，無所不至，惟恐其有疾病，常以爲憂也。人子體此，而以父母之心爲心，則凡所以守其身者，自不容於不謹矣，豈不可以爲孝乎？舊説人子能使父母不以其陷於不義爲憂，而獨以其疾爲憂，乃可謂孝，亦通。

子游問孝。子曰：「今之孝者，是謂能養。至於犬馬，皆能有養；不敬，何以別乎？」養，去聲。別，彼列反。○子游，孔子弟子，姓言，名偃。養，謂飲食供奉也。犬馬待人而食，亦若養然。言人畜犬馬，皆能有以養之，若能養其親而敬不至，則與養犬馬者何異？甚言不敬之罪，所以深警之也。○或問：「父母至尊親，犬馬至卑賤，聖人之言，豈若是其不倫乎？」曰：「此設戒之言也。故特以其尊卑懸絶之甚者明之，所以深警夫能養而不敬者之罪也。」○坊記：「子云：『小人皆能養其親，君子不敬，何以辨？』」

子夏問孝。子曰：「色難。有事，弟子服其勞；有酒食，先生饌，曾是以爲孝乎？」食，音嗣。○色難，謂事親之際，惟色爲難也。食，飯也。先生，父兄也。饌，飲食之也。曾，猶嘗也。蓋孝子之有深愛者，必有和氣；有和氣者，必有愉色；有愉色者，必有婉容：故事親之際，惟色爲難耳，服勞奉養未足爲孝也。舊説承順父母之色爲難，亦通。○程子曰：「告懿子，告衆人者也；對武伯者，以其人多可憂之事；子游能養而或失於敬；子夏能直義而或少温潤之色。各因其材之高下與其所失而告之，故不同也。」

子曰：「吾與回言終日，不違如愚。退而省其私，亦足以發。回也不愚。」回，孔子弟子，姓顏，字子淵。不違者，意不相背，有聽受而無問難也。私，謂燕居獨處，非進見請問之時。發，謂發明所言之理。愚聞之師曰：「顏子深潛純粹，其於聖人體段已具。其聞夫子之言，默識心融，觸處洞然，自有條理。故終日言，但見其不違，如愚人而已。及退省其私，則見其日用動静語默之閒，皆足以發明夫子之道，坦然由之而無疑，然後知其不愚也。」○或問先儒之説。曰：「曾氏、胡氏、張敬夫之説，亦善。曾氏曰：『入乎耳，著乎心，默而識之，故不違如愚。退而察其踐履，則布乎四體，形乎動静，故足以發。』胡氏曰：『顏子之質，鄰於生知，聞夫子之言，心通默識，不復問辨，反如愚蒙之未達者。及侍坐而退，夫子察其燕私，則其視聽言動，皆能以聖人所教，隨用發見，然後知向之所謂愚者，乃所謂上智也。然聖人久已知顏子之不愚矣，而必曰「退而省其私」之云者，所以見其非無證之空言。且以明進德之功，必内外相符，隱顯一致，欲學者之謹其獨也。烏乎，夫子與回言終日，則言多矣，而今存者無幾，可勝惜哉！』張敬夫曰：『夫子之言，顏子皆能體之於日用閒，所以夫子退而省其私，知其足以發明斯道，乃其請事斯語之驗也。』」○問：「顏子省其私，不必指燕私，只是他自作用處？」曰：「便是這意思，但恐没著落，只得説燕私。謂如人相對坐，心意默有趨向，亦是私。如謹獨之獨，亦非特在幽隱人所不見處，只他人之所不知，雖在衆中，便是獨也。」○問：「亦足以發，莫是亦足以發明夫子所言之旨否？」曰：「然。且如夫子告以非禮勿視聽言動，顔子受用，不復更問如何是禮與非禮。但是退而省察顔子之所爲，則直是視聽言動無非禮也。此則足以發明夫子之言也。」○問：「李先生謂顔子聖人體段已具，莫只是言箇模樣否？」曰：「言觸其機，乃能通曉耳。」○問：「默識心融，如何？」曰：「融如消融相似，融如雪之在湯。若不融，一句只是一句在胷中，如何發得出來？如人飲食不消化，如何能滋益體膚？如孔子告曾子一貫之辭，他人聞之，只是箇一貫，曾子聞之，便能融化，發得忠恕之説出來。」

子曰：「視其所以，以，爲也。爲善者爲君子，爲惡者爲小人。**觀其所由，**觀，比視爲詳矣。由，從也。事雖爲善，而意之所從來者有未善焉，則亦不得爲君子矣。或曰：「由，行也。謂所以行其所爲者也。」**察其所安。**察，則又加詳矣。安，所樂也。所由雖善，而心之所樂者不在於是，則亦僞耳，豈能久而不變哉？**人焉廋哉？人焉廋哉？」**焉，於虔反。廋，所由反。○焉，何也。廋，匿也。重言以深明之。○程子曰：「在己者能知言窮理，則能以此察人如聖人也。」

子曰：「温故而知新，可以爲師矣。」温，尋繹也。故者，舊所聞。新者，今所得。言學能時習舊聞而每有新得，則所學在我，而其應不窮，故可以爲人師。若夫記問之學，則無得於心，而所知有限，故學記譏其「不足以爲人師」，正與此意互相發也。○或問云云。曰：「故者，昔之所以得者也；新者，今之所始得者也。昔之所得，雖曰既爲吾有，然不時加反覆尋繹之功，則亦未免廢忘荒落之患[二]，而無所據以知新矣。然徒能温故，而不能有以得夫前日之未得者，則見聞雖富，誦説雖勤，亦若無源之水而已。其積雖多，終有窮盡，亦將何以授業解惑，而待學者無已之求哉？學記曰『記問之學，不足以爲人師』者，正謂此耳。唯能尋繹其所已得者，而每有得於其所未得者焉，則譬諸觀人，昨日識其面，而今日識其心矣。於以爲師，其庶矣乎。夫子之言，所謂可云者，正所以明夫未至此者不足以爲師，非以爲能如是而爲師有餘也。思昔程子晚而自言：『吾年二十時，解釋經義，與今無異，然其意味，則今之視昔爲不同矣。』此温故知新之大者，學者以是爲的而深求之，則足以見夫義理之無窮也矣。」○南軒曰：「程子有云：『如此處極要理會，若只認温故知新可以爲人師，則氣象窄狹矣。』學者推之一端，庶幾可以味聖賢之辭意。」

子曰：「君子不器。」器者，各適其用而不能相通。成德之士，體無不具，故用無不周，非特爲一才一藝而已。○南軒曰：「器者，拘於一物。凡人事以器言者，皆以其才而論之也。器雖有小大，然其拘於才而有限則一也。若君子則進於德，進於德則器質變化，而才有勿器者矣，不亦君子乎？」

[二] 忘，原作「志」，乾隆本、同治本同，四庫本作「怠」，據薈要本、宋福州學官刻元修本西山讀書記甲集十九改。

子貢問君子。子曰：「先行其言而後從之。」周氏曰：「先行其言者，行之於未言之前；而後從之者，言之於既行之後。」○范氏曰：「子貢之患，非言之艱而行之艱，故告之以此。」○南軒曰：「君子主於行，而非以言爲先。故其言之所發，乃其力行之所至，言隨之也。夫主於行而發言者爲君子，則夫易於言而行不踐者是小人之歸矣。子貢非不能踐言者，然未免於多言。夫子恐其有時而或以言爲主，而行有未精也，是以深警焉。夫未之能踐而言，與夫力行所至而言者，其意味有閒矣。學者宜體察。」

子曰：「君子周而不比，小人比而不周。」周，普徧也。比，偏黨也。皆與人親厚之意，但周公而比私耳。○君子、小人所爲不同，如陰陽晝夜，每每相反。然究其所以分，則在公私之際，豪釐之差耳。故聖人於周比、和同、驕泰之屬，常對舉而互言之，欲學者察乎兩閒，而審其取舍之幾也。○南軒曰：「君子、小人之分，公私之閒而已。周則不比，比則不周，天理人欲不並立也。君子内恕以及人，其於親疏、遠近、賢愚，處之無不得其分。蓋其心無不溥焉，所謂周也。故小人則有所偏係而失其正，其所親昵皆私情耳，所謂比也。」

子曰：「學而不思則罔，思而不學則殆。」不求諸心，故昏而無得。不習其事，故危而不安。○程子曰：「博學、審問、謹思、明辨、篤行，五者廢其一，非學也。」○南軒曰：「自洒埽、應對、進退而往，無非學也。然徒學而不能思，則無所發明，罔然而已。思者，研窮其理之所以然。徒思而不務學，則無可據之地，危殆不安矣。二者不可不兩進也，學而思則德益崇，思而學則業益廣。蓋其所學乃其思之所形，而其所思即其學之所存也。用工若此，内外進矣。」○問云云。曰：「學是學其事，如讀書，便是學，須緩緩精思其中義理方得。且如做此事，亦是學，須思量此事道理是如何。只恁下頭做，不思這事道理，則昧而無得。若只空思索，又不倚所做事上體察，則心總是不安穩。須是事與思互相發明。」

子曰：「攻乎異端，斯害也已。」范氏曰：「攻，專治也，故治木石金玉之工曰攻。異端，非聖人之道，而别爲一端，如楊墨是也。其率天下至於無父無君，專治而欲精之，爲害甚矣。」○程子曰：「佛氏之言，比之楊墨，尤爲近理，所以其害爲尤甚。學者當如淫聲美色以遠之，不爾，則駸駸然入於其中矣。」○或問：「有以攻爲攻擊之攻，言異端不必深排，但當反經而已者，如何？」朱子曰：「不務反經而徒與之角其無涯之辨，固所以自蔽。然熟視異端之害，而不言以正之，則亦何以祛習俗之蔽而反之於經哉？蓋正道、異端，如水火之相勝，彼盛則此衰，此强則彼弱。反經固所當務，而不可以徒反。異端固不必辨，然亦不可不辨。觀孟子答公都子好辨之問，則可知矣。」○或問：「諸説如何？」「張子謂孔子不闢異端，其攷之亦不詳矣。當時所謂異端，未有以見其爲誰氏。如以楊墨論之，如墨氏之無父，則悖德悖禮之訓，固以深闢之；楊氏之無君，則潔身亂倫之戒，又以深闢之矣。」○愚案：孔子之言必非爲楊墨發，然此兩言實深中二氏之病，此義明，則楊墨之禍自息矣。

子曰：「由，誨女知之乎？知之爲知之，不知爲不知，是知也。」由，孔子弟子，姓仲，字子路。子路好勇，蓋有强其所不知以爲知者，故夫子告之曰：「吾教女以知之之道乎？但所知者則以爲知，所不知者則以爲不知。」如此，則雖或不能盡知，而無自欺之蔽，亦不害其爲知矣。況由此而求之，又有可知之理乎？○南軒曰：「子路勇於進，於知與不知之閒，容有察之未精者，故夫子語之以知之之道。蓋於其所已知與其所未知者，皆能察其實而無自欺，非心平氣和、守約務實者莫之能也。於此而博學、審問、謹思、明辨，則不知者亦將終之知矣。故曰『是知也』，言是乃知之道也。不然，强以不知爲知，是則終身不知而已。」○黄氏曰：「不知爲不知，是知也。其亦有説乎？」曰：「是非之心，智之端也。是是非非見得分明，便是智之發見，而人之所以爲知也。若以是爲非，以非爲是，則是愚暗無識之人也。今有人焉，所知之事則以爲知，所不知之事則以爲不知，乃是非之心自然發見，如此智孰大焉。心之虚明，是非昭著，故夫子以爲是知也。」

子張學干禄。子張，孔子弟子，姓顓孫，名師。干，求也。禄，仕者之奉也。**子曰：「多聞闕疑，慎言其餘，則寡尤；多見闕殆，慎行其餘，則寡悔。言寡尤，行寡悔，禄在其中矣。」**吕氏曰：「疑者所未信，殆者所未安。」程子曰：「尤，罪自外至者也。悔，理自内出者也。」愚謂：多聞見者，學之博；闕疑殆者，擇之精；謹言行者，守之約。凡言在其中者，皆不求而自至之辭。言此以救子張之失而進之也。○程子曰：「修天爵則人爵至，君子言行能謹，得禄之道也。子張學干禄，故告之以此，使定其心而不爲利禄動，若閔顔則無此問矣。」○「子張學干禄」一章，是教人不以干禄爲意。蓋言行所當謹，非欲爲干禄而然也。若真能著實用功，則惟患言行之有悔尤，何暇有干祿之心邪？○南軒曰：「夫謹言行者，非期於得祿，亦非必得祿也。曰『祿在其中』，辭氣不迫，而義則完矣。若告之以士不可以求祿，則理有所未盡，亦非長善救失之方也。」

哀公問曰：「何爲則民服？」孔子對曰：「舉直錯諸枉，則民服；舉枉錯諸直，則民不服。」哀公，魯君，名蔣。凡君問，皆稱「孔子對曰」者，尊君也。錯，捨置也。諸，衆也。程子曰：「舉錯得義，則人心服。」○謝氏曰：「好直而惡枉，天下之至情也。順之則服，逆之則去，必然之理也。然或無道以臨之，則以直爲枉、以枉爲直者多矣，是以君子大居敬而貴窮理也。」

季康子問：「使民敬忠以勸，如之何？」子曰：「臨之以莊則敬，孝慈則忠，舉善而教不能則勸。」季康子，魯大夫季孫氏，名肥。莊，謂容貌端嚴也。臨民以莊，則民敬於己。孝於親，慈於衆，則民忠於己。善者舉之，而不能者教之，則民有所勸而樂於爲善。○南軒曰：「此皆在我所當爲，非爲欲使民敬忠以勸而爲之也。然能如是，則其應蓋有不期然而然者矣。」

或謂孔子曰：「子奚不爲政？」定公初年，孔子不仕，故或人疑其不爲政也。**子曰：「書云孝乎：『惟孝，友于兄弟，施於有政。』是亦爲政，奚其爲爲政？」**書，周書君陳篇。書云孝乎者，言書之言孝如此也。善兄弟曰友。書言君陳能孝於親，友於兄弟，又能推廣此心，以爲一家之政。孔子引之，言如此則是亦爲政矣，何必居位乃爲爲政乎？蓋孔子之不仕，有難以語或人者，故託此以告之。要之至理亦不外是。

子曰：「人而無信，不知其可也。大車無輗，小車無軏，其何以行之哉？」輗，五兮反。軏，音月。○大車，謂平地任載之車。輗，轅端横木，縛軛以駕牛者。小車，謂田車、兵車、乘車。軏，轅端上曲，鉤衡以駕馬者。車無此二者，則不可以行，人而無信，亦猶是也。

子張問：「十世可知也？」王者易姓受命爲一世。子張問：「自此以後，十世之事，可前知乎？」**子曰：「殷因於夏禮，所損益，可知也；周因於殷禮，所損益，可知也；其或繼周者，雖百世可知也。」**馬氏曰：「所因，謂三綱五常。所損益，謂文質三統。」愚案：三綱，謂君爲臣綱、父爲子綱、夫爲妻綱。五常，謂仁義禮智信。文質，謂夏尚忠、商尚質、周尚文。三統，謂夏正建寅爲人統，商正建丑爲地統，周正建子爲天統。三綱五常，禮之大體，三代相繼，皆因之而不能變。其所損益，不過文章制度小過不及之閒，而其已然之迹，今皆可見。則自今以往，或有繼周而王者，雖百世之遠，所因所革，亦不過此，豈但十世而已乎？聖人所以知來者蓋如此，非若後世讖緯術數之學也。○胡氏曰：「子張之問，蓋欲知來，而聖人言其既往者以明之也。夫自修身以至於爲天下，不可一日而無禮。天叙天秩，人所共由，禮之本也。商不能改乎夏，周不能改乎商，所謂天地之常經也。若乃制度文爲，或太過則當損，或不足則當益。益之損之，與時宜之，而所因者不壞，是古今之通義也。因往推來，雖百世之遠，不過如此而已矣。」

子曰：「非其鬼而祭之，諂也。非其鬼，謂非其所當祭之鬼。諂，求媚也。○南軒曰：「祀典自天子至庶人，各有其分，而不可踰，蓋天理也。有是理則有鬼神，若於非當祭而祭，既無其理，何享之有？原其心之所萌，不過爲諂而已。」**見義不爲，無勇也。**」知而不爲，是無勇也。○問：「見義不爲無勇，這亦不爲無所見，但爲之不力，所以爲無勇？」曰：「固是見得是義而爲之不力，亦是見得未明。若已見得分明，則行之自有力。這般處著兩下並看。」○問：「云云。莫是連上句否？」曰：「不須連上句説。凡事見得是義便著做，不獨説祭祀也。」○有問「非鬼而祭」章。答曰：「鬼神之理，雖非始學者所易窮，然亦須識其名義。若以神、示、鬼三字言之，則天之神曰神；地之神曰示，古「祇」字也；人之神曰鬼。若以鬼神二字言之，則神者氣之伸，鬼者氣之屈。氣之方伸者屬陽，故爲神；氣之屈者屬陰，故爲鬼。神者伸也，鬼者歸也。且以人之身論之，生則曰人，死則曰鬼，此生死之大分也。然自生而言之，則自幼而壯，氣之伸也；自壯而老，自老而死，此又伸而屈也。自其死言之，則魂遊魄降，寂無形兆，此氣之屈也；及子孫享祀，以誠感之，則又能來格，此又屈而伸也。」文集

論語集編卷第一

論語集編卷第二

八佾第三 凡二十六章。通前篇末二章，皆論禮樂之事。

孔子謂季氏，「八佾舞於庭，是可忍也，孰不可忍也」？佾，音逸。○季氏，魯大夫季孫氏也。佾，舞列也，天子八、諸侯六、大夫四、士二。每佾人數，如其佾數。或曰：「每佾八人。」未詳孰是。季氏以大夫而僭用天子之樂，孔子言其此事尚忍爲之，則何事不可忍爲？或曰：「忍，容忍也。」蓋深疾之之辭。○范氏曰：「樂舞之數，自上而下，降殺以兩而已，故兩之間，不可以豪髮僭差也。孔子爲政，先正禮樂，則季氏之罪不容誅矣。」謝氏曰：「君子於其所不當爲不敢須臾處，不忍故也。而季氏忍此矣，則雖弑父與君，亦何所憚而不爲乎？」

三家者以雍徹。子曰：「『相維辟公，天子穆穆』，奚取於三家之堂？」徹，直列反。相，去聲。○三家，魯大夫孟孫、叔孫、季孫之家也。雍，周頌篇名。徹，祭畢而收其俎也。天子宗廟之祭，則歌雍以徹，是時三家僭而用之。相，助也。辟公，諸侯也。穆穆，深遠之意，天子之容也。此雍詩之辭，孔子引之，言三家之堂非有此事，亦何取於此義而歌之乎？譏其無知妄作，以取僭竊之罪。○程子曰：「周公之功固大矣，皆臣子之分所當爲，魯安得獨用天子禮樂哉？成王之賜，伯禽之受，皆非也。其因襲之弊，遂使季氏僭八佾，三家僭雍徹，故仲尼譏之。」

子曰：「人而不仁，如禮何？人而不仁，如樂何？」 游氏曰：「人而不仁，則人心亡矣，其如禮樂何哉？言雖欲用之，而禮樂不爲之用也。」○程子曰：「仁者天下之正理。失正理，則無序而不和。」李氏曰：「禮樂待人而後行，苟非其人，則雖玉帛交錯，鍾鼓鏗鏘，亦將如之何哉？」然記者序此於「八佾」「雍徹」之後，疑其爲僭禮樂者發也。○問：「禮樂不爲用，是如何？」曰：「不仁之人，渾是一團私意，自不奈禮樂何。禮樂須是中和温厚底人方行得，若不仁之人，與禮樂不相關，安得爲之用？中心斯須不和不樂，則鄙詐之心入之；外貌斯須不莊不敬，則慢易之心入之。既不和樂、不莊敬，如何行得禮樂？」○問：「游氏之説，則指在外禮樂言之，如玉帛鐘鼓之類；程子所謂無序不和，則主内者言之，如何？」曰：「兩説只是一意。在我者既無序而不和，在外之禮樂亦不爲我用。」○問：「仁者，心之德也。不仁之人，心德既亡，方寸之中絶無天理，平日運量酬酢，盡是非僻邪淫之氣，無復本心之正。如此等人，雖周旋於玉帛鐘鼓之間，其如禮樂何？」先生曰：「然。」○南軒曰：「此聖人使人知禮樂之原也。不仁之人雖欲爲禮樂，其如禮樂何？蓋是心存而後敬與和生焉，禮樂之所由興也。」

林放問禮之本。 林放，魯人。見世之爲禮者，專事繁文，而疑其本之不在是也，故以爲問。

子曰：「大哉問！ 孔子以時方逐末，而放獨有志於本，故大其問。蓋得其本，則禮之全體無不在其中矣。**禮，與其奢也，寧儉；喪，與其易也，寧戚。**」易，去聲。○易，治也。孟子曰：「易其田疇。」在喪禮，則節文習熟，而無哀痛慘怛之實者也。戚則一於哀，而文不足耳。禮貴得中，奢易則過於文，儉戚則不及而質，二者皆未合禮。然凡物之理，必先有質而後有文，則質乃禮之本也。○范氏曰：「夫祭，與其敬不足而禮有餘也，不若禮不足而敬有餘也；喪，與其哀不足而禮有餘也，不若禮不足而哀有餘也。禮失之奢，喪失之易，皆不能反本而隨其末故也。禮奢而備，不若儉而不備之愈也；喪易而文，不若戚而不文之愈也。儉者物之質，戚者心之誠，故爲禮之本。」楊氏曰：「禮始諸飲食，故汙尊而抔飲，爲之簠簋籩豆罍爵之飾，所以文之也，則其本儉而已；喪不可以徑情而直行，爲之衰麻哭踊之數，所以節之也，則其本戚而已。周衰，世方以文滅質，而林放獨能問禮之本，故夫子大之，而告之以此。」○黄氏曰：「夫子於禮，但言從周，未見其從質也。今乃以儉與戚爲可尚，何也？」「聖人因俗之弊感放之意而爲是言也。然其辭必曰『與其奢也，寧儉；與其易也，寧戚』，則本非以儉戚爲可尚，特與其流於文弊，則寧如此耳。其言之抑揚，得其中正如此，所以爲無弊也。」

子曰：「夷狄之有君，不如諸夏之亡也。」吴氏曰：「亡，古『無』字，通用。」程氏曰：「夷狄且有君長，不如諸夏之僭亂，反無上下之分也。」○尹氏曰：「孔子傷時之亂而歎之也。亡，非實亡也，雖有之，不能盡其道爾。」

**季氏旅於泰山。子謂冉有曰：「女弗能救與？」對曰：「不能。」子曰：「嗚呼！曾

謂泰山不如林放乎？」女，音汝。與，平聲。○旅，祭名。泰山，山名，在魯地。禮，諸侯祭封内山川。季氏祭之，僭也。冉有，孔子弟子，名求，時爲季氏宰。救，謂救其陷於僭竊之罪。嗚呼，歎辭。言神不享非禮，欲季氏知其無益而自止，又進林放以厲冉有也。○范氏曰：「冉有從季氏，夫子豈不知其不可告也，然而聖人不輕絶人。盡己之心，安知冉有之不能救、季氏之不可諫也？既不能正，則美林放以明泰山之不可誣，是亦教誨之道也。」

子曰：「君子無所争，必也射乎！揖讓而升，下而飲，其争也君子。」飲，去聲。○揖讓而升者，大射之禮，耦進三揖而後升堂也。下而飲，謂射畢揖降，以俟衆耦皆降，勝者乃揖，不勝者升，取觶立飲也。言君子恭遜不與人争，惟於射而後有争。然其争也，雍容揖遜乃如此，則其争也君子，而非若小人之争矣。○南軒曰：「争生於有己，君子克己者也，是以無所争。惟射疑於可争，而君子之於射，於以正己而觀德耳。揖遜而升，揖遜而下，揖遜而飲，其雍容辭遜，自反而下人之意蓋如此。然則君子其争乎？於射而不争，則他可知矣。」

子夏問曰：「『巧笑倩兮，美目盼兮，素以爲絢兮。』何謂也？」倩，七練反。盼，普莧反。絢，呼縣反。○此逸詩也。倩，好口輔也。盼，目黑白分也。素，粉地，畫之質也。絢，采色，畫之飾也。言人有此倩盼之美質，而又加以華采之飾，如有素地而加采色也。子夏疑其反謂以素爲飾，故問之。**子曰：「繪事後素。」**繪，胡對反。○繪事，繪畫之事也。後素，後於素也。

考工記曰：「繪畫之事後素功。」謂先以粉地爲質，而後施五采，猶人有美質，然後可加文飾。

曰：「禮後乎？」子曰：「起予者商也，始可與言詩已矣。」禮必以忠信爲質，猶繪事必以粉素爲先。起，猶發也。起予，言能起發我之志意。謝氏曰：「子貢因論學而知詩，子夏因論詩而知學，故皆可與言詩。」○楊氏曰：「『甘受和，白受采，忠信之人，可以學禮。苟無其質，理不虚行。』此『繪事後素』之説也。孔子曰『繪事後素』，而子夏曰『禮後乎』，可謂能繼其志矣。非得之言意之表者能之乎？商賜可與言詩者以此。若夫玩心於章句之末，則其爲詩也固而已矣。所謂起予，則亦相長之義也。」○南軒曰：「凡禮之生，生於質也，無其質，則禮安從施？夫素雖待於絢，然素所以有絢也，無其素，則何絢之有？曰『繪事後素』者，謂質爲之先，而文爲後也。子夏於此知禮之爲後，可謂能默會於意言之外矣。」

子曰：「夏禮吾能言之，杞不足徵也。殷禮吾能言之，宋不足徵也。文獻不足故也，足則吾能徵之矣。」杞，夏之後。宋，商之後。徵，證也。文，典籍也。獻，賢也。言二代之禮，我能言之，而二國不足取以爲證，以其文獻不足故也。文獻若足，則我能取之，以證吾言矣。

子曰：「禘自既灌而往者，吾不欲觀之矣。」禘，大計反。○趙伯循曰：「禘，王者之大祭也。王者既立始祖之廟，又推始祖所自出之帝，祀之於始祖之廟，而以始祖配之也。成王以周公有大勲勞，賜魯重祭，故得禘於周公之廟，以文王爲所出之帝，而周公配之。然非禮矣。」灌者，方祭之始，用鬱鬯之酒灌地，以降神也。魯之君臣，當此之時，誠意未散，猶有可觀，自此以後，則浸以懈怠，而無足觀矣。蓋魯祭非禮，孔子本不欲觀，至此而失禮之中又失禮焉，故發此歎也。○謝氏曰：「夫子嘗曰：『吾欲觀夏道，是故之杞，而不足徵也；我欲觀商道，是故之宋，而不足徵也。』又曰：『我觀周道，幽厲傷之，吾舍魯何適矣？魯之郊禘非禮也，周公其衰矣！』考之杞宋已如彼，考之當今又如此，孔子所以深歎也。」

或問禘之說。子曰：「不知也。知其說者之於天下也，其如示諸斯乎！」指其掌。先王報本追遠之意，莫深於禘。非仁孝誠敬之至，不足以與此，非或人之所及也。而不王不禘之法，又魯之所當諱者，故以不知答之。示，與「視」同。指其掌，弟子記夫子言此而自指其掌，言其明且易也。蓋知禘之說，則理無不明，誠無不格，而治天下不難矣。聖人於此，豈真有所不知也哉？

祭如在，祭神如神在。程子曰：「祭，祭先祖也。祭神，祭外神也。祭先主於孝，祭神主於敬。」朱子曰：「此門人記孔子祭祀之誠意。」**子曰：「吾不與祭，如不祭。」**與，去聲。○又記孔子之言以明之。言己當祭之時，或有故不得與，而使他人攝之，則不得致其如在之誠。故雖已祭，而此心缺然，如未嘗祭也。○范氏曰：「君子之祭，七日戒，三日齋，必見所祭者，誠之至也。是故郊則天神格，廟則人鬼享，皆由己以致之也。有其誠則有其神，無其誠則無其神，可不謹乎？『吾不與祭，如不祭』，誠爲實，禮爲虛也。」

王孫賈問曰：「與其媚於奧，寧媚於竈，何謂也？」王孫賈，衛大夫。媚，親順也。室西南隅爲奥。竈者，五祀之一，夏所祭也。凡祭五祀，皆先設主而祭於其所，然後迎尸而祭於奥，略如祭宗廟之儀。如祀竈，則設主於竈陘，祭畢，而更設饌於奥以迎尸也。故時俗之語，因以奥有常尊而非祭之主，竈雖卑賤而當時用事，喻自結於君不如阿附權臣也。賈，衛之權臣，故以此諷孔子。**子曰：「不然，獲罪於天，無所禱也。」**天，即理也，其尊無對，非奥竈之可比也。逆理，則獲罪於天矣，豈媚於奥竈所能禱而免乎？言但當順理，非特不當媚竈，亦不可媚於奥也。○謝氏曰：「聖人之言，遜而不迫。使王孫賈而知此意，不爲無益；使其不知，亦非所以取禍。」○愚謂：聖人道大德洪如天地，故其發言，渾渾乎如元氣之運。然於門人弟子，則或峻其辭以規儆之，如曰「野哉由也」，如曰「小人哉樊須也」，如曰「予之不仁也」，蓋其視門人弟子如子弟，其有過，但當峻責。若一時權臣小人，平日未嘗相乎[二]，一旦發非理之問，聖人之答之也，既不可順指以求合，又不可忤意而招禍，故其言從容巽順，若無所觸忤，然皆本乎正理，而未嘗有一豪之阿徇。如答王孫賈，曰「獲罪於天，無所禱也」；答陽貨，曰「吾將仕矣」，皆是此意。王孫賈，衛之權臣，聖人「獲罪於天」之語，儆之深矣。然他日稱衛靈公之不亡，則以其國有人之故，而王孫賈治軍旅亦與焉。蓋其人雖不善，至於治兵則其所長，此又憎而知其善之意。聖人之心，至公如天地，此其

[二] 相，原作「未」，乾隆本、同治本、薈要本同，據四庫本改。

一事也。

子曰：「周監於二代，郁郁乎文哉！吾從周。」郁，於六反。○監，視也。二代，夏、商也。言其視二代之禮而損益之。郁郁，文盛貌。○尹氏曰：「三代之禮至周大備，夫子美其文而從之。」

子入大廟，每事問。或曰：「孰謂鄹人之子知禮乎？入大廟，每事問。」子聞之，曰：「是禮也。」大，音泰。鄹，則留反。○大廟，魯周公廟。此蓋孔子始仕之時，入而助祭也。鄹，魯邑名。孔子父叔梁紇，嘗爲其邑大夫。孔子自少以知禮聞，故或人因此而譏之。孔子言是禮者，敬謹之至，乃所以爲禮也。○尹氏曰：「禮者，敬而已矣。雖知亦問，謹之至也，其爲敬莫大於此。謂之不知禮者，豈足以知孔子哉？」

子曰：「射不主皮，爲力不同科，古之道也。」爲，去聲。○射不主皮，鄉射禮文。爲力不同科，孔子解禮之意如此也。皮，革也，布侯而棲革於其中以爲的，所謂鵠也。科，等也。古者射以觀德，但主於中，而不主於貫革，蓋以人之力有强弱，不同等也。記曰：「武王克商，散軍郊射，而貫革之射息。」正謂此也。周衰，禮廢，列國兵争，復尚貫革，故孔子歎之。○楊氏曰：「中可以學而能，力不可以强而至。聖人言古之道，所以正今之失。」

子貢欲去告朔之餼羊。去，起吕反。告，古篤反。餼，許氣反。○告朔之禮：古者天子常以季冬頒來歲十二月之朔于諸侯，諸侯受而藏之祖廟。月朔，則以特羊告廟，請而行之。餼，生牲也。魯自文公始不視朔，而有司猶供此羊，故子貢欲去之。**子曰：「賜也，爾愛其羊，我愛其禮**[二]**。」**愛，猶惜也。子貢蓋惜其無實而妄費。然禮雖廢，羊存，猶得以識之而可復焉。若并去其羊，則此禮遂亡矣，孔子所以惜之。○楊氏曰：「告朔，諸侯所以稟命於君親，禮之大者。魯不視朔矣，然羊存則告朔之名未泯，而其實因可舉。此夫子所以惜之也。」

子曰：「事君盡禮，人以爲諂也。」黄氏曰：「孔子於事君之禮，非有所加也，如是而後盡耳。時人不能，反以爲諂。故孔子言之，以明禮之當然也。」○程子曰：「聖人事君盡禮，當時以爲諂。若他人言之，必曰我事君盡禮，小人以爲諂，而孔子之言止於如此。聖人道大德宏，此亦可見。」○案鄉黨：「君在，踧踖如也，與與如也。」「足躩如也，其言似不足者。攝齊升堂，鞠躬如也，屏氣似不息者。出，降一等，逞顔色，怡怡如也。没階趨，翼如也。復其位，踧踖如也。」「吉月，必朝服而朝。」「君賜食，必正席先嘗之。」「侍食於君，君祭，先飯。疾，君視之，東首，加朝服，拖紳。」「君命召，不俟駕行矣。」又曰：「拜下，禮也；今拜乎上，泰也。雖違衆，吾從下。」凡此皆所謂事君之禮。

[二] 我，原作「吾」，乾隆本、同治本同，據薈要本、四庫本、宋當塗郡齋本論語集注卷二改。

定公問：「君使臣，臣事君，如之何？」孔子對曰：「君使臣以禮，臣事君以忠。」定公，魯君，名宋。二者皆禮之當然，各欲自盡而已。○呂氏曰：「使臣不患其不忠，患禮之不至；事君不患其無禮，患忠之不足。」尹氏曰：「君臣以義合者也，故君使臣以禮，則臣事君以忠。」○南軒曰：「使臣以禮，如所謂敬大臣、體羣臣之類是也；事君以忠，如所謂無以有己、有犯無隱之類是也。」

子曰：「關雎，樂而不淫，哀而不傷。」樂，音洛。○關雎，周南國風，詩之首篇也。淫者，樂之過而失其正者也。傷者，哀之過而害於和者也。關雎之詩，言后妃之德，宜配君子。求之未得，則不能無寤寐反側之憂；求而得之，則宜其有琴瑟鍾鼓之樂。蓋其憂雖深而不害於和，其樂雖盛而不失其正，故夫子稱之如此。欲學者玩其辭，審其音，而有以識其性情之正也。○南軒曰：「哀樂，情之爲也，而其理具於性。樂而至於淫，哀而至於傷，則是情之流而性之汩矣；樂而不淫，哀而不傷，發不踰，則性情之正也。非養之有素者，其能然乎？關雎之詩，樂得淑女以配君子，至於琴瑟友之，鍾鼓樂之，所謂樂而不淫也；哀窈窕，思賢才，至於寤寐思服，展轉反側，所謂哀而不傷也。玩其辭，又可不深體於性情之際乎？」

哀公問社於宰我。宰我對曰：「夏后氏以松，殷人以柏，周人以栗，曰使民戰栗。」宰我，孔子弟子，名予。三代之社不同者，古者立社，各樹其土之所宜木以爲主也。戰栗，恐懼貌。宰我又言周所以用栗之意如此，豈以古者戮人於社，故附會其説與？**子聞之曰：「成事不説，遂**

事不諫，既往不咎。」遂事，謂事雖未成，而勢不能已者。孔子以宰我所對，非立社之本意，又啓時君殺伐之心，而其言已出，不可復救，故歷言此以深責之，欲使謹其後也。○尹氏曰：「古者各以所宜木名其社，非取義於木也。宰我不知而妄對，故夫子責之。」

子曰：「管仲之器小哉！」管仲，齊大夫，名夷吾，相桓公霸諸侯。器小，言其不知聖賢大學之道，故局量褊淺，規模卑狹，不能正身修德以致主於王。**或曰：「管仲儉乎？」曰：「管氏有三歸，官事不攝，焉得儉？」**焉，於虔反。○或人蓋疑器小之爲儉。三歸，臺名，事見説苑。攝，兼也。家臣不能具官，一人常兼數事。管仲不然，皆言其侈。**「然則管仲知禮乎？」曰：「邦君樹塞門，管氏亦樹塞門；邦君爲兩君之好，有反坫，管氏亦有反坫。管氏而知禮，孰不知禮？」**好，去聲。坫，丁念反。○或人又疑不儉爲知禮。屏謂之樹。塞，猶蔽也。設屏於門，以蔽内外也。好，謂好會。坫，在兩楹之閒，獻酬飲畢，則反爵於其上。此皆諸侯之禮，而管仲僭之，不知禮也。○愚謂：孔子譏管仲之器小，其旨深矣。或人不知而疑其儉，故斥其奢以明其非儉；或又疑其知禮，故又斥其僭，以明其不知禮。蓋雖不復明言小器之所以然，而其所以小者，於此亦可見矣。故程子曰：「奢而犯禮，其器之小可知。蓋器大，則自知禮而無此失矣。」此言當深味也。蘇氏曰：「自修身正家以及於國，則其本深，其及者遠，是謂大器。揚雄所謂『大器猶規矩準繩，先自治而後治人』者是也。管仲三歸、反坫，桓公内嬖六人，而霸天下，其本固已淺矣。管仲死，桓公薨，天下不復宗齊。」楊氏曰：「夫子大管仲之功而小其器。蓋非王佐之才，雖能合諸侯、正天下，其器不足稱也。道學不明，而王霸之略混爲一途。故聞管仲之器小，則疑其爲儉，以不儉告之，則又疑其知禮。蓋世方以詭遇爲功，而不知爲之範，則不悟其小宜矣。」

子語魯大師樂，曰：「樂其可知也：始作，翕如也；從之，純如也，皦如也，繹如也，以成。」語，去聲。大，音泰。從，音縱。○語，告也。大師，樂官名。時音樂廢缺，故孔子教之。翕，合也。從，放也。純，和也。皦，明也。繹，相續不絶也。成，樂之一終也。○謝氏曰：「五音六律不具，不足以爲樂。『翕如』，言其合也。五音合矣，清濁高下，如五味之相濟而後和，故曰『純如』。合而和矣，欲其無相奪倫，故曰『皦如』。然豈宮自宮而商自商乎？不相反而相連，如貫珠可也，故曰『繹如也，以成』。」

儀封人請見。曰：「君子之至於斯也，吾未嘗不得見也。」從者見之。出曰：「二三子何患於喪乎？天下之無道也久矣，天將以夫子爲木鐸。」「請見」「見之」之「見」，賢遍反。從、喪，皆去聲。○儀，衛邑。封人，掌封疆之官，蓋賢而隱於下位者也。君子，謂當時賢者。至此皆得見之，自言其平日不見絶於賢者，而求以自通也。見之，謂通使得見。喪，謂失位去國，禮曰「喪欲速貧」是也。木鐸，金口木舌，施政教時所振，以警衆者也。言亂極當治，天必將使夫子得位設教，不久失位也。封人一見夫子而遽以是稱之，其所得於觀感之閒者深矣。或曰：「木鐸所以徇于道路，言天使夫子失位，周流四方以行其教，如木鐸之徇于道路也。」

子謂韶，「盡美矣，又盡善也」。謂武，「盡美矣，未盡善也」。韶，舜樂。武，武王樂。美者，聲容之盛。善者，美之實也。舜紹堯致治，武王伐紂救民，其功一也，故其樂皆盡美。然舜之德，性之也，又以揖遜而有天下；武王之德，反之也，又以征誅而得天下，故其實有不同者。○程子曰：「成湯放桀，惟有慚德，武王亦然，故未盡善。堯舜、湯武，其揆一也。征伐非其所欲，所遇之時然爾。」

子曰：「居上不寬，爲禮不敬，臨喪不哀，吾何以觀之哉？」居上主於愛人，故以寬爲本。爲禮以敬爲本，臨喪以哀爲本。既無其本，則以何者而觀其所行之得失哉？

里仁第四 凡二十六章。

子曰：「里仁爲美。擇不處仁，焉得知？」處，上聲。焉，於虔反。知，去聲。○里有仁厚之俗爲美。擇里而不居於是焉，則失其是非之本心，而不得爲知矣。○謝氏曰：「孟子因擇術嘗引此矣，故繼之曰：『夫仁，天之尊爵也，人之安宅也。莫之禦而不仁，是不智也。』今當以此論爲證。」○問：「謝氏之説如何？」朱子曰：「聖人本語，只是説『居必擇鄉，游必擇士』之意。」○南軒曰：「里，居也。里仁爲美，言人以居仁爲美也。人以居仁爲美，苟不知擇而處焉，是不智也。擇而處之，乃利仁之事，然處之之久，則將安之矣。」○愚案：三先生之説不同，正當參繹。

子曰：「不仁者不可以久處約，不可以長處樂。仁者安仁，知者利仁。」樂，音洛。知，去聲。○約，窮困也。利，猶貪也，蓋深知篤好而必欲得之也。不仁之人，失其本心，久約必濫，久樂必淫。惟仁者則安其仁而無適不然，知者則利於仁而不易所守，蓋雖深淺之不同，然皆非外物所能奪矣。○謝氏曰：「仁者心無内外遠近精粗之閒，非有所存而自不亡，非有所理而自不亂，如目視而耳聽，手持而足行也。知者謂之有所見則可，謂之有所得則未可。有所存斯不亡，有所理斯不亂，未能無意也。安仁則一，利仁則二。安仁者，非顏閔以上，去聖人爲不遠，不知此味也。諸子雖有卓越之才，謂之見道不惑則可，然未免於利之也。」○先生再三誦「安仁則一，利仁則二」之語，以爲解中未有及此者，因歎云：「此公見識直是高。」○問：「利仁莫是南軒所謂有所爲而爲者否？」曰：「有所爲而爲，不是好底，與知者利仁不同。」○仁者溫厚篤實，義理自然充足，不待思而爲之，而所爲皆是義理，其心常怡怡地，所謂仁也；智者即有是非而取正於義理，以求其是而去其非，所謂智也。○安仁不知有仁，如腰之忘帶，足之忘屨；利仁者，是見得就之則利，違之則害。○非顏閔以上不知此味，到顏閔地位知得此味，猶未到安處也。○南軒曰：「自非上智生知之流，則利仁之事正所當用力耳。」

子曰：「惟仁者能好人，能惡人。」好、惡，皆去聲。○惟之爲言，獨也。蓋無私心，然後好惡當於理，程子所謂「得其公正」是也。○游氏曰：「好善而惡惡，天下之同情，然人每失其正者，心有所繫而不能自克也。惟仁者無私心，所以能好惡也。」○「公正」字相少不得，公是心裏公，正是好惡當理。

子曰：「苟志於仁矣，無惡也。」惡，如字。○苟，誠也。志者，心之所之也。其心誠在於仁，則必無爲惡之事矣。○楊氏曰：「苟志於仁，未必無過舉也，然而爲惡則無矣。」○或問：「或以『惡』字爲去聲，爲志於仁無所嫉惡，如何？」曰：「上章適言『惟仁者能好人，能惡人』，則仁人曷嘗無所好惡哉？今曰無惡，然則謂其獨有所好，可乎？故胡氏力排其說，以爲貪無惡之美名，失仁人之公道，非知仁者，蓋得之矣。然此又有説焉。蓋仁固公矣，而主於愛，故仁者於物之當好者，則忻然悦而好之，有所不得不惡者，則惻然不得已而惡之，是亦好惡各當其物，而愛之理未嘗不行乎好惡之閒也。以此而觀，則胡氏之言其亦未免於偏歟。」○先生問學者：「『苟志於仁矣，無惡也』，與『士志於道，而恥惡衣惡食者，未足與議也』，前言志於仁則無惡，後言志於道而猶有此病，其志則一，而其病不同，如何？」諸生言不合。先生曰：「仁是最切身底道理，志於仁，大段是親切做工夫底，所以必無惡。志於道，則説得來闊，凡人有心向學，皆志於道也。若雖有志而泛泛不切，則未必不爲外物所動。」○南軒曰：「志於仁則無不善，蓋元者善之長，存乎此，則何惡之有？」

子曰：「富與貴是人之所欲也，不以其道得之，不處也；貧與賤是人之所惡也，不以其道得之，不去也。惡，去聲。○不以其道得之，謂不當得而得之。然於富貴則不處，於貧賤則不去，君子之審富貴而安貧賤也如此。○南軒曰：「於人之所欲而不處，於人之所惡而不去，蓋其欲惡有大於富貴貧賤者，惟道所在而已。」**君子去仁，惡乎成名？**惡，平聲。○言君子所以爲君子，以其仁也。若貪富貴而厭貧賤，則是自離其仁，而無君子之實矣，何所成其名乎？**君子無終食之間違仁，造次必於是，顛沛必於是。」**造，七到反。沛，音貝。○終食者，一飯之頃。造次，急遽苟且之時。顛沛，傾覆流離之際。蓋君子之不去乎仁如此，不但富貴、貧賤取舍之閒而已也。○言君子爲仁，自富貴、貧賤取舍之閒，以至於終食、造次、顛沛之頃，無時無處而不用其力也。然取舍之分明，然後存養之功密；存養之功密，則其取舍之分益明矣。○去仁，如「孟子去齊」之「去」，我原有此仁，而自離去之也。上聲非。○富貴、貧賤方是就粗處說，終食不違以後方說得細密。然不先立得粗底根脚，後面許多細密工夫更無安頓處。須是先能於富貴不處、於貧賤不去，方可說上至細處去。若見利則趨，見便則奪，更說甚麼？正如「貧而無諂，富而無驕」與「貧而樂，富而好禮」相似，若未能無諂無驕，如何說得樂好禮？○愚案：此章當作三節看。處富貴、貧賤之閒而不苟，此一節猶是粗底工夫。至終食不違又是一節，乃是存心養性細密底工夫。然猶是平居暇日之事，可以勉而至者。至於造次急遽之時、患難傾覆之際，若非平時存養得已熟，至此鮮有不失其本心者。到此而猶不違，乃是至細至密工夫，其去安仁地位已不遠矣。然此三節乃進德之始終，若無粗底工夫作根脚基址，豈有能進於細密之地者？故必以審富貴、安貧賤爲本，然後能進於終食不違之地；能終食不違矣，然後能進於造次顛沛不違之地。用工之序蓋如此，正與無諂無驕、樂與好禮相似，當參考而熟玩也。○又曰：「心純是理，即是不違仁；雜以私慾，便是違仁。」

子曰：「我未見好仁者、惡不仁者。好仁者，無以尚之；惡不仁者，其爲仁矣，不使不仁者加乎其身。好、惡，皆去聲。○夫子自言未見好仁者、惡不仁者。蓋好仁者真知仁之可好，故天下之物無以加之；惡不仁者真知不仁之可惡，故其所以爲仁者，必能絶去不仁之事，而不使少有及於其身。此皆成德之事，故難得而見之也。**有能一日用其力於仁矣乎？我未見力不足者。**言好仁惡不仁者，雖不可見，然或有人果能一日奮然用力於仁，則我又未見其力有不足者。蓋爲仁由己，欲之則是，而志之所至，氣必至焉。故仁雖難能，而至之亦易也。**蓋有之矣，我未之見也。」**蓋，疑辭。有之，謂有用力而力不足者。蓋人之氣質不同，故疑亦容或有此昏弱之甚、欲進而不能者，但我偶未之見耳。蓋不敢終以爲易，而又歎人之莫肯用力於仁也。○此章言仁之成德，雖難其人，然學者苟能實用其力，則亦無不可至之理。但用力而不至者，今亦未見其人焉，此夫子所以反覆而歎息之也。○或問：「『無以尚之』之義如何？」曰：「李氏曰：『好仁如好色，舉天下之物，未有以尚之者。有以尚之，則其好可移矣。』」曰：「爲仁亦用力乎？」曰：「蘇氏言之矣。蘇氏曰：『仁之可好，甚於美色；不仁之可惡，甚於惡臭。而人終不知所趨避者，物有以蔽塞之也。解其蔽，達其塞，不用力可乎？故曰「自勝者强」，又曰「克己復禮爲仁」。』」○問：「好仁者不幾於安乎？」曰：「未也。好仁惡不仁者，利仁之事。」○問「有能一日用其力」。曰：「此心散謾放肆，一聳動時便在這裏，雖曰用力，却不大故用力。」○問集注云云。曰：「須是立志爲先，這氣便隨他志。如大將指揮一出，三軍皆隨。若能立志，氣皆由我便。人之所以萎茶柔弱，只是志不立。志立，氣便生。若真個要求仁，豈患力不足？」有引范氏曰「惡不仁者，不若好仁之爲美」，又援吕氏説，以爲惡不仁者劣於好仁。曰：「好仁、惡不仁，不必分優劣。聖人謂好仁者無以尚之，非以好仁者不可過也，謂人之好仁如好好色，更無以尚之者，此純於好仁者也。其曰惡不仁者，其爲仁矣，不使不仁者加乎其身者。惡不仁如惡惡臭，惟恐惡臭之及吾身，此誠於惡不仁者也。」○南軒曰：「既曰『有能一日用其力於仁矣乎？我未見力不足者』，又曰『蓋有之矣，我未之見也』，所以待天下與勉學者之意，反覆抑揚，可謂弘大而深切矣。」愚案：南軒之説謂蓋有用力於仁者，但我猶未之見耳，似得聖人忠厚之意，更詳之。

子曰：「人之過也，各於其黨。觀過，斯知仁矣。」黨，類也。程子曰：「人之過也，各於其類。君子常失於厚，小人常失於薄；君子過於愛，小人過於忍。」尹氏曰：「於此觀之，則人之仁不仁可知矣。」○吴氏曰：「後漢吴祐謂『掾以親故，受汙辱之名』，所謂觀過知仁是也。」愚案：此亦但言人雖有過，猶可即此而知其厚薄，非謂必俟其有過，而後賢否可知也。○或問觀過之説。曰：「劉氏之説亦善，曰：『周公使管叔監殷，而管叔以殷叛；魯昭公實不知禮，而孔子以爲知禮，實過也。然周公愛其兄，孔子厚其君，乃所以爲仁也。』」○所謂君子過於厚與愛者，雖然是過，然其血脉猶是從仁中來；小人之過於薄與忍，便是失其本心矣。又曰：「厚與愛畢竟從仁上發來，其苗脉可見。」○禮記謂：「仁者之過易辭。」仁者之過，只是事上差錯，故易説；不仁之過是有私意，故難説。此亦觀過知仁意。○聖人之言寬舒，無所偏失。如云「觀過，斯知仁矣」，猶曰觀人之過，足知夫仁之所存也。若於此而欲求仁之體，則失聖人之本意矣。禮記「與人聞過」之言，説得大巧，失於迫切。○問：「南軒韋齋記以黨爲偏，其説以爲：『偏者過之所由生也，觀者用力之妙也，覺吾之偏在是，從而觀之，則仁可識矣。』此説如何？」先生不以爲然。○愚案：語説今本與朱子集注略同。又答學者問曰：「後來玩伊川先生之説，乃見前説甚有病。來説云云，大似釋氏講學，不可潦草看過，須是仔細玩味，方見聖人當時立言意思。過於厚者，謂之仁則不可，然心之不遠者可知，比夫過於薄，甚至於爲忮爲忍者，其相去不亦遠乎？請用此意體認，乃見仁之所以爲仁之意，不至渺茫恍惚矣。」詳此，則韋齋記之云，非其定論也。

子曰：「朝聞道，夕死可矣。」道者，事物當然之理。苟得聞之，則生順死安，無復遺恨矣。朝夕，所以甚言其時之近。○程子曰：「言人不可以不知道，苟得聞道，雖死可也。」又曰：「皆實理也，人知而信者爲難。死生亦大矣，非誠有所得，豈以夕死爲可乎？」○或問：「朝聞夕死，得無近於釋氏之説乎？」曰：「吾之所謂道者，君臣、父子、夫婦、昆弟、朋友當然之實理也。彼之所謂道，則以此爲幻爲妄而絶滅之，以求其所謂清浄寂滅者也。人事當然之實理，乃人之所以爲人而不可以不聞者，故朝聞之而夕死，亦可以無所憾。若彼之所謂清浄寂滅者，則初無取效於人生之日用，其急於聞者，轉懼夫死之將至，而欲倚是以敵之耳。故程子於此，專以實見實理、義重於生與人之所以爲人者爲説，其旨亦深切矣。」○南軒曰：「所謂聞道者，蓋涵養體察、積習精深而自得於實理，非若異端驚怪恍惚、超詣直入之論也。」○案集義程子曰：「聞道，知所以爲人也；夕死可矣，是不虚生也。」又曰：「苟有聞道夕死可矣之志，則不肯一日安於不安，何止一日，須臾不能。如曾子易簀，須要如此乃安。人不能若此者，只爲不見實理。實理者，實見得是，實見得非，見實理得之於心自別。若耳聞也，道者心實不見，若見得，必不肯安於此。」又曰：「古人有捐軀隕命者，若不實見得，則烏能如此？須是實見得生不重於義，生不安於死也，故有殺身成仁者，只是成就一箇是而已。」程子之説如此，朱子所取其略也。

子曰：「士志於道，而恥惡衣惡食者，未足與議也。」心欲求道，而以口體之奉不若人爲恥，其識趣之卑陋甚矣，何足與議於道哉？○程子曰：「志於道，而心役乎外，何足與議也？」○愚謂：志於道者，心存於義理也；恥衣食之惡者，心存於物欲也。理之與欲，不能兩立，故聖人以此爲戒也。南軒嘗云：「天下無閒界底道理。欲做好人，則不可望快活；要快活，則做不得好人。」此之謂也。南軒之言雖粗，然學者必須於此分別得明白，然後可以進道，不然則亦徒説而已。顔子一簞食，一瓢飲，不改其樂，此是不恥惡食；子路緼袍與衣狐貉者立而不恥，此是不恥惡衣。前輩有云：「咬得菜根，何事不可爲？」是亦此意。○或問：「恥惡衣惡食，其未免於求飽求安之累者乎？」曰：「此固然也。然求飽與安，猶有適乎口體之實；此則非以其不可衣且飽也，特以其不美於觀聽而自惡焉。若謝氏所謂『食前方丈，則對客泰然；蔬食菜羹，則不出諸户』者，其識見卑凡，又在求飽與安者之下矣。志於道而猶不免乎是焉，則其志亦何足道哉？」

子曰：「君子之於天下也，無適也，無莫也，義之與比。」適，丁歷反。比，必二反。○適，專主也，春秋傳曰「吾誰適從」是也。莫，不肯也。比，從也。○謝氏曰：「適，可也。莫，不可也。無可無不可，苟無道以主之，不幾於猖狂自恣乎？此佛老之學，所以自謂心無所往而能應變，而卒得罪於聖人也。聖人之學不然，於無可無不可之閒，有義存焉。然則君子之心，果有所倚乎？」○南軒曰：「適、莫，兩端也，適則有所必，莫則無所主，蓋不失之於此，則失之於彼，鮮不倚於一偏也。夫義者，人之正路，倚於一偏，則莫能遵於正路矣。惟君子之心無適也，而亦無莫也，其於天下，惟義之親而已。蓋天下事事物物皆有義焉，存於中而形於外也。無適無莫而義之與比，非窮理之明、克己之至者，不能及此。若夫異端之學，則初欲爲無適莫而不知有義存焉，故徇其私意以爲可否，而其無適無莫者，乃所以爲有適有莫，而卒墮於一偏也。」○黄氏曰：「於天下言天下之事，無不然，如出處去就以至立政用人之類，皆在其中，惟義之從而已，不可先懷適莫之念也。知此則漸進於絶四之地矣。」

子曰：「君子懷德，小人懷土；君子懷刑，小人懷惠。」懷，思念也。懷德，謂存其固有之善。懷土，謂溺其所處之安。懷刑，謂畏法。懷惠，謂貪利。君子、小人趣向不同，公私之閒而已。○尹氏曰：「樂善、惡不善，所以爲君子；苟安、務得，所以爲小人。」○或問：「君子、小人，安知不以位言邪？」曰：「以例求之，凡言君子、小人而相反者，則善惡之謂，如周比、和同之類是也。」又問：「懷刑之説以爲惡不善，何也？」曰：「樂善、惡不善，猶曰好仁、惡不仁也。必以刑爲言，則猶管仲所謂『畏威如疾』之謂耳。」○南軒曰：「懷德、懷刑，好善、惡惡之公心也；懷土、懷惠，苟安、務得之私意也。」

子曰：「放於利而行，多怨。」放，上聲。○孔氏曰：「放，依也。」多怨，謂多取怨。○程子曰：「欲利於己，必害於人，故多怨。」

子曰：「能以禮讓爲國乎？何有？不能以禮讓爲國，如禮何？」讓者，禮之實也。何有，言不難也。言有禮之實以爲國，則何難之有？不然，則其禮文雖具，亦且無如之何矣，而況於爲國乎？

子曰：「不患無位，患所以立；不患莫己知，求爲可知也。」所以立，謂所以立乎其位者。可知，謂可以見知之實。○程子曰：「君子求其在己者而已矣。」

子曰：「參乎！吾道一以貫之。」曾子曰：「唯。」參，所金反。唯，上聲。○「參乎」者，呼曾子之名而告之。貫，通也。唯者，應之速而無疑者也。聖人之心，渾然一理，而泛應曲當，用各不同。曾子於其用處，蓋已隨事精察而力行之，但未知其體之一爾。夫子知其真積力久，將有所得，是以呼而告之。曾子果能默契其指，即應之速而無疑也。**子出。門人問曰：「何謂也？」**

曾子曰：「夫子之道，忠恕而已矣。」盡己之謂忠，推己之謂恕。「而已矣」者，竭盡而無餘之辭也。夫子之一理渾然而泛應曲當，譬則天地之至誠無息，而萬物各得其所也。自此之外，固無餘法，而亦無待於推矣。曾子有見於此而難言之，故借學者盡己、推己之目以著明之，欲人之易曉也。蓋至誠無息者，道之體也，萬殊之所以一本也；萬物各得其所者，道之用也，一本之所以萬殊也。以此觀之，一以貫之之實可見矣。或曰：「中心爲忠，如心爲恕。」於義亦通。○程子曰：「以己及物，仁也；推己及物，恕也，『違道不遠』是也。忠恕一以貫之：忠者天道，恕者人道；忠者無妄，恕者所以行乎忠也；忠者體，恕者用，大本達道也。此與『違道不遠』異者，動以天爾。」又曰：「『維天之命，於穆不已』，忠也；『乾道變化，各正性命』，恕也。」又曰：「聖人教人各因其才，吾道一以貫之，唯曾子爲能達，此孔子所以告之也。曾子告門人曰『夫子之道，忠恕而已矣』，亦猶夫子之告曾子也。中庸所謂『忠恕違道不遠』，斯乃下學上達之義。」○忠是根本，恕是枝葉。○一者，忠也；以貫之者，恕也。體一而用殊。○忠是一箇忠，做得百千萬般箇恕出來。○一以貫之，只是萬事一理。伊川謂仁義亦得。蓋仁是體統，義是分別。○主於内爲忠，見於外爲恕。忠是無一豪自欺處，恕是稱物平施處。○忠因恕見，恕由忠出。○天地是無心底忠恕，聖人是無爲底忠恕，學者是求做底忠恕。○問：「或云忠恕只是無私心，不責人？」曰：「自有六經來，不曾説不責人是恕。若中庸，也只是説『施諸己而不願，亦勿施於人』而已，何嘗説不責人？不成只取我好，別人不好，更不管他？論語只説「躬自厚而薄責於人」，謂之薄者，如言不以己之所能，必人之如己，隨材責任耳，何至舉而棄之？」○「曾子忠恕本是學者事，曾子特借來形容夫子一貫道理。忠便是一，恕便是貫，有這忠了，便做出許多恕來。聖人極誠無妄，便是忠。」曰：「聖人之忠即是誠否？」曰：「是。」曰：「聖人之恕即是仁否？」曰：「是。」曰：「在學者言之，則忠近誠，恕近仁。」○曾子零碎處盡曉得了，夫子便告之曰「參乎！吾道一以貫之」，他便應之曰「唯」。貫如散錢，一是索子。○夫子固是一以貫之，學者能盡己而又推此以及物，亦是以一貫之。所以不同者，夫子以天，學者用力。○「動以天」之「天」，只是自然。○問：「忠是竭盡中心，無一豪不盡？恕是推中心之所欲以與人，所不欲不以與人？」曰：「是如此。」○夫子所以告曾子，無他，只緣他曉得千條萬目。他人連千條萬目尚自曉不得，如何識得一貫？○曾子件件曾做來，所以知。若不曾躬行踐履，如何識得？○忠是洞然明白，無有不盡。恕是知得爲君，推其仁以待下；爲臣，推其敬以事君。○忠者，誠實不欺之名；聖人將此放頓在萬物之上，故名之曰恕。○忠恕本末只是一貫，緣聖人告以一貫之説，故曾子借此二字以明之。忠恕是學者事，如欲子之孝於我，必當先孝於親；欲弟之弟於我，必當先敬其兄；如欲人之不慢於我，我須先不慢於人；欲人不欺於我，須先不欺於人。聖人一貫是無作爲底，忠恕是有作爲底，將箇有作爲底，明箇無作爲底[二]。聖人則動以天，賢人則

[二] 明，原作「用」，各本同，據宋福州學官刻元修本西山讀書記甲集十三改。

動以人。○聖人不待推，然學者但能盡己以推之於人，推之既熟，久之自能見聖人不待推之意。○譬如一泓水，聖人是自然流出，灌溉萬物，其他人須是推出來灌溉。○學者是這箇忠恕，聖人亦只是這箇忠恕；但聖人熟，學者生；聖人自胷中流出，學者須是勉强。○「維天之命，於穆不已」，「乾道變化，各正性命」，是天之忠恕；「純亦不已」，「萬物各得其所」，是聖人之忠恕；「施諸己而不願，亦勿施於人」，是學者之忠恕。○忠一本，恕萬殊。一本是統會處，萬殊是流行處。在天道言之：一本是元氣之於萬物，有昆蟲草木之不同，而只是一氣之所生；萬殊則是昆蟲草木之所得而生，一箇自是一箇模樣。在人事言之：則一理之於萬事萬物，有君臣、父子、兄弟、朋友、動息、洒埽、應對之不同，而只是此理之所貫；萬殊則是君臣、父子、兄弟、朋友所當於道者，一箇自是一箇道理，其實只是一本。○問「如心爲恕」。曰：「如，比也，比自家心，推將去。仁之與恕只争些子，自然底是仁，比而推之便是恕。」○問：「忠恕，程子以『推廣得去，則天地變化草木蕃；推廣不去，天地閉賢人隱』，如何？」曰：「亦只推己以及物。推得去則物我貫通，自有箇生生無窮底意思，便有天地草木氣象，天地只是這樣道理。若推不去，物我隔絶，欲利於己，不利於人，欲己之富，欲人之貧，欲己之壽，欲人之夭，似這氣象全然閉塞隔絶了，便似天地閉賢人隱。」○曾子平日功用得九分九釐，都見得了，只争得些子，一聞夫子警省之，便透徹了也。又問：「未『唯』之前如何？」曰：「未『唯』之前，見一事各是一箇理；既『唯』之後，千萬箇理只是一箇理。」○夫子言一貫，曾子言忠恕，子思言小德川流、大德敦化，張子言理一分殊，只是一箇。○忠恕則一，而在聖人、在學者則不能無異，正猶孟子言「由仁義行」與「行仁義」之別耳。曾子專爲發明聖人一貫之旨，所謂由忠恕行者也；子思專爲指示學者入德之方，所謂行忠恕者也。所指既殊，不得不以爲二，然其所以爲忠恕，則其本體蓋未嘗不同也。○問：「程子以忠爲天道，恕爲人道，莫是謂忠者聖人之在己，與天同運，而恕者所以待人之道否？」曰：「聖人待己待人，亦無二理，天人之別，但以體用之殊耳。」○問：「伊川曰『忠者天道，恕者人道』，初非以優劣言。自其渾然一本言之，則謂之天道；自其與物接者言之，則謂之人道耳？」曰：「然。此與『誠者天之道，誠之者人之道』語意自不同。」○南軒曰：「聖人之心，於天下之理無所不該，雖內外本末隱顯之致各有其分，然未嘗不一以貫之也。故程子曰：『如百尺木，自根本至豪末，皆一貫。』夫子之告曾子，當其可耳，曾子蓋默識之，故答門人之問，獨舉忠恕爲言，可以見曾子自得之深也。夫忠爲體，恕爲用。實有是體，則實有是用；用之周乎物，是其體之流行發見而已。」○又孔子之告子貢，亦曰「予一以貫之」。正文見後篇，今以先儒注釋之語附此，庶互相發云。朱子曰：「一貫說見前篇，然彼以行言，而此以知言也。」○謝氏曰：「聖人之道大矣！人不能徧觀而盡識，宜其以爲多學而識之也。然聖人豈務博者哉？如天之於衆形，非物物刻而雕之也。故曰：『予一以貫之。』『「德輶如毛」，毛猶有倫。「上天之載，無聲無臭」，至矣。』」○尹氏曰：「孔子之於曾子，不待其問而直告之以此，曾子復深論之曰『唯』。若子貢，則先發其疑而後告之，而子貢終亦不能如曾子之『唯』也。二子所學之淺深於此可見。」愚案：夫子之於子貢，屢有以發之，而他人不與焉。顏曾以下，諸子所學之淺深又可見矣。○或問云云。曰：「聖人生知，不待多學。子貢以己觀夫子，故以爲亦多學也。夫子以一貫告之，此雖聖人之事，然因己以告子貢，使知夫學者雖不可以不多學，然必有所謂一以貫之，然後爲至耳。蓋子貢之學固博矣，然意其特於一事一物之中，各有以知其理之當然，而未能知夫萬理之爲一理，而廓然無所不通也。若是者，雖有以知夫衆理之所在，而汎然莫爲之統，其處事接物之間，有以處其所嘗學者，而於其所未嘗學者，則不能有以通也。故其聞一則止能知二，非以臆度而言，則亦不能以屢中。聖人以此告之，使之知所謂衆理者，本一理也，以是而貫通之，則天下事物之多，皆不外乎是而無不通矣。」○問：「謝氏謂『如天於衆形，非物物而雕刻之』，如何？」曰：「天只是一氣流行，萬物自生、自長、自形、自色，豈是逐一粧點得如此？聖人只是大本大原裏發出，視自然明，聽自然聰，色自然温，貌自然恭，在父子則爲仁，在君臣則爲義。從大本中流出，便成許多道理，只是這箇一，便貫將去。所主是忠，發出去無非是恕。」○又曰：「曾子是事實上做出，子貢是就識見上得。看來曾子從實處見，一直透上去；子貢雖是知得，較似滯在知識上。」○曾子是就原頭上面流下來，子貢是就下面推上去。○南軒曰：「賜之學博矣，夫子欲約之也，故告以『予一以貫之』，使極夫體之所該，用之所宗，不至泛而無統也。夫子之告子貢與告曾子，理則一，而告之之意則異也。於參也所以達其至，於賜也所以迪其歸。二子所造蓋有淺深，故所以告之之意不同，然在教之當其可，則一也。」○問：「明道曰：『維天之命，於穆不已，不其忠乎？天地變化草木蕃，不其恕乎？』伊川曰：『乾道變化，各正性命，恕也。』侯子曰：『伊川説得尤有功。天授萬物之謂命，春生之，冬藏之，歲歲如是，天未嘗一歲誤萬物也，可謂忠矣。萬物洪纖、高下、長短，各得其欲，可謂恕矣。』某謂二先生之言不見有差殊，其在萬物得其所以蕃生，便是正性命。不知侯子何以分輕重，兼謂『維天之命』爲『天授萬物』者。恐此天命只是天理，伊川所謂在天爲命，不必須是授之萬物始謂之命，故又謂春生冬藏，歲歲如是，未嘗誤萬物爲忠，恐此亦只是恕，蓋已發者也。」南軒答曰：「明道之言意固完具，但伊川所舉各正性命之語爲更有功。忠，體也；恕，用也。體之而用未嘗不存其中，用之所形，體亦未嘗不具也。以此愚玩味，則見伊川言尤有功處。侯子所説『忠』字，恐未爲得二先生之意。天命且於理上推原，未可只去一元之氣上看。」○愚案：學者或有以一貫萬爲一貫者，如此則是以己之一，貫彼之萬，雖聖人亦未免於有意，且裂道與一爲二也，其可乎？學者當味聖人之言曰「吾道一以貫之」，而不曰「以一貫之」，斯得之矣。○又曰：「此亦孔門傳授心法，與告顏子『克己復禮』一也。」

子曰：「君子喻於義，小人喻於利。」喻，猶曉也。義者，天理之所宜。利者，人情之所欲。○程子曰：「君子之於義，猶小人之於利也。唯其深喻，是以篤好。」楊氏曰：「君子有舍生而取義者。以利言之，則人之所欲無甚於生，所惡無甚於死，孰肯舍生而取義哉？其所喻者義而已，不知利之爲利故也。小人反是。」○或問「喻」字之義。曰：「蓋心解通達，則其幾微曲折無不盡矣。」曰：「然則君子小人之所喻者，各爲一事邪？將一事之中具此兩端，各隨人之所見邪？」曰：「是皆有之，但君子深通於此，而小人酷曉於彼耳。」曰：「對義言之，則利爲不善；對害言之，則利非不善。君子之所爲，固非欲其不利，何獨以喻利爲小人乎？」曰：「胡氏言之悉矣。胡氏曰：『義固所以爲利也，易所謂「利者義之和」者是也。然自利爲之，則反致不奪不饜之害；自義言之，則蒙就義之利而遠於利之害矣。孟子之告梁王，意猶是也。』」○義利猶首尾。然義者，宜也。君子見得這事合當如此，那事合當如彼，但裁處其宜爲之，則何不利之有？君子只理會義一截，利處更不理會；小人只理會利一截，義處更不問。蓋君子之心虛明洞徹，見得義分明；小人只管計較，雖絲豪底利，也自理會得。○君子只知得當做與不當做，當做處，便是合當如此。小人則只計較利害，如此則利，如此則害。君子則更不顧利害，只看天理如何。○問云云。曰：「這只就眼前看，只如做官，須是廉勤。自君子爲之，只是道合如此；自小人爲之，只道如此做得人説好，可以求知於人。」○「君子喻於義，小人喻於利」，只是這一事上，君子只見得是義，小人只見得是利。如伯夷見飴，曰可以養老；盜跖見之，曰可以沃户樞。蓋小人於利，他見這一物，便思量做一物用，他計較精密，更有非君子所能知者。緣他氣質中有許多汙穢惡濁底物，所以纔見那物事，便出來應他。君子之於義，亦是如此。或曰：「伊川云『唯其深喻，是以篤好』，若作『唯其篤好，是以深喻』，亦得。」曰：「陸子静説正如此。」案陸氏白鹿洞講義曰：「此章以義利判君子小人，辭旨明白，然讀之者苟不切己觀省，亦恐未能有益也。竊謂學者於此，當辨其志，人之所喻由其所習，所習由其所志。志乎義，則所習必在於義，所習在義，斯喻於義矣。志乎利，則所習者必在於利，所習在利，斯喻於利矣。學者之志不可不辨也。」○愚案：朱子曰：「義也者，無所爲而然者也。」此言蓋可廣前聖之未發，而同於性善養氣之功者歟！又案：朱子曰：「義利之際，固當深明而力辨。然伊洛發明未接物時主敬一段工夫，更須精進乃佳，不爾或無所據以審夫義利之分也。」此説尤學者所當知。

子曰：「見賢思齊焉，見不賢而内自省也。」省，悉井反。○思齊者，冀己亦有是善；内自省者，恐己亦有是惡。○胡氏曰：「見人之善惡不同，而無不反諸身者，則不徒羨人而甘自棄，不徒責人而忘自責矣。」

子曰：「事父母幾諫。見志不從，又敬不違，勞而不怨。」此章與内則之言相表裏。幾，微也。微諫，所謂「父母有過，下氣怡色，柔聲以諫」也。見志不從，又敬不違，所謂「諫若不入，起敬起孝，悦則復諫」也。勞而不怨，所謂「與其得罪於鄉黨州閭，寧熟諫。父母怒不悦，而撻之流血，不敢疾怨，起敬起孝」也。

子曰：「父母在，不遠遊。遊必有方。」遠遊，則去親遠而爲日久，定省曠而音問疎；不惟己之思親不置，亦恐親之念我不忘也。遊必有方，如己告云之東，即不敢更適西，欲親必知己之所在而無憂，召己則必至而無失也。范氏曰：「子能以父母之心爲心，則孝矣。」○内則曰：「親在，出不易方，復不過時。」

子曰：「三年無改於父之道，可謂孝矣。」胡氏曰：「已見首篇，此蓋復出而逸其半也。」

子曰：「父母之年，不可不知也。一則以喜，一則以懼。」知，猶記憶也。常知父母之年，則既喜其壽，又懼其衰，而於愛日之誠，自有不能已者。

子曰：「古者言之不出，恥躬之不逮也。」言古者，以見今之不然。逮，及也。行不及言，可恥之甚。古者所以不出其言，爲此故也。○范氏曰：「君子之於言也，不得已而後出之，非言之難，而行之難也。人唯其不行也，是以輕言之。言之如其所行，行之如其所言，則出諸其口必不易矣。」○南軒曰：「君子以行不逮言爲恥，故言不輕其出。言之不輕，則勉於躬行者爲可知也。夫子懼學者務於言而行有弗篤，則趨於薄也，故言古之學者如此。」

子曰：「以約失之者，鮮矣。」鮮，上聲。○謝氏曰：「不侈然以自放之謂約。」尹氏曰：「凡事約則鮮失，非止謂儉約也。」

子曰：「君子欲訥於言而敏於行。」行，去聲。○謝氏曰：「放言易，故欲訥；力行難，故欲敏。」○胡氏曰：「自『吾道一貫』至此十章，疑皆曾子門人所記也。」○胡氏曰：「言而能訥，蓄德則固，喻人則信，謀事則密，不訥者反是。行而能敏，遷善則速，改過則勇，應務則給，不敏者反是。夫敏與訥，雖若出於天資，然可習也。言煩以訥矯之，行緩以敏勵之，由我而已。不自變其氣質，學豈有功哉？」

子曰：「德不孤，必有鄰。」鄰，猶親也。德不孤立，必以類應。故有德者，必有其類從之，如居之有鄰也。○南軒曰：「德立於己則衆善從之，其爲不孤，蓋理之必然。如善言之集，良朋之來，皆所謂有鄰也。語其至，則天下歸仁亦是也。」○易「敬義立而德不孤」，又是一義。

子游曰：「事君數，斯辱矣；朋友數，斯疏矣。」數，色角反。○程子曰：「數，煩數也。」胡氏曰：「事君諫不行，則當去；導友善不納，則當止。至於煩瀆，則言者輕，聽者厭矣，是以求榮而反辱，求親而反疏也。」范氏曰：「君臣朋友，皆以義合，故其事同也。」

論語集編卷第二

論語集編卷第三

公冶長第五

此篇皆論古今人物賢否得失，蓋格物窮理之一端也。凡二十七章。胡氏以爲疑多子貢之徒所記云。

子謂公冶長，「可妻也，雖在縲絏之中，非其罪也」。以其子妻之。妻，去聲，下同。縲，力追反。絏，息列反。○公冶長，孔子弟子。妻，爲之妻也。縲，黑索也。絏，攣也。古者獄中以黑索拘攣罪人。長之爲人無所考，而夫子稱其可妻，其必有以取之矣。又言其人雖嘗陷於縲絏之中，而非其罪，則固無害於可妻也。夫有罪無罪，在我而已，豈以自外至者爲榮辱哉？○南軒曰：「公冶長雖在縲絏而非其罪，則其人能謹於行可知，其所遇特無妄之災耳。」**子謂南容，「邦有道，不廢；邦無道，免於刑戮」。以其兄之子妻之。**南容，孔子弟子，居南宮，名縚，又名括，字子容，謚敬叔，孟懿子之兄也。不廢，言必見用也。以其謹於言行，故能見用於治朝，免禍於亂世也。事又見第十一篇。○或曰：「公冶長之賢不及南容，故聖人以其子妻長，而以兄子妻容，蓋厚於兄而薄於己也。」程子曰：「此以己之私心窺聖人也。凡人避嫌者，皆內不足也，聖人自至公，何避嫌之有？況嫁女必量其才而求配，尤不當有所避也。若孔子之事，則其年之長幼、時之先後皆不可知，唯以爲避嫌則大不可。避嫌之事，賢者且不爲，況聖人乎？」

子謂子賤，「君子哉若人！魯無君子者，斯焉取斯」？焉，於虔反。○子賤，孔子弟子，姓宓，名不齊。上斯斯此人，下斯斯此德。子賤蓋能尊賢取友以成其德者。故夫子既歎其賢，而又言若魯無君子，則此人何所取以成此德乎？因以見魯之多賢也。○蘇氏曰：「稱人之善，必本其父兄師友，厚之至也。」○或問云云。曰：「胡氏、吴氏亦有可取者。胡氏曰：『家語云：「子賤少孔子四十九歲，有才知仁愛，爲單父宰，民不忍欺。」以年計之，孔子卒，子賤方年二十餘歲，意其進師夫子，退從諸弟子遊，日切磋以成其德者，故夫子歎之如此。』吴氏曰：『説苑云：「子賤爲單父宰，所兄事者五人，所友者十一人。」皆教子賤以治人之術。』」○案史記：「子賤爲單父，反命孔子，曰：『此國有賢不齊者五人，教不齊所以治者。』孔子曰：『惜哉不齊，所治者小。所治者大，則庶幾矣。』」

子貢問曰：「賜也何如？」子曰：「女器也。」曰：「何器也？」曰：「瑚璉也。」女，音汝。瑚，音胡。璉，力展反。○器者，有用之成材。夏曰瑚，商曰璉，周曰簠簋，皆宗廟盛黍稷之器而飾以玉，器之貴重而華美者也。子貢見孔子以君子許子賤，故以己爲問，而孔子告之以此。然則子貢雖未至於不器，其亦器之貴者歟？○南軒曰：「子貢之問，蓋欲因師言以省己之所未至也。而夫子告之，抑揚高下，所以長善而救其失者備矣。謂之器，則固適於用，然未若不器之用也。謂之瑚璉，則以其美質，可以薦之宗廟也；然瑚璉雖貴，未免於可器耳。賜也味聖人之言意，即其所至而勉其所未至，則亦何有窮極哉？」○案前篇：子曰「君子不器」，朱子曰「器者，各適其用而不能相通。成德之士，體無不具，用無不周，非特爲一才一藝而已」。黄氏曰：「萬物皆備於我，反身而誠，樂莫大焉。人具是性以生，則萬事萬物之理無一不具於此性之中，顧爲氣質所拘，物欲所蔽，故偏而不通耳。惟夫格物、致知、誠意、正心，使天下之理無不明，無不實，則心之全體無所不具，而措之於用，宜其無不周也。又豈可一器言哉？」

或曰：「雍也仁而不佞。」雍，孔子弟子，姓冉，字仲弓。佞，口才也。仲弓爲人重厚簡默，而時人以佞爲賢，故美其優於德，而病其短於才也。**子曰：「焉用佞？禦人以口給，屢憎於人。不知其仁。焉用佞？」**焉，於虔反。○禦，當也，猶應答也。給，辨也。憎，惡也。言何用佞乎？佞人所以應答人者，但以口取辨而無情實，徒多爲人所憎惡爾。我雖未知仲弓之仁，然其不佞乃所以爲賢，不足以爲病也。再言「焉用佞」，所以深曉之。○或疑：「仲弓之賢而夫子不許其仁，何也？」曰：「仁道至大，非全體而不息者，不足以當之。如顔子亞聖，猶不能無違於三月之後，況仲弓雖賢，未及顔子，聖人固不得而輕許之也。」○所謂全體不息者，此心具十全道理；若只見得九分，亦不是全體；所以息者，是私欲間之，無一豪私欲，方是不息。○黄氏曰：「集注於爲仁之本言仁，而斷之曰『仁者，愛之理，心之德』，深味六字之義，則仁之道無餘藴矣。至此言盡仁之道，而又斷之曰『非全體而不息者，不足以當之』，深味『全體不息』四字，則學者而求至於仁，其至之標的，又昭然而可見矣。前後十字之約，而仁之道有前輩諸儒累數十百言而莫能究者，非深造而實體者，何足以知之？其發前賢之未發，而有功於後學大矣！學者不可不深思也。」或曰：「集注於『令尹子文、陳文子』章引師説曰『當理而無私心』，與此章所謂『全體而不息』者，有以異乎？」曰：「以後章『當理無私心』之五字較之此章，則此章『全體』二字已足以該後章五字之義，加之以『不息』二字，則又後章未盡之旨。故後章雖引師説以爲據，而或問之中乃曰『仁者，心之德而天之理也』。自非至誠盡性，通貫全體，如天地一元之氣化育流行，無少間息，不足以名之，亦足以見前説之義詳且密也。」○愚案：集義程子曰：「佞，辨才也。人有之則多入於不善，故夫子云『焉用佞』。」范氏曰：「佞，口才也，時人以爲賢，故謂『雍也仁而不佞』。夫子亦惟好仁而惡佞。佞者，不必能行也；仁者，不必能言也，故佞則不仁，仁則不佞。多言而尚口，取憎之道也。」尹氏曰：「雍也仁矣，或疑其不佞，子謂既仁矣，惡所用佞？因言佞者禦人以口給，屢常爲人所憎，仁者安所用之乎？」諸説皆以「不知其仁」指佞者而言，與朱子説異，當詳之。

子使漆雕開仕。對曰：「吾斯之未能信。」子説。説，音悦。○漆雕開，孔子弟子，字子若。斯，指此理而言。信，謂真知其如此，而無豪髮之疑也。開自言未能如此，未可以治人，故夫子悦其篤志。○程子曰：「漆雕開已見大意，故夫子説之。」又曰：「古人見道分明，故其言如此。」謝氏曰：「開之學無所考。然聖人使之仕，必其材可以仕矣。至於心術之微，則一豪不自得，不害其爲未信。此聖人所不能知，而開自知之。其材可以仕，而其器不安於小成，他日所就，其可量乎？夫子所以説之也。」○問：「漆雕開未能自信，而程子以爲已見大意，此理已明，何邪？」曰：「若不見其大也，故安於小，唯見之不明也，故若存若亡，一出一入，而不自知其所至之淺深也。今開之不安於小也如此，則固非有以見其大不能矣。卒然之問，一言之對，若目有所見而手有所指者，且其驗之於身，又如此其切而不容自欺也，則其所見之明，又何如哉？然曰見大意，則其細者容或有所未盡，蓋曰理已明，則固未必見其反身而誠也。」「程子又以開與曾點並稱，敢問二子孰爲賢？」曰：「論其資稟之誠慤，則開優於點；語其見處超詣，則點賢於開，然開之進則未易量也。」○南軒曰：「夫子知其可以施於有政也，而開自謂未能信，蓋其胷中一豪有未盡，不敢以自欺也。其篤志近思之功爲何如哉？」○案史記，開之次曰公伯寮，其人無足紀者，今闕之。

子曰：「道不行，乘桴浮於海。從我者，其由與？」子路聞之喜。子曰：「由也好勇過我，無所取材。」 桴，音孚。從、好，並去聲。與，平聲。材，與「裁」同，古字借用。○桴，筏也。程子曰：「浮海之歎，傷天下之無賢君也；子路勇於義，故謂其能從己。皆假設之言耳。子路以爲實然，而喜夫子之與己，故夫子美其勇，而譏其不能裁度事理，以適於義也。」○南軒曰：「夫聖人之勇不可過也，而過焉，是未知所裁度也。」

孟武伯問：「子路仁乎？」子曰：「不知也。」 子路之於仁，蓋日月至焉者。或在或亡，不能必其有無，故以不知告之。**又問。子曰：「由也，千乘之國，可使治其賦也，不知其仁**

也。」乘，去聲。〇賦，兵也。古者以田賦出兵，故謂兵爲賦，春秋傳所謂「悉索敝賦」是也。言子路之才，可見者如此，仁則不能知也。**「求也何如？」子曰：「求也，千室之邑，百乘之家，可使爲之宰也，不知其仁也。」**千室，大邑。百乘，卿大夫之家。宰，邑長、家臣之通號。**「赤也何如？」子曰：「赤也，束帶立於朝，可使與賓客言也，不知其仁也。」**朝，音潮。〇赤，孔子弟子，姓公西，字子華。〇或問：「諸説有併與三子之才而不之取，以爲習衰世，仕於諸侯大夫之事而不能有以自樂者，何如？」曰：「治賦、爲宰、與賓客言，皆有國家者所不可廢之事，雖當隆盛之時，仕天子之朝，亦豈能無事於此，而直以從容風議爲高哉？元祐議論志趣多類此，此所以墮於一偏之見也。」〇問：「雖全體未是仁，苟於一事上能當理而無私心，亦可謂一事之仁否？」曰：「才説仁，便用以全體言。若一事能盡仁，便是他全體是仁；若全體有虧，這一事必不能盡仁。才説箇仁，便包盡許多事，無不當理而無私者，所以三子當不得，聖人只許以才。」〇渾然天理便是仁，一豪私意便不是仁。

子謂子貢曰：「女與回也孰愈？」女，音汝，下同。〇愈，勝也。**對曰：「賜也何敢望回。回也聞一以知十，賜也聞一以知二。」**一，數之始。十，數之終。二者，一之對也。顏子明睿所照，即始而見終；子貢推測而知，因此而識彼。「無所不説」「告往知來」，是其驗矣。**子曰：「弗如也。吾與女弗如也。」**與，許也。〇胡氏曰：「子貢方人，夫子既語以不暇，又問其與回孰愈，以觀其自知之如何。聞一知十，上知之資，生知之亞也；聞一知二，中人以上之資，學而知之之才也。子貢平日以己方回，見其不可企及，故喻之如此。夫子以其自知之明，而又不難於自屈，故既然之，又重許之。此其所以終聞性與天道，不特聞一知二而已也。」○或問云云。曰：「胡氏亦得其旨。胡氏曰：『聞一知十，擧始知終，無不盡也。聞志學，則知從心不踰矩之妙；聞可欲之善，則知聖而不可知之神。聞一知二者，序而進、類而達也。語以出告反面，而知昏定晨省；語以徐行後長，而知天顯克恭。』」

宰予晝寢。子曰：「朽木不可雕也，糞土之牆不可杇也，於予與何誅？」朽，許久反。杇，音汙。與，平聲，下同。○晝寢，謂當晝而寐。朽，腐也。雕，刻畫也。杇，鏝也。言其志氣昏惰，教無所施也。與，語辭。誅，責也。言不足責，乃所以深責之。**子曰：「始吾於人也，聽其言而信其行；今吾於人也，聽其言而觀其行。於予與改是。」**行，去聲。○宰予能言而行不逮，故孔子自言於予之事而改此失，亦以重警之也。胡氏曰：「『子曰』疑衍文，不然，則非一日之言也。」○范氏曰：「君子之於學，惟日孜孜，斃而後已，惟恐其不及也。宰予晝寢，自棄孰甚焉，故夫子責之。」胡氏曰：「宰予不能以志帥氣，居然而倦。是宴安之氣勝，儆戒之志惰也。古之聖賢未嘗不以懈惰荒寧爲懼，勤勵不息自强，此孔子所以深責宰予也。聽言觀行，聖人不待是而後能，亦非緣此而盡疑學者。特因此立教，以警羣弟子，使謹於言而敏於行耳。」

子曰：「吾未見剛者。」或對曰：「申棖。」子曰：「棖也慾，焉得剛？」焉，於虔反。

○剛，堅强不屈之意。最人所難能者，故夫子歎其未見。申棖，弟子姓名。慾，多嗜慾也。多嗜慾，則不得爲剛矣。○程子曰：「人有慾則無剛，剛則不屈於慾。」謝氏曰：「剛與慾正相反。能勝物之謂剛，故常伸於萬物之上；爲物揜之謂慾，故常屈於萬物之下。自古有志者少，無志者多，宜夫子之未見也。棖之慾不可知，其爲人得非悻悻自好者乎？故或者疑以爲剛，然不知此其所以爲慾爾。」

子貢曰：「我不欲人之加諸我也，吾亦欲無加諸人。」子曰：「賜也，非爾所及也。」

子貢言我所不欲人加於我之事，我亦不欲以此加之於人。此仁者之事，不待勉强，故夫子以爲非子貢所及。○程子曰：「我不欲人之加諸我，吾亦欲無加諸人，仁也；施諸己而不願，亦勿施於人，恕也。恕則子貢或能勉之，仁則非所及矣。」愚謂：無者自然而然，勿者禁止之辭，此所以爲仁恕之別。○此伊川晚年仁熟，方看得如此分曉，説得如此明白。○此章正在「欲」字上。不欲時，便是全無了這些子心，是甚地位？○又曰：「生底是恕，熟底是仁；勉强底是恕，自然底是仁；有計校有睹當底是恕，無計校無睹當底是仁。」○南軒曰：「此與『己所不欲，勿施於人』『施諸己而不願，亦勿施於人』同意。然而彼二言者，皆爲仁之方，恕之道也，故皆有『勿』辭。若子貢之言，不欲人之加諸己者，即欲不加諸人，是則不待禁止，油然公平，物我一視，乃仁者之事也。其曰『非爾所及』者，正所以勉其强恕而抑其躐等也。」

子貢曰：「夫子之文章，可得而聞也；夫子之言性與天道，不可得而聞也。」文章，德之見乎外者，威儀文辭皆是也。性者，人所受之天理；天道者，天理自然之本體，其實一理也。

言夫子之文章，日見乎外，固學者所共聞；至於性與天道，則夫子罕言之，而學者有不得聞者。蓋聖門教不躐等，子貢至是始得聞之，而歎其美也。○程子曰：「此子貢聞夫子之至論而歎美之言也。」

子路有聞，未之能行，唯恐有聞。前所聞者既未及行，故恐復有所聞而行之不給也。○范氏曰：「子路聞善，勇於必行，門人自以爲弗及也，故著之。若子路，可謂能用其勇矣。」○集義尹氏曰：「子路，勇於行者，故有聞而未能行，唯恐有聞也。」○問云云。曰：「可見古人爲己之實處。子路急于爲善，唯恐行之不徹。子路不急於聞而急于行，今人唯恐不聞，既聞了便休，更不去行處著工夫。」○南軒曰：「門人記此，亦可謂善觀子路者矣。」

子貢問曰：「孔文子何以謂之『文』也？」子曰：「敏而好學，不恥下問，是以謂之『文』也。」好，去聲。○孔文子，衛大夫，名圉。凡人性敏者多不好學，位高者多恥下問，故謚法有以「勤學好問」爲「文」者，蓋亦人所難也。孔圉得謚爲「文」，以此而已。○蘇氏曰：「孔文子使太叔疾出其妻而妻之。疾通於初妻之娣，文子怒，將攻之。訪於仲尼，仲尼不對，命駕而行。疾奔宋，文子使疾弟遺室孔姞。其爲人如此而謚曰『文』，此子貢之所以疑而問也。孔子不没其善，言能如此，亦足以爲『文』矣，非『經天緯地』之『文』也。」

子謂子產，「有君子之道四焉：其行己也恭，其事上也敬，其養民也惠，其使民也

義」。子産，鄭大夫公孫僑。恭，謙遜也。敬，謹恪也。惠，愛利也。使民義，如都鄙有章、上下有服、田有封洫、廬井有伍之類。○吴氏曰：「數其事而責之者，其所善者多也，臧文仲『不仁者三，不知者三』是也；數其事而稱之者，猶有所未至也，子産『有君子之道四焉』是也。今或以一言蓋一人，一事蓋一時，皆非也。」○或問：「是四事者，亦有序邪？」曰：「行己恭，則其事上也敬，非有容悦之私；惠於民，而後使之以義焉，則民雖勞而不怨矣。」○問：「子産莫短於才否？」曰：「孔子稱之如此，安得短之？此其爲政不專於寛，有非理者須以法治之，孟子所言『惠而不知爲政』，蓋指其一耳。」○南軒曰：「子産四者，爲得君子之道。然君子之道其目亦多矣，子産有此四者而已，其他固未盡得，此聖人與人爲善，故特舉其所長者。」

子曰：「晏平仲善與人交，久而敬之。」晏平仲，齊大夫，名嬰。程子曰：「人交久則敬衰，久而能敬，所以爲善。」

子曰：「臧文仲居蔡，山節藻棁，何如其知也？」棁，章悦反。知，去聲。○臧文仲，魯大夫臧孫氏，名辰。居，猶藏也。蔡，大龜也。節，柱頭斗拱也。藻，水草名。棁，梁上短柱也。蓋爲藏龜之室，而刻山於節、畫藻於棁也。當時以文仲爲知，孔子言其不務民義，而諂瀆鬼神如此，安得爲知？春秋傳所謂「作虚器」，即此事也。○張子曰：「山節藻棁爲藏龜之室，祀爰居之義，同歸於不知宜矣。」

子張問曰：「令尹子文三仕爲令尹，無喜色；三已之，無愠色。舊令尹之政，必以

告新令尹。何如？」子曰：「忠矣。」曰：「仁矣乎？」曰：「未知，焉得仁？」知，如字。焉，於虔反。○令尹，官名，楚上卿執政者也。子文，姓鬭，名穀於菟。其爲人也，喜怒不形，物我無間，知有其國而不知有其身，其忠盛矣，故子張疑其仁。然其所以三仕三已而告新令尹者，未知其皆出於天理而無人欲之私也，是以夫子但許其忠，而未許其仁也。**「崔子弑齊君，陳文子有馬十乘，棄而違之。至於他邦，則曰：『猶吾大夫崔子也。』違之。之一邦，則又曰：『猶吾大夫崔子也。』違之。何如？」子曰：「清矣。」曰：「仁矣乎？」曰：「未知，焉得仁？」**乘，去聲。○崔子，齊大夫，名杼。齊君，莊公，名光。陳文子，亦齊大夫，名須無。十乘，四十匹也。違，去也。文子潔身去亂，可謂清矣，然未知其心果見義理之當然，而能脱然無所累乎？抑不得已於利害之私，而猶未免於怨悔也？故孔子特許其清，而不許其仁。○愚聞之師曰：「當理而無私心，則仁矣。今以是而觀二子之事，雖其制行之高若不可及，然皆未有以見其必當於理，而真無私心也。子張未識仁體，而悦於苟難，遂以小者信其大者，夫子之不許也宜哉。」讀者於此，更以上章「不知其仁」、後篇「仁則吾不知」之語并與三仁、夷齊之事觀之，則彼此交盡，而仁之爲義可識矣。○或問本章之説。曰：「仁者，心之德而天之理也。非至誠盡性，通貫全體，如天地一元之氣，化育流行，無少間息，不足以名之。今子文仕於蠻荆，執其政柄，至於再三，既不能革其僭王之號，又不能正其猾夏之心，至於滅弦伐隨之事，乃身爲之而不知其爲罪。

文子立於淫亂之朝，既不能正君以禦亂，又不能先事而潔身，至於篡弒之禍已作，又不能上告天子，下請方伯，以討其賊。去國三年，又無故而自還，復與亂臣共事。此二子平日之所爲，止於如此，其不得爲仁也明矣。」「夷齊、三仁之見許於夫子，何也？」曰：「此五人者，考事察言，以求其心，則其中洞然無復一豪私慾之累，異乎二子之爲矣。故程子以爲『比干之忠，見得時便是仁』，亦此意也。」○問：「子文之忠，文子之清，如何以爲未仁？」曰：「此只就二子事上説。若比干、伯夷之忠、清，是就心上説。若論心時，比干、伯夷已是仁人，若無諫紂見殺與讓國諫伐之事，亦是仁人。蓋二子忠、清原自仁中出。若子文、文子，當時只見此兩件事是清與忠，不知其如何得仁也。」○五峯胡氏答南軒書曰：「私意害仁，賢者之言是也。如子文之忠，文子之清，似不可謂之私意，而孔子不以仁許之。仁之道大，須見大體，然後可以察己之偏而習於正。乍見孺子入井之心，孟子舉一隅耳，若內交、要譽、惡其聲，此淺陋之私，甚易見也。若二子之忠清而不得謂仁，此難識也。幸深思之，則天地之純全，古今之大體，庶幾可見乎？又書反復來教，似未能進於此者，然則欲進於此，奈何？左右試以身處子文、文子之地，案其行事而繩以仲尼之道，則二子之未知，庶幾可見，而仁之義可默識矣。又書曰示諭云云，猶是緣文生義，非有見於言意之表者也。子思曰：『思事親不可以不知人，思知人不可以不知天。』仁也者，人之所以爲天也，須明得天理盡，然後克己以終之。聖門實學，不與異端空言比也，空言易曉，實學難到，所以顏淵、仲弓，亞聖資質，必請事斯語，不敢以言下悟便爲了也。」南軒嘗言：「學者要識仁之體。得此一鞭，如拔之九地之下，升諸九天之上。五峯真是善提策人。」

季文子三思而後行。子聞之，曰：「再，斯可矣。」三，去聲。○季文子，魯大夫，名行父。每事必三思而後行，若使晉而求遭喪之禮以行，亦其一事也。斯，語辭。程子曰：「爲惡之人，未嘗知有思，有思則爲善矣。然至於再則已審，三則私意起而反惑矣，故夫子譏之。」愚案：季文子慮事如此，可謂詳審，而宜無過舉矣。而宣公篡立，文子乃不能討，反爲之使齊而納賂焉，豈非程子所謂「私意起而反惑」之驗與？是以君子務窮理而貴果斷，不徒多思之爲尚。○或問云云。「天下之事，以義理斷之，則是非可否，再思而已審；以私意揣之，則利害得喪，萬變而無窮。思止於再者，聖人之以義制事，而不汩於利害之私。」

子曰：「甯武子邦有道則知，邦無道則愚。其知可及也，其愚不可及也。」知，去聲。○甯武子，衛大夫，名俞。案春秋傳，武子仕衛，當文公、成公之時。文公有道，而武子無事可見，此其知之可及也。成公無道，至於失國，而武子周旋其閒，盡心竭力，不避艱險。凡其所處，皆智巧之士所深避而不肯爲者，而能卒保其身以濟其君，此其愚之不可及也。○程子曰：「邦無道能沈晦以免患，故曰不可及也。亦有不當愚者，比干是也。」○甯武子事，見春秋左氏傳僖公二十八年。晉侯伐衛。夏，晉楚戰于城濮，楚師敗績。復衛侯。甯武子與衛人盟于宛濮。國人聞此盟也，而後不貳。衛侯先期入，甯子先。叔武將沐，聞君至，喜，捉髮走出，前驅射而殺之。元咺出奔晉。冬，衛侯與元咺訟，甯武子爲輔，鍼莊子爲坐，士榮爲大士。衛侯不勝。殺士榮，刖鍼莊子，晉侯使醫衍酖衛侯。甯子職納槖饘焉。三十年，晉侯使醫衍酖衛侯。甯俞貨醫，使薄其酖，不死。秋，乃釋衛侯。

子在陳曰：「歸與！歸與！吾黨之小子狂簡，斐然成章，不知所以裁之。」與，平聲。斐，音匪。○此孔子周流四方，道不行而思歸之歎也。吾黨小子，指門人之在魯者。狂簡，志大而略於事也。斐，文貌。成章，言其文理成就，有可觀者。裁，割正也。夫子初心，欲行其道於天下，至是而知其終不用也。於是始欲成就後學，以傳道於來世。又不得中行之士而思其次，以爲狂士志意高遠，猶或可與進於道也。但恐其過中失正，而或陷於異端耳，故欲歸而裁之也。

子曰：「伯夷、叔齊不念舊惡，怨是用希。」伯夷、叔齊，孤竹君之二子。孟子稱其「不立於惡人之朝，不與惡人言。與鄉人立，其冠不正，望望然去之，若將浼焉」。其介如此，宜若無所容矣，然其所惡之人，能改即止，故人亦不甚怨之也。○程子曰：「不念舊惡，此清者之量。」又曰：「二子之心，非夫子孰能知之？」○或問：「夷齊之有舊惡，何也？」曰：「蘇氏蓋嘗言之，然無所考，未敢以爲必然也。蘇氏曰：『夷齊之事遠矣，傳失其辭。意其出也，父子之閒，有閒言焉，若申生之事與？不若是，又何惡之可念哉？』」○問云云。曰：「此與不遷怒相似。其所惡者，因其人之可惡惡之，而所惡不在我，及其能改，又只見他善處，聖賢之心皆是如此。」○南軒曰：「以夷齊平日之節觀之，疑其狹隘而不容矣。今夫子乃稱之如此，何其宏裕也。蓋其所爲亦安夫天理之所當然，而其胷中休休然，初無一豪介於其閒也。若有一豪介於其閒，則是私意之所執，而豈夷齊之心哉？味夫子此言，庶幾可以識之矣。『怨是用希』者，己無所怨於人，而人亦無所怨於己也。」

子曰：「孰謂微生高直？或乞醯焉，乞諸其鄰而與之。」醯，呼西反。○微生，姓；高，名，魯人，素有直名者。醯，醋也。人來乞時，其家無有，故乞諸鄰家以與之。夫子言此，譏其曲意徇物，掠美市恩，不得爲直也。○程子曰：「微生高所枉雖小，害直爲大。」范氏曰：「是曰是，非曰非，有謂有，無謂無，曰直。聖人觀人於其一介之取予，而千駟萬鍾從可知焉，故以微事斷之，所以教人不可不謹也。」○或問：「微生高乞醯之説，或有謂直，非中庸之行，微生之事，夫子蓋美之者，然乎？」曰：「爲是説者，新則新矣，然即其言以觀之，有以知其無正大之情也。夫醯非難得之物，或乞於我，而我無之，則直答以無而已，彼將去而求之他人，豈患其不得哉？設有急難之用，而不知可得之處，則告之可也，求之不得，則往助其求可也。今微生之乞諸鄰也，必不告以求之之意，其與之也，必不告以得之之所，其掠美行私，左右異態如此，夫子尚可美之云哉？善乎沂國王文正公之言曰：『恩欲己出，怨將誰當？』至哉斯言！其亦異乎微生之用心矣。且直之爲言，自古聖賢未有以爲非美德者，特惡其過而失於狡訐而已。今概以直爲非中庸之行，吾不知其何所取而爲斯言邪？然則斯人之所謂中庸者，乃胡廣之中庸，非子思之中庸必矣。」○問張子韶説「乞醯不是不直」。曰：「此無他，只是要人回互委曲以爲直耳。此鄉愿之漸，不可不謹。」○南軒曰：「順理之謂直。計較作爲，有纖豪之枉，則害於直矣，故夫子舉此以明直之理。」

子曰：「巧言、令色、足恭，左丘明恥之，丘亦恥之。匿怨而友其人，左丘明恥

之，丘亦恥之。」足，將樹反。○足，過也。程子曰：「左丘明，古之聞人也。」謝氏曰：「二者之可恥，有甚於穿窬也。左丘明恥之，其所養可知矣。夫子自言『丘亦恥之』，蓋『竊比老彭』之意。又以深戒學者，使察乎此而立心以直也。」○或問：「左丘明非傳春秋者邪？」曰：「未可知也。啖、趙、陸氏辨之於纂例詳矣。先友鄧著作考之氏姓書曰：『此人蓋左丘姓而明名，傳春秋者乃左氏耳。』鄧名世，字元亞云。」○足是加添之意，能恭則禮已盡矣，若又去上面添些，便是私欲。○巧言、令色、足恭與匿怨，皆不誠實者也。人而不誠實，何所不至？所以可恥。與上文乞醯之義相似。○南軒曰：「正是教人習以爲常，而未知爲恥。惟君子學以爲己，不忍須臾自欺，故以爲恥焉。觀此則丘明爲人誠實可知。言己亦恥之，以明丘明所恥之爲得。又可以味聖人與人爲善，其辭氣温厚如此。」

顔淵、季路侍。子曰：「盍各言爾志？」盍，音合。○盍，何不也。**子路曰：「願車馬、衣輕裘，與朋友共，敝之而無憾。」**衣，去聲。○衣，服之也。裘，皮服。敝，壞也。憾，恨也。**顔淵曰：「願無伐善，無施勞。」**伐，誇也。善，謂有能。施，亦張大之意。勞，謂有功，易曰「勞而不伐」是也。或曰：「勞，勞事也。勞事非己所欲，故亦不欲施之於人。」亦通。**子路曰：「願聞子之志。」子曰：「老者安之，朋友信之，少者懷之。」**老者養之以安，朋友與之以信，少者懷之以恩。一說：「安之，安我也；信之，信我也；懷之，懷我也。」亦通。○程子曰：「夫子安仁，顔淵不違仁，子路求仁。」又曰：「子路、顔淵、孔子之志，皆與物共者也，但有小大之差爾。」又曰：「子路勇於義者，觀其志，豈可以勢利拘之哉？亞於浴沂者也。顔子不自私己，故無伐善；知同於人，故無施勞。其志可謂大矣，然未免出於有意也。至於夫子，則如天地之化工，付與萬物而己不勞焉，此聖人之所爲也。今夫羈靮以御馬而不以制牛，人皆知羈靮之作在乎人，而不知羈靮之生由於馬，聖人之化，亦猶是也。先觀二子之言，後觀聖人之言，分明天地氣象。凡看論語，非但欲理會文字，須要識得聖賢氣象。」○南軒曰：「人之不仁，病於有己，故雖衣服車馬之間，此意未嘗不存焉。子路蓋欲先去其私於車馬之間者，其志可謂篤，而用工亦實矣。至於顔子，則幾於廓然大公而無物我之間矣，然猶所謂『誠之者，人之道也』。至於孔子，則純乎天矣，物各付物，止於其分而無不得焉，此『誠者，天之道也』。然而學者有志於求仁，則子路之事亦不可忽，要當如此用力，然後顔子之事可以馴致。若慕高遠而忽卑近，則亦妄意躐等，終身無所成就而已耳。」

子曰：「已矣乎！吾未見能見其過而内自訟者也。」已矣乎者，恐其終不得見而歎之也。内自訟者，口不言而心自咎也。人有過而能自知者鮮矣，知過而能内自訟者爲尤鮮。能内自訟，則其悔悟深切而能改必矣。夫子自恐終不得見而歎之，其警學者深矣。○南軒曰：「人惟安於所偏而狃於所習，是以鮮能見其過。就或覺其爲過，不能自訟，又從而文之者多矣。内自訟，則無一豪蓋覆之意，其於從義進德也孰禦？」

子曰：「十室之邑，必有忠信如丘者焉，不如丘之好學也。」焉，如字，屬上句。好，去聲。○十室，小邑也。忠信如聖人，生質之美者也。夫子生知而未嘗不好學，故言此以勉人。言美質易得，至道難聞，學之至則可以爲聖人，不學則不免爲鄉人而已，可不勉哉？○胡氏曰：「十室之邑，尚有忠信如孔子者，況以天下之大，萬民之衆，千歲之遠，其可以學而入聖者宜亦多矣。然自孟子以至於今，讀書學問者不絕於世，而求如曾閔者不能以一二數，則以不知孔子所好之學而好之耳。」

雍也第六

凡二十九章。篇内第十四章以前，大意與前篇同。

子曰：「雍也可使南面。」南面者，人君聽治之位。言仲弓寬洪簡重，有人君之度也。仲弓問子桑伯子，子曰：「可也簡。」子桑伯子，魯人，胡氏以爲疑即莊周所稱子桑户者是也。仲弓以夫子許己南面，故問伯子如何。可者，僅可而有所未盡之辭。簡者，不煩之謂。仲弓曰：「居敬而行簡，以臨其民，不亦可乎？居簡而行簡，無乃太簡乎？」大，音泰。○言自處以敬，則中有主而自治嚴，如是而行簡以臨民，則事不煩而民不擾，所以爲可。若先自處以簡，則中無主而自治疎矣，而所行又簡，豈不失之大簡而無法度之可守乎？家語記伯子不衣冠而處，夫子譏仲弓蓋未喻夫子「可」字之意，而其所言之理，有默契焉者，故夫子然之。○程子曰：「子桑伯子之簡，雖可取而未盡善，故夫子云可也。仲弓因言内主於敬而簡，則爲要直；内存乎簡而簡，則爲疎略，可謂得其旨矣。」又曰：「居敬則心中無物，故所行自簡；居簡則先有心於簡，而多一『簡』字矣，故曰大簡。」○或問：「居敬、居簡之不同，何也？」曰：「持身以敬，則心不放逸而義理著明，故其所以見於事者，自然操得其要，而無煩擾之患。若處身者既務於簡，而所以行之者又一切以簡爲事，則是義理準則既不素明於内，而紀綱法度又無所持循於外。大簡之弊，將有不可勝言者矣。」○南軒曰：「主一之謂敬。敬則專而不雜，序而不亂，常而不迫，其行自然簡也。若夫居簡，則是以『簡』之一字横在胷中，反害於敬而失行簡之本矣。」○敬簡堂記曰：「心宰萬物，而敬者心之道所以生也。生則萬理森然而萬事之綱總攝於此。凡至乎吾前者，吾則因其然而酬酢之，故動雖微而吾固經緯乎事之先，事雖大而吾處之若起居飲食之常，雖雜然並陳，而釐分縷析，條理不紊。無他，其綱維既立，如鑑之形物，各正其分而不與之俱往也。此所謂敬而行簡者與。」

其欲同人道於牛馬。然則伯子蓋大簡者，而仲弓疑夫子之過許與？子曰：「雍之言然。」

哀公問：「弟子孰爲好學？」孔子對曰：「有顔回者好學，不遷怒，不貳過。不幸短命死矣！今也則亡，未聞好學者也。」好，去聲。亡，與「無」同。○遷，移也。貳，復也。怒於甲者，不移於乙；過於前者，不復於後。顔子克己之功至於如此，可謂真好學矣。短命者，顔子三十二而卒也。既云今也則亡，又言未聞好學者，蓋深惜之，又以見真好學者之難得也。○程子曰：「顔子之怒，在物不在己，故不遷。有不善未嘗不知，知之未嘗復行，不貳過也。」又曰：「喜怒在事，則理之當喜怒者也，不在血氣，則不遷。若舜之誅四凶也，可怒在彼，己何與焉？如鑑之照物，妍媸在彼，隨物應之而已，何遷之有？」又曰：「如顔子地位，豈有不善？所謂不善，只是微有差失。才差失便能知之，才知之便更不萌作。」張子曰：「慊於己者，不使萌於再。」或曰：「詩書六藝，七十子非不習而通也，而夫子獨稱顔淵爲好學。顔子之所好，果何學歟？」程子曰：「學以至乎聖人之道也。」「學之道奈何？」曰：「天地儲精，得五行之秀者爲人。其本也真而静。其未發也五性具焉，曰仁義禮智信。形既生矣，外物觸其形而動於中矣。其中動而七情出焉，曰喜怒哀懼愛惡欲。情既熾而益蕩，其性鑿矣。故覺者約其情使合於中，正其心，養其性而已。然必先明諸心，知所往，然後力行以求至焉。若顔子之非禮勿視聽言動，不遷怒貳過者，則其好之篤而學之得其道也。然其未至於聖人者，守之也，非化之也。假之以年，則不日而化矣。今人乃謂聖本生知，非學可至，而所以爲學者，不過記誦文辭之間，其亦異乎顔子之學矣。」○或問：「韓子不貳過之説如何？」曰：「愚嘗聞之師矣，曰：『顔子之不貳者，念慮小差，隨即冰釋，不復形於心術之間也。若如韓子之言，則心常有過，直遏閉之，使不形於事爾，亦何足以爲顔子乎？』蓋其所論『過』字則是，而所以爲『不貳』者則非，學者不可以不審而別之也。」○顔子到這裏直是渾然，更無些子渣滓。「不遷怒」，如鑑懸水止；「不貳過」，如冰解凍釋。如「三月不違」，又是已前事。到這裏已自渾淪，都是天理。○問云云。曰：「此是顔子好學之效驗如此，却不是只學此二事。顔子學處專在非禮勿視聽言動上，至此純熟，乃能如此。」○問：「張子謂顏子不貳過，是『慊於己者，不使萌於再』。夫子只說『知之未嘗復行』，不是說其過不再萌於心。某疑張子之言尤更精密。至於程子說『更不萌作』，則兼說『行』字矣。」先生曰：「萌作只是萌動。蓋孔子直恁大綱說。至程子、張子，又要人理會得分曉，故復說到精極處。」○明諸心知所往，窮理之事也；力行求至，踐履之事也。○南軒曰：「怒之所以遷者，以起怒於己故也。起怒於己，故溢於氣，徵於色，發於辭，横於胷中而不能化，移於他物而莫之止。就有能知怒之不當遷者，方其怒甲也，而視乙其辭氣終未能以遽化，是皆起怒於己故耳。君子非無怒也，怒其逆於理而已。理之所在，如鑑付形，各適其可，己何與乎？然則奚遷之有？過之所以貳者，以其所以爲過之根不除也。人每患不見其過，就能見其過而遏止之，其心一或有懈，則其端復乘閒而萌矣。君子非無過也，隱微之閒有所小慊，則謂之過。惟其涵養純熟，天理昭融，於過之所未形，未嘗不知，消而去之，如日之銷冰，無復餘跡，然則奚貳之有？是二者，蓋克己復禮之功也。如是而後謂之好學，則孔門之所謂學者，蓋可知矣。有志於道者，其可不以是爲標的乎？」○黄氏曰：「顏子不遷不貳，蓋其存養之心，省察之明，克治之力，持守之堅。故其未怒之初，鑑空衡平；既怒之後，冰消霧釋；方過之萌，瑕纇莫逃；既知之後，根株悉拔。此其所以爲好學而集注以爲克己之功也。」

子華使於齊，冉子爲其母請粟。子曰：「與之釜。」請益。曰：「與之庾。」冉子與之粟五秉。使、爲，並去聲。○子華，公西赤也。使，爲孔子使也。釜，六斗四升。庾，十六斗。

秉，十六斛。**子曰：「赤之適齊也，乘肥馬，衣輕裘。吾聞之也，君子周急不繼富。」**衣，去聲。○乘肥馬，衣輕裘，言其富也。急，窮迫也。周者，補不足。繼者，續有餘。**原思爲之宰，與之粟九百，辭。**原思，孔子弟子，名憲。孔子爲魯司寇時，以思爲宰。粟，宰之禄也。九百不言其量，不可考。**子曰：「毋，以與爾鄰里鄉黨乎。」**毋，禁止辭。五家爲鄰，二十五家爲里，萬二千五百家爲鄉，五百家爲黨。言常禄不當辭，有餘自可推之以周貧乏，蓋鄰里鄉黨有相周之義。○程子曰：「夫子之使子華，子華之爲夫子使，義也。而冉子乃爲之請，聖人寬容，不欲直拒人，故與之少，所以示不當與也。請益而與之亦少，所以示不當益也。求未達而自與之多，則已過矣，故夫子非之。蓋赤苟至乏，則夫子必自周之，不待請矣。原憲爲宰，則有常禄。思辭其多，故又教以分諸鄰里之貧者，蓋亦莫非義也。」張子曰：「於斯二者，可見聖人之用財矣。」○南軒曰：「聖人於子華謂『周急不繼富』，於原憲謂「毋，以與爾鄰里鄉黨』，蓋取與辭受莫不有其則焉，天之理也。聖人從容而不過，賢者審處而不違，若以私意加焉，則失其權度。或與其所不當與，雖賢於吝，然未免爲傷惠；或辭其所不當辭，雖賢於貪，亦未免爲有害於廉矣。」○黄氏曰：「冉子之與粟，不害其爲惠；原憲之辭粟，不害其爲廉。自常人觀之，皆善行也。聖人處事如化工生物，洪纖高下，各適其宜，又豈但可見其用財而已哉？」

子謂仲弓，曰：「犂牛之子騂且角，雖欲勿用，山川其舍諸？」犂，利之反。騂，息營反。舍，上聲。○犁，雜文。騂，赤色。周人尚赤，牲用騂。角，角周正，中犧牲也。用，用以祭也。山川，山川之神也。言人雖不用，神必不舍也。仲弓父賤而行惡，故夫子以此譬之。言父之惡，不能廢其子之善，如仲弓之賢，自當見用於世也。然此論仲弓云爾，非與仲弓言也。○范氏曰：「以瞽瞍爲父而有舜，以鯀爲父而有禹。古之聖賢，不係於世類，尚矣。子能改父之過，變惡以爲美，則可謂孝矣。」○或問云云。「程子欲去『曰』字，蓋嫌於與其子言而斥其父之惡，而欲用子產、子賤之例故爾。蘇氏謂此其論仲弓云爾，非與仲弓言也，此說得之。蓋以論語考之，其歎顏淵『未見其止』，乃淵死後之言，此其例也。」

子曰：「回也，其心三月不違仁，其餘則日月至焉而已矣。」三月，言其久。仁者，心之德。心不違仁者，無私欲而有其德也。日月至焉者，或日一至焉，或月一至焉，能造其域而不能久也。○程子曰：「三月，天道小變之節，言其久也，過此則聖人矣。不違仁，只是無纖豪私欲。少有私欲，便是不仁。」尹氏曰：「此顏子於聖人，未達一間者也，若聖人則渾然無間斷矣。」張子曰：「始學之要，當知『三月不違』與『日月至焉』内外賓主之辨，使心意勉勉循循而不能已，過此幾非在我者。」○或問：「仁，人心也，則心與仁宜一矣；而又曰心不違仁，則此心之與仁，又若二焉者，何也？」曰：「孟子之言，非以仁訓心也，蓋以仁爲心之德也，人有是心，則有是德矣。然私欲亂之，則或有是心而不能有是德，此衆人之心所以每至於違仁也。克己復禮，私欲不萌，則那是心而是德存焉，此顏子之心所以不違於仁也。故所謂違仁者，非有兩物而相去也；所謂不違者，非有兩物而相依也。深體而默識於言意之表，則庶乎其得之矣。」曰：「其以三月期，何也？」曰：「顔子之於仁熟矣，然以其猶有待於不違而後一也，是以至於踰時之久，而或不能無念慮之差焉。然其復不遠，則其心之本然者，又未嘗有所失也。向使假之年，大而化之，則其心與仁，無待於不違而常一，豈復可以三月期哉？張子内外賓主之辨，蓋曰不違者，仁在内而我爲主也；日月至仁，仁在外而我客也。誠知此辨，則其不客於客，而求爲主於内，必矣。故曰『使心意勉勉循循而不能已』也。其曰『過此幾非在我者』，則豈以用功至此而極矣，過此以往，則必德盛仁熟而自至，而非吾力之所能與也與？」○又程子曰：「『日月至焉』與『久而不息』者，所見規模雖略相似，其氣味意象迥然别，惟潛心默識，玩索久之，庶幾自得。」朱子曰：「非其身親而實有之，亦豈能發明至此邪？仁與心本是一物，才被私欲一隔，便與仁相違，却成二物。若私欲既無，則心與仁不相離，便合成一物。」○心猶鏡，仁猶鏡之明，鏡本來明，被塵一蔽便不明，塵垢去則鏡明矣。顔子是三月之久無塵垢，餘日皆暗亦不可知。○三月只是言久耳，非謂三月後必違也。○如「不貳過」，過便是違仁。問「不知其仁」注云云。曰：「不是三月以後一向差去，但其於這道理久後，須略間斷。若無些子間斷，便全是天理，便是聖人。」○顔子一似主人，常在家裏，三月而後或有出去時節，便會回歸。其餘是賓，或一日一至，或一月一至。在内之日多，即是主；在内之日少，即是客。此即内外賓主之辨。○問張子云云。曰：「學者只要勉勉循循而不能已，才能如此，後面雖不大段著力，而自不能已。」○「『過此幾非在我』，謂過三月不違，非工夫所能及。如『末由也已』，真是著力不得。」又曰：「『幾非在我』，如易傳中說『過此以往，未之或知』之意。」○問「回心三月不違仁」。先生曰：「如何是心？如何是仁？」對曰：「心是知覺底，仁是理。」先生曰：「耳無有不聽，目無有不明，心無有不仁。然耳有時不聽，目有時不明，心有時不仁。」問：「莫是即與理合而爲一否？」曰：「不是合。心自是仁；然私欲一動，便不仁。」○「三月不違」之「違」，如白中之黑；「日月至焉」之「至」，猶黑中之白。○南軒曰：「人具生道以生，其心未有不仁者也，一豪私欲萌於中，則違仁矣。惟不遠而復者，私欲不萌，故其仁無時而不存焉。『三月』言其久而熟也，而『不違』焉，未若聖人之渾然無閒也。『日月至焉』與『三月不違』者，固亦異矣，然非見道明而用力堅，亦未易日月至也。由是而不已焉，則亦可馴致矣。」○黃氏曰：「『心不違仁』，則心與仁二；『仁，人心也』，則心與仁一。二說不同，而集注乃合而言之，其義精矣。」或曰：「張子曰：『合性與知覺，有心之名。』故心之爲義，有專指知覺而言者，『心不違仁』是也；有合性與知覺而言者，『仁，人心』是也。」張子言內外賓主，或問以爲「日月至焉，仁在外；三月不違，仁在內」。或曰：「仁非有內外也。孟子曰『仁，人之安宅也』，言仁之理如至安之宅。譬之『三月不違』，則心爲主，在仁之內，如身爲主，而在宅之內也。『日月至焉』，則心爲賓，在仁之外，如身爲賓，而在宅之外也。」此兩義者與集注少異，姑存之以備參考。

季康子問：「仲由可使從政也與？」子曰：「由也果，於從政乎何有？」曰：「賜也可使從政也與？」曰：「賜也達，於從政乎何有？」曰：「求也可使從政也與？」

曰：「求也藝，於從政乎何有？」與，平聲。○從政，謂爲大夫。果，有決斷。達，通事理。藝，多才能。○程子曰：「季康子問三子之才可以從政乎，夫子答以各有所長。非惟三子，人各有所長。能取其長，皆可用也。」

季氏使閔子騫爲費宰。閔子騫曰：「善爲我辭焉。如有復我者，則吾必在汶上矣。」費，音祕。爲，去聲。汶，音問。○閔子騫，孔子弟子，名損。費，季氏邑。汶，水名，在齊南魯北境上。閔子不欲臣季氏，令使者善爲己辭。言若再來召我，則當去之齊。○程子曰：「仲尼之門，能不仕大夫之家者，閔子、曾子數人而已。」謝氏曰：「學者能少知内外之分，皆可以樂道而忘人之勢。況閔子得聖人爲之依歸，彼其視季氏不義之富貴，不啻犬彘。又從而臣之，豈其心哉？在聖人則有不然者，蓋居亂邦、見惡人，在聖人則可。自聖人以下，剛則必取禍，柔則必取辱。閔子豈不能早見而豫待之乎？如由也不得其死，求也爲季氏附益，夫豈其本心哉？蓋既無先見之知，又無克亂之才故也。然則閔子其賢乎？」○或問：「謝氏之説，粗厲威奮，若不近聖賢氣象者，而吾獨有取焉，亦足以立懦夫之志而已。」

伯牛有疾，子問之，自牖執其手，曰：「亡之，命矣夫！斯人也而有斯疾也！斯人也而有斯疾也！」夫，音扶。○伯牛，孔子弟子，姓冉，名耕。有疾，先儒以爲癩也。牖，南牖也。禮，病者居北牖下。君視之，則遷於南牖下，使君得以南面視己。時伯牛家以此禮尊孔子，孔子不敢當，故不入其室。而自牖執其手，蓋與之永訣也。命，謂天命。言此人不應有此疾，而今乃有之，是乃天之所命也。○或問：「命者，何如？」曰：「有生之初，氣質之稟，蓋有一定而不可易者，孟子所謂莫之致而至者也。」○南軒曰：「如顏子、伯牛之死，乃可謂之命。蓋其修身盡道以至於所爲謹疾者，亦無有憾也。而止於是焉，則曰命也。若有取死召疾之道，則是有所啓而至，而非天命之正矣。」○侯氏曰：「伯牛以德行稱，亞於顏閔。故其將死也，夫子尤痛惜之。」

子曰：「賢哉，回也！一簞食，一瓢飲，在陋巷。人不堪其憂，回也不改其樂。賢哉，回也！」食，音嗣。樂，音洛。○簞，竹器。食，飯也。瓢，瓠也。顏子之貧如此，而處之泰然，不以害其樂，故夫子再言「賢哉回也」以深歎美之。○程子曰：「顏子之樂，非樂簞瓢陋巷也，不以貧窶累其心而改其所樂也，故夫子稱其賢。」又曰：「簞瓢陋巷非可樂，蓋自有其樂爾。『其』字當玩味，自有深意。」又曰：「昔受學於周茂叔，每令尋仲尼顏子樂處，所樂何事？」愚案：程子之言，引而不發，蓋欲學者深思而自得之。今亦不敢妄爲之說。學者但當從事於博文約禮之誨，以至於欲罷不能而竭其才，則庶乎有以得之矣。○或問：「顏樂之說，程子答鮮于侁之問，其意何也？」曰：「程子蓋曰顏子之心，無少私欲，天理渾然，是以日用動靜之間，從容自得，而無適不樂，不待以道爲可樂然後樂也。」○問：「學者看文字如何？」對曰：「方思量顏子樂處。」先生曰：「不用思量，他只是『博我以文，約我以禮』，然後見得天理分明，日用間義理純熟，不被人欲來苦楚，自恁地快活。而今只去博文約禮，便自見得。若只索之於杳冥無朕之際，何益？只要著實用工。」〇問顏子樂處。曰：「未到他地位，如何便能知得他樂處？且要得就他實下工夫處，便下稍亦須會到他樂時節。」〇顏子胷中自有樂地，雖貧寠不以累其心，不是將那不以貧寠累心底做樂。明道曰：「百官萬務，金革百萬之衆，曲肱飲水，亦在其中矣。」〇問：「伊川所謂『其』字當玩味，是如何？」曰：「是原有此樂。」〇問：「濂溪教程子尋孔顏樂處，如何？」曰：「先賢到樂處，已自成就向上了，非初學所能求。況今師非濂溪，友非二程，不如且就聖賢著實用工處求之。如克己復禮，致謹於視聽言動之閒，久久自當純熟，充達向上去。」〇孔顏雖同此樂，然顏子未免有意。〇問云云。「不要去孔顏身上問，只去自家身上討。」〇問：「程子：『使顏子以道爲樂，則非顏子。』周子顏子章又却似言以道爲樂。」先生曰：「顏子之樂，非是自家有這道，至富至貴，只管把來玩弄後樂。見得這道理後自是樂，故曰見其大則心泰，心泰則無不足，無不足則富貴貧賤處之一也。」〇問云云。曰：「程子之言，但謂聖賢之心與道爲一，故無適而不樂。若以道爲一物而樂之，則心與道二，非所以爲顏子耳。若某人之云，乃老佛緒餘，非程子本意。」〇又問：「伊川云云曰如何？」又曰：「樂道之言不失，只是説得不精切，故如此告之。今便以爲無道可樂，却走作了。」問：「如鄒侍郎引此[二]，謂『今日始見伊川面，已入禪去』。」曰：「然。」〇曾點之樂，是見

[二] 問如，原作「如問」，各本同，據宋福州學官刻元修本西山讀書記甲集二十七乙。

得如此；顏子之樂，是工夫到那裏。○南軒曰：「此不可以想像求也，惟用力於克己，則庶幾其得之耳。」○黄氏曰：「集注、或問二説不同，何也？」曰：「博文約禮，顏子所以用其力於前；天理渾然，顏子所以收其功於後。博文則知之明，約禮則守之固。凡事物當然之理既無不洞曉，而窮通得喪與凡可憂可喜之事舉不足以累其心，此其所以無少私欲，天理渾然，蓋有不期樂而樂者矣。」○案莊子：「孔子謂顏回曰：『回，來！家貧居卑，胡不仕乎？』顏回對曰：『不願仕。回有郭外之田五十畝，足以給饘粥；郭内之田十畝，足以爲絲麻；鼓琴足以自娱；所學夫子之道足以自樂也。回不願仕。』孔子愀然變容曰：『善哉回之意！丘聞之：「知足者不以利自累，審自得者失之而不懼，行修於内者無位而不怍。」丘誦之久矣，今於回而後見之，是丘之得也。』」又曰：「曾子居衛，緼袍無表，顏色腫噲，手足胼胝，三日不舉火，十年不製衣，正冠而纓絶，捉衿而肘見，納屨而踵決，曳縰而歌商頌，聲滿天地，若出金石。」○案：顏曾二子樂道安貧，大抵相似。

冉求曰：「非不説子之道，力不足也。」子曰：「力不足者，中道而廢。今女畫。」

説，音悦。女，音汝。○力不足者，欲進而不能。畫者，能進而不欲。謂之畫者，如畫地以自限也。○胡氏曰：「夫子稱顏回不改其樂，冉求聞之，故有是言。然使求悦夫子之道，誠如口之悦芻豢，則必將盡力以求之，何患力之不足哉？畫而不進，則日退而已矣，此冉求之所以局於藝也。」○南軒曰：「爲仁未有力不足者，故仁以爲己任，死而後已焉。今冉求患力之不足，非力不足也，乃自畫耳。所謂中道而廢者也，士之學聖人，不幸而死則已矣，此則可言力不足也。不然，而或止焉，則皆爲自畫耳。畫者，非有以止之，而自不肯前也。」○愚案：此章乃求也受病之源，惟不能自强以進學，故義利取舍之分不明，而苟以從人，無正救之益而有順從之失也。

子謂子夏曰：「女爲君子儒，無爲小人儒。」 儒，學者之稱。程子曰：「君子儒爲己，小人儒爲人。」○謝氏曰：「君子小人之分，義與利之閒而已。然所謂利者，豈必殖貨財之謂？以私滅公，適己自便，凡可以害天理者皆利也。子夏文學雖有餘，然意其遠者大者或昧焉，故夫子語之以此。」

子游爲武城宰。子曰：「女得人焉爾乎？」曰：「有澹臺滅明者，行不由徑，非公事，未嘗至於偃之室也。」 女，音汝。澹，徒甘反。○武城，魯下邑。澹臺，姓；滅明，名；字子羽。徑，路之小而捷者。公事，如飲射讀法之類。不由徑，則動必以正，而無見小欲速之意可知。非公事不見邑宰，則其有以自守，而無枉己徇人之私可見矣。○楊氏曰：「爲政以人才爲先，故孔子以得人爲問。如滅明者，觀其二事之小，而其正大之情可見矣。後世有不由徑者，人必以爲迂；不至其室，人必以爲簡。非孔氏之徒，其孰能知而取之？」愚謂：持身以滅明爲法，則無苟賤之羞；取人以子游爲法，則無邪媚之惑。○衍義曰：「子游以行不由徑、非公事不至其室而知澹臺之賢。蓋二者雖若細行，因而推之，行且不由徑，其行己也肯枉道而欲速乎？非公事且不至其室，其事上也肯阿意而求悦乎？子游以一邑宰，其取人猶若是，等而上之，宰相爲天子擇百僚，人主爲天下擇宰相，必以是觀焉可也。」

子曰：「孟之反不伐，奔而殿，將入門，策其馬，曰：『非敢後也，馬不進也。』」殿，去聲。○孟之反，魯大夫，名側。胡氏曰：「反即莊周所稱孟子反者是也。」伐，誇功也。奔，敗走也。軍後曰殿。策，鞭也。戰敗而還，以後爲功。反奔而殿，故以此言自揜其功也。事在哀公十一年。○謝氏曰：「人能操無欲上人之心，則人欲日消，天理日明，而凡可以矜己誇人者，皆無足道矣。然不知學者欲上人之心無時而忘也，若孟之反，可以爲法矣。」○南軒曰：「爲學之害，矜伐居多。聖人取孟之反所以教門人也。」

子曰：「不有祝鮀之佞而有宋朝之美，難乎免於今之世矣。」鮀，徒河反。○祝，宗廟之官。鮀，衛大夫，字子魚，有口才。朝，宋公子，有美色。言衰世好諛悦色，非此難免，蓋傷之也。

子曰：「誰能出不由户？何莫由斯道也？」言人不能出不由户，何故乃不由此道邪？怪而歎之之辭。○洪氏曰：「人知出必由户，而不知行必由道。非道遠人，人自遠爾。」○或問云云。曰：「何莫由，猶『何莫學夫詩』耳。若直以出不能不由户，譬夫行之不能不由道，則世之悖理犯義而不由於道者爲不少矣，又何説以解之邪？」

子曰：「質勝文則野，文勝質則史。文質彬彬，然後君子。」野，野人，言鄙略也。史，掌文書，多聞習事，而誠或不足也。彬彬，猶班班，物相雜而適均之貌。言學者當損有餘，補不足，至於成德，則不期然而然矣。○楊氏曰：「文質不可以相勝。然質之勝文，猶之甘可以受和，白可以受采也。文勝而至於滅質，則其本亡矣。雖有文，將安施乎？然則與其史也，寧野。」○南軒曰：「以二者論之，若未得中而有所偏勝，與其失而爲府史，無亦寧爲野人之野乎？」

子曰：「人之生也直，罔之生也幸而免。」程子曰：「生理本直。罔，不直也，而亦生者，幸而免爾。」

子曰：「知之者不如好之者，好之者不如樂之者。」好，去聲。樂，音洛。○尹氏曰：「知之者，知有此道也。好之者，好而未得也。樂之者，有所得而樂之也。」○張敬夫曰：「譬之五穀，知者知其可食者也，好者食而嗜之者也，樂者嗜之而飽者也。知而不能好，則是知之未至也；好之而未及於樂，則是好之未至也。此古之學者所以自强而不息者與。」

子曰：「中人以上，可以語上也；中人以下，不可以語上也。」「以上」之「上」，上聲。語，去聲。○語，告也。言教人者，當隨其高下而告語之，則其言易入而無躐等之弊也。○南軒曰：「聖人之道，精粗雖無二致，但其施教則必因其材而篤焉。蓋中人以下之質，驟而語之太高，非惟不能以入，且將妄意躐等，而有不切於身之弊，亦終於下而已矣。故就其所及而語之，是乃所以使之切問近思，而漸進於高遠也。」

樊遲問知。子曰：「務民之義，敬鬼神而遠之，可謂知矣。」問仁。曰：「仁者先難

而後獲，可謂仁矣。」知、遠，皆去聲。○民，亦人也。獲，謂得也。專用力於人道之所宜，而不惑於鬼神之不可知，知者之事也。先其事之所難，而後其效之所得，仁者之心也。此必因樊遲之失而告之。○程子曰：「人多信鬼神，惑也。而不信者又不能敬。能敬能遠，可謂知矣。」又曰：「先難，克己也。以所難爲先，而不計所獲，仁也。」呂氏曰：「當務爲急，不求所難知；力行所知，不憚所難爲。」○或曰：「問仁而告之以先難後獲，何也？」曰：「爲是事者必有是效，亦天理之自然也。然或先計其效而後爲其事，則其事雖公，而意則私，雖有成功，亦利仁之事而已。若夫仁者，則先爲其事而不計其效，知循天理之自然，而無欲利之私心也。董子所謂『仁人者，正其誼不謀其利，明其道不計其功』，正謂此耳。然正誼未嘗不利，明道豈必無功，但不從夫功利者而爲之耳。」○民者，人也；義者，宜也。如詩之所謂「民之秉彝」，即人之義也。此則人之所宜爲者，不可不務也。此而不務，而反求之幽冥不可測識之閒，而欲避禍以求福，此豈謂之知哉？○問：「有一豪計功之心便是私欲？」曰：「是。」○獲有期望之意。學者之於仁，工夫最難，但先爲人所難爲，不必有期望之心可也。○先難後獲，只是合做事便自做將去，更無下面一截。才有計獲之心，便不是了。大抵學者爲其所不得不爲者，至於人欲盡而天理全，則仁在是矣。若先有箇云「我欲以此去爲仁」，便是先獲也。○南軒曰：「難莫難於克己。勉爲其難，不計其獲，循循不已，久自有所至。若先有蘄獲之意，則固已自累其心，而有害於天理矣。无妄之六二『不耕穫，不菑畬』，而象曰『未富也』，蓋此意也。」○仁者安仁，知者利仁。○或問：「鬼神者，非祀典之正邪，則聖人使人敬之，何也？以爲祀典之正邪，則又使人遠之，何也？」曰：「聖人所謂鬼神，無不正也。遠者，以其處幽，故嚴之而不瀆耳。若非其正，則聖人豈復謂之鬼神哉？在上則明禮以正之，在下則專義以絶之，固不使人敬而遠之，亦不使人褻而慢之也。」○問：「敬鬼神而遠之，如天地山川之神與夫祖先，此固當敬，至如世間一種泛然鬼神，亦當敬否？」曰：「所謂敬鬼神，是敬正當底鬼神；敬而遠之，是不可褻瀆，不可媚。如卜筮用龜，此亦不免；如臧文仲山節藻棁以藏之，便是媚，便是不知。」

子曰：「知者樂水，仁者樂山；知者動，仁者静；知者樂，仁者壽。」知，去聲。樂，上二字並五教反，下一字音洛。○樂，喜好也。知者達於事理而周流無滯，有似於水，故樂水。仁者安於義理而厚重不遷，有似於山，故樂山。動静以體言，樂壽以效言也。動而不括故樂，静而有常故壽。○程子曰：「非體仁知之深者，不能如此形容之。」○知者動，然他見得許多道理分明，只是行其所無事，其理甚簡，雖動而未嘗不静；仁者静，然其見得天下萬事萬理皆在吾心，無不相關，雖静而未嘗不動。動不是勞攘紛擾，静不是塊然死守。這與『樊遲問仁知』章相連，自有互相發明處。○問：「『仁者樂山』，是就成德上説；『先難後獲』，是就初學上説？」曰：「也只一般，只有箇生熟。聖賢是已熟底學者，學者是未熟底聖賢。」○仁者一身渾然全是天理，故静而樂山，且壽，壽是悠久之意；知者周流事物之閒，故動而樂水，且樂，樂是處置得當理而不擾之意。若以配陰陽，則仁配春，主發生，故配陽動；知配冬，主伏藏，故配陰静。又各互爲其根，不可一定求之也。此在學者默而識之。○或問：「『知者動，仁者静。』如太極圖説，則知爲静，仁爲動，如何？」曰：

「這道理直看一樣，横看一樣。子貢説學不厭爲智，教不倦爲仁；子思却言成己爲仁，成物爲智。仁固有安静意思，然施行却有運用之意。智是潛伏淵深底道理，至發出却有運用。然至於運用各當其理而不可易處，又不專於動。」○南軒曰：「動静者，仁知之體。樂水樂山，言其體則然也。動則樂，静則壽，行所無事，不其樂乎？常永貞固，不其壽乎？雖然，知之體動而理各有安，静固在其中矣；仁之體静而周流不息，動亦在其中矣。動静交見，體用一源，非深體者莫能識也。」

子曰：「齊一變，至於魯；魯一變，至於道。」孔子之時，齊俗急功利，喜夸詐，乃霸政之餘習。魯則重禮教，崇信義，猶有先王之遺風焉，但人亡政息，不能無廢墜爾。道，則先王之道也。言二國之政俗有美惡，故其變而之道有難易。○程子曰：「夫子之時，齊彊魯弱，孰不以爲齊勝魯也？然魯猶存周公之法制。齊由威公之霸，爲從簡尚功之治，太公之遺法變易盡矣，故一變乃能至魯。魯則修舉廢墜而已，一變則至於先王之道也。」愚謂：二國之俗，唯夫子爲能變之而不得試。然因其言以考之，則其施爲緩急之序，亦略可見矣。

子曰：「觚不觚。觚哉！觚哉！」觚，音孤。○觚，稜也，或曰酒器，或曰木簡，皆器之有稜者也。不觚者，蓋當時失其制而不爲稜也。觚哉觚哉，言不得爲觚也。○程子曰：「觚而失其形制，則非觚也。舉一器，而天下之物莫不皆然。故君而失其君之道，則爲不君；臣而失其臣之職，則爲虚位。」范氏曰：「人而不仁則非人，國而不治則非國矣。」

宰我問曰：「仁者，雖告之曰『井有仁焉』，其從之也？」子曰：「何爲其然也？

君子可逝也，不可陷也；可欺也，不可罔也。」劉聘君曰：「『有仁』之『仁』，當作『人』。」今從之。從，謂隨之於井而救之也。宰我信道不篤，而憂爲仁之陷害，故有此問。逝，謂使之往救。陷，謂陷之於井。欺，謂誑之以理之所有。罔，謂昧之以理之所無。蓋身在井上，乃可以救井中之人；若從之於井，則不復能救之矣。此理甚明，人所易曉，仁者雖切於救人而不私其身，然不應如此之愚也。○南軒曰：「宰我發此問，亦不可不謂之切問也。謂仁者惟知求仁，而患難有所不恤也。夫子之所以告之者，理則無不盡矣。蓋其可逝、可欺者，惻隱之形，不逆詐，不億不信也；而其不可陷、不可罔者，理不可昧故也。於是可以究仁者之心也。」

子曰：「君子博學於文，約之以禮，亦可以弗畔矣夫。」夫，音扶。○約，要也。畔，背也。君子學欲其博，故於文無不考；守欲其要，故其動必以禮。如此，則可以不背於道矣。○程子曰：「博學於文而不約之以禮，必至於汗漫。博學矣，又能守禮而由於規矩，則亦可以不畔道矣。」○博文約禮者之初，須作兩般理會，而各盡其力，則久之見得功效，却能交相爲助而打成一片。若合下便要兩相倚靠，互相推託，則彼此擔閣，都不成次第矣。然所謂博，非泛然考質雜記，掇拾異聞，以多取勝之謂，此又不可不戒。○博文而不約之以禮，便無歸宿處。○聖人教人有序，未有不先於博者。○博學是致知，約禮是踐履之實。聖人之教，學者之學，不越於二事。博文乃道問學之事，是欲盡知天下事物之理；約禮乃尊德性之事，是欲常存吾心固有之理。○兩事須是互相發明。約禮工夫深，則博文之工夫愈明；博文工夫至，則約禮之工夫愈密。○博文所以驗諸事，約用。日一一著去理會。若是約，則只守一箇禮。日用禮所以體諸身。○博文如講明義理，禮樂射御之類，一一著去理會。若是約，則只守一箇禮。日用間合禮者便是，非禮者便不是。○南軒曰：「博學於文，廣見聞也；約之以禮，守規矩也。聞見雖多而不能約以規矩，則操履不實，又豈得不違畔乎？故必博文而約禮，然後可以弗畔。若顏子之博文約禮，則又深乎是言，蓋有輕重也。」○黄氏曰：「博是泛然取之，以極其廣；約是反而求之，以極其要。且如仁字，洙泗所言皆不可不講，是博學於文也。及其反而求其要，則不過存此心而已。」

子見南子，子路不説。夫子矢之曰：「予所否者，天厭之！天厭之！」説音悦。否，方九反。○南子，衛靈公之夫人，有淫行。孔子至衛，南子請見，孔子辭謝，不得已而見之。蓋古者仕於其國，有見其小君之禮。而子路以夫子見此淫亂之人爲辱，故不悦。矢，誓也。所，誓辭也，如云「所不與崔慶者」之類。否，謂不合於理，不由其道也。厭，棄絶也。聖人道大德全，無可不可。其見惡人，固謂在我有可見之禮，則彼之不善，我何與焉？然此豈子路所能測哉？故重言以誓之，欲其姑信此而深思以得之也。

子曰：「中庸之爲德也，其至矣乎！民鮮久矣。」鮮，上聲。○中者，無過無不及之名也。庸，平常也。至，極也。鮮，少也。言民少此德，今已久矣。○程子曰：「不偏之謂中，不易之謂庸。中者天下之正道，庸者天下之定理。自世教衰，民不興於行，少有此德久矣。」○南軒曰：「德合於中庸，則至當無以復加矣。中者，言其理之無過不及者也。庸者，言其可常而不易也。世衰道微，民汩於私意，以淪胥其常性，鮮有此德久矣。夫子蓋深歎之也。」

子貢曰：「如有博施於民而能濟衆，何如？可謂仁乎？」子曰：「何事於仁，必也聖乎？堯舜其猶病諸。施，去聲。○博，廣也。仁以理言，通乎上下。聖以地言，則造其極之名也。乎者，疑而未定之辭。病，心有所不足也。言此何止於仁，必也聖人能之乎？則雖堯舜之聖，其心猶有所不足於此也。以是求仁，愈難而愈遠矣。**夫仁者，己欲立而立人，己欲達而達人。**夫，音扶。○以己及人，仁者之心也。於此觀之，可以見天理之周流而無閒矣。狀仁之體，莫切於此。**能近取譬，可謂仁之方也已。」**譬，喻也。方，術也。近取諸身，以己所欲譬之他人，知其所欲亦猶是也。然後推其所欲以及於人，則恕之事而仁之術也。於此勉焉，則有以勝其人欲之私，而全其天理之公也。程子曰：「醫書以手足痿痺爲不仁，此言最善名狀。仁者以天地萬物爲一體，莫非己也。認得爲己，何所不至；若不屬己，自與己不相干。如手足之不仁，氣已不貫，皆不屬己。故博施濟衆，乃聖人之功用。仁至難言，故止曰『己欲立而立人，己欲達而達人。能近取譬，可謂仁之方也已』。欲令如是觀仁，可以得仁之體。」又曰：「論語言『堯舜其猶病諸』者二。夫博施者，豈非聖人之所欲？然必五十乃衣帛，七十乃食肉。聖人之心，非不欲少者亦衣帛食肉也，顧其養有所不贍爾，此病其施之不博也。濟衆者，豈非聖人之所欲？然治不過九州，聖人非不欲四海之外亦兼濟也，顧其治有所不及爾，此病其濟之不衆也。推此以求，修己以安百姓，則爲病可知。苟以吾治已足，則便不是聖人。」呂氏曰：「子貢有志於仁，徒事高遠，未知其方。孔子教以於己取之，庶近而可入，是乃爲仁之方。雖博施濟衆，亦由此進。」○或問：「博施濟衆，必也聖乎，此言必聖人而後能之乎？」曰：「不然。此正謂雖聖人亦有所不能耳。必也聖乎，蓋以起下文『堯舜病諸』之意，猶曰『必也射乎』，而後言射之有争也。」曰：「仁恕之别，何也？」曰：「凡己之欲，即以及人，不待推以譬彼而後施之者，仁也；以己之欲，譬之於人，知其必欲此而後施之者，恕也。此其從容勉强固有淺深之不同，然其實皆不出乎常人一念之閒，學者亦反求諸己而足矣。豈必博施濟衆，務爲聖人之所不能者，然後得之乎？」○博施濟衆，是無盡底地頭，堯舜儘無下手處。○仁通上下，但克去己私，復還天理，便是仁，何必博施而後爲仁？若必待如此，則有終身不得仁者矣。○子貢凡三問仁，聖人三告之以推己度物，想得子貢高明，於推己處有所未盡。○己欲立便立人，己欲達便達人，此仁者之事；能近取譬，此爲仁之方。今人便以欲立欲達爲能近取譬[二]，則誤矣。○問「博施濟衆」。曰：「此是仁者事功。若把此爲仁，則只是「中天下而立」者方能如此，便都無人做得。」○問：「『己欲立而立人，己欲達而達人』，與『我不欲人加諸我，吾亦欲無加諸人』一般，都是以己及物？『能近取譬[三]』，與『己所不欲，勿施於人』，都是一般推己及物？」曰：「然。」○以己之欲立者而立人，以己之欲達者而達人，以己及物，無些私意。如堯「克明峻德，以親九族；

[二] 爲，原脱，各本同，據宋福州學官刻元修本西山讀書記甲集六補。
[三] 近，原脱，各本同，據明成化本朱子語類卷三十三補。

九族既睦，平章百姓；百姓昭明，協和萬邦，黎民於變時雍」，以至於「欽若昊天，曆象日月星辰，敬授人時」底道理都擁出來。又如周禮一書，周公所以立下許多條貫，皆是廣大心中流出。○或問：「此章程子作一統説，先生作二段説，如何謂分仁恕？」先生曰：「某之説即非異於程子。蓋程子之説如大屋一般，某之説如在大屋下分別廳堂房室，初無異也。」○欲立立人，欲達達人，正指人之本體。蓋己欲立，則思處置他人也立；己欲達，則思處置他人也達。放開眼目，推廣心胷，其氣象如此，安得不謂仁之本體？彼子貢所問，是就事上説，却不就心上説。呂氏云：「雖博施濟衆，也須自此始。」某甚喜其説。○南軒曰：「博施濟衆之義固大，特以見夫功用，而非所以明仁也。聖亦仁之成名，非謂仁未及乎此也。以仁之爲道，不當如此求也。故夫子既告之以博施濟衆之大，而又語之以仁者公天下之理而無物我之私。故『己欲立而立人，己欲達而達人』，仁者之心也。欲進乎是，其惟近取譬乎？近取譬者，體之於吾身而推之，此恕之道也，所以爲仁之方也。於其方而用力，則可以進於仁焉。知『能近取譬』爲『仁之方』，則知以『博施濟衆』言仁者，其亦泛而無統矣。」

論語集編卷第三

論語集編卷第四

述而第七

此篇多記聖人謙己誨人之辭及其容貌行事之實。凡三十七章。

子曰：「述而不作，信而好古，竊比於我老彭。」述，傳舊而已。作，則創始也。故作非聖人不能，而述則賢者可及。竊比，尊之之辭。我，親之之辭。老彭，商賢大夫，見大戴禮，蓋信古而傳述者也。孔子刪詩書，定禮樂，贊周易，修春秋，皆傳先王之舊，而未嘗有所作也，故其自言如此。蓋不惟不敢當作者之聖，而亦不敢顯然自附於古之賢人，蓋其德愈盛而心愈下，不自知其辭之謙也。然當是時，作者略備，夫子蓋集羣聖之大成而折衷之。其事雖述，而功則倍於作矣，此又不可不知也。

子曰：「默而識之，學而不厭，誨人不倦，何有於我哉？」識，音志，又如字。○識，記也。默識，謂不言而存諸心也。一說：「識，知也，不言而心解也。」前說近是。何有於我，言何者能有於我也。三者已非聖人之極致，而猶不敢當，則謙而又謙之辭也。○南軒曰：「默而識之，言不假言說，默識夫理之所當然也。在己則學不厭，施諸人則誨不倦，成己成物之無息也。」

子曰：「德之不脩，學之不講，聞義不能徙，不善不能改，是吾憂也。」尹氏曰：「德必脩而後成，學必講而後明，見善能徙，改過不吝，此四者日新之要也。苟未能之，聖人猶憂，况學者乎？」○講學自是講學，脩德自是脩德。如致知、格物，是講學；誠意、正心、脩身，是脩德。博學、審問、謹思、明辨，是講學；篤行，是脩德。○問「德之不脩」。曰：「如有害人之心，便是仁之不脩；有穿窬之心，便是義之不脩。」

子之燕居，申申如也，夭夭如也。燕居，閒暇無事之時。○楊氏曰：「申申，其容舒也。夭夭，其色愉也。」○程子曰：「此弟子善形容聖人處也，爲『申申』字説不盡，故更著『夭夭』字。今人燕居之時，不怠惰放肆，必太嚴厲。嚴厲時著此四字不得。怠惰放肆時亦著此四字不得。惟聖人便自有中和之氣。」○南軒曰：「聖人聲氣容色之所形，盛德之至，不勉而中也。」○黄氏曰：「記此語者，足以見聖人渾然天理，與時偕行，一弛一張，皆有當然之則，初豈有心爲之哉？」

子曰：「甚矣吾衰也！久矣吾不復夢見周公！」復，扶又反。○孔子盛時，志欲行周公之道，而夢寐之閒，如或見之。至其老而不能行也，則無復是心，而亦無復是夢矣，故因此而自歎其衰之甚也。○程子曰：「孔子盛時，寤寐常存行周公之道，及其老也，則志慮衰而不可以有爲矣。蓋存道者心，無老少之異；而行道者身，老則衰也。」○或問：「孔子不夢周公之説，程子以爲初實未嘗夢也，如何？」「孔子自言不夢之久，明其前固嘗夢之矣。程子之意，蓋嫌於因思而夢者，故爲此説，其義則精矣，然恐非夫子所言之本意也。」

子曰：「志於道，志者，心之所之之謂。道，則人倫日用之間所當行者是也。知此而心必之焉，則所適者正，而無他岐之惑矣。**據於德，**據者，執守之意。德者，得也，得其道於心而不失之謂也。得之於心而守之不失，則終始惟一，而有日新之功矣。**依於仁，**依者，不違之謂。仁，則私欲盡而心德之全也。功夫至此而無終食之違，則存養之熟，而非天理之流行矣。**游於藝。」**游者，玩物適情之謂。藝，則禮樂之文，射御書數之目，皆至理所寓，而日用之不可闕者也。朝夕游焉，以博其義理之趣，則應務有餘，而心亦無所放矣。○此章言人之爲學當如是也。蓋學莫先於立志。志道，則心存於正而不他；據德，則道得於心而不失；依仁，則德性常用而物欲不行；游藝，則小物不遺而動息有養。學者於此，有以不失其先後之序、輕重之倫焉，則本末兼該，内外交養，日用之間，無少閒隙，而涵泳從容，忽不自知其入於聖賢之域矣。○「志於道」，方有志焉。「據於德」，一言一行之謹，亦是德。「依於仁」，仁是衆善總會處。○德者，得之於身也。既得之，守不定，亦會失，又須是執守方得。○志謂至誠懇惻，念念不忘。道者，日用自然之理。○德者，吾之所自有，非自外而得也。退之云：「德足乎己，無待於外。」説得也好。○這段先要就道上理會。這是个生死路頭，如得此路是了，只篤意講學，念念不忘。處己也在是，接人也在是，講論也在是，思索也在是。若是把捉不定，一出一入，或東或西，以夫子至聖猶且從志學上始，今要做工夫，須看聖人「志于學」處是如何。這處見得定，定後亦有下工夫處。「據於德」，德者，得也。便是我自得底，不是徒知得。若徒知得，不能得之於己，似説別人底，於我何干預？如事親能孝，便是我得這孝；事君能忠，便是我得這忠。説到德，便是成就這道，方有可據處。但「據於德」，固是有得於心，然亦恐怕有走作時節。其所存主處，須是「依於仁」。到「游藝」，雖若非所急，然亦少不得，所以助其存主也。○「志於道」，方是要去做，事親欲盡其孝，事兄欲盡其弟。至於「據於德」，則事親能盡其孝，事兄能盡其弟，已有可據底地位。「依於仁」，則自朝至暮，此心無不在這裏。連許多德，總攝貫串，都括了。然藝亦不可不去理會，如禮樂射御書數，一件理會不得，此心便覺滯礙。惟是一一去理會，這道理脉絡方始一一流通。又却養得這箇道理，以此知大則道無不包，小則道無不入。小大精粗，都無滲漏，都是做工夫處。故曰：「語大，天下莫能載；語小，天下莫能破。」○仁者，人之本心也。依，如「依乎中庸」之「依」，相依而不捨之之意，如「君子無終食之閒違仁」是也。○藝是小學工夫。若論先後，則藝爲先，而三者爲後；若論本末，則三者其本，而藝其末。文中子説：「志道、據德、依仁，然後藝可游。」此説説得自好。○「志道至依仁，一節密似一節。『志於道』，則心心念念，惟在人倫日用之所當行者，決不向利欲邊去，其志定矣。『據於德』，如孝親弟長等事，皆吾之所自得而行之者，慮有照管不到時節，當據守之而勿失，則吾之所得者實矣。『依於仁』，則全其本心之德而不閒於人欲之私，生生之體，自流行不息。工夫至此，亦云熟矣。此三節自立脚大綱以至工夫精密，如此『游於藝』，是『行有餘力則以學文』之意，未知是否？」先生曰：「然。」

子曰：「自行束脩以上，吾未嘗無誨焉。」脩，脯也。十脡爲束。古者相見，必執贄以爲禮，束脩其至薄者。蓋人之有生，同具此理，故聖人之於人，無不欲其入於善。但不知來學，則無往教之理，故苟以禮來，則無不有以教之也。

子曰：「不憤不啓，不悱不發，舉一隅不以三隅反，則不復也。」憤者，心求通而未得之意。悱者，口欲言而未能之貌。啓，謂開其意。發，謂達其辭。物之有四隅者，舉一可知其三。反者，還以相證之意。復，再告也。上章已言聖人誨人不倦之意，因并記此，欲學者勉於用力，以爲受教之地也。○程子曰：「憤悱，誠意之見於色辭者也。待其誠至而後告之，既告之，又必待其自得，乃復告爾。」又曰：「不待憤悱而發，則知之不能堅固；待其憤悱而後發，則沛然矣。」○或問：「反之爲還以相證，何也？」曰：「如易所謂『原始反終』者也。」南軒曰：「此聖人教人之法也。學貴於思，思而後有得。憤悱者，思慮積久，鬱而未暢，誠意懇切形於外也。憤則見於顔色，悱則發於辭氣，於是而啓其端，發其蔽，則庶幾聽之之專，而感之之深也。然告之以舉一隅耳，待其以三隅反而後復之，此古之教者所以爲從容而使人繼志之道也。若不以三隅反，則必未能悦吾言而推類者，苟遽以復之，則亦於彼無力矣。」

子食於有喪者之側，未嘗飽也。臨喪哀，不能甘也。**子於是日哭，則不歌。**哭，謂弔哭。一日之内，餘哀未忘，自不能歌也。○謝氏曰：「學者於此二者，可見聖人情性之正也。能識聖人之情性，然後可以學道。」○南軒曰：「臨喪則哀，食何由飽？哭者哀之至，歌者樂之著，二者不容相襲。學者法聖人而勉之，亦足以養忠厚之心也。」

子謂顏淵曰：「用之則行，舍之則藏，惟我與爾有是夫。」舍，上聲。夫，音扶。○尹氏曰：「用舍無與於己，行藏安於所遇，命不足道也。顏子幾於聖人，故亦能之。」○朱氏曰：「『用之則行，舍之則藏』，此八字，極要人玩味。若他人，用之則無可行，舍之則無可藏。唯孔顏先有此事業在己分内，若用之，則見成將出來；舍之，則藏了，他人豈有是哉？故下文云：『唯我與爾有是夫。』『有是』二字，當如此看。」○問「命不足道也」。曰：「如常人，『用之則行』，乃所願；『舍之則藏』，是自家命恁地，不得已，不奈何。聖人無不得已底意思。聖人用我便行，舍我便藏，無不奈何底意思，何須得更言命？」○聖人説命，只是爲中人以下説，如道之將行將廢，聖人欲曉子服景伯，故以命言。○只看義理如何，都不問那命。雖使前面做得去，若義去不得，也只不做。若中人之情，則見前面做不得了方休，方委之命；若使前面做得，定不肯已。所謂「無可奈何而安之者命也」，此固賢於世之貪冒無知者矣，然實未能無求之之心也。聖人更不問命，只看義如何。貧富貴賤，惟義所在，所謂安於所遇也。如顏子之安於陋巷，他那曾計較命如何。○南軒曰：「『用之則行，舍之則藏』，龍德正中，隨時隱見者也。蓋君子所性，大行不加，窮居不損，道固自若也，因時用舍而有行藏耳。惟顏子幾於化，故足以當此。」○南軒初本云：「其行也，豈有意於行之；其舍也，豈有意於藏之？」朱子曰：「聖人固無意必，然亦謂無私意期必之心耳。若其救時拯物之意，皇皇不舍，豈可謂無意於行哉？至於『舍之而藏』，則雖非其所欲，謂舍之而猶無意於藏，則亦過矣。若果如此，則是孔顏之心漠然無情於應物，推而後行，曳而後往，如老佛之爲也。聖人與異端不同處，正在於此，不可不察也。程子於此，但言『用舍無與於己，行藏安於所遇』，詳味其言，中正微密，不爲矯激過高之説，而語意卓然，皆不可及，其所由來者遠矣。」子路曰：「子行三軍，則誰與？」萬二千五百人爲軍，大國三軍。子路見孔子獨美顏淵，自負其勇，意夫子若行三軍，必與己同。子曰：「暴虎馮河，死而無悔者，吾不與也。必也臨事而懼，好謀而成者也。」暴虎，徒搏。馮河，徒涉。懼，謂敬其事。成，謂成其謀。言此皆以抑其勇而教之，然行師之要實不外此，子路蓋不知也。○謝氏曰：「聖人於行藏之間，無意無必，其行非貪位，其藏非獨善也。若有欲心，則不用而求行，舍之而不藏矣。是以惟顏子爲可以與於此。子路雖非有欲心者，然未能無固必也，至以行三軍爲問，則其論益卑矣。夫子之言，蓋因其失而救之。夫不謀無成，不懼必敗，小事尚然，而況於行三軍乎？」○南軒曰：「夫子路自負其勇，不避禍害，故夫子因其病而救之。以爲犯難而輕死，非君子所貴，蓋死或至於傷勇故也。臨事而懼，戒謹於事始，則所以爲備者周矣。好謀者或失於寡斷，好謀而成，則思慮審，而其發也必中矣。敬戒周密如此，此乃行三軍之道也。若徒以暴虎馮河爲勇，則將至於輕犯禍害，豈君子之所貴乎？」

子曰：「富而可求也，雖執鞭之士，吾亦爲之。如不可求，從吾所好。」好，去聲。○執鞭，賤者之事。設言富若可求，則雖身爲賤役以求之，亦所不辭。然有命焉，非求之可得也，則安於義理而已矣，何必徒取辱哉？○蘇氏曰：「聖人未嘗有意於求富也，豈問其可不可哉？爲此語者，特以明其決不可求爾。」楊氏曰：「君子非惡富貴而不求，以其在天，無可求之道也。」○南軒曰：「夫子謂富不可求，非特謂命有定而不可强也，正以於義不可故耳。」又曰：「所安者義，而命有所不必言者矣。」

子之所慎：齊、戰、疾。齊，側皆反。○齊之爲言，齊也，將祭而齊其思慮之不齊者，以交於神明也。誠之至與不至，神之饗與不饗，皆決於此。戰則衆之死生、國之存亡繫焉。疾又吾身之所以死生存亡者。皆不可以不謹也。尹氏曰：「夫子無所不謹，弟子記其大者耳。」

子在齊聞韶，三月不知肉味，曰：「不圖爲樂之至於斯也！」史記「三月」上有「學之」二字。不知肉味，蓋心一於是而不及乎他也。曰不意舜之作樂至於如此之美，則有以極其情文之備，而不覺其歎息之深也，蓋非聖人不足以及此。○范氏曰：「韶盡美又盡善，樂之無以加此也。故學之三月，不知肉味，而歎美之如此。誠之至，感之深也。」

冉有曰：「夫子爲衛君乎？」子貢曰：「諾。吾將問之。」爲，去聲。○爲，猶助也。衛君，出公輒也。靈公逐其世子蒯聵。公薨，而國人立蒯聵之子輒。於是晉納蒯聵而輒拒之。時孔子居衛，衛人以蒯聵得罪於父，而輒嫡孫當立，故冉有疑而問之。諾，應辭也。**入，曰：「伯夷、叔齊何人也？」曰：「古之賢人也。」曰：「怨乎？」曰：「求仁而得仁，又何怨？」**

出，曰：「夫子不爲也。」伯夷、叔齊，孤竹君之二子。其父將死，遺命立叔齊。父卒，叔齊遜伯夷。伯夷曰「父命也」，遂逃去。叔齊亦不立而逃之，國人立其中子。其後武王伐紂，夷齊扣馬而諫。武王滅商，夷齊恥食周粟，去，隱於首陽山，遂餓而死。怨，猶悔也。君子居是邦，不非其大夫，況其君乎？故子貢不斥衛君，而以夷齊爲問。夫子告之如此，則其不爲衛君可知矣。蓋伯夷以父命爲尊，叔齊以天倫爲重。其遜國也，皆求所以合乎天理之正，而即乎人心之安。既而各得其志焉，則視棄其國猶敝屣爾，何怨之有？若衛輒之據國拒父而唯恐失之，其不可同年而語，明矣。○程子曰：「伯夷、叔齊遜國而逃，諫伐而餓，終無怨悔，夫子以爲賢，故知其不與輒也。」○論子貢問衛君事，曰：「若使子貢當時徑問輒事，不唯夫子未必答，便答亦不能盡。若一問便止，亦未見分明，再問怨乎，便見得子貢善問。才說道「求仁得仁，又何怨」，便見得夷齊兄弟所處，無非天倫；蒯輒父子所向，無非人欲。二者相去天淵矣。」○問：「子貢欲知衛君，何故問夷齊怨不怨？」曰：「一是兄弟遜國，一是父子爭國，此是彼非可知。」○孔子論伯夷「求仁得仁，又何怨」，司馬子長作伯夷傳，但見得伯夷滿身是怨，蘇子由伯夷論却好。○案蘇氏曰：「伯夷、叔齊之出也，父子之閒必有閒言焉，而能脫身以遠於亂，安於喪亡，不以舊惡爲怨。故凡言伯夷之不怨，以讓國言之也。」○問：「蘇氏遺言之說，果何據乎？」先生曰：「伯夷既長且賢，其父無故舍之，而立叔齊，此必有故，故蘇氏疑之。觀子貢問『怨乎』之義，似或有此意，然聖賢之心志於求仁，便有甚死讎也消融了，何怨之有？」○南軒曰：「叔齊之讓伯夷，以爲伯夷之長當立，無兄弟之義，何以爲國乎？伯夷之不受國，以爲叔齊之立，父命也，無父子之義，而何以爲國乎？二人者，寧去國而存此矣。衛輒之事，國人以爲蒯聵既得罪於先君而出奔，而輒受先君之命，宗國不可以無主，則立輒而拒蒯聵可也。曾不思蒯聵父也，輒子也，父子之義先亡矣，國其可一日立乎？在輒之分，寧委國而全其父子可也，故子貢以夷齊之事爲問。方是時，夫子在衛，輒立之事蓋難言也。賜也微其辭以測聖人之旨，可謂善爲辭者矣。中有所悔恨，皆謂之怨。其謂『怨乎』者，謂二子者委國而去，獨不顧其宗國而有所不足於中乎？夫子告子貢以『求仁而得仁』，謂二人者求夫天理之安而已，夫豈利害之計乎？明乎此而後知古人所以處身謀國之宜矣。」

子曰：「飯疏食，飲水，曲肱而枕之，樂亦在其中矣。不義而富且貴，於我如浮雲。」飯，符晚反。食，音嗣。樂，音洛。枕，去聲。○飯，食之也。疏食，麤飯也。聖人之心，渾然天理，雖處困極，而樂亦無不在焉。其視不義之富貴，如浮雲之無有，漠然無所動於其中也。○程子曰：「非樂疏食飲水也，雖疏食飲水，不能改其樂也。不義之富貴，視之輕如浮雲然。」又曰：「須知所樂者何事。」○或問云云。曰：「聖人之心無時不樂，如元氣流行於天地之閒，無一處之不到，無一時之或息也，豈以貧富貴賤之異，有所輕重於其閒哉？夫子言此，蓋即當時所處，以明其樂之未嘗不在乎此，而無所慕於彼耳。且曰亦在其中，則與顏子之不改者，又有閒矣。必曰不義而得富貴，視如浮雲，則是以義得之者視之，亦無以異於疏食飲水，而其樂無以加耳。記此者列以繼衛君之事，其亦不無意乎？」○南軒曰：「崇高莫大乎富貴，非可以浮雲視，惟其非義，則如浮雲耳。苟如所當得，聖賢固亦居之，特所樂不存也。」

子曰：「加我數年，五十以學易，可以無大過矣。」劉聘君見元城劉忠定公，自言嘗讀他論，「加」作「假」，「五十」作「卒」。蓋「加」「假」聲相近而誤讀，「卒」與「五十」字相似而誤分也。愚案：此章之言，史記作「假我數年，若是我於易則彬彬矣」。「加」正作「假」，而無「五十」字。蓋是時，孔子年已幾七十矣，「五十」字誤無疑也。學易，則明乎吉凶消長之理，進退存亡之道，故可以無大過。蓋聖人深見易道之無窮，而言此以教人，使知其不可不學，而又不可以易而學也。○所謂大過，如當潛不潛，當見不見，當飛不飛，皆過也。

子所雅言，詩、書、執禮，皆雅言也。雅，常也。執，守也。詩以理情性，書以道政事，禮以謹節文，皆切於日用之實，故常言之。禮獨言執者，以人所執守而言，非徒誦說而已也。○程子曰：「孔子雅素之言，止於如此。若性與天道，則有不可得而聞者，要在默而識之也。」謝氏曰：「此因學易之語而類記之。」

葉公問孔子於子路，子路不對。葉，舒涉反。○葉公，楚葉縣尹沈諸梁，字子高，僭稱公也。葉公不知孔子，必有非所問而問者，故子路不對。抑亦以聖人之德，實有未易名言與？**子曰：「女奚不曰，其爲人也，發憤忘食，樂以忘憂，不知老之將至云爾。」**未得，則發憤而忘食；已得，則樂之而忘憂。以是二者俛焉日有孳孳，而不知年數之不足，但自言其好學之篤耳。然深味之，則見其全體至極，純亦不已之妙，有非聖人不能及者。蓋凡夫子之自言類如此，學者宜致思焉。○爲學須要剛毅果決，悠悠不濟事。且如「發憤忘食，樂以忘憂」，是甚麼精神！是甚麼骨力！

子曰：「我非生而知之者，好古，敏以求之者也。」好，去聲。○生而知之者，氣質清明，義理昭著，不待學而知也。敏，速也，謂汲汲也。○尹氏曰：「孔子以生知之聖，每云好學者，非惟勉人也，蓋生而可知者義理爾，夫禮樂名物、古今事變，亦必待學而後有以驗其實也。」○南軒曰：「好古而又敏求也。門人見夫子之聖，謂生而知之，不可跂及也，故夫子以是告之。使果能好古，敏以求之，則聖人亦豈不可希哉？玩味辭氣，其循循善誘，可謂至矣。」

子不語：怪、力、亂、神。怪異、勇力、悖亂之事，非理之正，固聖人所不語。鬼神，造化之迹，雖非不正，然非窮理之至，有未易明者，故亦不輕以語人也。○謝氏曰：「聖人語常而不語怪，語德而不語力，語治而不語亂，語人而不語神。」○南軒曰：「聖人一語一默之閒，莫不有教存焉。語怪則亂常，語力則妨德，語亂則害治，語神則惑聽，故聖人之言未嘗及此。雖然，就四者之中，鬼神之情狀亦豈不言之乎？特明其理，使人求之於心，若其事則未嘗言之也。」

子曰：「三人行，必有我師焉。擇其善者而從之，其不善者而改之。」三人同行，其一我也。彼二人者，一善一惡，則我從其善而改其惡焉，是二人者皆我師也。○尹氏曰：「見賢思齊，見不賢而內自省，則善惡皆我之師，進善其有窮乎？」

子曰：「天生德於予，桓魋其如予何？」 魋，徒雷反。○桓魋，宋司馬向魋也。出於桓公，故又稱桓氏。魋欲害孔子，孔子言天既賦我以如是之德，則桓魋其奈我何？言必不能違天害己。

子曰：「二三子以我爲隱乎？吾無隱乎爾。吾無行而不與二三子者，是丘也。」 諸弟子以夫子之道高深不可幾及，故疑其有隱，而不知聖人作止語默，無非教也，故夫子以此言曉之。與，猶示也。○程子曰：「聖人之道猶天然，門弟子親炙而冀及之，然後知其高且遠也。使誠以爲不可及，則趨向之心不幾於怠乎？故聖人之教，常俯而就之如此，非獨使資質庸下者勉思企及，而才氣高邁者亦不敢躐易而進也。」呂氏曰：「聖人體道無隱，與天象昭然，莫非至教。常以示人，而人自不察耳。」讀此章因云：「須要看聖人如何是『無行不與二三子』處。」又曰：「此章衆人說得玄妙似禪，不如程子說穩當。」○南軒曰：「道無乎不在，聖人其何隱乎？所謂『無行而不與二三子』者，蓋視聽言動之際，無非教也。二三子固亦皆具是理，若能體之，自進而實用力焉，則知聖人果無毫髮之可隱也，在二三子勉之何如耳。」

子以四教：文、行、忠、信。 行，去聲。○程子曰：「教人以學文脩行而存忠信也。忠信，本也。」○朱子曰：「其初須是講學。講學既明，而後修於行。所行雖善，然更須反之于心，無一豪不實處，乃是忠信。」○問：「『文行爲先，忠信次後』之說如何？」曰：「世上也自有初問難曉底人，便說忠信，與說未得。且教讀，漸漸壓伏身心教定，方可與說。」問：「『行有餘力，則以學文』，如何？」曰：「彼將教弟子，而使之知大概也，此則教學者深切用功也。」○南軒曰：「忠信本一事，然忠則實諸己，信則篤諸人，在學者當以爲兩事而交相勉也。」

子曰：「聖人，吾不得而見之矣；得見君子者，斯可矣。」聖人，神明不測之號。君子，才德出衆之名。**子曰：「善人，吾不得而見之矣；得見有恒者，斯可矣。**恒，胡登反。○「子曰」字疑衍文。恒，常久之意。張子曰：「有恒者，不貳其心。善人者，志於仁而無惡。」**亡而爲有，虛而爲盈，約而爲泰，難乎有恒矣。」**亡，讀爲無。○三者皆虛夸之事，凡若此者，必不能守其常也。愚謂：有恒者之與聖人，高下固懸絶矣，然未有不自有恒而能至於聖人者也。故章末申言有恒之義，其示人入德之門，可謂深切而著明矣。○或問云云。曰：「吴氏、曾氏説亦得之矣。吴氏曰：『君子蓋有賢德而又有作用者，特不及聖人耳。若善人，則但能嗣守成緒，不至於爲惡而已，非若君子之能有爲也。』曾氏曰：『當夫子時，聖人固不可得而見，豈無君子、善人、有常者乎？而夫子云然者，蓋其人少而思見之也。及其見，則又説而進之，曰「君子哉若人」。凡此類，當得意而忘言。善人，明乎善者也。有常者，雖未明乎善，亦必有一節終身不易者。若本無一長而爲有之狀，未能充實而爲盈之狀，貧約而爲泰之狀，此亦妄人而已矣。孟子所謂「雨集，溝澮皆盈，其涸可立而待也」，烏能久乎？』」曰：「有無、虛實、約泰之分，奈何？」曰：「無，絶無也，虛則未滿之名耳，二者兼内外、學之所至、事之所能而言。約之與泰，則貧富貴賤之稱耳。爲之云者，作爲如是之形、作爲如是之事者也。爲而無以繼，則雖欲爲有常，不可得矣。」○釋曰：「亡爲有，虛爲盈，約爲泰，三者夸大虛妄之意，不實之謂也。人惟實也，則始終如一，故能有常。

今其人不實如此，又豈敢望其有常哉？夫子稱聖人君子有常不可得見，而卒及乎此，又以明夫有常者之亦不可見也。言舉世皆虛浮之徒，豈敢望其有常而得見之哉？嘆風俗之益薄也。」○南軒曰：「聖人、君子以學言，善人、有常以質言。聖人者，參天地者也；君子者，具其德而未能充盡者也。故聖人不得而見，得見君子斯可矣。善人，資稟淳篤無惡之稱；有常者，則能謹守常分而已。故善人不得而見，得見有常者斯可矣。雖然，以善人之質而進學不已，聖蓋可幾；有常者力勉加焉，亦足以有至也。若夫以無而爲有，以虛而爲盈，以約而爲泰，則是驕矜虛浮不務實者，其能以有常乎？未能有常，況可言學乎？」

子釣而不綱，弋不射宿。射，食亦反。○綱，以大繩屬網，絶流而漁者也。弋，以生絲繫矢而射也。宿，宿鳥。○洪氏曰：「孔子少貧賤，爲養與祭，或不得已而釣弋，如獵較是也。然盡物取之，出其不意，亦不爲也。此可見仁人之本心矣。待物如此，待人可知；小者如此，大者可知。」

子曰：「蓋有不知而作之者，我無是也。多聞，擇其善者而從之，多見而識之，知之次也。」識，音志。○不知而作，不知其理而妄作也。孔子自言未嘗妄作，蓋亦謙辭，然亦可見其無所不知矣。識，記也。所從不可不擇，記則善惡皆當存之，以備參考。如此者雖未能實知其理，亦可以次于知之者也。○南軒曰：「天下之事莫不有所以然，不知其然而作焉，皆妄而已。聖人之言動，無非天理也，其有不知而作者乎？雖然，知未易至也，故又言知之次者，使學者有所持循，由其序而至焉。多聞，擇善而從，多見而識其善，由聞見而求其善，雖未及乎知之至，然知之次也。擇焉而益詳，識焉而不已，則其知豈不日新乎？」○愚案：「多見而識之」一句，二先生所釋不同，以文義求之，則南軒似優。

互鄉難與言，童子見，門人惑。見，賢遍反。○互鄉，鄉名。其人習於不善，難與言善。惑者，疑夫子不當見之也。**子曰：「與其進也，不與其退也，唯何甚？人潔己以進，與其潔也，不保其往也。」**疑此章有錯簡。「人潔」至「往也」十四字，當在「與其進也」之前。潔，修治也。與，許也。往，前日也。言人潔己而來，但許其能自潔耳，固不能保其前日所爲之善惡也；但許其進而來見耳，非許其既退而爲不善也。蓋不追其既往，不逆其將來，以是心至，斯受之耳。「唯」字上下，疑又有闕文，大抵亦不爲已甚之意。○程子曰：「聖人待物之洪如此。」

子曰：「仁遠乎哉？我欲仁，斯仁至矣。」仁者，心之德，非在外也。放而不求，故有以爲遠者；反而求之，則即此而在矣，夫豈遠哉？○程子曰：「爲仁由己，欲之則至，何遠之有？」○問「斯仁至矣」云云。曰：「昔者亡之，今忽在此，如自外而至耳。如易言『來復』，實非自外而來也。」○南軒曰：「不曰『至於仁』而曰『斯仁至矣』，蓋仁非有方所，可以往至也，欲仁而仁至，我固有之矣。」

陳司敗問：「昭公知禮乎？」孔子曰：「知禮。」陳，國名。司敗，官名，即司寇也。昭公，魯君，名稠，習於威儀之節，當時以爲知禮。故司敗以爲問，而孔子答之如此。**孔子退，揖巫馬期而進之，曰：「吾聞君子不黨，君子亦黨乎？君取於吳，爲同姓，謂之吳孟子。君而知禮，孰不知禮？」**取，七住反。○巫馬，姓；期，字，孔子弟子，名施。司敗揖而進之也。相助匿非曰黨。禮不娶同姓，而魯與吳皆姬姓。謂之吳孟子者，諱之使若宋女子姓者然。**巫馬期以告。子曰：「丘也幸，苟有過，人必知之。」**孔子不可自謂諱君之惡，又不可以娶同姓爲知禮，故受以爲過而不辭。○吳氏曰：「魯蓋夫子父母之國，昭公，魯之先君也。司敗又未嘗顯言其事，而遽以知禮爲問，其對之宜如此也。及司敗以爲有黨，而夫子受以爲過。蓋夫子之盛德，無所不可也。然其受以爲過也，亦不正言其所以過，初若不知孟子之事者，可以爲萬世之法矣。」○南軒曰：「他國之大夫問吾國之君知禮與否，則但可告之以知禮而已。及巫馬期以司敗之言告，則又豈可謂娶同姓爲知禮哉？若言爲君隱之意，則淺露已甚而失前對之本意矣，故但引己之過而已。然而取同姓之爲非禮，其義固已在其中矣。聖人辭氣之間，其天地造化歟！」○愚案：聖人之言，如元氣之運，渾然無迹，而春生秋殺默寓其中，如對王孫賈媚竈之問答、陽貨懷寶迷邦之語，皆此類也。雖非學者所可望而及，然優游諷詠，涵浸而不已，則其所以轉移變化於冥冥之中者，其益可勝計哉！

子與人歌而善，必使反之，而後和之。和，去聲。○反，復也。必使復歌者，欲得其詳而取其善也。而後和之者，喜得其詳而與其善也。此見聖人氣象從容，誠意懇至，而其謙遜審密，不掩人善又如此。蓋一事之微，而衆善之集，有不可勝既者焉，讀者宜詳味之。

子曰：「文，莫吾猶人也。躬行君子，則吾未之有得。」莫，疑辭。猶人，言不能過人，而尚可以及人。未之有得，則全未有得。皆自謙之辭。而足以見言行之難易緩急，欲人之勉其實也。○謝氏曰：「文，雖聖人，無不與人同，故不遜；能躬行君子，斯可以入聖，故不居。猶言君子道者三，吾無能焉。」○南軒曰：「言文吾不與人同者，至於躬行之君子則未見。聖人之意，欲使學者不但曉其文而務勉其實也。夫所謂文，威儀藝文之事，可得而見者也。躬行之實，則在夫縝密篤至，存乎人之所不見者也。此顏閔之徒所以獨出于衆人矣。」

子曰：「若聖與仁，則吾豈敢？抑爲之不厭，誨人不倦，則可謂云爾已矣。」公西華曰：「正唯弟子不能學也。」此亦夫子之謙辭也。聖者，大而化之。仁，則心德之全而人道之備也。爲之，謂爲仁聖之道。誨人，亦謂以此教人也。然不厭不倦，非己有之則不能，所以弟子不能學也。○晁氏曰：「當時有稱夫子聖且仁者，以故夫子辭之。苟辭之而已焉，則無以進天下之材，率天下之善，將使聖與仁爲虛器，而人終莫能至矣。故孔子雖不居仁聖，而必以爲之不厭、誨人不倦自處也。」可謂云爾已矣者，無他之辭也。公西華仰而歎之，其亦深知夫子之意矣。

子疾病，子路請禱。子曰：「有諸？」子路對曰：「有之。誄曰：『禱爾于上下神

祇。』」子曰：「丘之禱久矣。」誄，力軌反。○禱，謂禱于鬼神。有諸，問有此理否。誄者，哀死而述其行之辭也。上下，謂天地。天曰神，地曰祇。禱者，悔過遷善以祈神之佑也。無其理則不必禱，既曰有之，則聖人未嘗有過，無善可遷，其素行固已合於神明，故曰「丘之禱久矣」。○或問：「行禱五祀，載於禮經，今子路請之而夫子不從，何也？」曰：「以理言之，則聖人之言盡之矣；以事言之，則禱者臣子至情迫切之所爲，而非病者之所預聞也。病而預聞乎禱，則是不安其死，而諂于鬼神，以苟須臾之生，君子豈爲是哉？」曰：「然則聖人之言乃不及此，而直以爲無事於禱，何也？」曰：「是蓋有難言者，然以理言，則既兼舉之矣。蓋祈禱卜筮之屬，皆聖人之所作，至于夫子而後教人一決諸理，而不屑屑於冥漠不可知之閒，其所以建立人極之功，於是爲備，觀諸易之十翼可以見矣。然此則胡氏之説得之，胡氏曰：『禱之爲禮，非正禮也，而忠臣孝子切至之情有不可廢者，故聖人之立制，猶盟詛之類耳。然君子不自爲也，惟君父則可，爲又必於其病焉。若非其鬼，則是淫祀而已，又安取福乎？子路所謂上下神祇者，殆非大夫之所得禱也。以此推之，後世祀典之失，又豈可勝言哉？』又曰：『上下神祇，與人一理，夫子道參天地，誠洞幽顯，仰無所愧，俯無所怍，豈疾病而後禱哉？』」

子曰：「奢則不孫，儉則固。與其不孫也，寧固。」孫，去聲。○孫，順也。固，陋也。奢儉俱失中，而奢之害大。○晁氏曰：「不得已而救時之敝也。」

子曰：「君子坦蕩蕩，小人長戚戚。」坦，平也。蕩蕩，寬廣貌。程子曰：「君子循理，故常舒泰；小人役於物，故多憂戚。」○程子曰：「君子坦蕩蕩，心廣體胖。」○南軒曰：「正己而不求於人，故坦蕩蕩；循物而不反於己，故長戚戚。坦蕩非謂放懷自適，無所憂慮之謂也，謂求之在己，而無必于外，故常舒泰云耳。」

子温而厲，威而不猛，恭而安。厲，嚴肅也。人之德性本無不備，而氣質所賦，鮮有不偏，惟聖人全體渾然，陰陽合德，故其中和之氣見於容貌之閒者如此。門人熟察而詳記之，亦可見其用心之密矣。抑非智足以知聖人而善言德行者不能記，故程子以爲曾子之言。學者所宜反復而玩味也。○此門人形容夫子之辭。○程子曰：「衆人安則不恭，恭則不安。」横渠嘗言：「吾十五年學箇恭[一]，而安不成。」明道曰：「可知是安不成有多少病在。」謝氏曰：「凡恭謹必勉强不安肆，安肆必放縱不恭，恭如勿忘，安如勿助長，正當勿忘勿助長之閒子細體認取。」○或問：「持敬，覺不甚安。」朱子曰：「初學如何便得安？除是孔子方恭而安。初要持敬，也須勉强，但覺略有些子放去，便收斂提掇起，敬便在這裏。常常相接，久後自熟。」○朱子曰：「聖人相傳，只是一『敬』字。堯曰『欽明』，舜曰『温恭』，湯曰『日躋』。」又嘗歎「敬」字工夫之妙，聖學之所以成始成終者皆在此。感興詩云：「放勳始欽明，南面亦恭己。大哉精一傳，萬世立人紀。猗歟歎日躋，穆穆歌敬止。戒

[一] 箇，原作「固」，各本同，據明成化本朱子語類卷三十四改。

燮光武烈，待旦起周禮。恭惟千載心，秋月照寒水。魯叟何常師，删述存聖軌。」又案：夫子之告顔子以非禮勿視聽言動，而回也請事斯語，此敬也；曾子戰戰兢兢，臨深履薄以終其身，亦敬也。後之學者欲遡聖學之淵源者，其必自顔曾始。

泰伯第八 凡二十一章。

子曰：「泰伯，其可謂至德也已矣！三以天下讓，民無得而稱焉。」泰伯，周大王之長子。至德，謂德之至極，無以復加者也。三讓，謂固遜也。無得而稱，其遜隱微，無迹可見也。蓋大王三子：長泰伯，次仲雍，次季歷。大王之時，商道寖衰，而周日强大。季歷又生子昌，有聖德。大王因有翦商之志，而泰伯不從，大王遂欲傳位季歷以及昌。泰伯知之，即與仲雍逃之荆蠻。於是大王乃立季歷，傳國至昌，而三分天下有其二，是爲文王。文王崩，子發立，遂克商而有天下，是爲武王。夫以泰伯之德，當商周之際，固足以朝諸侯有天下矣，乃棄不取而又泯其迹焉，則其德之至極爲何如哉！蓋其心即夷齊扣馬之心，而事之難處有甚焉者，宜夫子之歎息而贊美之也。泰伯不從事，見春秋傳。

子曰：「恭而無禮則勞，慎而無禮則葸，勇而無禮則亂，直而無禮則絞。葸，絲里反。絞，古卯反。○葸，畏懼貌。絞，急切也。無禮則無節文，故有四者之弊。○南軒曰：「恭、慎、勇、直，皆善道也，然無禮以主之，則過其節而有弊，反害之也。蓋禮者存乎人心，有節而不可過者也。夫恭而無禮，則自爲罷勞；慎而無禮，則徒爲畏懼；勇而無禮，則流爲陵犯；直而無禮，則傷於訐切。其弊如此，豈所貴於恭慎勇直者哉？蓋有禮以節之，則莫非天理之本然；無以節之，則人爲之私而已，是故君子以約諸己爲要也。」**君子篤於親，則民興於仁；故舊不遺，則民不偷。**」君子，謂在上之人也。興，起也。偷，薄也。○張子曰：「人道知所先後，則恭不勞、謹不葸、勇不亂、直不絞，民化而德厚矣。」○吳氏曰：「『君子』以下當自爲一章，乃曾子之言也。」愚案：此一節與上文不相蒙，而與首篇謹終追遠之意相類，吳說近是。

曾子有疾，召門弟子，曰：「啓予足，啓予手。詩云：『戰戰兢兢，如臨深淵，如履薄冰。』而今而後，吾知免夫。小子！」夫，音扶。○啓，開也。曾子平日以爲身體受於父母，不敢毀傷，故於此使弟子開其衾而視之。詩，小旻之篇。戰戰，恐懼。兢兢，戒謹。臨淵，恐墜；履冰，恐陷也。曾子以其所保之全示門人，而言其所以保之之難如此；至於將死，而後知其得免於毀傷也。○程子曰：「君子曰終，小人曰死。君子保其身以沒，爲終其事也，故曾子以全歸爲免矣。」尹氏曰：「父母全而生之，子全而歸之。曾子臨終而啓手足，爲是故也。非有得於道，能如是乎？」范氏曰：「身體猶不可虧也，況虧其行以辱其親乎？」○「曾子奉持遺體，無時不戒謹恐懼，直至啓手足之時，方得自免。這箇身己直是頃刻不可自安。如所謂孝，非止尋常奉事而已，念慮之微有豪髮差錯，便是悖理傷道，便是不孝。只看一日之間，内而思慮，外而應接事物，這箇心略不點檢，便差失了。至危者無如人心，所以曾子常恁地『戰戰兢兢，如臨深淵，如履薄冰』。」朱子語。○或問：「以易簀爲死生無變於己者，奈何？」曰：「昔晁詹事嘗問此義於程子，程子曰：『禮也。』晁曰：『今人蔽於佛老之説，則不謂之禮，而謂之達矣。』程子然之。不知或人之説，禮爲重乎？達爲重乎？是未可知也。」○集義程子曰：「顔子没後，得聖人之道者，曾子也。觀其啓手足之言，可以見矣。所傳者子思、孟子，皆其學也。」

曾子有疾，孟敬子問之。孟敬子，魯大夫仲孫氏，名捷。問之者，問其疾也。**曾子言曰：「鳥之將死，其鳴也哀；人之將死，其言也善。**言，自言也。鳥畏死，故鳴哀。人窮反本，故言善。此曾子之謙辭，欲敬子知其所言之善而識之也。**君子所貴乎道者三：動容貌，斯遠暴慢矣；正顔色，斯近信矣；出辭氣，斯遠鄙倍矣。籩豆之事，則有司存。」**遠、近，並去聲。○貴，猶重也。容貌，舉一身而言。暴，粗厲也。慢，放肆也。信，實也。正顔色而近信，則非色莊也。辭，言語。氣，聲氣也。鄙，凡陋也。倍，與背同，謂背理也。籩，竹豆。豆，木豆。言道雖無所不在，然君子所重者，在此三事而已。是皆脩身之要、爲政之本，學者所當操存省察，而不可有造次顛沛之違者也。若夫籩豆之事，器數之末，道之全體固無不該，然其分則有司之守，而非君子之所重矣。○程子曰：「動容貌，舉一身而言也。周旋中禮，暴慢斯遠矣。正顔色則不妄，斯近信矣。出辭氣，正由中出，斯遠鄙倍。三者正身而不外求，故曰籩豆之事則有司存。」尹氏曰：「養於中則見於外，曾子蓋以脩己爲爲政之本。若乃器用事物之細，則有司存焉。」○或問此章之説。曰：「胡氏所考曾子之事則善。胡氏曰：『曾子之疾，見於此者二，見於檀弓者一。愚嘗考其事之先後，竊意此章最先，前章次之，而易簀之事最在其後，乃垂絶時語也。當是時也，氣息奄奄僅在，而聲爲律，身爲度，心即理，理即心，其視死生猶晝夜然，夫豈異教坐亡幻語、不誠不敬者所可彷彿。學者誠能盡心於此，則可以不感於彼也。』」○案程子曰：「曾子易簀之意，心是理，理是心，聲爲律，身爲度。」胡氏蓋本諸此。○愚謂：曾子之啓手足也，蓋以爲知免矣，而易簀一節猶在其後，使其終於大夫之簀，猶爲未正也。全歸之難如此，學者其可不戰兢以自省歟！○集義吕氏曰：「貌也、色也、言也，皆以道正之，則心正而身修矣。」○謝氏曰：「人之應事，不過容貌、辭氣、顔色三事，特係所養如何耳。動也、正也、出也，君子自牧處，故暴慢鄙倍不生於心。遠，自遠也。信，以實之謂也。與禮樂不斯須去身之意同。」○朱子曰：「明道之言，簡約明白，意趣深遠，深得乎曾子未發之意。尹氏之言，温厚易直，有得於平日涵養之深。謝氏之言，發强剛毅，有得於臨事持守之要。吕氏之言，深潛縝密，有得於涵養持守之則。學者合是三者而用力焉，無使偏廢，則日用之閒、動静語嘿，無非妙用，而曾子之意、程子之言，亦不外是矣。」○不莊不敬，則其動容貌也非暴則慢，惟恭敬有素，則動容貌斯遠暴慢矣。内無誠實，則其正顔色者色莊而已，惟誠實有素，則正顔色斯近信矣。涵養不熟，則其出辭氣也必至鄙倍，惟涵養有素，則出辭氣斯遠鄙倍矣。曾子亦以爲君子於是持養既久而熟，睟面盎背不設施而自爾也，故皆以斯言之，此説當矣。○暴是粗戾，慢是放肆。蓋人之容貌少得和平，不暴則慢。暴是剛急之過，慢是寛柔之過，鄙是凡淺，倍是背理。今人議論有見得，雖不甚差，只是淺近，此是鄙。又有説得甚高而實倍於理，此是倍。○曾子曰云云，其要在正、動、出之時。曰：「曾子工夫更在三字之前，此特語其效驗耳。」○問云云[二]。曰：「曾子之意，只是説人之用力有此三處，此大而彼小，此急而彼緩耳。籩豆之事固是末節，然亦非全然忽略不以爲意，但當付之有司，使供其事，而非吾之常切留意者爾。」

曾子曰：「以能問於不能，以多問於寡；有若無，實若虚，犯而不校，昔者吾友嘗從事於斯矣。」校，計校也。友，馬氏以爲顔淵是也。顔子之心，唯知義理之無窮，不見物我之有間，故能如此。○程子曰：「此顔子之所以爲大賢，後之學者有一善而自足，哀哉！」○謝氏曰：「不知有餘在我，不足在人；不必得爲在己，失爲在人，非幾於無我者不能也。」○或問：「能矣而問於不能，多矣而問於寡，不幾於巧僞以近名乎？」曰：「愚嘗聞之師矣，曰：『顔子深知義理之無窮，惟恐一善之不盡，故雖能而肯問於不能，雖多而肯問於寡，以求盡於義理之無窮者而已，非極其能而故問也。但自他人觀之，則見其如此耳。』謝氏説意蓋如此。」曰：「孟子之自反，不如顔子

[二] 云云，原作「云雖」，各本同，據宋福州學官刻元修本西山讀書記甲集十七改。

之不校，信乎？」曰：「孟子所言，學者反身修德之事；若顏子則心理渾然，不待自反，物我一致，不見可校者也。二者優劣，不待言而喻矣。然自學者觀之，則隨其所至之淺深而用力，各有所當，不可以此廢彼，而反陷於躐等之失也。」曰：「有謂：『犯而不校，非特自反，且有包之之意焉，有彼之之意焉，有愧之之意焉，莫非理也。』其説然乎？」曰：「夫犯而不校，固不待於自反。今曰非特自反，則既失之矣，且其所謂包之者驕也，彼之者狹也，愧之者薄也，是豈顏子之心哉？」○曰：「吴氏曰：『子貢多聞，故於顏子見其聞一知十；曾子力行，故又見其如此，信乎其優入聖域也。』此説如何？」曰：「即其言足以見三子之氣象，亦善言也。」

曾子曰：「可以託六尺之孤，可以寄百里之命，臨大節而不可奪也。君子人與？君子人也。」與，平聲。○其才可以輔幼君、攝國政，其節至於死生之際而不可奪，可謂君子矣。與，疑辭。也，決辭。設爲問答，所以深著其必然也。○程子曰：「節操如是，可謂君子矣。」○問：「云云。本兼才節説，然緊要却在節操。」曰：「不然。三句都是一般説。須是才節兼全，方謂之君子。若無其才而徒有其節，雖死何益？如受人託孤之責，我雖無欺孤之心，却爲他人所欺，即是我不能受人之託。受人百里之寄，我雖無竊命之心，却爲他人所竊，亦是我不能受人之寄矣。徒能守節，不能了事，只是枉死，濟得甚事？如晉荀息是也。所謂君子者，豈是拱手端坐無所能爲之人邪？故伊川説：『君子者，才德出衆之名。』孔子曰：『君子不器。』既曰君子，雖是事事理會得方可。若但有節無才，亦喚作好人，只是不濟得事耳。」問云：「此三句，如霍光當得否？」曰：「霍光亦當得上二句。如許后事，大節已奪矣。譬如『有猷有爲有守』，託孤寄命是有猷有爲，臨大節而不可奪是有守。霍光雖有猷有爲，只是無所守。」○聖人言語渾然温厚，曾子便恁地剛勁，有孟子氣象，即此語可見。

曾子曰：「士不可以不弘毅，任重而道遠。仁以爲己任，不亦重乎？死而後已，不亦遠乎？」仁者，人心之全德，而必欲以身體而力行之，可謂重矣。一息尚存，此志不容少懈，可謂遠矣。○程子曰：「弘而不毅，則無規矩而難立；毅而不弘，則隘陋而無以居之。」又曰：「弘大剛毅，然後能勝重任而遠到。」又曰：「顔子弘且毅，孟子毅勝弘。」○西銘言弘之道。○重擔子須是硬脊漢方擔得。○朱子曰：「弘須只是寬廣，若只把做度量寬裕看，便不得。此『弘』字便是『執德不弘』之『弘』，謂如人有許多道理，及至學來，下梢却做得狹窄了，便是不弘。蓋緣只以己爲是，他人之言雖善，亦不信。如此微小，何緣得弘？須是凡人之善，皆有以受之，集衆善之謂弘。」問：「是『寬以居之』否？」曰：「然。如『人能弘道』，是以弘能開闊，却是作用。」○弘是事事著得。道理也著得，事物也著得；順來也著得，逆來也著得；富貴也著得，貧賤也著得。○所謂弘者，不但是容受得人，須容受得許多衆理。○若執著一見，便自以爲善，他人説更入不得，便是滯於一隅，如何得弘？如何勝得重也？○問「弘是心之體，毅是心之力」。曰：「心體是多少大？大而天地之理，試思量，便在這裏。若是世上淺心底人，有一兩件事，便著不得。」○毅是立脚處堅忍强厲、擔負得去底意思。○

弘是無所不容。心裏無足時，不説我德已如此便住。如無底之谷，擲物於中，無有窮盡時。若有滿足之心，便不是弘。毅是忍耐持守，著力去做。○道理自是箇大底物事，無所不包。若小著這心，如何承載得起？弘了却要毅。弘則都包得在裏。又須分別是非，有規矩，始得。○弘是事事著得，如進學也要弘，接物也要弘，事事要弘。若不弘，只見得這一邊，不見那一邊，只得些小便自足。毅是發處勇猛，行得來强忍，毅是弘之發用處。○曾子之學如孟子之勇。不勇，如何主張得住？

子曰：「興於詩，興，起也。詩本性情，有邪有正，其爲言既易知，而吟咏之閒，抑揚反復，其感人又易入。故學者之初，所以興起其好善惡惡之心，而不能自已者，必於此而得之。**立於禮，**禮以恭敬辭遜爲本，而有節文度數之詳，可以固人肌膚之會，筋骸之束。故學者之中，所以能卓然自立，而不爲事物之所摇奪者，必於此而得之。**成於樂。」**樂有五聲十二律，更唱迭和，以爲歌舞八音之節，可以養人之性情，而蕩滌其邪穢，消融其查滓。故學者之終，所以至於義精仁熟而自和順於道德者，必於此而得之，是學之成也。○案内則，十歲學幼儀，十三學樂誦詩，二十而後學禮。則此三者，非小學傳授之次，乃大學終身所得之難易、先後、淺深也。程子曰：「天下之英才不爲少矣，特以學道不明，故不得有所成就。夫古人之詩，如今之歌曲，雖閭里童稚，皆習聞之而知其説，故能興起。今雖老師宿儒，尚不能曉其義，况學者乎？是不得興於詩也。古人自洒掃應對，以至冠婚喪祭，莫不有禮。今皆廢壞，是以人倫不明，治家無法，是不得立於禮也。古人之樂，聲音所以養其耳，采色所以養其目，歌詠所以養其性情，舞蹈所以養其血脉。今皆無之，是不得成於樂也。是以古之成材也易，今之成材也難。」○或問：「古者之教，十年學幼儀，十三學樂、誦詩、舞勺，成童舞象，二十始學舞大夏。今夫子之言，其序如此，乃與教之先後不同，何也？」曰：「詩者，樂之章也，故必學樂而後誦詩。所謂樂者，蓋琴瑟塤篪，樂之一物，以漸習之，而節夫詩之音律者也。然詩本於人之情性，有美刺諷諭之旨，其言近而易曉，而從容詠歎之閒，所爲漸漬感動於人者，又爲易入，故學之所得，必先於此，而有以發起其仁義之良心也。至於禮，則有節文度數之詳，其經至於三百，其儀至於三千，其初若甚難强者，故其未學詩也，先已學幼儀矣。蓋禮之小者，自爲童子始，而不可闕焉者也。至於成人，然後及其大者，又必服習之久而有得焉，然後内有以固其肌膚之會，筋骸之束，而德性之守得以堅定而不移；外有以行於鄉黨州閭之閒，達於宗廟朝廷之上，而其酬酢之際，得以正固而不亂也。至於樂，則聲音之高下，舞蹈之疾徐，尤不可以旦暮而能，其所以養其耳目，和其心志，使人淪肌浹髓而安于仁義禮知之實，又有非思勉之所及者，必其甚安且久，然後有以成其德焉，所以學之最早，而其效反在詩禮之後也。」○「興於詩」，吟咏情性，涵暢道德之中而鼓動之，有「吾與點也」氣象。○又云：「『興於詩』，是興起人善意，汪洋浩大，皆是此意。」○南軒曰：「此學之序也。學詩則有以興起其情性之正，學之所先也；禮者可踐之規矩，學禮而後有所立，致知力行，學者所當兼用其力者也；至於樂，則和順積中而不可以已焉，學之所由成也，此非力之所及，惟久且熟而自至焉耳。」

子曰：「民可使由之，不可使知之。」民可使之由於是理之當然，而不能使之知其所以然也。○程子曰：「聖人設教，非不欲人家喻而户曉也，然不能使之知，但能使之由之爾。若曰聖人不使民知，則是後世朝四暮三之術也，豈聖人之心乎？」

子曰：「好勇疾貧，亂也。人而不仁，疾之已甚，亂也。」好，去聲。○好勇而不安分，則必作亂。惡不仁之人而使之無所容，則必致亂。二者之心，善惡雖殊，然其生亂則一也。

子曰：「如有周公之才之美，使驕且吝，其餘不足觀也已。」才美，謂智能技藝之美。驕，矜夸。吝，鄙嗇也。○程子曰：「此甚言驕吝之不可也。蓋有周公之德，則自無驕吝；若但有周公之才而驕吝焉，亦不足觀矣。」又曰：「驕，氣盈。吝，氣歉。」○朱子曰：「才美，謂智能技藝之美。驕，矜夸。吝，鄙嗇也。驕吝雖有盈歉之殊，然其勢常相因。蓋驕者吝之枝葉，吝者驕之本根。故嘗驗之天下之人，未有驕而不吝、吝而不驕者也。」○南軒曰：「此言才美之不足恃，當以德爲貴也。古之聖人如周公者才藝之多，故借以明之。驕則無以來天下之善，吝則不能與人共由於善，雖才美如周公，亦何爲哉？」

子曰：「三年學，不至於穀，不易得也。」易，去聲。○穀，禄也。至，疑當作「志」。爲學之久，而不求禄，如此之人，不易得也。○楊氏曰：「雖子張之賢，猶以干禄爲問，況其下者乎？然則三年學而不志於穀，宜不易得也。」○南軒曰：「穀者取其成實之意，故以訓善之成實焉。三年學矣，而不至于善，則亦難得之矣。蓋學者能用其力，則必有月異而歲不同者。苟惟鹵莽滅裂，歲月悠悠，望其有成，則亦難矣。聖人斯言，所以勉學者，使之自强，循循不已，自有所至。預期歲月而逆討所成，則又爲求獲之私心矣。」○案：二先生釋「穀」之義不同，正宜參玩。

子曰：「篤信好學，守死善道。好。去聲。○篤，厚而力也。不篤信，則不能好學；然篤信而不好學，則所信或非其正。不守死，則不能以善其道；然守死而不足以善其道，則亦徒死而已。蓋守死者篤信之效，善道者好學之功，四者更相爲用，而不可一闕也。**危邦不入，亂邦不居。**入可也。亂邦未危，而刑政紀綱紊矣，故潔其身而去之。天下，舉一世而言。無道則隱其身而不見也，此惟篤信好學、守死善道者能之。**天下有道則見，無道則隱。**見，賢遍反。○君子見危授命，則仕危邦者無可去之義，在外則不**邦有道，貧且賤焉，恥也；邦無道，富且貴焉，恥也。」**世治而無可行之道，世亂而無能守之節，碌碌庸人，不足以爲士矣，可恥之甚也。○晁氏曰：「有學有守，而去就之義潔，出處之分明，然後爲君子之全德也。」○南軒曰：「此言士之自處當如是也，然篤信好學其本歟。惟信之篤，而後能好之；好之，然後能守之不移也。」

子曰：「不在其位，不謀其政。」程子曰：「不在其位，則不任其事也，若君大夫問而告者則有矣。」

子曰：「師摯之始，關雎之亂，洋洋乎盈耳哉！」摯，音至。雎，七余反。○師摯，魯樂師名摯也。亂，樂之卒章也。史記曰：「關雎之亂以爲風始。」洋洋，美盛意。孔子自衛反魯而正樂，適師摯在官之初，故樂之美盛如此。

子曰：「狂而不直，侗而不愿，悾悾而不信，吾不知之矣。」侗，音通。悾，音空。○侗，無知貌。愿，謹厚也。悾悾，無能貌。吾不知之者，甚絶之之辭，亦不屑之教誨也。○蘇氏曰：「天之生物，氣質不齊。其中材以下，有是德則有是病，有是病必有是德，故馬之蹄齧者必善走，其不善者必馴。有是病而無是德，則天下之棄才也。」

子曰：「學如不及，猶恐失之。」言人之爲學，既如有所不及矣，而其心猶竦然，惟恐其或失之，警學者當如是也。○程子曰：「學如不及，猶恐失之，不得放過。才説姑待明日，便不可也。」○南軒曰：「學者常懷不及之心，猶恐夫心之或放，況於自足自恕者乎？以一善自居，以一知自喜，是自足也；今日不爲而曰姑待明日，小事放過而曰爲其大者，是自恕也。此皆人欲之所由長、本心之所由失者也。」

子曰：「巍巍乎！舜禹之有天下也，而不與焉。」與，去聲。○巍巍，高大之貌。不與，猶言不相關，言其不以位爲樂也。

子曰：「大哉堯之爲君也！巍巍乎！唯天爲大，唯堯則之。蕩蕩乎！民無能名焉。唯，猶獨也。則，猶準也。蕩蕩，廣遠之稱也。言物之高大，莫有過於天者，而獨堯之德能與之準。故其德之廣遠，亦如天之不可以言語形容也。**巍巍乎其有成功也！煥乎其有文章！」**成功，事業也。煥，光明之貌。文章，禮樂法度也。堯之德不可名，其可見者此爾。○尹氏曰：「天道之大，無爲而成。唯堯則之以治天下，故民無得而名焉。所可名者，其功業文章巍然焕然而已。」

舜有臣五人而天下治。治，去聲。○禹、稷、契、皋陶、伯益。**武王曰：「予有亂臣十人。」**書泰誓之辭。馬氏曰：「亂，治也。」十人，謂周公旦、召公奭、太公望、畢公、榮公、太顛、閎夭、散宜生、南宫适，其一人謂文母。劉侍讀以爲子無臣母之義，蓋邑姜也。九人治外，邑姜治内。或曰：「亂，本作『乿』，古『治』字也。」**孔子曰：「才難，不其然乎？唐虞之際，於斯爲盛。有婦人焉，九人而已。**稱孔子者，上係武王君臣之際，記者謹之。才難，蓋古語，而孔子然之也。才者，德之用也。唐、虞，堯、舜有天下之號。際，交會之間。言周室人才之多，惟唐虞之際，乃盛於此。降自夏商，皆不能及，然猶但有此數人爾，是才之難得也。○南軒曰：「此所謂才者，能全盡夫天生此民之才也。如左氏傳稱才子，必齊聖廣淵明允篤誠之類。」**三分天下有其二，以服事殷。周之德，其可謂至德也已矣。」**春秋傳曰：「文王率商之畔國以事紂。」蓋天下歸文王者六州，荆梁雍豫徐揚也，惟青兖冀尚屬紂耳。范氏曰：「文王之德，足以代商。天與之，人歸之，乃不取而服事焉，所以爲至德也。孔子因武王之言而及文王之德，且與泰伯，皆以至德稱之，其指微矣。」或曰：「宜斷『三分』以下，别以『孔子曰』起之，而自爲一章。」

子曰：「禹，吾無閒然矣。菲飲食，而致孝乎鬼神；惡衣服，而致美乎黻冕；卑宫室，而盡力乎溝洫。禹，吾無閒然矣！」閒，去聲。菲，音匪。黻，音弗。洫，呼域反。○

閒，罅隙也，謂指其罅隙而非議之也。菲，薄也。致孝鬼神，謂享祀豐潔。衣服，常服。黻，蔽膝也，以韋爲之；冕，冠也，皆祭服也。溝洫，田閒水道，以正疆界、備旱潦者也。或豐或儉，各適其宜，所以無罅隙之可議也，故再言以深美之。○楊氏曰：「薄於自奉，而所勤者民之事，所致飾者宗廟朝廷之禮，所謂有天下而不與也，夫何閒然之有？」

論語集編卷第四

論語集編卷第五

子罕第九 凡三十章。

子罕言利與命與仁。罕，少也。程子曰：「計利則害義，命之理微，仁之道大，皆夫子所罕言也。」○黄氏曰：「夫子與門人言仁多矣，而曰罕言，何也？」曰：「夫子與門人答問，其言不勝其多，而言仁猶其切要者，故門人備記之。而所記止於此，則亦可謂之罕言矣。況所言之仁，亦不過汎及爲仁之事，至於仁之本體，則未嘗直指以告人也。」○仁者，心之德也，然必忠信篤敬、克己復禮，然後能至。若多言仁，則學者憑虚躐等，而反害於仁矣。○罕言仁者，恐人輕易看了，不知切己上做工夫。○南軒曰：「所謂命與仁者，凡夫子之所言，何莫非此理，而何隱乎爾也？在學者潛心如何耳。然夫子未嘗指言也，謂之罕亦可矣。」

達巷黨人曰：「大哉孔子！博學而無所成名。」達巷，黨名。其人姓名不傳。博學無所成名，蓋美其學之博而惜其不成一藝之名也。**子聞之，謂門弟子曰：「吾何執？執御乎？執射乎？吾執御矣。」**執，專執也。射、御皆一藝，而御爲人僕，所執尤卑。言欲使我何所執以成名乎？然則吾將執御矣。聞人譽己，承之以謙也。○尹氏曰：「聖人道全而德備，不可以偏長目之也。達巷黨人見孔子之大，意其所學者博，而惜其不以一善得名於世，蓋慕聖人而不知者也。故孔子曰：『欲使我何執而得爲名乎？然則吾將執御矣。』」○南軒曰：「達巷黨人大孔子之博學，而疑其不能以偏成也。夫豈知本末精粗一以貫之之道哉？故夫子但舉一藝自居，而又於藝中復居其次者，以見夫道之無所不在。善觀聖人，則於此亦可以得之，不然則愈失之也。其言則謙而不居，其意則完備矣。」

子曰：「麻冕，禮也；今也純，儉。吾從衆。麻冕，緇布冠也。純，絲也。儉，謂省約。緇布冠，以三十升布爲之，升八十縷，則其經二千四縷矣。細密難成，不如用絲之省約。**拜下，禮也；今拜乎上，泰也。雖違衆，吾從下。」**臣與君行禮，當拜於堂下。君辭之，乃升，成拜。泰，驕慢也。○程子曰：「君子處世，事之無害於義者，從俗可也；害於義，則不可從也。」

子絶四：毋意，毋必，毋固，毋我。絶，無之盡者。毋，史記作「無」，是也。意，私意也。必，期必也。固，執滯也。我，私己也。四者相爲終始，起於意，遂於必，留於固，而成於我也。蓋意、必常在事前，固、我常在事後，至於我又生意，則物欲牽引，循環不窮矣。○程子曰：「此『毋』字非禁止之辭。聖人絶此四者，何用禁止？」張子曰：「四者有一焉，則與天地不相似。」楊氏曰：「非智足以知聖人，詳視而默識之，不足以記此。」○或問：「聖人從容中道，而有所絶、有所無，何也？」曰：「絶，非『屏絶』之『絶』，蓋曰無之盡云爾。『毋』『無』古通用，故論語作『毋』，而史記作『無』。然經傳多以『無』爲有無之稱[二]，『毋』爲禁止之辭，則當以史記爲正。」曰：「四者之説，其詳奈何？」曰：「無意者，渾然天理，不任私意。無必者，隨事順理，不必期必也。無固者，過而不留，無所凝滯也。無我者，大用於物，不私一身也。」○問云云。先生曰：「須知四者之相因。凡人作事，必先起意，不問理之是非，必欲其成而後已。事既成，又復執滯不化，是之謂固。三者只成就得一箇我。及至我之根源愈大，少間三者又從這裏生出。我生意，意又生必，必又生固，又歸宿於我。正如元亨利貞，元了亨，亨了又利，利了又貞，循環不已。但有善不善之分耳。」○問：「意必固我，何以發？『發而當者，理也；發而不當者，私意也。』此語是否？」曰：「不是如此。所謂『毋意』者，是不任己意，只看道理如何。見道理當如此，便順理做將去，自家無些子私心，所以謂之無意。若才有些安排布置底心，便是任私意。縱使發而偶然當理，也只是私意，未説到當理。在伊川之語，想是被門人錯記了，不可知。」○南軒曰：「夫子之於四者，非待有所禁止，蓋自無有耳。絶云者，所以見其無之甚也。至於在學者而言，於是四者必用工以克去之，四者亡而後天理得。」

[二] 傳，原作「詩」，乾隆本、同治本、四庫本同，薈要本作「書」，據宋福州學官刻元修本西山讀書記甲集四改。

子畏於匡，畏者，有戒心之謂。匡，地名。史記云：「陽虎曾暴於匡，夫子貌似陽虎，故匡人圍之。」**曰：「文王既没，文不在兹乎？**道之顯者謂之文，若禮樂制度之謂。不曰道而曰文，亦謙辭也。兹，此也，孔子自謂。**天之將喪斯文也，後死者不得與於斯文也；天之未喪斯文也，匡人其如予何？」**喪、與，皆去聲。○馬氏曰：「文王既没，故孔子自謂後死者。言天若欲喪此文，則必不使我得與於此文；今我既得與於此文，則是天未欲喪此文也。天既未欲喪此文，則匡人其奈我何？言必不能違天害己也。」○南軒曰：「『文王既没，文不在兹』，聖人以斯文爲己任也，己之在與亡，斯文之喪與未喪係焉，是豈人之所能爲哉？天也。不曰喪己而曰喪斯文，蓋己之身即斯文之所在也。」

大宰問於子貢曰：「夫子聖者與？何其多能也？」大，音泰，平聲。○孔氏曰：「大宰，官名。或吴或宋，未可知也。」與，疑辭。大宰蓋以多能爲聖也。**子貢曰：「固天縱之將聖，又多能也。」**縱，猶肆也，言不爲限量也。將，殆也，謙若不敢知之辭。聖無不通，多能乃其餘事，故言又以兼之。**子聞之，曰：「大宰知我乎！吾少也賤，故多能鄙事。君子多乎哉？不多也。」**言由少賤故多能，而所能者鄙事爾，非以聖而無不通也。且多能非所以率人，故又言君子不必多能以曉之。**牢曰：「子云『吾不試，故藝』。」**牢，孔子弟子，姓琴，字子開，一字子張。試，用也。言由不爲世用，故得以習於藝而通之。○吴氏曰：「弟子記夫子此言之時，子牢因言昔之所聞有如此者，其意相近，故并記之。」

子曰：「吾有知乎哉？無知也。有鄙夫問於我，空空如也，我叩其兩端而竭焉。」

叩，音口。○孔子謙言己無知識，但其告人，雖於至愚，不敢不盡耳。叩，發動也。兩端，猶言兩頭。言終始、本末、上下、精粗，無所不盡。○程子曰：「聖人之教人，俯就之若此，猶恐衆人以爲高遠而不親也。聖人之道，必降而自卑，不如此則人不親；賢人之言，則引而自高，不如此則道不尊。觀於孔子、孟子，則可見矣。」尹氏曰：「聖人之言，上下兼盡。極其近，衆人皆可與知；極其至，則雖聖人亦無以加焉，是之謂兩端。如答樊遲之問仁、智，兩端竭盡，無餘藴矣。若夫語上而移下，語理而遺物，則豈聖人之言哉？」○南軒曰：「兩端者，語近而遠者未嘗不具語，卑而高者未嘗不存。形而上曰道，形而下曰器，道與器非異體也，聖人有隱乎爾哉？在學者體之如何耳。」

子曰：「鳳鳥不至，河不出圖，吾已矣乎！」夫，音扶。○鳳，靈鳥，舜時來儀，文王時鳴于岐山。河圖，河中龍馬負圖，伏羲時出，皆聖人之瑞也。已，止也。○張子曰：「鳳至圖出，文明之祥。伏羲、舜、文之瑞不至，則夫子之文章，知其已矣。」

子見齊衰者、冕衣裳者與瞽者，見之，雖少必作；過之，必趨。齊，音咨。衰，七雷反。少，去聲。○齊衰，喪服。冕，冠也。衣，上服。裳，下服。冕而衣裳，貴者之盛服也。瞽，無目者。作，起也。趨，疾行也。或曰：「少，當作『坐』。」○范氏曰：「聖人之心，哀有喪，尊有爵，矜不成人。其作與趨，蓋有不期然而然者。」尹氏曰：「此聖人之誠心，内外一者也。」○南軒曰：「愛敬生於中而形於外，惟聖人爲能有常而無失。齊衰，哀有喪也；於冕衣裳，貴達尊也；於瞽者，矜困窮也。推之，則帝王所以治天下之綱要亦在是也。」

顔淵喟然嘆曰：「仰之彌高，鑽之彌堅；瞻之在前，忽焉在後。喟，苦位反。鑽，祖官反。○喟，嘆聲。仰彌高，不可及。鑽彌堅，不可入。在前在後，恍惚不可爲象。此顔淵深知夫子之道，無窮盡、無方體，而嘆之也。**夫子循循然善誘人，博我以文，約我以禮。**循循，有次序貌。誘，引進也。博文約禮，教之序也。言夫子道雖高妙，而教人有序也。侯氏曰：「博我以文，致知格物也；約我以禮，克己復禮也。」程子曰：「此顔子稱聖人最切當處，聖人教人，唯此二事而已。」**欲罷不能，既竭吾才，如有所立卓爾。雖欲從之，末由也已。」**卓，立貌。末，無也。此顔子自言其學之所至也。蓋悦之深而力之盡，所見益親，而又無所用其力也。吴氏曰：「所謂卓爾，亦在乎日用行事之間，非所謂窈冥昏默者。」程子曰：「到此地位，功夫尤難，直是峻絶，又大段著力不得。」楊氏曰：「自可欲之謂善，充而至於大，力行之積也。大而化之，則非力行所及矣，此顔子所以未達一間也。」○程子曰：「此顔子所以爲深知孔子而善學之者也。」胡氏曰：「無上事而喟然嘆，此顔子學既有得，故述其先難之故，後得之由，而歸功於聖人也。高、堅、前、後，語道體也；仰、鑽、瞻、忽，未領其要也。惟夫子循循善誘，先博我以文，使我知古今，達事變。然後約我以禮，使我尊所聞，行所知。如行者之赴家，食者之求飽，是以欲罷而不能，盡心盡力，不少休廢。然後見夫子所立之卓然，雖欲從之，末由也已。是蓋不怠所從，必欲至乎卓立之地也。抑斯嘆也，其在『請事斯語』之後，『三月不違』之時乎？」○夫子教顏子，只是博文、約禮兩事。自堯舜以來，便如此說。「惟精」便是博文，「惟一」便是約禮。○「博我以文」，是要四方八面都見得周匝無遺；至於「約之以禮」，又要逼向身己上來，無一豪之不盡。○瞻仰鑽忽，見得猶未親切，在「如有所立卓爾」，方始親切。「雖欲從之，末由也已」，只是脚步未到，蓋不能得似聖人從容中道也。○或問云云。曰：「此是顏子當初尋討不著時節。仰之煞高，一層之上又有一層。鑽之又堅，透一重又有一重。瞻之又似在前，及到著力趕上，又却在後。然夫子教人又却循循善誘，既博之以文，又約之以禮，只如此教我去下工夫，久而後見道體卓爾立在這裏，此見得親切處。然雖欲從之，却又末由也已。此是顏子未達一間時，說已當初捉摸不著時事。」○顏子初見聖人之道廣大如此，欲向前求之，轉覺無下手處。退而求之，則見聖人所以循循善誘人者，不過博文約禮，於是就此處竭力求之，而所見始親切的當[二]，如有所立卓爾在前，而嘆其峻絶著力不得也。○顏子仰鑽瞻忽，初是捉摸不著。夫子不就此啓發顏子，只博之以文，約之以禮，令有用功處。顏子做這工夫，漸見得分曉，至於「欲罷不能」，已是住不得了。及夫「既竭吾才」，如此精專，方見夫子動容周旋無不中處，皆是天理之流行，卓然如此分曉，到這裏只有一箇生熟。顏子生些，少未能渾化

[二] 而，原作「而而」，乾隆本、同治本、四庫本同，薈要本作「而其」，據宋福州學官刻元修本西山讀書記甲集二十七删。

如夫子，故曰「雖欲從之，末由也已」。○問云云。曰：「未到這裏須著力，到這處自是用力不得。如孔子六十而耳順，七十而從心，道處如何用力得？只熟了，自然恁地去。」橫渠曰：「大可爲也，化不可爲也，在熟之而已。」○「所謂『瞻之在前，忽然在後』，只是箇『中庸不可能』。蓋聖人之道是箇恰好底道理，所以不可及，自家才著意去做，不知不覺又蹉過了。且如『恭而安』，固是聖人不可及處，到得自家才著意去學時，便恭而不安了。此其所以不可能，只是難得到那恰好處。不著意，又失之；才著意，又過了，所以難。橫渠曰：『高明不可窮，博厚不可極，則中道不可識，蓋顏子之歎也。』雖説得拘，然亦自説得好。」或曰：「伊川過不及之説，亦是此意否？」曰：「然。」○南軒曰：「誦味此章，則顏子學聖人終始之功，孔子教人先後之序，與夫聖人之道之至，皆可得而研求矣。」○黄氏曰：「此章高堅前後之嘆，所立卓爾之言，固非後學所可窺測。然以其不可窺測也，故言之者往往流於恍惚無所據依之地，敢於爲言者反借佛老之説以議聖人，其不敢者以委之於虛無不可測識之域，故此章最爲難曉。惟吴氏以爲亦在日用常行之間者最爲切實。今竊以其意推之，夫聖人之道固高明廣大不可幾及，然亦不過性情之間，動容之際，飲食起居交際應酬之務，君臣父子兄弟夫婦之常，出處去就，辭受取舍，以至於政事施設之間，無非道之所寓。其所謂高堅前後者，他人於此或未能無纖豪之私，或未能達義理之正，或未能通權變之宜，或未能極從容之妙，故仰之但見其高，鑽之但見其堅，或前或後而無定所也。顏子用力亦不過於博文約禮之間，而竭其力，見益精，行益熟，而於聖人情性動容以至政事施設之類，皆有以也。」○以上三章，乃孔顏傳心要指。愚案：胡氏之説以問仁爲首，不違仁次之，此章又次之。

子疾病，子路使門人爲臣。夫子時已去位，無家臣。子路欲以家臣治其喪，其意實尊聖人，而未知所以尊也。**病閒，曰：「久矣哉，由之行詐也！無臣而爲有臣。吾誰欺？欺天乎？**閒，如字。○病閒，少差也。病時不知，既差乃知其事，故言我之不當有家臣，人皆知之，不可欺也。而爲有臣，則是欺天而已。人而欺天，莫大之罪。引以自歸，其責子路深矣。**且予與其死於臣之手也，無寧死於二三子之手乎？且予縱不得大葬，予死於道路乎？」**無寧，寧也。大葬，謂君臣禮葬。死於道路，謂棄而不葬。又曉之以不必然之故。○范氏曰：「曾子將死，起而易簀，曰：『吾得正而斃焉，斯已矣。』子路欲尊夫子，而不知無臣之不可爲有臣，是以陷於行詐，罪至欺天。君子之於言動，雖微不可不謹。夫子深懲子路，所以警學者也。」楊氏曰：「非知至而意誠，則用智自私，不知行其所無事，往往自陷於行詐欺天而莫之知也。其子路之謂乎？」○或問云云。曰：「胡氏云：『此必夫子失司寇之後、未致其事之前也。若夢奠則子路死於衛久矣。孔子初未嘗知爲臣之事，而曰「吾誰欺」者，引咎歸己以深責乎子路也。或曰：「如使夫子疾病不問，非禮之臣遂以奉終，豈不仰累聖德乎？」曰：「夫子儻至大故，耳目所接有異，必將正之矣。聖人病則不能無，若其方寸，決不以病而懵也。」』」○南軒曰：「所謂天者，理而已。理不應有而强使之有，故曰『欺天』。子路孔門之高弟，而所見若是之偏，蓋有豪釐之差，則流於欺詐而不自覺，此君子之所以戰兢自持而每懼其或偏也。」

子貢曰：「有美玉於斯，韞匵而藏諸？求善賈而沽諸？」子曰：「沽之哉！沽之哉！我待賈者也。」韞，紆粉反。匵，徒木反。賈，音嫁。○韞，藏也。匵，匱也。沽，賣也。子貢以孔子有道不仕，故設此二端以問也。孔子言固當賣之，但當待賈，而不當求之。○范氏曰：「君子未嘗不欲仕也，又惡不由其道。士之待禮，猶玉之待賈也。若伊尹之耕於野，伯夷、太公之居於海濱，世無成湯、文王，則終焉而已，必不枉道以從人，衒玉而求售也。」

子欲居九夷。東方之夷有九種。欲居之者，亦乘桴浮海之意。**或曰：「陋，如之何？」子曰：「君子居之，何陋之有？」**君子所居則化，何陋之有？

子曰：「吾自衛反魯，然後樂正，雅頌各得其所。」魯哀公十一年冬，孔子自衛反魯。是時周禮在魯，然詩樂亦頗殘闕失次。孔子周流四方，參互考訂，以知其說。晚知道終不行，故歸而正之。

子曰：「出則事公卿，入則事父兄，喪事不敢不勉，不爲酒困，何有於我哉？」說見第七篇，然此則其事愈卑而意愈切矣。

子在川上曰：「逝者如斯夫，不舍晝夜。」夫，音扶。舍，上聲。○言天地之化，往者過，來者續，無一息之停，乃道體之本然也。然其可指而易見者，莫如川流。故於此發以示人，欲學者時時省察，而無豪髮之閒斷也。○程子曰：「此道體也。天運而不已，日往則月來，寒往則暑來，水流而不息，物生而不窮，皆與道爲體，運乎晝夜，未嘗已也。是以君子法之，自强不息。及其至也，純亦不已焉。」又曰：「自漢以來，儒者皆不識此義。此見聖人之心，純亦不已也。純亦不已，乃天德也。有天德，便可語王道，其要只在謹獨。」○問：「集注云：『此道體之本然也。』後又曰：『皆與道爲體。』向見先生說：『道無形體，却是這物事盛，載那道出來，故可見。「與道爲體」，言與之爲體也。這「體」字較粗。』如此，則與本然之體微不同。」曰：「也便在這裏面。只是前面『體』字說得來較闊，連本末精粗都包在裏面。後面『與道爲體』之『體』，又說出那道之親切底骨子。恐人說物自物，道自道，所以指物以見道。其實這許多物事湊合來，便都是道之體。道體便在這許多物事上，只是水上較親切易見。」○問：「張思叔說：『此是無窮。』程子曰：『一箇無窮，如何便了得？』何也？」曰：「固是無窮，須看因甚恁地無窮。須見得所以無窮處，始得。」○問「有天德，便可語王道」。曰：「有天德，則便是天理，便做得王道；無天德，則私意計較，所以做王道不成。」○因云：「舊曾作觀瀾閣詞，有曰：『因常流之不息，悟有本之無窮。』」又曰：「天理流行之妙，若有私欲以閒之，便如水被塞，不得滔滔地去。」○問：「程子曰『其要只在謹獨』，如何？」曰：「能謹獨則無閒斷，而其理不窮。若不謹獨，便有人欲來參入裏面，便閒斷了，如何會如川流底意？」○問：「程子云『自漢諸儒皆不識此義』，如何？」曰：「此事除了孔孟，却猶是佛老見得些模樣，後來儒者於此全無相著，如何教他不做大？只爲佛老從心上起工夫，其學雖不然，却有本。儒者只從言語文字上做，有知此事是合理會者，亦只做一場説話過了，所以輸與他。」先生曰：「彼所謂心上工夫本不是，然却勝似今儒者多矣，此説却是。」○范氏説：「『與道爲體』四字甚精，蓋物生水流非道之體，乃與道爲體。」○南軒曰：「此不息之體也。自天地日月以至于草木之微，其生道莫不然，體無乎而不具也。君子之自强不息，所以體之也。聖人之心，純亦不已，則與之非二體矣。川流，蓋其著見易察者，故因以明之。」

子曰：「吾未見好德如好色者也。」好，去聲。○謝氏曰：「好好色，惡惡臭，誠也。好德如好色，斯誠好德矣，然民鮮能之。」○史記，孔子居衛，靈公與夫人同車，使孔子爲次乘，招摇市過之，孔子醜之，故有是言。

子曰：「譬如爲山，未成一簣，止，吾止也；譬如平地，雖覆一簣，進，吾往也。」簣，求位反。覆，芳服反。○簣，土籠也。書曰：「爲山九仞，功虧一簣。」夫子之言，蓋出於此。言山成而但少一簣，其止者，吾自止耳；平地而方覆一簣，其進者，吾自往耳。蓋學者自彊不息，則積少成多；中道而止，則前功盡棄。其止其往，皆在我而不在人也。

子曰：「語之而不惰者，其回也與。」語，去聲。與，平聲。○惰，懈怠也。范氏曰：「顔子聞夫子之言，而心解力行，造次顛沛未嘗違之。如萬物得時雨之潤，發榮滋長，何有於惰？此羣弟子所不及也。」

子謂顔淵，曰：「惜乎！吾見其進也，未見其止也。」顔子既死而孔子惜之，言其方進而未已也。○或問云云。曰：「惟胡氏爲盡善。胡氏曰：『顔淵曰：「舜何人也，予何人也，有爲者亦若是。」此吾往者也。冉求曰：「非不説子之道，力不足也。」此吾止者也。其進其止，皆非他人，此君子所以自强不息也。』」○南軒曰：「此顔子既没之後，夫子稱之之辭。蓋其日進無疆，於聖爲幾矣。然未進於聖，則猶有所進焉，至於聖則止矣。所謂止者，大而化之，止於中而成乎天也。此顔子所以有『雖欲從之，末由也已』之歎歟。」

子曰：「苗而不秀者有矣夫。秀而不實者有矣夫。」夫，音扶。○穀之始生曰苗，吐華曰秀，成穀曰實。蓋學而不至於成，有如此者，是以君子貴自勉也。○南軒曰：「養苗者不失其耘耔，無逆其生理，雨露之滋，日夜之養，有始有卒而後可以臻厥成。或舍而弗耘，或揠而助長，以至於一暴十寒，則苗而不秀，秀而不實矣。學何以異於是？有其質而不學，苗而不秀者也；學而不能有諸己，秀而不實者也。夫仁亦在乎熟之矣。」

子曰：「後生可畏，焉知來者之不如今也？四十、五十而無聞焉，斯亦不足畏也已。」焉知之焉，於虔反。○孔子言後生年富力强，足以積學而有待，其勢可畏，安知其將來不如我之今日乎？然或不能自勉，至於老而無聞，則不足畏矣。言此以警人，使及時勉學也。曾子曰「五十而不以善聞，則不聞矣」，蓋述此意。○尹氏曰：「少而不勉，老而無聞，則亦已矣。自少而進者，安知其不至於極乎？是可畏也。」○南軒曰：「後生可畏，以其進之不可量也。然苟至於四十、五十，於道無所聞，則其不能激昂自進可知，因循至是，則無足畏者矣。辭氣抑揚之間，學者所宜深味也。雖然，有至於四十、五十而知好學，如中庸所謂困知勉行者，聖人猶有望焉。若後生雖有美質而悠悠歲月，則夫所謂四十、五十者將轉盼而至，可不懼哉？」

子曰：「法語之言，能無從乎？改之爲貴。巽與之言，能無說乎？繹之爲貴。說而不繹，從而不改，吾末如之何也已矣。」法語者，正言之也。巽言者，婉而導之也。繹，尋其緒也。法言人所敬憚，故必從；然不改，則面從而已。巽言無所乖忤，故必悅；然不繹，則又不足以知其微意之所在也。○楊氏曰：「法言，若孟子論行王政之類是也。巽言，若其論好貨好色之類是也。語之而未達，拒之而不受，猶之可也。其或喻焉，則尚庶幾其能改繹矣。從且悅矣，而不改繹焉，則是終不改繹也已，雖聖人其如之何哉？」

子曰：「主忠信，毋友不如己者，過則勿憚改。」重出而逸其半。

子曰：「三軍可奪帥也，匹夫不可奪志也。」侯氏曰：「三軍之勇在人，匹夫之志在己。故帥可奪而志不可奪，如可奪，則亦不足謂之志矣。」

子曰：「衣敝緼袍，與衣狐貉者立，而不恥者，其由也與？衣，去聲。緼，紆粉反。貉，胡各反。與，平聲。○敝，壞也。緼，枲著也。袍，衣有著者也，蓋衣之賤者。狐貉，以狐貉之皮爲裘，衣之貴者。子路之志如此，則能不以貧富動其心，而可以進於道矣，故夫子稱之。**『不忮不求，何用不臧？』」**忮，之豉反。○忮，害也。求，貪也。臧，善也。言能不忮不求，則何爲不善乎？此衛風雄雉之篇，夫子引之以美子路也。呂氏曰：「貧與富交，强者必忮，弱者必求。」

子路終身誦之。子曰：「是道也，何足以臧？」終身誦之，則自喜其能，而不復求進於道矣，故夫子復言此以警之。○謝氏曰：「恥惡衣惡食，學者之大病。善心不存，蓋由於此。子路之志如此，其過人遠矣。然以衆人而能此，則可以爲善矣；子路之賢，宜不止此，而終身誦之，則非所以進於日新也，故激而進之。」○南軒曰：「『衣敝縕袍，與衣狐貉者立，而不恥』，此不可作細事看。惟不忽於卑近而實用力於斯者，乃知其未易耳。此非『不忮不求』者不能然也。蓋人惟有己而有物，有物故有忮，有己故有求。『不忮不求』，則私欲不行而善道可進，將何用而不善？子路聞夫子之言，以爲道如是足矣，遂有終身誦之之意。夫『不忮不求』非不善也，而終身誦之則不足以爲善矣。學之無窮，自『不忮不求』而勉焉，以至於聖不可知，其等級固自有次第也。苟終身誦之，『不忮不求』而已，則亦不過於利仁者之事，而有所止也。聖人先後抑揚，所以成德達材之道，可謂至矣。」

子曰：「歲寒，然後知松柏之後彫也。」范氏曰：「小人之在治世，或與君子無異。惟臨利害，遇事變，然後君子之所守可見也。」○謝氏曰：「士窮見節義，世亂識忠臣。欲學者必周于德。」

子曰：「知者不惑，仁者不憂，勇者不懼。」明足以燭理，故不惑；理足以勝私，故不憂；氣足以配道義，故不懼。此學之序也。○問：「知是格物致知，仁是存養，勇是克治否？」先生曰：「是。勇謂持守堅固。」○問：「中庸『力行近乎仁』，又似『勇者不懼』意思。」曰：「交互説都是。」○知者直是見得分曉，故不惑。○問：「『知不惑』一段，能明理便能無私否？」曰：「亦有人明理不能去私欲，然去私欲，必先明理。惟聖人自誠而明，可以先言仁，後言知。至於教人，當以知爲先。」○問：「子罕『知仁勇』章，與憲問『仁智勇』章，何以次序不同？」曰：「成德以仁爲先，進學以知爲先，此誠而明，明而誠也。」「中庸言三德之序如何？」曰：「此亦爲學者言。」又問：「何以勇皆序在後？」曰：「末後做工夫不退轉，此方是勇。」○問「仁者不憂」。曰：「仁者心與理一，心純是道理。看甚麼事，不問大小，改頭換面來，自家此心各有一箇道理應付去，不待事來方始安排，所以自不煩惱。今人有這事，却無這道理，便處置不去，所以憂。」○又曰：「仁者，理即是心，心即是理，有一事來，便有一理以應之，所以無憂。」○問：「無憂似未是仁。」先生曰：「今人學問百種，只是要克己復禮。若能克去私意，純是天理，自無所憂，如何不是仁？」○仁者，天下之公。私欲不萌，而天下之公在我，何憂之有？○孟子説：「配義與道，無是，餒也。」今有見得道分明而反懾怯者，氣不足也。○南軒曰：「不惑者，見理明也；不憂者，其樂深也；不懼者，其守固也。」

子曰：「可與共學，未可與適道；可與適道，未可與立；可與立，未可與權。」可與者，言其可與共爲此事也。程子曰：「可與共學，知所以求之也；可與適道，知所往也；可與立者，篤志固執而不變也。權，稱錘也，所以稱物而知輕重者也。可與權，謂能權輕重使合義也。」○楊氏曰：「知爲己，則可與共學矣。學足以明善，然後可與適道；信道篤，然後可與立；知時措之宜，然後可與權。」洪氏曰：「易九卦，終於巽以行權。權者，聖人之大用。未能立而言權，猶人未能立而欲行，鮮不仆矣。」程子曰：「漢儒以反經合道爲權，故有權變、權術之論，皆非也。權只是經也。自漢以下，無人識『權』字。」愚案：先儒誤以此章連下文「偏其反而」爲一章，故有反經合道之説，程子非之，是矣。然以孟子「嫂溺援之以手」之義推之，則權與經亦當有辨。

「唐棣之華，偏其反而。豈不爾思，室是遠而。」棣，大計反。○唐棣，郁李也。偏，晉書作「翩」。然則「反」亦當與「翻」同，言華之摇動也。而，語助也。此逸詩也，於六義屬興，上兩句無意義，但以起下兩句之辭耳。其所謂「爾」，亦不知其何所指也。**子曰：「未之思也，夫何遠之有？」**夫，音扶。○夫子借其言而反之，蓋前篇「仁遠乎哉」之意。○程子曰：「聖人未嘗言易以驕人之志，亦未嘗言難以阻人之進。但曰『未之思也，夫何遠之有』。此言極有涵蓄，意思深遠。」○南軒曰：「此夫子所删去之詩，以詩語之未安也，故删而不取。詳味夫子斯言，辭則抑揚，意蓋無窮也。夫道以爲易知乎？則精微之際，未易擇也。以爲難知乎？則其天然之理，本自不隱也。曰易，則學者將忽而不之究；曰難，則學者將怠而不之進。曰『未之思也，夫何遠之有』，而顯微之義，循求之序，亦涵蓄而備盡矣。」

鄉黨第十

程子曰：「鄉黨形容聖人動容注措甚好，使學者宛然如見聖人。」○楊氏曰：「聖人之所謂道者，不離乎日用之閒也。故夫子之平日，一動一静，門人皆審視而詳記之。」尹氏曰：「甚矣，孔門諸子之嗜學也！於聖人之容色言動，無不謹書而備録之，以貽後世。今讀其書，即其事，宛然如聖人之在目也。雖然，聖人豈拘拘而爲之者哉？蓋盛德之至，動容周旋，自中乎禮耳。學者欲潛心於聖人，宜於此求焉。」凡一章，分爲十七節。

孔子於鄉黨，恂恂如也，似不能言者。恂，相倫反。○恂恂，信實之貌。似不能言者，謙卑遜順，不以賢知先人也。鄉黨，父兄宗族之所在。故孔子居之，其容貌辭氣如此。○南軒曰：「此篇所記夫子言語、容貌、衣服、飲食之際，可謂察之精矣。門人亦善學聖人哉！蓋聖人之道如是其高深也，茫然測度，懼夫泛而無入德之地也，故即其顯見之實而盡心焉。存而味之，則而象之，於此有得，則内外並進，體用不離，而其高深者可以馴致矣。」**其在宗廟朝廷，便便言，唯謹爾。**朝，直遥反，下同。便，旁連反。○便便，辯也。宗廟，禮法之所在；朝廷，政事之所出。言不可以不明辨，故必詳問而極言之，但謹而不放爾。○此一節，記孔子在鄉黨、宗廟、朝廷言貌之不同。○**朝，與下大夫言，侃侃如也；與上大夫言，誾誾如也。**侃，苦但反。誾，魚巾反。

○此君未視朝時也。王制，諸侯上大夫卿，下大夫五人。許氏説文：「侃侃，剛直也。誾誾，和悅而諍也。」**君在，踧踖如也，與與如也。**踧，子六反。踖，子亦反。與，平聲，或如字。○君在，視朝也。踧踖，恭敬不寧之貌。與與，威儀中適之貌。張子曰：「與與，不忘向君也。」亦通。○此一節，記孔子在朝廷事上接下之不同也。**○君召使擯，色勃如也，足躩如也。**擯，必刃反。躩，驅苦反。○擯，主國之君所使出接賓者。勃，變色貌。躩，盤辟貌。皆敬君命故也。**揖所與立，左右手。衣前後，襜如也。**襜，赤占反。○所與立，謂同爲擯者也。擯用命數之半，如上公九命，則用五人，以次傳命。揖左人，則左其手；揖右人，則右其手。襜，整貌。**趨進，翼如也。**疾趨而進，張拱端好，如鳥舒翼。**賓退，必復命曰：「賓不顧矣。」**紓君敬也。○此一節，記孔子爲君擯相之容。○黄氏曰：「色勃足躩，被命之初也；揖也趨進也，行禮之際也；賓退，禮畢之後也，皆天理之節文所當然也。至於揖之左右，衣之前後，手之翼如，皆禮文之至末者，聖人於此動容周旋，無不中禮，盛德之至，從心所欲不踰矩也。門人弟子亦必審觀而詳記之，可謂善學者矣。」**○入公門，鞠躬如也，如不容。**鞠躬，曲身也。公門高大而若不容，敬之至也。**立不中門，行不履閾。**閾，于逼反。○中門，中於門也。謂當棖闑之閒，君出入處也。閾，門限也。禮，士大夫出入君門，由闑右，不踐閾。謝氏曰：「立中門則當尊，行履閾則不恪。」**過位，色勃如也，足躩如也，其言似不足者。**位，君之虛位。謂門屏之閒，人君宁立之處，所謂宁也。君雖不在，過之必敬，不敢以虛位而慢之也。言似不足，不敢肆也。○南軒曰：「君不在焉而莊敬也如此，則其事君之誠可知矣。」**攝齊升堂，鞠躬如也，屏氣似不息者。**齊，音咨。○攝，摳也。齊，衣下縫也。禮，將升堂，兩手摳衣，使去地尺，恐躡之而傾跌失容也。屏，藏也。息，鼻息出入者也。近至尊，氣容肅也。**出，降一等，逞顏色，怡怡如也。没階，趨進，翼如也。復其位，踧踖如也。**等，階之級也。逞，放也。漸遠所尊，舒氣解顏。怡怡，和悦也。没階，下盡階也。趨，走就位也。復位踧踖，敬之餘也。○此一節，記孔子在朝之容。**○執圭，鞠躬如也，如不勝。上如揖，下如授。勃如戰色，足蹜蹜，如有循。**勝，平聲。蹜，色六反。○圭，諸侯命圭。聘問鄰國，則使大夫執以通信。如不勝，執主器，執輕如不克，敬謹之至也。上如揖，下如授，謂執圭平衡，手與心齊，高不過揖，卑不過授也。戰色，戰而色懼也。蹜蹜，舉足促狹也。如有循，記所謂舉前曳踵，言行不離地，如緣物也。**享禮，有容色。**享，獻也。既聘而享，用圭璧，有庭實。有容色，和也。儀禮曰：「發氣滿容。」**私覿，愉愉如也。**私覿，以私禮見也。愉愉，則又和矣。○此一節，記孔子爲君聘於鄰國之禮也。**○君子不以紺緅飾。**紺，古暗反。緅，側由反。○君子，謂孔子。紺，深青揚赤色，齊服也。緅，絳色。三年之喪，以飾練服也。飾，領緣也。**紅紫不以爲褻服。**紅紫，間色不正，且近於婦人女子之服也。褻服，私居服也。言此，則不以爲朝祭之服可知。**當暑，袗絺綌，必表而出之。**袗，單也。葛之精者曰絺，粗者曰綌。表而出之，謂先著裏衣，表絺綌而出之於外，欲其不見體也。詩所謂「蒙彼縐絺」是也。**緇衣羔裘，素衣麑裘，黄衣狐裘。**麑，研奚反。○緇，黑色。羔裘，用黑羊皮。麑，鹿子，色白。狐，色黄。衣以裼裘，欲其相稱。**褻裘長，短右袂。**長，欲其温。短右袂，所以便作事。**必有寢衣，長一身有半。**長，去聲。○齊主于敬，不可解衣而寢，又不可著明衣而寢，故别有寢衣，其半蓋以覆足。**狐貉之厚以居。**狐貉，毛深温厚，私居取其適體。**去喪，無所不佩。**去，上聲。○君子無故，玉不去身。觿礪之屬，亦皆佩也。**非帷裳，必殺之。**殺，去聲。○朝祭之服，裳用正幅如帷，要有襞積，而旁無殺縫。其餘若深衣，要半下，齊倍要，則無襞積而有殺縫矣。**羔裘玄冠不以弔。**喪主素，吉主玄。弔必變服，所以哀死。**吉月，必朝服而朝。**吉月，月朔也。孔子在魯致仕時如此。○此一節，記孔子衣服之制。蘇氏曰：「此孔氏遺書，雜記曲禮，非特孔子事也。」○**齊，必有明衣，布。**齊，側皆反。○齊，必沐浴，浴竟，即著明衣，所以明潔其體也，以布爲之。此下脱前章「寢衣」一簡，程子曰：「此錯簡，當在『齊，必有明衣，布』之下。」愚謂：如此則此條與明衣、變食既得以類相從，而褻裘、狐貉亦得以類相從矣。**齊，必變食，居必遷坐。**變食，謂不飲酒、不茹葷。遷坐，易常處也。○此一節，記孔子謹齊之事。楊氏曰：「齊所以交神，故致潔變常以盡敬。」○**食不厭精，膾不厭細。**食，音嗣。○食，飯也。精，鑿也。牛羊與魚之腥，聶而切之爲膾。食精則能養人，膾麤則能害人。不厭，言以是爲善，非謂必欲如是也。**食饐而餲，魚餒而肉敗，不食。色惡，不食。臭惡，不食。失飪，不食。不時，不食。**「食饐」之「食」，音嗣。饐，於冀反。餲，烏邁反。飪，而甚反。○饐，飯傷熱濕也。餲，味變也。魚爛曰餒。肉腐曰敗。色惡、臭惡，味敗而色、臭變也。飪，烹調生熟之節也。不時，五穀不成，果實未熟之類。此數者皆足以傷人，故不食。**割不正，不食。不得其醬，不食。**割肉不方正者不食，造次不離於正也。漢陸續之母，切肉未嘗不方，斷葱以寸爲度，蓋其質美，與此暗合也。食肉用醬，各有所宜，不得則不食，惡其不備也。此二者無害於人，但不以嗜味而苟食耳。**肉雖多，不使勝食氣。惟酒無量，不及亂。**食，音嗣。量，去聲。○食以穀爲主，故不使肉勝食氣。酒以爲人合歡，故不爲量，但以醉爲節而不及亂耳。程子曰：「不及亂者，非惟不使亂志，雖血氣亦不可使亂，但浹洽而已可也。」**沽酒市脯不食。**沽、市，皆買也。恐不精潔，或傷人也。與不嘗康子之藥同意。**不撤薑食。**薑，通神明，去穢惡，故不撤。**不多食。**適可而止，無貪心也。**祭於公，不宿肉。祭肉不出三日。出三日，不食之矣。**助祭於公，所得胙肉，歸即頒賜。不俟經宿者，不留神惠也。家之祭肉，則不過三日，皆以分賜。蓋過三日，則肉必敗，而人不食之，是褻鬼神之餘也。但比君所賜胙，可少緩耳。**食不語，寢不言。**答述曰語。自言曰言。范氏曰：「聖人存心不他，當食而食，當寢而寢，言語非其時也。」楊氏曰：「肺爲氣主而聲出焉，寢食則氣窒而不通，語言恐傷之也。」亦通。**雖疏食菜羹，瓜祭，必齊如也。**食，音嗣。陸氏曰：「魯論『瓜』作『必』。」○古人飲食，每種各出少許，置之豆閒之地，以祭先代始爲飲食之人，不忘本也。齊，嚴敬貌。孔子雖薄物必祭，其祭必敬，聖人之誠也。○此一節，記孔子飲食之節。謝氏曰：「聖人飲食如此，非極口腹之欲，蓋養氣體，不以傷生，當如此。然聖人之所不食，窮口腹者或反食之，欲心勝而不暇擇也。」○胡氏曰：「亂者，内昏其心志，外喪其威儀，甚則所謂『淫亂之原皆在於酒』是也。聖人飲無定量，亦無亂態，蓋從心所欲而不踰矩，是以如此。學者未能然，則如晉元帝可也。帝初鎮江東，以酒廢事，王導以爲言，帝命酌飲，觴覆之，於此遂絶。」○黄氏曰：「飲食以養生，故欲其精；然亦能傷生，故惡其敗。至於失節逆禮，縱欲敗德，無不致其謹焉。聖人一念之微，莫非天理，學者不可不戒也。」**○席不正，不坐。**謝氏曰：「聖人心安於正，故於位之不正者，雖小不處。」**○鄉人飲酒，杖者出，斯出矣。**杖者，老人也。六十杖於鄉，未出不敢先，既出不敢後。**鄉人儺，朝服而立於阼階。**儺，乃多反。○儺，所以逐疫，周禮方相氏掌之。阼階，東階也。儺雖古禮而近於戲，亦必朝服而臨之者，無所不用其誠敬也。或曰：「恐其驚先祖五祀之神，欲其依己而安也。」○此一節，記孔子居鄉之事。**○問人於他邦，再拜而送之。**拜送使者，如親見之，敬也。**康子饋藥，拜而受之，曰：「丘未達，不敢嘗。」**楊氏曰：「大夫有賜，拜而受之，禮也。未達不敢嘗，謹疾也。必告之，直也。」○此一節，記孔子與人交之誠意。**○廄焚。子退朝，曰：「傷人乎？」不問馬。**非不愛馬，然恐傷人之意多，故未暇問。蓋貴人賤畜，理當如此。○**君賜食，必正席先嘗之；君賜腥，必熟而薦之；君賜生，必畜之。**食恐或餕餘，故不以薦。正席先嘗，如對君也。言先嘗，則餘當以頒賜矣。腥，生肉。熟而薦之祖考，榮君賜也。畜之者，仁君之惠，無故不敢殺也。**侍食於君，君祭，先飯。**飯，扶晚反。○周禮：「王日一舉，膳夫授祭，品嘗食，王乃食。」故侍食者，君祭，則己不祭而先飯，若爲君嘗食然，不敢當客禮也。**疾，君視之，東首，加朝服，拖紳。**首，去聲。拖，徒我反。○東首，以受生氣也。病臥不能著衣束帶，又不可以褻服見君，故加朝服於身，又引大帶於上也。**君命召，不俟駕行矣。**急趨君命，行出而駕車隨之。○此一節，記孔子事君之禮。○**入大廟，每事問。**重出。○**朋友死，無所歸，曰：「於我殯。」**朋友以義合，死無所歸，不得不殯。**朋友之饋，雖車馬，非祭肉，不拜。**朋友有通財之義，故雖車馬之重不拜。祭肉則拜者，敬其祖考，同於己親也。○此一節，記孔子交朋友之義。○**寢不尸，居不容。**尸，謂偃臥似死人也。居，居家。容，容儀。范氏曰：「寢不尸，非惡其類於死也。惰慢之氣不設於身體，雖舒布其四體，而亦未嘗肆耳。居不容，非惰也。但不若奉祭祀、見賓客而已，申申、夭夭是也。」**見齊衰者，雖狎，必變。見冕者與瞽者，雖褻，必以貌。**狎，謂素親狎。褻，謂燕見。貌，謂禮貌。餘見前篇。**凶服者式之，式負版者。**式，車前横木。有所敬，則俯而憑之。負版，持邦國圖籍者。式此二者，哀有喪，重民數也。人惟萬物之靈，而王者之所敬也，故周禮「獻民數於王，王拜受之」。況其下者，敢不敬乎？**有盛饌，必變色而作。**敬主人之禮，非以其饌也。**迅雷風烈，必變。**迅，疾也。烈，猛也。必變者，所以敬天之怒。記曰：「若有疾風、迅雷、甚雨則必變，雖夜必興，衣服冠而坐。」○此一節，記孔子容貌之變。○**升車，必正立執綏。**綏，挽以上車之索也。范氏曰：「正立執綏，則心體無不正，而誠意肅恭矣。蓋君子莊敬無所不在，升車則見於此也。」**車中，不内顧，不疾言，不親指。**内顧，回視也。禮曰：「顧不過轂。」三者皆失容，且惑人。○此一節，記孔子升車之容。**○色斯舉矣，翔而後集。**言鳥見人之顏色不善，則飛去，回翔審視而後下止。人之見幾而作，審擇所處，亦當如此。然此上下，必有闕文矣。○愚案：賈誼賦云：「鳳皇翔於千仞兮，覽德輝而下之。顧細德之險微兮，遂矰繳而去之。」其語蓋本諸此。曰：「**山梁雌雉，時哉！時哉！**」**子路共之，三嗅而作。**共，九用反，又居勇反。嗅，許又反。○邢氏曰：「梁，橋也。時哉，言雉之飲啄得其時。子路不達，以爲時物而共具之。孔子不食，三嗅其氣而起。」晁氏曰：「石經『嗅』作『戞』，謂雉鳴也。」劉聘君云：「嗅，當作『狊』，古闃反。張兩翅也。見爾雅。」愚案：如後兩說，則「共」字當爲拱執之義。然此必有闕文，不可强爲之說。姑記所聞，以俟知者。

論語集編卷第五